反思

强制阐释争鸣集

中国社会科学出版社重大项目出版中心 编

中国社会科学出版社

目 录

第一编 在历史研究中的应用

评"人人都是他自己的历史学家"
　　——兼论相对主义的历史阐释 …………………… 张　江(3)
历史真理的认识和判断
　　——从历史认识的阐释性谈起 …………………… 于　沛(33)
文本意义与政治利益：历史阐释的边界 …………… 马俊亚(48)

第二编 在中国文学研究中的应用

文学阐释与对话精神 ………………………………… 李春青(63)
传统文论理论与批评和创作实践相互融通特点说略 …… 党圣元(70)
20世纪早期中国文学批评史研究中的"强制阐释"
　　谈略 ……………………………………………… 党圣元(86)
从杜诗研究谈强制阐释 ……………………………… 陈梦熊(93)
《红楼梦》"悲剧"说辨议 …………………………… 张　均(102)
强制与偏移：《水浒传》文本阐释的问题与反思 ……… 俞武松(116)
王国维如何超越"强制阐释"
　　——从《〈红楼梦〉评论》到《人间词话》的审美
　　阐释 ……………………………………………… 刘锋杰(141)

目 录

论强制阐释与审美化本体阐释
　　——20世纪中国古代文学研究反思 …………… 姜克滨（161）
论胡适学术研究中的强制阐释问题…………………… 泓　峻（176）
纯文学与准文学在时间意识及空间性构成上的差异
　　——基于钱锺书对强制阐释的批评 …………… 刘彦顺（190）
"强制阐释"与中国当代文学研究…………………… 王　尧（204）
文学阐释的疆域与文本接受的向度
　　——关于中国现代长篇小说接受研究的几点思考…… 陈思广（209）
从"东方主义"和"汉学主义"看跨文化研究中"强制
　　阐释"的出路
　　——兼论当代中国文论和批评的困境 …………… 邓　伟（220）

第三编　西方文论批判

当代西方文论若干问题辨识
　　——兼及中国文论重建 …………………………… 张　江（237）
关于西方文论分期问题的讨论
　　——当代西方文论基本定位 ……………………… 张　江（284）
关于西方文论分期问题的讨论
　　——历史分期的标准及意义 ……………………… 张　江（303）
关于西方文论历史分期问题的讨论
　　——当代西方文论的基本走向 …………………… 张　江（321）
法国的新批评与美国的理论 ……………………… 让尼夫·盖兰（337）
当代西方文论作为一种知识还是一种理论 ………… 丁国旗（349）
"强制阐释"与当代西方文论的要害 ………………… 昌　切（359）
现当代西方形式主义文论中的"强制
　　阐释" ……………………………………… 黄念然　高　畅（367）
强制阐释与本体批评范式
　　——对新批评文本中心论的反思 ……… 韩清玉　苏　昕（383）
"强制阐释"的困局与"本体阐释"的启示
　　——英国文化研究中的强制阐释分析 …………… 李永新（399）

从文本理论看20世纪西方文论中的"强制阐释"
  问题 ·· 董希文(410)
"后理论时代"的西方文论本体阐释问题考辨 ··········· 王　进(423)
从"妄事糅合"到"强制阐释"
  ——20世纪以来关于西方文论与中国文学关系的
   三次省思 ··· 夏　秀(434)

第一编

在历史研究中的应用

评"人人都是他自己的历史学家"

——兼论相对主义的历史阐释*

张 江**

"人人都是他自己的历史学家",是美国历史学家卡尔·贝克尔的著名口号,是当代西方史学理论由实证主义转向相对主义的标识性宣言。作为美国历史学会主席,他在1931年历史学大会上发表"主席致辞",产生了深刻影响,推动当代西方史学理论走上了一条绝对的相对主义道路。今天,我们重新讨论和辨识这个口号,表达一些对现代西方相对主义历史观的基本看法。①

一 历史是事实,不是想象

历史不是事实而是想象,这是贝克尔讲演中最具震撼力的核心思想。为什么历史不是事实,而是想象?贝克尔认为,历史作为"说过和做过事情的记忆",事实本身"是不会说话的",如果历史学家"不把历史事实加以整形而能重新陈述","那就是把人类经验的一切意义剥夺干净",事实也将不复存在。同时,因为历史仅仅存在于前

---

* 本文原刊于《历史研究》2017年第1期。
** 作者单位:中国社会科学院。
① 1935年,卡尔·贝克尔出版一部文集,书名即为《人人都是他自己的历史学家》。此书有据Quadrangle Paperbacks出版公司1966年重印版翻译的中译本(马万利译,北京大学出版社2013年版)。本文所引用的中文译文出自王造时,见于田汝康、金重远选编《现代西方史学流派文选》(上海人民出版社1982年版)第258—279页(作者名译作卡尔·贝克)。为节省篇幅,凡引用贝克尔此文,如非必要,不再注出。谨此说明。

人留存的文字陈述之中,并且只能在这种陈述文字中"取得一种可以兑现的存在",它就一定要"随着用来传达它们的文字而变异",因此,历史只能是"已经消逝的事件的一种想象的重建"。再进一步,既然是想象,那么它就是"属于个人所有的一种东西"。这种想象的、创造的历史,是个人经验的一种人为伸张,"势必是事实和幻想的动人的混合物,是对真实事件的一种神秘的附会"。这种附会是"从他个人的经验里塑成,以适应他实际的或情绪上的需要,并且把它尽可能地好好加以修饰来适合他审美的口味"。简言之,贝克尔的历史,是想象的历史,历史的书写属于创作艺术家的自由,没有必要对历史事实做认真的小心求证,完全可以根据自己的经验、意图、口味,任意修饰和伸张事实,使历史成为克罗齐所说的"活着的历史""当代的历史"。

毫无疑问,贝克尔的历史观是一种绝对的相对主义历史观。无数文献证明,相对主义的历史观古已有之。但是,到贝克尔这里,又向极端的谬误大大地跨进了一步。也就是由正确的相对观,即肯定事物相对性的正当意义,转换为无限的流动性、异变性是一切物质和精神现象的本质特征;时间的相对性、历史的相对性、人的认识及其能力的相对性等,皆被无限伸张。绝对地排斥和否定一切确定性、稳定性,衍化为绝对的相对主义。历史是想象的历史,正是这种绝对的相对主义的理论恶果。现在的问题是,贝克尔是怎样得出这个结论的,他的逻辑依据又是什么?这要从他对历史的定义说起,这个定义就是:"历史是说过和做过事情的记忆。"贝克尔还清晰地说明,他的历史定义,是经过对历史本质的考察,把历史简化到最后的结论。历史为什么是记忆?从逻辑上看,其根据和推理,有以下三条线索。

第一,历史的两种形式。贝克尔认为,人们所说的历史,由两种形式构成。一种是实际存在的历史,也就是历史上发生过的一切大大小小的事情。小到某先生买煤付账,大到希波战争中的马拉松之战,这些事情都"是一度发生过的实实在在的一系列事件",这种历史"是绝对的和不变的,不管我们对它怎样做法和说法,它是什么便是什么"。哪怕就是我们"不知道它是什么一回事",甚至一无所知,

"从某种最根本的意义来说"，这些事件"构成了历史"。另一种历史，"是我们所肯定并且保持在记忆中的意识上的一系列事件"，也就是所谓记忆的历史。这种历史是人为的，口口相传的，以及留在文本上的历史。记忆的历史是"我们所能作为观察或试验的唯一客观的真实乃是事件遗留下来的某种物质痕迹"，我们从这里"推论"出过去的历史事件是什么，"肯定该事件过去是如此如此"。

第二，两种历史的三种关系。其一，事件的历史与记忆的历史是关联的。"这两系列事件或多或少是相应的，我们的目的便是求这种相应尽量确切。"贝克尔承认，记忆是对事件的记忆，事件留存于记忆中，历史研究应该努力使记忆与事件本身一致或尽可能一致。这是他承认有客观存在的历史事件所应有的结果。其二，事件存在的事实，不能独立于人的记忆之外，只能存在于人的记忆和意识当中，也就是说，历史的事件实在发生了，但它们转瞬消失，这些事件存在的事实又该如何保留下去？"在我们看来，只存在于我们所肯定并且保持在记忆中的那意识上的一系列之中。"也就是说，无论以什么形式留存的历史，都是主观努力的结果。事件只能留存于意识之中，并且由意识而传导和递进，形成记忆的历史。其三，事实的记忆是变化的，没有确切的事实。事件的存在是绝对的，但是，"单凭记忆是靠不住的"。同时，历史事件本身既不能被后人所亲历，亦不可被重复，更无法加以检验。因此，事件的事实认定"老是跟着知识的增加或精炼而变化的"，随着人的认识和需求的变化而变化，让"历史在意识里复活"。这里的历史当然是事件的历史。

第三，历史是知识。"历史是记忆"的定义，以及两种历史的关系，决定了历史是知识。贝克尔自己说："我用'历史'这个名词，意思是指历史的知识。"历史既然是人的记忆，记忆构建文本，这个历史的文本及文本的历史，当然积累为知识。但是，知识本身并不是自然的实际历史过程，而是人的思想的创造，是人对这个自然历史过程的记忆和理解，且知识本身是不断丰富和扩大的，人们对历史的记忆只能"老是跟着知识的增加或精炼而变化"。也就是说，尽管历史的事件客观存在，而且不可改变，但是，人们对历史事实的认知却是不确定的，所以，就没有可以确定的事实可言，更没有可以确定的信史可言。一切都将因人、因时而不断变化，只要是有用，历史就是人人都可以解释，且任何解释都同等有效。用贝克尔的话说："这便是为什么我不得不把历史和历史知识等同起来。"知识的相对性决定了历史的相对性。

对以上贝克尔有关历史的定义及其认证，应该如何辨识与评论？我们认为，在贝克尔的认知和论证中，核心是错误地处理事件与事实、记忆与事实的关系。

首先我们要注意，在贝克尔那里，事件与事实是有区别的。事件是绝对存在的，而事实则是记忆的结果。贝克尔承认历史事件的存在，承认事件独立于人的意识而客观发生。但是，作为一个"实实在在的事件，它已经消逝了"，"因为我们永远不能使它们复活，永远不能直接对它们加以观察或试验"，所以，对历史事件的认知基本上是盲目的。对此，贝克尔指出了三种情况：一是，其中绝大部分"我们是毫无所知的，甚至不知道它们曾经发生过"；二是，"有许多我们只能知道得不完全"；三是，"甚至我们认为我们已确实知道的少数事件，也永远不能绝对予以肯定"。第三种情况尤其令人不安，我们对历史的真相不仅知之甚少，就是常常自以为知道的，其实也无法印证，完全可以视为并不知道。因此，对事件的认知，完全是主观生成的，是根据"书写的文本"作出的"推论"，是凭据历史文件来推论事件的事实。事实因此而与事件有了本质的差别。这就生出对事实源头的质疑：文本就是人主观生成的产物，在这个产物中，已经贯彻了生成者的价值立场和情感意志，可能与事件的真相大相径庭。后人依据文本推定事实，同样是主观的认识过程，而非实际的"复活"与直接的观察和试验，可以说是"主观复主观"的结果。如此而生成的对于事件事实的认定，"肯定该事件过去是如此如此"，当然就是主观上"保持在记忆中的意识上的一系列事件"，而非客观的实际的事件的事实。同时，"对历史学家说来，正如普通人一样，记忆中事件的形式和意义，好像物质对象的体积和速度，将随观察者的时间和空间而发生差异"，经过时间的淘洗，人们终究会认识到，不是历史通过历史学家来说话，而是历史学家通过历史说话。历史是根据人的主观需要而"伸张"的，是根据新的发现而被否定的。贝克尔还提出，历史"单靠记忆是不够的"，我们必须更多地去检索和考证文件，"借以发现必要而尚在未知之数的种种事实"，可我们遇到的不幸是，"这些文件却给我们种种矛盾的报道"，使我们对事件的认知，对事件真相的确认发生混乱，这就需要一种记忆力的"人为的伸张"，"在他思想上构成一幅经过选择的一系列历史事件的图画"，形成他对历史事实的认定。由此，贝克尔定论，所谓对历史事件的事实认定，只能是主观的，是任由人的意志而主宰的。这就是贝克尔区分"事件"与"事实"的目的所在，要害所在。

对此，我们的辩驳是，从事件与事实的关系上说，历史上发生过的事件，不论其大小，有意义还是无意义，它本身就是事实，是发生并存在且后人无法更改的事实。伯罗奔尼撒战争、孔子著述、法国大革命、苏联解体……都是确实发生过的物质或思想进程，是被认定和称作历史的事实。在这个事实的基础上，当事人留下证据和记录，后来人发掘和考辨，依据所得信物，有限程度地认定事实，承认事实，历史成为历史。对历史事实的认定，是一个动态的过程。后人要根据新的发现和证据，不断地修正对事实的确证，最终让事件的事实记述成为信史。贝克尔苦心创造的与事件相区别的事实，本质上是普通人和历史学家对历史事件的解释或理解。这些解释和理解与事件事实的关系，大致可以分两种，一种是符合事件的事实，对此，我们不加讨论。另一种是远离事件的事实，甚至歪曲了事实。贝克尔主张和强调的正是这种情况。我们同意，作为对历史的不同理解，贝克尔欣赏的事实，可以用来表达他们对历史的感悟和认知，可以用于他们对未来的预测，但是，这已不是历史事件的事实，不能用这种理解的事实代替历史，或者虚无历史。

从记忆与事实的关系上说，记忆是不是事实？首先要肯定，因为是前人的事、过去的事，留在文物、传说、文本上，成为后人的认知对象，后人通过上述遗物而承接对历史的认知，从这个意义上说，历史是记忆。从词源上考察，记忆是什么？从贝克尔所用的 Memory 一词看，原始印欧语中的词根 mer，意思是"去记住"，在梵语、希腊语、古代波斯语、北欧的古诺尔斯（the Old Norse）等古老语言里，都有这个词根变形衍生出来的词。现代英语中的 memory 直接来自拉丁语"memoria",意思是"记忆,记得;记住事情的能力"①。从汉语言文字考察,"记"者,疏也;"疏"者,通也,分疏而识之也。②《康熙字典》举《礼·王制》"太史典礼执简记"为"记"之义项。所谓"执简记",意为"国有礼事,则豫执简策,记载所当行之礼仪"。③ 这可以证明,礼仪之所在,执记为凭,无礼则无记。由此可以确定,无论英语还是汉语,记忆本身没有丝毫想象的语义;记忆是对事实的记忆,不是想象;记忆的基础是事实,对于发生过的事实而言,事实是第一位的,记忆为次,记忆是且仅是事实发生当时及以后的记载和回忆。没有事实,无所谓记忆;离开事实,记忆的合法性会受到质疑。贝克尔本人也承认,"每个人在这样创造他自己的历史时,却受到种种限制,如果超越,就可能受到惩罚。这些限制乃是他的伙伴们所规定的。如果人人都能十分单独地生活在毫无限制的天地里,那么他可以在记忆中自由地去肯定并保持任何异想天开的一系列事件,从而创造一个称心如意的假象世界"④。人能单独地生活在毫无限制的天地里吗?肯定不能。那么,对历史事件的事实的想象,就只能是一个假想的世界了。假想的世界不是真实的历史。因此,"历史是想象"以及"历史是事实与幻想的混合物"的主张,是没有根据的。

现在需要辨别的是,作为记忆和想象的历史,与历史知识是不是相等或相似?历史知识是什么?更重要的是,贝克尔把历史事实等同于知识,用意在哪里?如贝克尔所说,事件是历史,对事件的记忆与事实认定是历史知识,那么知识是什么?构成知识的要件都有哪些?想象的历史或历史的想象,可以作为知识进入人类知识系统吗?应该承认,知识是人类认识的成果和结晶,系统的科学知识是知识的高级形态,这种高级形态的知识,以概念、判断、推理、假说、预见等思维形式和范畴体系实现自身。正确的知识观,是从实践的社会性来了

---

① 参见"memory"词条,https://en.wiktionary.org/wiki/memory。
② 段玉裁:《说文解字注》,上海古籍出版社1981年版,第95页上、744页下。
③ 张玉书等编纂:《康熙字典》,中华书局1958年版,第1149页。
④ [美]卡尔·贝克尔:《人人都是他自己的历史学家》,第267页。

解知识的本质，把社会实践作为一切知识的基础和检验知识的标准。无论什么知识，只有经过实践检验，证明是科学地反映了客观事物，才是可靠的知识。知识借助一定的语言形式，可以交流和传递给下一代，成为人类共同的精神文化财富。① 按照这些要件来辨识，贝克尔所谓"想象的历史"，可以成为知识，但不能进入人类知识系统。其一，想象不是理性的逻辑思维形式，想象不能以概念的形式经过判断和推理而实现自身；其二，想象本身具有大量虚构的成分，在没有形成对事物的准确认识以前，难以通过社会实践的检验而被证明科学地反映了客观事实；其三，既无符合逻辑规则的科学形态，又不能经过实践证明自身，那么，就难以进入人类知识系统并交流和传递下去。因此，我们判断，想象的历史不是知识，起码不是具有历史继承性和不可逆性的知识。同时应该指出，所谓知识，还有一个突出特征，就是它的渐进性和增长性。也就是说，知识不是封闭的、停滞的，而是不断发展变化的。在这一发展过程中，人的主观能动作用和创造作用，推动知识在实践基础上，不断地由量的积累到质的飞跃。这种处于辩证运动的知识，给人以错觉，以为知识就是可以随意更正和主观臆指的。贝克尔把想象的历史比作知识，就是利用了这个特点，企图以无边界的想象替换知识的流动和进步，为想象历史、以个人经验伸张历史提供根据。我们的结论是：历史研究的科学成果是历史知识，想象的历史与历史的想象不是知识。

总之，与许多历史相对主义者一样，贝克尔走入绝对的历史相对主义，在于他通过分割客观历史与主体对客观历史的认识而抛弃了客观性，最终选择了主体对客观历史的认识并将其认定为唯一的历史。"历史"与"史学"当然不是一回事。但是，"史学"源于"历史"，以客观的历史事实为研究对象，因而本质上不可能是想象的历史，更不可能是创造性的想象的历史。正如罗素所说："甚至从最纯粹的艺术观点来看，除非历史学家尽最大努力来保持对事实的忠实，否则历

---

① 冯契主编：《哲学大辞典》下，上海辞书出版社2001年版，第1966页。

史就不值得称赞。"① 贝克尔作为专业历史学家,他对客观历史事实的"忠实"程度,是需要质疑的。

二 历史是大势,不是碎片

为证明自己关于历史的定义,贝克尔虚拟了一个普通人,并以他实际生活中的具体事件为证明,阐释历史不过是"说过和做过事情的记忆"。由此,普通人的生活记忆也是历史,尽管贝克尔强调这只是"他自己"的历史。我们注意到,这位先生没有名字,是贝克尔强调的那个"人人"当中的任意一位。但正因为如此,这位"人人"便具有了广泛的代表性,其他的任何人都可以替代。进而,贝克尔的命题便先天具有一般和普遍的意义。但核心问题是,这个"人人"的记忆及其获取记忆的方式是不是我们所认识的历史,是不是历史的真实面目。对此,还是应该通过对贝克尔文本的细读,作出深入细致的分析,以真正理解贝克尔的本来用意。这个分析可以从三个方面入手。

其一,历史如何生成。贝克尔笔下的普通先生,在一个早晨懵懵地醒来,断续记起了"昨天写字间里说过做过事情的一个景象":通用汽车公司股票跌落,早上十点钟举行会议,下午四点半打高尔夫球,以及被贝克尔先生称之为"其他种种同样重要的历史事件"。更需要关注的是,这位先生在喝咖啡的时候,对一件说过和做过的事情陷入遗忘状态,他着恼于此,但并不气馁,而是翻开自己口袋中的记录本,细心考察一番,最终看到如下记载:"12月29日付史密斯煤炭账,20吨,1017.20元。"于是,"一连串的历史事件便在他心上活跃起来"。这种活跃让他想象了一幅图画,这幅图画的景象是:"自己在去年夏天到史密斯店里定了20吨煤炭,史密斯的送货车开到他家里,值钱的煤炭向地下室的窗口倾泻,冒出灰来。"② 根据这幅

---

① [英] 伯特兰·罗素:《历史作为一种艺术》,载张文杰等编译《现代西方历史哲学译文集》,上海译文出版社1984年版,第132页。
② [美] 卡尔·贝克尔:《人人都是他自己的历史学家》,第262页。

图画，贝克尔先生判断，普通先生买煤的事件是一个"历史事件"，尽管没有历史上的重大事件那样重要。对于普通的"人人"而言，这就是历史，历史就这样生成，并成为被考证且可信的历史。历史是说过和做过事情的记忆，被生动地阐释出来。

其二，历史如何考察。历史事件是过去的事件，这些事件要成为历史，并为后人所了解和信任，"单凭记忆是靠不住的"。对于靠不住的记忆，我们该如何面对？普通先生的脑海里连带生出另外一幅历史图画：12月29日，他到史密斯的店里去付夏天买煤的账，史密斯先生却表示疑惑和意外，他也认真核查账目，告诉普通先生，你订煤是不假，但你要的煤我这里没有，于是把订货转到勃朗的煤店，是勃朗先生给你送的煤。普通先生的记忆和想象有误。由此，他赶去勃朗的店里弄清原委。勃朗查账，证明此事为真，普通先生才正式付清本本上记载但实际去向有误的煤账。最后，在当天晚上，以收到"勃朗正式开来的炉煤20吨"的发票为节点，历史事件的记忆，或者说是记忆的历史最终成为信史。贝克尔认为，因为这位普通人"已经做了所有涉及历史研究的种种基本动作"，他检查了文件，并且"为了避免错误不得不把原文作一批判的比较"，"借以发现必要而尚在未知之数的种种事实"，因此，他可以"是一位历史学家"。在贝克尔的历史观里，历史的考证与批判就是如此展开并结束的。

其三，历史如何伸张。什么是历史伸张？贝克尔既没有定义，也没有具体说明，但从他对普通先生买煤付账过程的描述看，其伸张是指，从时间的意义上说，对历史事件的记忆，成为今天活动的根据，记忆把过去与当下紧密联系起来，影响并决定着未来的行动，一切历史便如克罗齐所言，成为当下"活的历史"。[①] 经过这种记忆力的伸张，激活过去，决定当下，直指未来。贝克尔总结说：当付账前的所有历史考察"都已满意地做到了"，这位普通先生便准备开始记忆力"人为的伸张"。其实际载体是，"在他思想上构成一幅经过选择的一系列历史事件的图画"，也就是从史密斯那里定购煤炭，史密斯把订单转给勃朗，勃朗送煤炭到他家里的记忆的图画，这位普通先生采取

---

① ［美］卡尔·贝克尔：《人人都是他自己的历史学家》，第266页。

了未来的行动,他能够并且也确实去付清了账单。记忆在前,行动在后,记忆决定未来,历史延续为今天的、当下的历史。"把昨天说过做过的种种事情拉在一起,并且同他现在的知觉和明天要说要做的种种事情联系起来。"这种对时间、空间的伸张,昨天说过做过的事情与当下认知、与未来行动的联系,聚集了所谓历史的全部要素,事件和记忆成为真正的、对当下有意义的历史。

以上的细读似乎有些琐碎,但十分必要,舍此无法深入辨析和理解贝克尔的历史观。据此,我们提出如下观点。

第一,历史是大势。什么是历史?我们认为,历史是关于国家、民族以至人类社会发展大势及一般规律的事实与确证。普通人的日常经历,如果不能对历史过程发生影响,也不能见证历史进程,那就只能是"他自己"的历史。贝克尔设计了一个普通公民的日常事件,此事件本身完全是虚构的,但是具有普通人日常生活的真实意义。以时间度量,它完全是一个过去与完成时态,这就具备定义历史的基本要素。同时,它是一系列具体的人的活动,是一个具有主观意识和物质行为的实际过程,这也为定义历史提供了内容上的根据。另外,这个具体的活动以记忆的形式存留于世,由此,定义历史的要素得以圆满。贝克尔的历史定义:"说过做过事情的记忆",似乎无懈可击,但正因如此,我们要对这两种历史——如果每个普通人的日常经历也硬要叫作历史的话——作出如下区别:我们命名前者为"大历史"、后者为"小历史"。贝克尔的问题是,他经常悄无声息地偷换概念,以后者替代前者,把小历史的存在状况和表现形态强制到大历史之上,制造错觉,混淆性质,让头脑不那么清醒的人相信这两种历史具有同样的性质和意义。

我们认为,作为人类社会发展一般规律的科学,历史记录的是发展大势,是历史规律的探索和确证,而非碎片化的个人经历和记忆。所谓历史大势是指,有核心人物或人群引领、广大民众参与的重大社会活动,以及由这些活动所作用的人类社会的发展进程;一个国家、一个民族、一个群体社会,在一定时期内的生存和活动状态;这些活动和状态由历史学家所记录与印证,并以此为基础,揭示或阐明其中包含的一般规律,用以指导人类或相应群体的未来活动。简而言之,历史大势由三个方向构成：决定或影响历史进程的事件；人类及民族社会的生存状态；历史发展的一般规律。把历史定义为"说过和做过的事情"，并规约为记忆，实际上歪曲了历史，起码是大历史的本意，为相对主义进而是虚无主义制造了借口，让历史成为任人驱使和奴役的婢女。

从这里说起，必然还要再作两重分析。一是普通人"说过做过的事情"，为什么进入不了历史，怎样才能进入历史。首先，从我们对历史定义的要求看，大历史的概念，其内涵与外延都是文本的历史、书写的历史，也就是作为确证的知识，进入人类知识系统的历史，而不是一切事实的历史、一切事件的历史。对这两者的区分，法国历史学家亨利-伊雷内·马鲁有过很好的分析。他指出，黑格尔"曾经用拉丁语来表达，把 Resgestae（发生的事情）本身，从 historiarerumgestarum（发生事情的历史）区分出来"。法国人亨利·科尔班则设想用 Histoire 和 histoire 加以区别，"大写的那个字代表实在，是有血有肉的人曾经生活过的过去；小写的那个字代表历史学家用艰苦的劳动，努力重新组织起来的微不足道的映象"。[①] 按照这个标准，贝克尔所定义的"说过做过的事情"并不是历史学家的历史，而是实际存在的活动，是历史构成的基本要素，要上升为历史必须经过选择和锤炼，以能否影响社会历史进程、能否见证历史进程为标准，决定它是否进入历史。普通先生买煤的经历，不满足以上两类约束条件，因此，它应该作为曾经发生过的事件存在，但不能进入文本的历史，这个事件的发生与存在毫无历史意义。其次，从知识的意义上说，"说过和做过事情的记忆"可以全部成为知识，并为人类或相当规模的群体所认可接受吗？贝克尔把他说的历史作为知识，或者说从知识的意义上说历史，其目的是借用知识构成的主观性和内容的流动性，来证明记忆就是历史。他的论辩方法给人错觉，以为所有可以留下的个别记忆都是历史和知识。这是对知识的扭曲和误解。个别的记忆，无论如何真实可靠，如果没有历史意义，它就不被认可为知识；无论它有

---

① ［法］亨利-伊雷内·马鲁：《历史如同知识》，载田汝康、金重远选编《现代西方史学流派文选》，第77页。

何意义，如果没有经过检验被证明可靠，它也不被认可为知识。所谓知识，在马鲁看来，不是贝克尔所谓由人类主观意志所左右的、没有确定客观界限的个人记忆，而是"扎实的、真正的知识"，"历史正是以这种知识来同将会是、也同已经是关于过去的错误的或捏造的、不真实的描写相对立的"，尽管他知道这种真实性的历史知识或许只是一种理想，但是，他坚持"历史总该是为接近于真实而作出的最严肃、最有步骤的努力的结果"，是一种"科学地构成的过去的知识"①。这与贝克尔的历史的知识概念，即"一种经过重新设计、新加染色来迎合利用它的人的所记得的事情的不稳定型式"②，是完全对立的，从而确定了历史知识的可靠意义。

第二，历史研究的目的，是历史发展规律的考察，而非技术的简单展开。历史是过去发生的事情，历史事实依靠各种记忆方式来保存，时间的流淌对记忆的损蚀与时俱增，不可阻挡，恰如贝克尔所言："时间是人的敌人"，"日复一日，时光踏着渺小的脚步蠕蠕而来，而所有我们的昨天便渐渐退缩而模糊起来"。同时，我们也要承认，无论何种记忆，都经过记忆人的主观选择，他的立场、价值以及建立在这个基础之上的对历史事实的理解，决定了他对历史的记忆。对历史可靠性产生质疑是合法的人类理性的进步。特别是在对历史事实的理解和阐释上，"不论我们可以怎样去正确地确定历史'事实'，但事实本身和我们对于事实的种种解释，以及我们对于我们自己的解释的解释，跟着人类向未知的将来行进，就会有不同角度或比较不明显的看法"③。因此，对历史事实的考察，在考证甚至考古的意义上对细节、碎片的技术考察，是历史研究的起点和基础。这就涉及历史研究本身的性质。历史的清白依靠事实的确定。没有事实作依据，一切推论和想象都是妄忆。历史资料的可靠是记忆得以客观化的根据。我们不否认在具体的历史考证中，万千细节的复杂交错，时间与空间中辗转传播、错记、误记以至主观故意的篡改，几乎是难以避免的常

---

① ［法］亨利-伊雷内·马鲁：《历史如同知识》，第72页。
② ［美］卡尔·贝克尔：《人人都是他自己的历史学家》，第276页。
③ 同上书，第277页。

态。但是，历史事实总是在的。贝克尔自己也言之凿凿："在所有过去的时间里，确实发生过一系列的事件；不论我们是否知道它是什么一回事，这些事件从某种最根本的意义上来说，就构成了历史。"①因此，在历史研究中，事实的考证无疑是第一位的。在这一点上，贝克尔应该同意我们的观点。他关于单凭记忆是靠不住的论说，以及对普通先生买煤付账过程历史文本细致考证的描述，就是明证。我们历来坚持，对历史的实证研究必不可少。世世代代，由专业技术人员组成的庞大队伍，为揭示历史事实真相付出了巨大努力。巴鲁说："我们曾经致力于证明我们的对象的存在，这是由历史学家一类的技术专家队伍进行探索的人类文化的一个部门；我们的材料出于公认的有能力的专家们的有效的实验。对于这样一种材料的真实性是不能有所怀疑的：这个历史学家的队伍，在这一方面确确实实具有一种严格的方法学的传统，这种传统，对我们西方人来说，始于希罗多德和修昔的底斯，一直继续到，我们说，费尔南·布罗德尔。"②但是，现在我们的疑问是，历史研究——从它的目的和结果来说——仅仅停留于此吗？如果历史研究的意义仅停留于对历史事件的记忆，历史学作为一门学科的存在将如何可能？

历史研究不仅仅是对事实的细节及碎片的挖掘，也不仅仅是对事件记忆的巩固与刷新。它的根本意义是把握历史大势、发现历史规律，为当下人的行动指明未来。如果历史仅仅是事件本身的记忆，历史学仅仅沉浸于记忆的发掘，哪怕你是专家，付出再大辛苦，历史对历史的评价将是，"这还算不上是历史"，③ 起码不是好的历史；历史对历史学家的评价将是，这不是历史学家，起码"不完全是历史学家"。对前者，历史的知识"应该凌驾于那些琐屑事件的细微末节之上……而代之以一种井井有条的看法"。不论这种井井有条的看法是否正确，是否有意义，是谬误还是真理，抑或两者相互混杂，但是，这种努力总是必要的，是历史学应该给予我们的历史启示。更何况它

---

① ［美］卡尔·贝克尔：《人人都是他自己的历史学家》，第259页。
② ［法］亨利－伊雷内·马鲁：《历史如同知识》，第69页。
③ 同上书，第86页。

要求"这种看法显示出一些一般的线索，一些可以被理解的方向，显示出一些因果关系或目的论的一系列事件，显示出含义、价值"。对后者，它的要求和愿望则是，"历史学家不能满足于一种如此琐碎、如此浮泛的影象；他想知道，他谋求知道比他所研究的那个时代的一辈人所不知道和无法知道的多得多的'底细'"。① 这个底细不是琐碎的记忆，不是个人的技术的感受，而是大势，是线索，是意义和价值。如果做不到这一点，甚至不能领悟这样做的重要意义，那么，你只能是"不完全的历史学家"，"是一些做准备工作的人或实验室里的年轻女助理员，而还不是真正的学者"。② 在马鲁看来，历史学家不能是普通的技术工作者，就像今天我们在田野考察现场所聘用的普通工人，也不能是仅能做一些技术性工作的博士和博士后。历史研究是思想的研究，是规律的研究，是人类发展进步大势的研究。

在这个方面，不能不说克罗齐和柯林武德要比贝克尔高明一些。克罗齐主张历史与编年史的本质差别，"历史主要是一种思想活动，编年史主要是一种意志活动。一切历史当其不再是思想而只是用抽象的字句记录下来时，它就变成了编年史"。③ 柯林武德继承这个立场，强烈反对"剪刀加浆糊的历史"，主张"对历史学来说，所要发现的对象并不是单纯的事件，而是其中所表现的思想。发现了那种思想就已经是理解它了"。④ 由此可见，柯氏是反对表面化、浮泛化、碎片化的历史表述的。他主张在历史表象的背后，去寻找现象发生的原因，而这个原因，就是历史人物进行自己的活动并成为历史事件的思想。于是，历史就是思想史；历史学家的任务，就是要研究历史事实背后的思想，据此解释历史事实。从事实出发，又回到事实，这颇有一些循环阐释的色彩，但这种循环是经过思想论证、经过史学家反思的高级循环，是对历史现象的反思，对史学家历史研究的反思。在柯

---

① [法] 亨利-伊雷内·马鲁：《历史如同知识》，第85页。
② 同上书，第70页。
③ [意大利] 贝奈戴托·克罗齐：《历史学的理论和实际》，傅任敢译，商务印书馆1986年版，第8页。
④ [英] R. G. 柯林武德：《历史的观念》，何兆武、张文杰译，中国社会科学出版社1986年版，第243页。

评"人人都是他自己的历史学家"

林武德看来，这种经过反思的历史才是真正的历史，才是真正的历史研究。相对于贝克尔把历史说成记忆，柯氏指出，记忆不是历史，起码不是历史学，直接的记忆和记忆的集合，只能是"剪刀加浆糊的历史"。柯氏认真指出："记忆和历史学之间的不同是，在记忆之中过去单纯是一种景观，但在历史学中它却是在现在的思想之中被重演。"① 我们认为，柯氏不满足于历史表象的简单重述，而是努力去找到现象背后的历史动因，这是应该肯定的，符合历史研究的目的和本意。同时，我们也要追问，仅仅找到现象背后的思想动因，并因此而定义"一切历史都是思想史"，就能够找到历史发展的根本动力和规律吗？如果仅仅停留在所谓思想史的推演上，就真的能做到柯氏所希望的那样："当他（史学家）知道发生了什么的时候，他就已经知道它何以要发生了？"② 显然不能。我们一定要问：思想又是如何产生的？为什么这个人在这个时候产生这样的思想？历史发展的动力最终产生于何处？

在这个问题的回答上，历史唯物主义的观点是科学的、彻底的。毫无疑问，历史是人的实践活动，人又是有思想的人。但是，这个人，"不是处在某种虚幻的离群索居和固定不变状态中的人，而是处在现实的、可以通过经验观察到的、在一定条件下进行的发展过程中的人"。③ 如果说人的主观愿望或者说思想决定了历史活动，而这个思想却是社会物质生活的产物，是他所生活其中的生产关系与生产力发展过程的产物，相对于这个过程而言，人的思想依然是历史生活的表象；停止于这个表象，仍然还是剪刀加浆糊的历史。真正的历史动因不在思想，而在生生不息的人类物质生活之中，在生产力的客观发展过程之中。"每一历史时代主要的经济生产方式和交换方式以及必然由此产生的社会结构，是该时代政治的和精神的历史所赖以确立的基础，并且只有从这一基础出发，这一历史才能得到说明。"④ 这个

---

① ［英］R. G. 柯林武德：《历史的观念》，第 332 页。
② 同上书，第 243 页。
③ 《马克思恩格斯文集》第 1 卷，人民出版社 2009 年版，第 525 页。
④ 《马克思恩格斯文集》第 2 卷，人民出版社 2009 年版，第 14 页。

说明的逻辑顺序是，只有把人的思想归结于社会关系，把社会关系归结于生产关系，把生产关系归结于生产力，自然的历史过程才成为可能，历史才最终成为科学的历史，历史学家才能科学地"描绘出这个能动的生活过程，历史就不再像那些本身还是抽象的经验主义者所认为的那样，是一些僵死的事实的汇集，也不再像唯心主义者所认为的那样，是想象的主体的想象活动"。① 应该说，是历史唯物主义找到了把握历史大势、揭示历史规律的有效武器。

第三，历史如何伸张。贝克尔的"伸张"是玄妙的，但如我们上面的分析所判断，他的历史伸张就是要表达克罗齐的一个思想，即一切活的历史都是当代史。研究历史不是为了发思古之幽情，在历史事件的记忆中消磨历史。历史研究，或者如贝克尔所说记忆历史，目的"是与将说将做的事情的预期携手共行，使我们能就每人知识和想象所及，获得智慧，把一瞬即逝的现在一刻的狭隘范围推广，以便我们借镜于我们所已做和希望去做的，来断定我们正在做的事情"。② 我们认为，一般地说，这个提法是正确的，与我们的口号"古为今用"很有一致的地方，但核心是如何来用，用的基础和根据是什么，怎样用才符合历史学理论的科学要求。对此，我们有以下两个基本判断。

其一，伸张是事实的伸张。从古至今，无数事件和事实构成实在发生的历史，但是，并不是所有事情在一切时间和空间中发生同等的作用。从时间向量上说，越久远的时间，其记忆就越淡薄，记忆扭曲与变形也越剧烈。特别是代际关系上的间隔，对历史的感觉与敏锐，因为时代不同而差别越大；唤起历史记忆，也就是所谓的历史伸张，其障碍和阻隔与时间成指数增长。

"在以世纪计算的漫长视野里，纵然最最惊天动地的事件，在后代人的眼里，势必无可避免地黯然褪色成为原形的苍白的复制品，因为当每个接踵而来的时代退向遥远的过去时，便要丧失其本身烜赫一时的某种重要性和以前属于它们的某种迷惑力量。"③ 从空间向

---

① 《马克思恩格斯文集》第1卷，人民出版社2009年版，第525—526页。
② ［美］卡尔·贝克尔：《人人都是他自己的历史学家》，第266页。
③ 同上书，第277页。

量上分析，历史活动是在确定的空间中展开的。不同民族在广阔但却疏离的空间中创造自己的历史，造成各民族历史的巨大差异，历史的记忆是民族的记忆。不同民族之间的交叉记忆，因为差异与陌生，而对其他民族历史的感悟与理解无疑将产生深刻分歧。同时，我们承认，对历史的理解和阐释并不是简单的模仿，阐释本身包含着"前见"的影响，更重要的是，历史学家的主观立场直接决定着阐释的方向与结果，"正如普通人一样，记忆中事件的形式和意义，好象物质对象的体积和速度，将随观察者的时间和空间而发生差异"。① 但是，历史的伸张，必须是事实的伸张，是以事实为依据的伸张，而非想象的伸张，歪曲的伸张。要把死的历史变成活的历史，要用新的历史取代旧的历史，只是而且只能是对事实的新的理解和阐释，不是篡改事实。激活历史，事实是基础；事实不会说话，但历史学家说话一定要凭据事实，凭据历史上实际发生过的事情，而不能由任何人去任意想象。贝克尔所主张的"在想象中重新创造作为他个人经验的一种人为伸张的历史"，那种所谓"势必是事实和幻想的动人的混合物，是对真实事件的一种神秘的附会"的判断，应该得到纠正。在这一点上，贝克尔本人的理论诉求，与他实际操用的历史方法是完全矛盾的。在他看来，普通先生要解决买煤付账的问题，是很实际、很物质的历史过程；完成这个过程，普通先生要核对自己的记录，店家要核对账本，真金白银交付店主，最后落实在付款收据的实在到位。这个历史活动和考证的过程，是事实和幻想的混合物吗？是对真实事件的神秘附会吗？显然不是。普通先生买煤付账的历史伸张，是事实的伸张。

其二，伸张是规律的伸张。对此，贝克尔以及20世纪西方主流学派都是悲观的。在主席致辞中，贝克尔没有更明确地表达对这个问题的看法，但是，他的历史定义已经表明，作为一种记忆以及对记忆的伸张，本身就否定了历史规律性的存在。从他认为"我们应该作为一种对我们的解救，来抛弃无所不知，来承认每一代人（包括我们自己这一代）都要、并且不可避免地一定要凭本身被限制的经验，去了

---

① ［美］卡尔·贝克尔：《人人都是他自己的历史学家》，第274页。

解过去和预估将来",也明确透析了他对历史规律的否定立场。尤其是他讽刺说"时间的流逝对'永久贡献'和那种放诸天下而皆准的哲学说来,是不幸的",① 其内心主张已经是坚定不移了。在这个问题上,更有代表性的是波普尔的观点。他的《历史主义的贫困》从多个方面论述他对历史规律的存在以及科学探索的否定态度,被看作西方当代历史理论的重要代表。但是,无论怎样否定地消解,历史发展的规律是"有"的,是"在"的,科学的历史预见被实践反复证明。这种历史观的分野,从历史到底是什么,历史何以可能,以及其他同层次的原点问题开始,不仅历史唯物主义对其他各种主义的错误历史观做出了鲜明的批判,确立了科学的历史观及其方法论,就是20世纪西方历史理论发展中,对此也有诸多不同观点,呈现深刻的对立与分歧。

  沃尔什的学说就是一个典型。尽管他突出地强调,"历史学家至少在表面上一点也不关心预言",因为"历史学家思想的全部定向都与科学家的不同,不同在于历史学家首先是关怀着过去所个别地发生的事,而科学家的目的则是要总结出普遍规律"。但是,他又提出,"对一个国家或一种运动进行历史的研究,就会确实使我们处于一种更好的地位可以预测它的未来"。对此,他生动地加以补充:"比如说,一个对德国历史了解得很多的人,至少在某些方面可能比对德国历史全然无知的人更有条件谈论德国在将来大概会是怎样发展。"由此,他作出判断,"历史学家也许不是预言家。但是他们却常常处于一种要做出预言的地位"。他一方面明确,"至少并没有任何历史学家是把要获得那种真理作为他的主要目标的",但又认为汤因比是一个例外,指出:"汤因比不只是把所有的历史都作为他的领域,而且他还把自己的探索从过去伸展到未来,而且扬言要宣告'西方文明的前景'。"② 美国历史学家J. W. 汤普森也说:"除了至今还遵守'作家的目的在于记述而不在于裁决'这句古代格言的狭隘学派的历史家

---

① [美]卡尔·贝克尔:《人人都是他自己的历史学家》,第275、277页。
② [英]W. H. 沃尔什:《历史哲学导论》,何兆武、张文杰译,北京大学出版社2008年版,第32、34、166页。

以外，一般人都同意历史家的崇高职责就是阐明问题。"① 这些都很清楚地证明，无论历史学家怎样设计自己的目标，无论他们怎样地怀疑和否定史学认知的作用，有一点可以肯定，对于客观历史而言，它的自然历史进程，是被其自身所塑造的一般规律支配的；历史研究本身自然蕴含着对规律的探索及对未来的预言，无论你喜欢还是不喜欢，自觉还是不自觉，这一点是逃也逃不掉的。尽管贝克尔本人苦苦挣扎，但他还是要承认，"换言之，说过做过事情的记忆（不论发生于我们贴近的昨天抑或人类久远的过去），是与将说将做的事情的预期携手共行，使我们能就每人知识和想象所及，获得智慧，把一瞬即逝的现在一刻的狭隘范围推广，以便我们借镜于我们所已做和希望去做的，来断定我们正在做的事情"。② 这里的"将说将做的事情的预期"是什么？这里的"借镜于""已做和希望去做的"又是什么？似乎不需要再去纠缠他对这个问题的话语辩白了。

三 强制阐释的历史不是历史

历史阐释中的强制阐释现象，古已有之，但在当下更加盛行，几乎成为历史阐释中的恶疾。我们的分析说明，将历史视为"一种想象的产物，是属于个人所有的一种东西"，其要害就是为任何人及任何意图阐释历史提供了借口。因为想象可以虚构，可以"好好加以修饰来适合他审美的口味"；将历史看作"记忆力的一种人为伸张"，"本能地从扩大当前经验范围的冲动里产生出来"，历史就可以根据个人记忆的需要，人为地制造历史，以主体的经验为基点随意搭配和解释历史，历史阐释完全为阐释者的主观意志所左右，历史记忆和知识成为意志的证明。至于在技术或者说叙事技巧上，将历史看作故事并"运用所有文艺的技巧"，"从中推论出一种完美的意义"，为了这个意义，阐释者将所有艺术手段统统调用起来，任意编造故事，迎合及

---

① ［美］J. W. 汤普森：《历史著作史》上卷（第 1 分册），谢德风译，商务印书馆 1988 年版，"著者序言"，第 2 页。
② ［美］卡尔·贝克尔：《人人都是他自己的历史学家》，第 266 页。

实现阐释者的完美企图。总而言之，一如贝克尔所说："历史学家所写的历史，像普通先生非正式形成的历史一样，是真相和想象的一种便利的混合物，也就是我们通常分别称为'事实'和'解释'的一种便利的混合物。"如此，历史的客观性被完全消解，主观的、想象的、意志的历史，将"历史的历史……成为'新历史'的一部记载"，① 其真正原因就在于此。因为历史事实和规律，并不完全甚至是基本不符合诸多阐释者的愿望和企图，史学研究中的强制阐释就成为必然。由此，我们展开以下讨论。

第一，强制阐释的概念说明。其核心要点是：背离历史事实，颠覆事实基准，以前置立场和模式，对历史作符合论者前置结论的阐释。所谓"背离历史事实"是指，阐释者对历史的阐释离开了历史事实，对历史事实做事实意义以外的话语发挥，这些话语可以离开事实而独立存在，无须依赖事实而发生。历史事实只是阐释者实现阐释意图的借口和脚注。所谓"颠覆事实基准"是指，阐释者对已达成的历史共识以背向阐释，这些阐释，是政治的、哲学的、种族的、个体的意志诉求，刻意背离人类及民族长期锻造的共同价值。所谓"前置立场"是指，阐释者的站位与姿态已预先设定，阐释的目的不是历史的研究与探索，而是要表达和证明立场，且常常是非历史的立场。其思维路线是，在展开阐释以前，阐释者的立场已经准备完毕，并依据立场确定阐释标准，从事实择取到结论认证，都围绕和服从前置立场的需要展开，事实服从立场，而非立场服从事实。所谓"前置模式"是指，阐释者用预先选取的确定模板或方法框定事实，以为模式和模板可以冲压一切历史，并据此作出理论上的指认。理论和阐释不再是对历史的说明和理解，而是历史对理论和阐释的证明。所谓"前置结论"是指，历史阐释的结论产生于阐释之前，阐释的最终判断不是在对历史事实的实际分析和逻辑推演之后产生，而是在切入历史事实之前就已确定。阐释不是为了认识和澄清历史，而是为了指证和伸张结论。阐释只是按图索骥，为证实结论寻找根据。这方面的例子很多。我们仅以汤因比对中国古代历史的阐释为例。

---

① ［美］卡尔·贝克尔：《人人都是他自己的历史学家》，第271、275页。

众所周知，汤因比的历史研究，特别是对文明演进与发展的研究，是有其确定模式的。这个模式是他建立庞大历史文明研究体系的核心。首先，他将全部人类文明划分为26个模式，提出在每个文明内部，都具有相同的演变阶段。他认为，任何文明在实现从兴起到灭亡的全部过程中，都有三个因素发挥着作用，这就是"作为旧社会最后阶段的一个统一国家；在旧社会里发展起来的而转过来又发展了新社会的一个教会；以及一个蛮族英雄时代的混乱入侵"。在这三个因素中，教会的作用是"最重要的"。在文明和国家发展与衰落的三个阶段中，"教会既属于过去又属于未来"。汤因比最终没有逃脱西方中心论的影响，顽固地坚持，他所说的历史上曾经生存和发展的26种文明中，"只有一个——西方文明——现在也许还活着，而其余的则不是全死就是半死"，中国的文明就是其中的一种。尽管事实上，他看到了许多与他的理论完全相悖的事实，譬如，"有许多文明，如果根据他的说法，早就该死掉了，可是在它们已经衰落以后，又存在了几百年，甚至几千年，它们今天还活着，甚至还活得很有力量"。为解决这个问题，汤氏就创造了一个文明"僵化"的理论，用以缝补其漏洞百出的历史理论。他以希腊城邦国家的兴盛和衰亡为根据，说明他理论的正确，并将它作为一种基本模式，普适于世界历史上所有的文明与国家。

在《历史研究》中，汤因比这样解读中国历史：其一，中国古代文明是26种文明中的一种；其二，这个文明"从公元九世纪起就处于僵化的状态中，一直到今天"；其三，大乘佛教是中国古代社会的"统一教会"，是"今日远东社会的蛹体"，其作用等同于西方国家的基督教会，并且，只有大乘佛教才是破解"古代中国社会"的唯一钥匙。① 很明显，汤因比对中国古代历史的阐释是荒谬的。从根本方法上看，对26种文明模式的分类，柯林武德的批评是："他的整个规划实际上是一个精心安排并贴上标签的鸽子笼规划，好把现成的历史

---

① [英]汤因比:《历史研究》上册，曹未风等译，上海人民出版社1959年版，第17、18、27页；中册，第189页；下册，第457、468、469页。

事实纳入其中。"① 对中国文明从唐以后到20世纪30年代，我们有充分的事实证明，虽然历尽苦难和艰辛，中国古老文明仍在创造和前进着，康乾盛世就是明证。孙中山领导的旧民主主义革命，中国共产党人领导的新民主主义革命，成为中华民族历史上生动活跃的光辉篇章。中华文明并没有像他预言的那样继续僵化和衰亡下去。新中国的建立，改革开放的伟大进步，使古老中国焕发蓬勃青春，创造着美好未来。至于所谓大乘佛教说，汤氏硬把中国战国时期这一所谓母体时期根本就不存在的大乘佛教"创造"出来，并将其拼凑到秦统一中国前后的历史当中，以大乘佛教作为考察中国历史演变的主导线索，就更加荒诞不经。有学者指出："在中国历史上，从来不曾有哪一种宗教曾建立起什么大一统的教会，不曾发生过像西罗马帝国灭亡那样的历史事件，也不曾有过被视为'黑暗'时期的'中世纪'。"② 还有学者指出："在中国，大乘佛教即使在鼎盛时期也不曾战胜儒、道，形成一枝独秀的局面。"③ 在中国历史的演变发展中，大乘佛教不可能发挥像基督教那样的作用。汤因比的文明论学说，被美国学者索罗金判为"原罪"，这个罪过在于，"那座巨大的建筑物建筑在比所谓一片散沙还不如的基础上"。④

我们认为，汤因比的错误，不仅是在他基本理论的疏漏上，任何理论都可能有所疏漏，更要害、更根本的是他的阐释立场和方法上的错误。我们可以赞成，古希腊文明和城邦国家的兴衰，或许符合他的文明理论；西欧早期国家的演变与发展抑或也可作如此分析。但是，任何真理多跨一步就是谬误。用既定的理论模式普遍冲压全部历史，并企图让历史服从和认证理论，就一定要转化为自身的对立面。汤因比对中国历史的分析，是有前置立场和模式的，这个立场和模式在他分析和阐释中国历史发展事实之前就已经确定。正是在这个立场推动下，他以僵化的模式僵化地裁剪历史，让历史服从理论。在他的阐释

---

① [英] R. G. 柯林武德：《历史的观念》，第186页。
② 郭圣铭：《汤因比的史学理论及其影响（下）》，《世界历史》1979年第4期。
③ 张和声：《阿诺德·汤因比的史学观》，《历史研究》1988年第3期。
④ [英] 汤因比：《历史研究》下册，第467页。

框架中，理论是刚性的，历史不符合理论，就一定要修正历史，而非修正理论；为证明理论的正确，可以歪曲以至虚拟历史，将历史强制于理论框架之中。对此，在历史研究，且不仅在历史研究中，我们可以理解和宽宥研究者理论上的疏漏与缺陷，但是，对研究者所操作的强制阐释的方式却很难接受。特别是在事实与理论相悖的情况下，不是勇敢地修正理论，让理论服从事实，而是虚妄地修正历史，以至有目的地篡改历史，让历史符合前置的立场和理论。所谓阐释的结论不是生于阐释完成之后，而是生于阐释之前，贯彻于阐释之中，让事实服从结论，证明结论。对此，英国历史哲学家 W. H. 沃尔什说："他（汤因比）对于具体的历史形势细节的解说，也常常得不到这些领域内的专家们的赞许，人们常常说他或多或少是在歪曲事实来适应他的理论"，① 也可谓一语中的。以此例为证，我们对强制阐释概念的定义，应该是清晰和精准的。

第二，强制阐释的一个基本特征和重要根源，是简单搬用历史学理论以外的其他理论强加于历史研究。在讨论当代西方文艺理论领域强制阐释问题时，我们曾经提出，强制阐释的一个重要根源就是"场外征用"，即文学场外的非文学理论的征用，深刻地改变了当代西方文论的发展走向和格局。一方面我们强调了"各学科之间的碰撞和融合已成为历史趋势"，"跨学科交叉渗透是充满活力的理论生长点"；②另一方面，我们也辨识和分析，所谓"场外理论"的强制征用对文学理论的扭曲和伤害。同时，我们看到，同类问题在 20 世纪的历史学研究中同样存在。费弗尔提出："新历史学必须从文字档案和由文字档案造成的限制中解放出来"，"广泛吸收其他学科——地理学、经济学、社会学和心理学——的发现和方法"，③ 以全部重写过去的历史。毫无疑问，这些新的观念和方法，扩大了历史学研究的领地，推动历史学研究取得巨大的成就。但是，无可避免的是，以既定的场外

---

① ［英］W. H. 沃尔什：《历史哲学导论》，第 163 页。
② 张江：《强制阐释论》，《文学评论》2014 年第 6 期。
③ ［英］杰弗里·巴勒克拉夫：《当代史学主要趋势》，杨豫译，上海译文出版社 1987 年版，第 55 页。

理论强制对历史本体的研究，特别是无限制地征用场外理论，简单粗暴地强制阐释历史，也给历史学带来难以弥补的伤害。历史心理学的兴衰可以证明这一点。

对历史人物作科学的心理分析，判断和度量历史人物的心理对其历史行为的影响，是有一定道理的。修昔底德早就认为，历史解释的最终关键在于人的本性。这已经包含了肯定心理作用的倾向。德国近代历史学家兰普雷希特企图以社会心理学的原理来说明社会进化的规律，"他坚持说，'历史本身什么也不是，只是应用心理学。因此，要想得到对历史的真正解释，我们必须指望理论心理学给我们线索'"。[1] 特别是 20 世纪 20 年代以后，弗洛伊德及其弟子荣格的心理分析理论称霸各方，历史心理学的兴起和泛滥就是必然。"1970 年以后，心理历史成了一种时髦"，这种时髦集中表现为"强调个别人物的行为和决策，以及他们的精神状态具有决定性的重要作用"，[2] 把历史发展的动力与趋势，定点于个别人物的心理素质和倾向上，历史的研究必然滑向谬误。譬如，有人用心理分析方法，重新认识希特勒，分析希特勒发动法西斯战争的心理原因及表现，自觉或不自觉地把战争根源、把法西斯的反人类罪行聚焦于希特勒的个人心理，甚至为希特勒的罪行辩护制造了借口，得出背离人类共识的结论。很明显，如此反历史的历史研究，不可能为学界所认同，更不能为人类的道义和共识所认同。此类所谓心理历史学，从 20 世纪 70 年代开始时髦，到 80 年代就迅速衰败，前后不过 10 年时间，其中原委可见一斑。有人认为，这个方法的主观随意性明显，与其他学科理论的应用相比较，可靠性较低。德韦勒说："简言之，对历史现象的心理学研究并不能有效地推动历史科学的进步，除非是将其用于分析与心理学密切相关的事实。"[3] 也有人认为，对历史人物的心理分析，说到底是一种个体分析，是用某个或某些人的心理活动来解

---

[1] ［美］J. W. 汤普森：《历史著作史》下卷（第4分册），商务印书馆1992年版，第585—586页。

[2] ［英］杰弗里·巴勒克拉夫：《当代史学主要趋势》，第101、103页。

[3] Georges Devereux, "La Psychanalyse et l'Histoire: Une application a l'histoire de Sparte", *Annales. Histoire, Sciences Sociales*, 20e Année, no. 1, 1965, p. 23.

释历史运动,其"重大的危险是不顾场合地使用心理学的普遍概念——例如自卑情结、抑制、下意识、内倾——作为解释历史的原理"。① 如此这般"不顾宏观模式、只靠微观数据而得出的误导性结论"②,就是用碎片化的个体分析取代整体化的历史运动,其偏执和狭隘在所难免。

借助心理学方法扩大历史理解的视野和范围是合理的,但是,企图以此重新解释全部历史,颠覆已被实践证明的历史共识,不是科学的态度。历史计量学派的得失也可以证明,盲目征用场外理论,简单搬弄数学与统计方法重新解释历史,同样难有前途。

比如对19世纪美国南北战争历史的评价,无论这场战争有多少缺点,无论它造成多少损失,有些甚至是不必要的难以估量的损失,但是,历史对它的评价总体上是正面的、积极的,其历史进步意义是不能否定的。因为"内战的胜利最重要的还是千百万黑人奴隶的胜利,其艰难困境本身就是战争的主要原因之一。战争诞生了亚伯拉罕·林肯划时代的《奴隶解放宣言》,以及随后的宪法第十三修正案,规定彻底废除蓄奴制。战争鼓励千百万奴隶真正解放自己,抛弃主人,求助联邦阵线——甚至参加联邦军。虽然自由奴隶的前景还不容乐观,但350万曾经为奴的男女在战后变成了自由人"。③ 美国历史上的第16任总统亚伯拉罕·林肯因为为废除奴隶制而进行的坚决斗争,因为成功领导南北战争夺得胜利,马克思曾亲自执笔发出贺信给予赞扬:

> 如果抵抗奴隶主势力是你第一次当选的谨慎的口号,那末,你再度当选的胜利的战斗口号就是:消灭奴隶制度。④

然而,历史过去了近二百年,从 A. 康拉德和 J. 梅依尔 1958 年

---

① [英]杰弗里·巴勒克拉夫:《当代史学主要趋势》,第112页。
② Chalmers Johnson, *Revolution and the Social System*, Stanford, California: Hoover Institution Press, 1964, p.25.
③ [美]艾伦·布林克利:《美国史》,邵旭东译,海南出版社2009年版,第422页。
④ 《马克思恩格斯论美国内战》,人民出版社1955年版,第255页。

发表的《内战前南部奴隶制经济学》一文,① 到 1974 年该学派的两位权威福格尔和恩格尔曼所写的著作《苦难的时代：美国奴隶制经济学》，我们可以看出，"历史计量学派"在美国内战前的南方奴隶制研究上做了不少文章，但是，又得出了什么新的结论呢？"奴隶制并非是一个由那些对经济利益漠不关心或者无法关心的种植园主所维持的非理性制度"；"当南北战争到来之际，奴隶制作为一种经济制度表现出前所未有的强大，并表现出持续巩固的趋势"；"规模经济、有效的管理以及对劳动与资本的密集使用，使南方奴隶制农业比北方家庭农场的生产效率高 35%"；"平均意义上说，黑人农奴比自由的白人农业工人更加勤奋和高效"；"奴隶的物质生活水平（不包括心理层面的）优于产业部门的自由工人"；"对奴隶的剥削率比我们通常认为的要低得多"；"南北战争前的南方经济不但没有停滞，相反增长迅速"。② 如此数量分析和定性判断，尽管研究者打着反对种族主义、为黑人奴隶填补历史文化空白的旗号，而且也确实在一定程度上揭露了南北战争后黑人生存环境不断恶化的史实，但实质上，对南北战争的历史定论给出了一个颠覆性的判断。按照这个数量分析，读者自然会想到南北战争是不应该发生的，北方对南方的胜利是一种倒退，起码是经济上的倒退，奴隶制不应该被废除，因为奴隶制似乎是相对先进的社会生产力。实践证明，不仅这个历史判断是错误的，而且这种计量分析方法也很难说是科学的、有前途的。对此，英国历史学家罗德里克·弗拉特，一位历史计量学派的重要代表人物，就在自己有关历史计量方法的专门论著中指出："确有那么一些质量不高的计量历史，其中的证据被强迫划入各种事先就决定的类别，另外，所使用的假设也是与历史事实相违背的。"③

何止是"质量不高的计量历史"，问题的要害是，对任何场外理

---

① Alfred H. Conrad and John R. Meyer, "The Economics of Slavery in the Ante Bellum South", *The Journal of Political Economy*, vol. 66, no. 2, 1958, pp. 95 – 130.

② ［美］罗伯特·威廉·福格尔、斯坦利·L. 恩格尔曼：《苦难的时代：美国奴隶制经济学》，颜色译，机械工业出版社 2016 年版，"前言"，第 X—XI 页。

③ ［英］罗德里克·弗拉特：《历史学家的计量法导论》，田汝康、金重远选编：《现代西方史学流派文选》，第 219 页。

论的应用，都要有一定的限度规约。解决一个场外理论学科化的问题，需要把场外理论熔炼为本学科的实际方法，与学科精神和观念紧密地结合起来，并在科学精神指导下，正确运用经过改造和炼化的理论开展学科研究，不能简单地照搬、套用和模仿。"我们要加倍小心，一个学科借用与之邻近的学科的一种概念是正常的（例如生物学，当它研究关于冰川期植物或动物在某一个已知的原野中分布的情况时，就喜欢相应地谈论'历史'现象），但是，必须着重指出，把某一个经验领域所构成的概念应用到不同的经验领域里去，整个科学概念会逐渐失去它的有效性，而这种新的应用，也只有一种类比的性质，所以是有限度的。"① 这是马鲁 20 世纪中期说过的话，至今仍然可以给人警醒。

第三，以文学想象和虚构取代历史实际，以文学叙事代替历史描述，以个体云集的文学话语强制历史。有两个有关南北战争的文学文本值得一提。一个是玛格丽特·米切尔的长篇小说《飘》（Gone With the Wind）。在这部小说里，作者深刻表达了自己对南北战争的理解和认识。她站在南方奴隶主阶级立场，通过众多人物的命运纠缠，描写一个对"北方佬"无比仇恨、对南方奴隶制度无比留恋的乱世佳人的奋斗，表达她的历史观、价值观。小说的文学性极浓，历史性很强，诸多细节给人们留下深刻记忆。《飘》的发行量甚高，多种语言的文本产生了世界影响。另一个文本是美国南北战争时期士兵、新闻记者出身的小说家安布罗斯·比尔斯的著名短篇《空中骑士》（A Horseman in the Sky）。② 作者站在北方资产阶级立场，表达他对战争的理解和认识。他写出一对父子，因为理念和价值观不同，参加了相互对立的军队。在战场上，儿子击倒了父亲。开枪的刹那间，尽管他脸色苍白，浑身颤抖，但是，脑海中升起父亲的教诲：无论发生什么事情，你都要做你认为你的职责要你做的事情（What ever may occur,

---

① ［法］亨利-伊雷内·马鲁：《历史如同知识》，第 80 页。
② Ambrose Bierce, "A Horseman in the Sky", in Ambrose Bierce, *Tales of Soldiers and Civilians*, San Francisco: E. L. G. Steele, 1891, pp. 9–20.

do what you conceive to be your duty)。① 于是，他扣动扳机，父亲应声坠下悬崖。无论喜欢还是不喜欢，文学史定论，这是两部堪为经典的作品，在美国家喻户晓。但是，能不能依据这两个想象与虚构的文学文本，对美国历史上的重大事件给出历史学意义上的判断和结论？回答是否定的。对于前者，尽管我们高度肯定文本的艺术价值，但不赞成她通过想象和虚构所表达的历史观念。她对南北战争的否定性评价，不符合近代以来人类进步的主流共识。她对人类共识的反叛和颠覆是大胆的，但我们不会因为她的大胆，就随声附和肯定她。历史是不可以歪曲和亵渎的。对于后者，我们赞成作者的历史观点，赞成他对南北战争的正确认识和评价。但是，我们依旧不能视它为可靠的历史文本，也不能据此对南北战争的历史作出新的判断。因为它是文学，是虚构，是想象，是审美，而非考据和论证。中国学者有如此评论："《空中骑士》用诗一般的描写，通过一家父子的生死决斗表达了美国内战是怎样一种新时代消灭旧时代的战争。"② 这是文学批评家对文本的文学批评，不是历史学家对历史事实的考证。此文本可以让我们对战争的残酷和美国价值观有新的认知，但对战争本身的历史细节的挖掘，对战争历史意义的思索，没有任何作用。

我们回到贝克尔，看他会怎样认识这个问题。对此，贝克尔有多重表达。

其一，对于所谓普通人的历史记忆，他认为："仿佛具有一位创作艺术家的自由；他在想象中重新创造作为他个人经验的一种人为伸张的历史，势必是事实和幻想的动人的混合物，是对真实事件的一种神秘的附会。"③ 对于专业的历史学家而言，文学家对历史的认知可以视为普通人了。玛格丽特以她艺术家的自由，在她的想象中"重新创造作为她个人经验的一种伸张的历史"，其表达形式和载体就是小说《飘》，作为历史学家的女儿，对于历史研究的爱好，这个表达当然"是事实和幻想的动人的混合物"，"是对真实事件的一种神秘的

---

① Ambrose Bierce, "A Horseman in the Sky", p. 12.
② 王佐良：《照澜集》，外国文学出版社1986年版，第182页。
③ ［美］卡尔·贝克尔：《人人都是他自己的历史学家》，第269页。

附会"。这完全符合贝克尔对历史研究的定义,但是,贝克尔先生会认可玛格丽特的小说是严肃科学的历史文本吗?在安布罗斯·比尔斯的短篇中,幻想和虚构更上层楼,儿子扣动扳机,父亲骑坐在马上凭空飘落而下,有人评论:"这个镜头集中而短促,然而作者却给了它足够的意义",一个"庄严而惹人注目的骑士塑像","代表了即将为北军消灭的南方的'骑士时代';而儿子是通过步枪的瞄准器里看到这景象的,又说明这是一场同'骑士时代'的讲规矩、讲礼节的比武截然不同的新的、现代性质的战争"。① 这是不是已经符合贝克尔的要求,应该是"事实和幻想的动人的混合物","对真实事件的一种神秘的附会"?然而,贝克尔能不能认可这是"最能适合他的利益的或最有希望满足他的情绪的"历史文本?

其二,贝克尔说:"历史是一种想象的产物,是属于个人所有的一种东西;这种东西是我们每一个普通人从他个人的经验里塑成,以适应他实际的或情绪上的需要,并且把它尽可能地好好加以修饰来适合他审美的口味。"② 那么历史到底要以什么为最终目标?不是事实,不是真实,不是主观认识与客观的统一,而是审美,是审美口味的诉求与一致。如果历史研究的任务是审美,我们来看美学批评的视角:"景物描写适应主题。父亲的形象是被儿子和其他人从下面看到的,以天空壮丽的云彩为背景,显得特别高大、突出,而他飘扬着长发骑马朝着峡谷凌空奔驰的一景,更是赋予他以一种古典的、浪漫的气氛。相形之下,联邦军官兵的言谈举止则是随便的、平凡的、无诗意的,然而他们是胜利者,因为他们代表了一个不可抗拒的新时代。"③ 从艺术批评的标准说,这个批评是优秀的。以文本的叙事分析为凭借,为小说建构了难为常人所领会的深层意义,对文本所具有的政治与历史意义以美学观照,不是事实,不是真实,但是审美,是艺术家审美诉求的意象展开,应该符合贝克尔的历史研究规范和希冀。但是,史学界会不会认可《空中骑士》是严肃的历史学文本?

---

① 王佐良:《照澜集》,第192页。
② [美]卡尔·贝克尔:《人人都是他自己的历史学家》,第267页。
③ 王佐良:《照澜集》,第192页。

其三,贝克尔祈祷:作为都是他自己历史学家的人人,"都能十分单独地生活在毫无限制的天地里,那么他可以在记忆中自由地去肯定并保持任何异想天开的一系列事件,从而创造一个称心如意的假象世界"。对于专业历史学家,贝克尔又认为:"我们也就是那辈古代受人尊敬的部落的先知,也就是弹唱诗人、讲故事的人和梨园子弟,也就是星相巫卜和僧侣祭司——这些历代托付他们流传有用的神话的人。"① 以上两个文学文本的作者,都是"在记忆中自由地去肯定并保持任何异想天开的一系列事件",而且也真正"创造一个称心如意的假象世界";这个假象世界看起来那么真实,从微观细节上证明着历史;他们也真正是"讲故事的人",骑士从天空中落下,小说中的人物和现实生活中的我们都以惊愕的目光看着这位神话般的骑士和情景,由贝克尔的标准和渴望判断,这应该是优秀的历史想象了。然而,现实理论过程中,哪个学科的研究者会把这一切当作历史文本来对待和处理?我们相信,所有的人都会说:这是小说,不是历史。文本的书写者是小说家,不是历史学家。

这一切应该如何评价和判断?马鲁说:"我们不要太过草率地把历史学家同剧作家或小说家相比,因为历史学家应该始终令人满意地强调这种可理解性是真实的,而不是想象的,是可以在人类的过去的'真实'中找到其根据的。"② 我们认为,这应该是一个比较好的回答。以想象和虚构制造历史,前置立场和模式,对历史作符合论者前置结论的强制阐释,必须予以清醒辨析。我们要区别文学性的历史文本和历史性的文学文本。前者是有浓厚文学色彩的历史事实的表述,在中国古代有《史记》,在西方古代有《历史》。司马迁不是游吟诗人,希罗多德不是僧侣祭司,而是严肃的历史学家。他们的著作是历史的真实记事。强制阐释的历史不是真实的历史。

---

① [美]卡尔·贝克尔:《人人都是他自己的历史学家》,第267、271页。
② [法]亨利-伊雷内·马鲁:《历史如同知识》,第85页。

历史真理的认识和判断

——从历史认识的阐释性谈起[*]

于 沛[**]

在实际生活中,"历史"至少包括两方面的内容:其一,历史是人类社会已经逝去的历史过程;其二,历史是人们对这一过程历史认识的结果。[①] 人类客观存在的历史,与人们对"客观存在的历史"的认识,是既有联系、但却截然不同的两个概念。人类漫长的历史进程,可以理解成一个自然历史过程,存在着客观的历史真理。人们可以认识它,但又不可能穷极真理。因为"我们的知识向客观的、绝对的真理接近的界限是受历史条件制约的,但是这个真理的存在是无条件的,我们向这个真理的接近也是无条件的"。[②] 历史认识的过程,就是探究历史真理的过程,即在实证研究,阐明"是什么"的基础上,回答"为什么",通过这样或那样的阐释,以揭示历史的真理性

---

[*] 本文原刊于《中国社会科学评价》2018年第1期。

[**] 作者单位:中国社会科学院世界历史研究所。

[①] 例如梁启超认为,"史者何? 记述人类社会赓续活动之体相,校其总成绩,求得其因果关系,以为现代一般人活动之资鉴者也"。(《饮冰室合集·专集之七十三》,中华书局1989年版,第1页)李大钊认为:历史"是人类生活的行程,是人类生活的联续,是人类生活的变迁,是人类生活的传演。……种种历史的记录,都是很丰富、很重要的史料,必须要广蒐,要精选,要确考,要整理,但是他们无论怎么重要,只能说是历史的记录,是研究历史必要的材料。不能说他们就是历史"。(《李大钊全集》第4卷,人民出版社2006年版,第399页)冯友兰认为:"历史有两义:一是指事情之自身;如说:中国有四千年之历史,说者此时心中,非指任何史书,如《通鉴》等。……历史之又有一义,乃是指事情之纪述;如说《通鉴》《史记》是历史,即依此义。总之……'历史'与'写的历史'乃系截然两事。"(《中国哲学史》上册,华东师范大学出版社2000年版,第11—12页)

[②] 《列宁专题文集·论辩证唯物主义和历史唯物主义》,人民出版社2009年版,第42页。

内容。

追溯到人类远古文明时期，人们在试图理解卜卦、神话时，就已萌生了"释义学"，以及与之伴生的诸多"阐释"。从古典时期到近现代以来，历史学中的"阐释"和哲学、文艺学、宗教学、社会学、心理学、语言学中的阐释一样，内容庞杂，歧义丛生，多元纷呈。今天，人们对历史阐释的认识不断深入，从"历史认识的阐释性"的视域，探讨历史真理的认识和判断，无疑仍有重要的理论意义和现实意义。

一　历史是被阐释的历史

当"历史事件"因史家的选择，成为"书写的史实"，进入典籍或为其他形式的历史记忆、蕴含并传达有往昔具体的信息，而成为"历史"时，可以看出历史的重要特征，即历史是被阐释的历史；从历史认识主体无法直接面对认识客体这个意义上也可以说，历史学与一般意义的史料搜集的区别，在于它的阐释性。英国克拉克爵士（Clark，Sir George Norman）在14卷本《新编剑桥世界近代史》的《总导言》中说：历史学不能停止在描述，而在于做出判断。"一部历史书与仅仅是一堆有关过去的报导之间的区别之一，就是历史学家经常运用判断力。""历史不是人类生活的延续，而是思想意识的延续。""就历史学而言，我们可以断定，如果说它是一门科学的话，它是一门从事评价的科学。"① 历史学不是史料的堆砌和展示，而是要对这些史料以及史料之间的内在联系等本质内容，进行判断和评价。不言而喻，无论是"判断"，还是"评价"，都离不开"阐释"。

史学的这个特点，在远古时期就已鲜明地表现出来，且中外皆然。据《尚书·召诰》记载，西周初期杰出的政治家、思想家周公，十分重视总结历史经验，他提出"我不可不监（鉴）于有夏，亦不可不监于有殷"，强调周所以代殷的原因，是"明德慎罚"。只有记

---

① ［英］乔治·克拉克爵士：《总导言》，G. R. 波特编：《新编剑桥世界近代史》第1卷，张文华、马华译，中国社会科学出版社1999年版，第21—22、24、31页。

历史真理的认识和判断

住历史的教训,才能像夏朝那样久远。司马迁著《史记》,"网罗天下放失旧闻,略考其行事,综其终始,稽其成败兴坏之纪"。① "述往事,思来者""欲知来,鉴诸往""以史为鉴,可以知兴替"等,都是讲史学离不开认识和阐释。撰写历史,既要阐明史实,也要以此为依据,阐释史事的意义,给人以启迪或教训,两者缺一不可。这成为历代史家的共识,除司马迁外,刘知几、杜佑、司马光、郑樵、马端临、章学诚、顾炎武、王夫之、魏源等人的史学著述,都是这方面的典范。在古代希腊罗马,史家修史的目的是喻今,垂训后世,同样离不开历史的阐释。如修昔底德(Thucydides)所言,"擎起历史的火炬,引导人类在摸索中的脚步";塔西佗(Tacitus)则说"历史之最高的职能就在于赏善罚恶,不要让任何一项嘉言懿行湮没不彰,而把千秋万世的唾骂,悬为对奸言逆行的一种惩戒"等,② 都是如此。

近代以来,随着社会的发展和科学的进步,产生了越来越多、越来越复杂的问题,需要通过历史的回溯,用历史的事实给予阐释。这样,如何认识"什么是历史"这样的问题就不可避免地凸显出来。因为只有明确地判定什么是历史,才有可能在此基础上去认识历史、阐释历史。在不同时代不同的历史环境中,诸多学者就这个问题进行了热烈的讨论。这些讨论围绕"历史是被阐释的历史",以及历史是"如何"被阐释的,在人类思想发展史上留下了重要的一页。

18世纪意大利语言学家、历史学家维科(Giambattista Vico),致力于建立将哲学的普遍性与历史的个别性相统一的历史哲学。在他看来,具体的历史事实,只看到片面的不完整的历史真理,只有将其与具有普遍真实性的哲学结合起来,相互融为一体,才能获得完整的历史真理,亦即维科在其名著《新科学》中所追求的那样,"发现各民族历史在不同时期都要经过的一种理想的永恒的历史图案"。③ 维科

---

① (西汉)司马迁:《报任安书》,《汉书》卷62《司马迁传》,中华书局1962年版,第2735页。
② 转引自郭圣铭《西方史学史概要》,上海人民出版社1983年版,第29、48—49页。
③ [意大利]维科:《新科学》,朱光潜译,人民文学出版社1986年版,第7页。

的历史哲学是要建立一种"理想的永恒的历史",揭示人类历史是一个有规律的过程,为新兴的资本主义发展鸣锣开道。马克思(Karl Heinrich Marx)高度评价他的思想,认为其中"有不少天才的闪光",① 原因就在于维科阐释了历史发展不仅是有规律的,而且这种规律是可以为人类所认识的。维科笃信真理的认识就是创造,人类的历史是自己创造的,人类自然可以认识自己的创造物,亦即认识历史的真理。他说:"这个民族世界确实是由人类创造出来的,所以它的面貌必然要在人类心智本身的种种变化中找出。如果谁创造历史也就由谁叙述历史,这种历史就最确凿可凭了。"② 在这里,"叙述历史"的过程即是认识历史、阐释历史的过程。这种认识,在欧洲学术界有广泛影响,例如,德国哲学家弗里德里希·施莱尔马赫(Friedrich Daniel Ernst Schleiermacher)即认为,所谓历史解释,即是创造性地重建历史,历史的意蕴在于历史之外。

意大利哲学家、历史学家克罗齐(Benedetto Croce)是新黑格尔主义历史哲学的代表人物之一。他认为,历史绝不是用叙述写成的。1917年,他提出了一个著名命题:"一切真历史都是当代史。"③ 同时,从自己的哲学体系出发,克罗齐对"历史"和"编年史"的差别进行了新的解释。他说:"历史是活的历史,编年史是死的历史;历史是当代史,编年史是过去史;历史主要是思想行动,编年史主要是意志行动。一切历史当它不再被思考,而只是用抽象词语记录,就变成了编年史,尽管那些词语曾经是具体的和富有表现力的。"他还认为,"当生活的发展逐渐需要时,死历史就会复活,过去史就变成现在的。罗马人和希腊人躺在墓穴中,直到文艺复兴欧洲精神重新成熟时,才把他们唤醒";"因此,现在被我们视为编年史的大部分历史,现在对我们沉默不语的文献,将依次被新生活的光辉所照耀,将重新开口说话"。④ 由此可以看出,克罗齐将"死历史"变成"活历

---

① 《马克思恩格斯全集》第30卷,人民出版社1974年版,第618页。
② [意大利]维科:《新科学》,第145页。
③ [意大利]贝内德托·克罗齐:《历史学的理论和历史》,田时纲译,中国社会科学出版社2005年版,第6页。
④ 同上书,第11、15页。

史"的历史阐释,是"当代性"的阐释。这种阐释的前提,是那些史实必须在当代历史学家的心灵中回荡。唯有当前的兴趣和要求才会促使史家去研究过去,激活过去,将编年史转变为历史。在《作为思想和行动的历史》中,克罗齐写道:历史著作的"历史性可界定为由实际生活需求激起的理解和领悟行为";"不管进入历史的事实多么悠远,实际上它总是涉及现今需求和形势的历史,那些事实在当前形势下不断震颤"。①

今天,后现代主义已是一种世界性的文化思潮,它是对19世纪后期出现的反理性主义哲学潮流的继承,在哲学、艺术、影视、文学、史学、语言学、社会学、心理学、法学、人类学、地理学、建筑学等领域,都有广泛影响。美国历史哲学家、后现代历史学派代表人物之一海登·怀特(Hayden White),在谈及他的"历史著述理论"时说:"我通过区分以下历史著述中的概念化诸种层面来开始我的论述。它们是:(1)编年史;(2)故事;(3)情节化模式;(4)论证模式;(5)意识形态蕴涵模式。"与之相联系,海登·怀特确立了历史叙述的三种解释模式,即"(1)情节化解释;(2)论证式解释;(3)意识形态蕴涵式解释"。② 这三种历史叙述模式在"解构"的使命下,密切联系在一起。例如,情节化解释,是指通过鉴别所讲故事的类别,来确定故事的"意义"。所谓"论证式解释",强调"论证"是对故事中所发生的事情进行一种解释。"意识形态蕴涵式解释",指史家为"理解现实"所假设的立场。海登·怀特认为,历史话语不过是意识形态的制作形式,而史家则是以"客观性"和"学术性"为招牌,以掩盖自己的意识形态立场和文学性质。

2004年,海登·怀特的代表作《元史学》中文版出版,他在《中译本前言》中写道:"我在《元史学》中想说明的是,鉴于语言提供了多种多样建构对象并将对象定型成某种想象或概念的方

---

① [意大利]贝内德托·克罗齐:《作为思想和行动的历史》,田时纲译,中国社会科学出版社2005年版,第5—6页。

② [美]海登·怀特:《元史学:十九世纪欧洲的历史想像》,陈新译,彭刚校,译林出版社2004年版,第6、8页。

式，史学家便可以在诸种比喻形态中进行选择，用它们将一系列事件情节化，以显示其不同的意义。这里面没有任何决定论的因素。……近来的'回归叙事'表明，史学家们承认需要一种更多是'文学性'而非'科学性'的写作来对历史现象进行具体的历史学处理。"①

在海登·怀特看来，真实的历史是不存在的，史学无科学性可谈，所以历史不可能只有一种，有多少种理论的阐释，就会有多少种历史。历史叙述就是主观地讲故事（story-telling），历史事件是"故事的因素"；既然是故事就会有情节，历史学家写作就要"编织情节"（emplotment）。历史是一种"文学想象"的解释，这仍然是在强调后现代主义"彻底消解传统"的基本特征。

综上可以看出，维科、克罗齐、海登·怀特等生活在不同的时代，他们是在唯心史观的立场上，从不同的理论体系出发去阐释历史，虽然观点不一，但都认为"历史是被阐释的历史"却是不争的事实，而且他们也都没有否认历史阐释的意识形态内容。马克思主义史家也如是。唯物史观和唯心史观的区别，不在于是否承认"历史是被阐释的历史"，而在于如何阐释。1923年，李大钊在上海大学所作《史学概论》的演讲中指出："历史家的任务，是在故书簏中，于整理上，要找出真确的事实；于理解上，要找出真理。"② 李大钊在这里提出历史研究中"整理"和"理解"两个阶段。"整理"是要"找出真确的事实"；而"理解"是"要找出真理"。李大钊十分重视历史研究中的理论阐释，即"找出真理"，认为这是史学走向科学的基础和前提。他指出："史学的主要目的，本在专取历史的事实而整理之，记述之；嗣又更进一步，而为一般关于史的事实之理论的研究，于已有的记述历史以外，建立历史的一般理论。严正一点说，就是建立历史科学。此种思想，久已广布于世间，这实是史学界的新曙光。""今日历史的研究，不仅以考证确定零零碎碎的事实为毕乃能事；必须进一步，不把人事看作片片段段的东西；要把人事看作一个整个

---

① ［美］海登·怀特：《元史学：十九世纪欧洲的历史想像》，第4—5页。
② 《李大钊文集》第4卷，人民出版社1999年版，第359页。

的，互为因果，互有连锁的东西去考察他。于全般的历史事实的中间，寻求一个普遍的理法，以明事实与事实间的相互的影响与感应。"① 李大钊这里所说认识历史的"普遍的理法"，即是在唯物史观的理论基础上，通过对人类历史的宏观认识，科学阐释历史发展规律。

二 从"强制阐释"到"公共阐释"

在西方，阐释学有久远的历史。追根溯源，可上溯到古希腊，在亚里士多德的著述中，即已涉及"阐释"的问题。而阐释学作为一种哲学学派，则形成于20世纪，第二次世界大战后在西方学术界有较广泛的影响。一般认为，阐释学可视为西方哲学、宗教学、历史学、语言学、心理学、社会学，以及文艺理论中"有关意义、理解和解释等问题的哲学体系、方法论或技术性规则的统称"。② 在中国，对于典籍的注释或经学，明显地表现出阐释学的特征，如《公羊传》对《春秋》的诠释、《系辞》对《易经》的诠释，等等。近代以来，从学者们对"汉学与宋学之争""训诂明还是义理明"，以及"我注六经还是六经注我"等争论中，也可一窥中国古典学术中悠久的阐释传统。

19世纪是西方阐释学的古典时期，德国哲学家施莱尔马赫和狄尔泰（Wilhelm Dilthey）在广泛汲取前人"释义学"研究成果的基础上，开创了阐释学新的发展时期。狄尔泰深受德国古典哲学创始人康德（Immanuel Kant）的影响，如康德提出为自然科学奠定哲学基础的"纯粹理性批判"一样，狄尔泰则提出"历史理性批判"的阐释学。其核心内容是：处于具体历史情境中的阐释学，如何能对其他历史性的表现进行客观的理解。20世纪的德国哲学家海德格尔（Martin Heidegger），是现代阐释学的开创者。他在《存在与时间》（1927）等著述中，将阐释学的研究从方法论和认识论性质的研究，转变成本体论

---

① 《李大钊文集》第4卷，第409、411页。
② 参见《中国大百科全书》第11卷，中国大百科全书出版社2009年版，第510页。

性质的研究，从而使阐释学由人文科学的方法论，转变为一种哲学。第二次世界大战后，德国哲学家伽达默尔（Hans-Georg Gadamer）强调从本体论角度去揭示人的理解活动的实质，哲学阐释学成为一个有广泛影响的专门的哲学学派。

与"哲学阐释学"不同，在历史学领域，"历史阐释学"始终处于方法论和认识论的层面上，这和历史人类学有些相似。历史人类学主要是用人类学的方法去认识和分析社会历史现象，从人类学的视角对历史作出解释和判断，很难说它是一个历史学的分支学科。历史阐释学作为一个学科，或历史学的一个分支学科，长期以来是一个较模糊的概念，但其主要内容是"历史—理解—阐释"，则是很明确的，似无更多的歧见。

在中国史学界，一方面，历史研究从没有脱离过历史的阐释，所谓"史论结合""论从史出"中的"论"，主要即是对历史的阐释；另一方面，对"历史阐释"，却多是"就事论事"或"一事一论"，这里的"论"，似乎只有阐释的特殊性，但对阐释缺乏明确的、具有一般科学意义的规范，以至历史研究者往往是不自觉地、甚至是带有很大盲目性地进行历史的阐释，致使历史阐释即使是在方法论和认识论的意义上，也往往被忽略了。2014年，张江教授提出了"强制阐释论"后，使情况开始发生变化。

张江教授在文学理论研究中提出"强制阐释"的基本特征有四点：第一，场外征用。广泛征用文学领域之外的其他学科理论，将之强制移植文论场内，抹杀文学理论及批评的本体特征，导致文论偏离文学。第二，主观预设。论者主观意向在前，前置明确立场，无视文本原生含义，强制裁定文本意义和价值。第三，非逻辑证明。在具体批评过程中，一些论证和推理违背基本逻辑规则，有的甚至是逻辑谬误，所得结论失去依据。第四，混乱的认识路径。理论构建和批评不是从文本的具体分析出发，而是从既定理论出发，从主观结论出发，颠倒了认识和实践的关系。①"强制阐释"并非仅仅存在于文学阐释和文学理论研究中，也同样存在于历史研究中。应该说，历史研究中

---

① 参见张江《强制阐释论》，《文学评论》2014年第6期。

强制阐释由来已久，从欧美到东方，从第二次世界大战前后到"冷战"前后，直至今天，都不难找到它的身影。① 历史认识中的"强制阐释"，不是对具体的历史过程或个别历史现象的"不当阐释"，而是涉及历史认识的一些基本理论问题。这就促使人们去思考，如何在新的历史条件下，如何针对这样或那样的"强制阐释—不当阐释"，建立我们自己的历史阐释的理论、原则和方法，这直接关系到构建当代中国历史科学的理论体系和话语系统这一现实问题。因此，"强制阐释论"的讨论，在史学界自然受到了广泛的关注。2017 年夏，继"强制阐释"之后，张江教授又发表《公共阐释论纲》。"公共阐释"这一概念的提出，使人们对"强制阐释"的认识，不再仅仅停留在对其弊端的认识和摒弃。

"公共阐释"，作为一个新的科学术语，既可视为我们思考中的中国阐释学新的核心概念、核心范畴，也可视为是新的核心理论。广大史学工作者所探求的"历史阐释学"自然有历史学学科性质所决定的自身的特点，但其一般的科学逻辑、科学规范和理论基础，和"中国阐释学"则是基本一致的。张江教授在《公共阐释论纲》的题注中这样写道：

> "公共阐释"是一个新的概念，是在反思和批判强制阐释过程中提炼和标识的。提出这一命题，旨在为建构当代中国阐释学基本框架确立一个核心范畴。强制阐释概念提出以后，学界进行了广泛讨论，提出许多好的意见和建议，对本文作者深入思考当

---

① 历史认识中的强制阐释，具有文学研究中的强制阐释的四个特点，同时还由历史学的学科特点所决定，有更为鲜明的意识形态色彩，即历史的强制阐释多有具体的政治指向。例如，1937 年"七七事变"，是日本帝国主义有准备的武力侵华的重大步骤，中国人民奋起抵抗，中国的全民族抗战，开辟了世界上第一个大规模反法西斯战场，做出了重大的民族牺牲。但是，在西方颇有影响的 14 卷本《新编剑桥世界近代史》却无视基本事实写道："1937 年 7 月 7 日，日本和中国的军队在华北的卢沟桥附近发生了战斗。地方谈判宣告失败，这个事件与 1931 年 9 月在沈阳发生的事件不同，看来不是任何一方策划的，但它逐渐升级，直到两国深深陷入全面战争。这场战争直到日本在美国原子弹的轰炸下于 1945 年 8 月投降才告结束。"（［英］C. L. 莫瓦特编：《新编剑桥世界近代史》第 12 卷，丁钟华、王章辉等译，中国社会科学出版社 1999 年版，第 936 页）

代中国阐释学元问题具有重要的启发意义。公共阐释论就是对这些问题的进一步延伸……

从这样的认识出发,他指出"公共阐释"的六个基本特征:"第一,公共阐释是理性阐释;第二,公共阐释是澄明性阐释;第三,公共阐释是公度性阐释;第四,公共阐释是建构性阐释;第五,公共阐释是超越性阐释;第六,公共阐释是反思性阐释"。[①] 这就将"强制阐释论"的讨论大大向前推进了一步。"强制阐释"和"公共阐释"的提出,使人们在讨论如何构建中国阐释学时,逐步从抽象、泛议中走出,而开始从"强制阐释""公共阐释"等新概念、新理论出发,越来越具体有效地开展讨论。

"公共阐释"这个概念,是作者在反思西方阐释学中非理性、非实证、非阐释性的极端相对主义和虚无主义理论话语的基础上提出的,并强调"公共阐释"是指"阐释者以普遍的历史前提为基点,以文本为意义对象,以公共理性生产有边界约束,且可公度的有效阐释"。这对于深化历史阐释具有重要的理论意义。历史研究在认识论的意义上展开,历史认识是具有阐释性的认识。任何一个民族历史的传递、民族记忆的获得和保存,以及民族文化的传播等,都离不开世世代代历史阐释的积累。

就"历史真理的认识和判断"而言,"强制阐释"和"公共阐释"的含义截然不同,是两条截然不同的认识路径。在历史认识中,以"强制阐释"为中心的历史阐释所得出的结论,只会与客观的历史真理南辕北辙,愈来愈加遥远。而"公共阐释",则给人们以如何发现历史真理、接近历史真理、认识历史真理的启迪。人在本质上是社会存在物,虽然阐释是个体性的活动,但是"阐释活动的主体不是单独的人,而是'集体意义上的人',是一个深深植入公共理解系统的'阐释群体',这个群体而不是个人制约着文本意义的生成"。人"作为社会主体所具有的认识能力或本质力量,不能只看到通过生物学意义上的遗传进化方式所获得的所谓'天赋'能力,更重要的是

---

① 张江:《公共阐释论纲》,《学术研究》2017年第6期。下引不出注者均引自该文。

要看到通过社会遗传进化方式由社会所给予的后天获得性能力"。①以"公共阐释"为中心的历史阐释,是"后天获得性能力"的重要内容之一。人在接受后天塑造时离不开公度性"有效"的历史阐释,正是在这个意义上,历史是最好的教科书,是最好的老师。

三 历史真理的阐释:历史性和现代性

马克思在亲自校订的《资本论》法文版第1卷的《序言》中写道:"社会经济形态的发展同自然的进程和自然的历史是相似的";②此前,这句话曾被误解、误译成"社会经济形态的发展是一种自然历史过程"。③将这两句话稍加比较就可以看出,后者似认为"社会经济形态的发展",即历史的发展规律可以自发地实现,人在历史规律面前无所作为。这显然不是马克思的原意,否则就无法理解马克思主义经典作家所强调的"历史不过是追求着自己目的的人的活动而已"。④历史真理,是指人类历史矛盾运动中的内在联系,以及由此所决定的历史发展的一般规律或特殊规律。历史真理和历史规律联系在一起,但"历史规律并不是存在于人的活动之外或凌驾于人的活动之上的'绝对计划',历史规律就形成、存在并实现于人的活动之中,表现为最终决定人类行为结局的力量"。⑤与人类历史矛盾运动密切联系在一起的"人的活动",传递着纷繁复杂的历史信息,蕴含着无限丰富的历史内容,而要获取这些信息和内容,进而探究或揭示历史真理,就离不开历史的认识和阐释。

---

① 《夏甄陶文集》第5卷,中国人民大学出版社2011年版,第49—50页。
② [德]马克思:《资本论》第1卷(根据作者修订的法文版第1卷翻译),中共中央马克思恩格斯列宁斯大林著作编译局译,中国社会科学出版社1983年版,第4页。
③ 《马克思恩格斯选集》第2卷,人民出版社1972年版,第208页;《马克思恩格斯全集》第23卷,人民出版社1972年版,第12页。1995年以后,《马克思恩格斯选集》《马克思恩格斯文集》等,均已改正了原来的误译,正确地译为"我的观点是把经济的社会形态的发展理解为一种自然史的过程"(《马克思恩格斯选集》第2卷,人民出版社1995年版,第101—102页)。
④ 《马克思恩格斯文集》第1卷,人民出版社2009年版,第295页。
⑤ 杨耕:《马克思主义历史观研究》,北京师范大学出版社2012年版,第238页。

历史规律参与并制约着人的活动，决定着历史发展的趋势，从而使人的活动不可避免地带有历史性，人们尊重历史、敬畏历史。但是，历史与现实不可割裂，历史从来就不会消失得无影无踪。人们阐释历史规律，并不仅仅是为了缅怀人类的过去，更在于通过对历史规律的认知，更清醒地认识人类的现实和未来。从历史性与现代性的统一去认识历史真理，是阐释历史真理两个不可或缺的内容。古老的历史学永葆青春，是由现实的呼唤所激发的。历史研究要有鲜明的时代精神，这是中国史学古已有之的优秀传统。但是这一传统在现实生活中却面临着严峻的挑战。

2002年，美国纽约大学张旭东教授在北大接受采访时，曾谈到当代中国文化和生活的世界定位问题。他说："文化定位实际上也就是不同文化和价值体系之间的互相竞争。中国文化如何在当代西方各种强势文化的影响下进行自我定位和自我构想，这实际上也就是一个争取自主性，并由此参与界定世界文化和世界历史的问题。这反映出一个民族的根本性的抱负和自我期待。"他认为提出这些问题决非小题大做：现在，中国任何一个现象都只能在别人的概念框架中获得解释，好像离开了别人的命名系统，我们就无法理解自己在干什么。我们生活的意义来自别人的定义，对于个人和集体来说，这都是一个非常严重的问题。如果中国人获得"现代性"的代价是只知道"现代性"而不知道中国，这会是很可悲很滑稽的事，而且从某种意义上说，这是一种本末倒置。[1]

十五六年过去了，他当时看到的中国学术界这种极不正常的现象，在今天的中国史学界并没有得到根本改变。那种既没有"根"、又没有"魂"的学术阐释，依然有它的市场。这种状况表明，面对西方强势文化的影响，构建当代中国哲学社会科学的理论体系和话语系统，在今天仍然是刻不容缓的历史性课题。

构建当代中国历史科学的理论体系和话语系统，不是坐而论道，而是要通过艰苦的理论探讨和科学研究，在实践中进行。但这又不是

---

[1] 张洁宇：《全球化时代的中国文化反思：我们现在怎样做中国人——张旭东教授访谈录》，《中华读书报》2002年7月17日。

"摸着石头过河",而是要自觉地坚持唯物史观的理论指导,首先是明确历史真理阐释的历史性与现代性的辩证统一。关于史学的目的,以及历史与现实的关系,中国自秦汉以来即不乏精辟论述。如汉代司马迁强调史学"述往事,思来者","欲以究天人之际,通古今之变,成一家之言",[①]近代梁启超在《中国历史研究法》中写道:"史家目的,在使国民察知现代之生活与过去未来之生活息息相关,而因以增加生活之兴味睹遗产之丰厚,则欢喜而自壮;念先民辛勤未竟之业,则矍然思所以继志述事而不敢自暇逸;观其失败之迹与夫恶因恶果之递嬗,则知耻知惧;察吾遗传性之缺憾而思所以匡矫之也。夫如此,然后能将历史纳入现在生活界使生密切之联锁;夫如此,则史之目的,乃为社会一般人而作,非为某权力阶级或某智识阶级而作,昭昭然也。"[②]中国马克思主义史家,继承并发展了中国传统史学"求真求实""经世致用"等优良传统。如胡绳强调:"理论联系实际是发展社会科学的根本方针,也是马克思主义倡导的优良学风",在历史研究中也是如此。"以为研究过去对现实没有意义,是不对的。科学地认识昨天和前天,就能对正在运动着的今天的现实有更深的了解,并能对未来作出科学的预测……在研究历史时,要有现实的时代感。"[③]这些认识,对于从历史性与现代性的结合上,阐释历史真理,划清与"强制阐释"的界限,无疑有积极的理论意义和现实意义。

自古典时代始,历代的史家都在时代所给予他们的历史条件下,以不同的方式寻求历史的真理,并作出这样或那样的阐释。在汗牛充栋的中外典籍中,不难看到他们的思想痕迹。但直到 19 世纪中叶,情况才发生了根本的变化。正是马克思主义的唯物史观,作为人类科学思想的最伟大成果之一,揭示了历史的奥秘,开辟了科学认识历史真理的现实道路。在马克思看来,人类社会生活在本质上是实践的,是现实的个人及其活动;历史是社会历史主体与客体相互作用的过程。因此:"只要描绘出这个能动的生活过程,历史就不再像那些本

---

① (西汉)司马迁:《报任安书》,《汉书》卷62《司马迁传》,第2735页。
② 梁启超:《中国历史研究法》,东方出版社1996年版,第3—4页。
③ 《胡绳全书》第3卷下,人民出版社1998年版,第458、471—472页。

身还是抽象的经验主义者所认为的那样，是一些僵死的事实的汇集，也不再像唯心主义者所认为的那样，是想象的主体的想象活动。"① 这就明确地指出了历史真理的真谛，它不是虚无缥缈的、可以随心所欲加以阐释的精神产物，而是物质世界中主观性与客观性的统一、相对性与绝对性的统一的真理。不言而喻，这里所说的历史真理，是超越了历史上出现过的符合论真理观、语义真理观、分析真理观，或融通真理观，以及工具真理论所规范的真理，而且是在科学实践基础上的，唯物主义和辩证法相统一的客观历史真理。

历史真理，是历史认识主体对客体辩证的、能动的反映，而不是具体的历史过程本身。这就决定了历史真理不存在着所谓的"纯客观性"，也就不难理解历史真理的主观性，首先体现在认识主体的主观选择性。但是，这种反映不是消极、盲目、被动的，而是由历史认识主体所主导的选择过程。英国史家卡尔（Edward Hallet Carr）曾言："历史是历史学家跟他的事实之间相互作用的连续不断的过程，就是现在跟过去之间的永无止境的问答交谈。"他同时还强调，历史研究不可以排除解释或阐释，因为"解释是历史的生命必须的血液"，史实所蕴含的真理性内容需要阐释。诚然，"没有事实的历史学家是无根之木，是没有用处的"；但是，"没有历史学家的事实则是一潭死水，毫无意义"。② 卡尔所言史家"跟他的事实之间"，意在凸显"他"——史家的选择。所谓"选择"，是一种理性的历史哲学思考，是基于历史事实的一种主动的创造。这与由前置立场出发、从根本上抹杀历史真理本质特征的"强制阐释"，显然有着质的区别。

在历史认识的范畴中，不存在"纯粹客观"的历史真理，然而，客观的物质世界毕竟是存在的，因此，"历史真理"既不是主观臆造的，也不是纯粹客观的，而是主观性与客观性的完美结合。③ 这种主观性与客观性相统一的历史选择和历史阐释，坚实地建立在客观物质

---

① 《马克思恩格斯选集》第1卷，人民出版社2012年版，第153页。
② ［英］爱德华·霍列特·卡尔：《历史是什么?》，吴柱存译，商务印书馆1981年版，第28、26页。
③ 关于历史真理是"主观性与客观性的完美结合"，还可参见拙文《历史认识：主体意识和主体的创造性》，《历史研究》2003年第1期。

世界的基础上，鲜明地表现出社会存在决定社会意识。例如，1924年初，瞿秋白在广州阐释"三民主义"中"民族主义"何以提出时说："至于三民主义的发生，是完全由于中国现实经济状况而起的。……因为有外国的压迫和欺凌，故首先有民族主义。试看中国所有商埠，一切都在外人的掌握，许多政治上的大权都操自外人，所有铁路、矿山完全为外人经营，关税、盐税都由外人监督。在如此情形之下，我们即使有心和帝国主义者讲交情，试问有何方法？所以提倡民族主义是一个很简单的意思，并不用何种高深理想。"①

在历史真理阐释中，割裂"历史性与现代性"的联系，或人为地将其对立起来的重要原因之一，是无视历史发展的辩证法。脱离历史矛盾运动的实际，以非逻辑论证的方式"解读"或"剪裁"历史，使绝对主义、虚无主义、简单化、公式化在历史阐释的话语中大行其道。历史真理不仅是物质世界中主观性与客观性的统一，而且也是相对性与绝对性的统一。马克思说："人们自己创造自己的历史，但是他们并不是随心所欲地创造，并不是在他们自己选定的条件下创造，而是在直接碰到的、既定的、从过去承继下来的条件下创造。"② 人们对历史真理的认识和阐释也如是。

历史认识的过程，是历史认识主体逐渐接近历史真理的过程。正因为如此，历史学是一门古老的学科，同时又是一门年轻的学科。历史流动地存在于人们永不间断的理解和阐释中。毫无疑问，新的时代需要新的历史。但是，人类历史发展是服从于一定规律的历史矛盾运动，历史的发展是绝对的，不取决于人们的意志和愿望。人们只有自觉坚持历史阐释中的历史性与现代性的辩证关系，才有可能越来越接近客观的历史真理，更加自觉地成为历史的主人。

---

① 《瞿秋白选集》，人民出版社1985年版，第130—131页。
② 《马克思恩格斯选集》第1卷，人民出版社2012年版，第669页。

文本意义与政治利益：历史阐释的边界*

马俊亚**

近年来，国内外学者对"强制阐释"作了较深入的研究，但多限于文艺理论界。① 按照张江教授的定义，强制阐释是指"背离文本话语，消解文学指征，以前在立场和模式，对文本和文学作符合论者主观意图和结论的阐释"。② 这样看来，历史和史学研究中同样存在背离文本话语，以既有成见与模式对文本和史料作符合研究者主观意图和结论的阐释，亦即强制阐释。

一 探求文本意义的理性阐释

当代学者认为，阐释最先出现在"古典古代晚期的文化中，那时，神话的影响力和可信度已被科学启蒙所带来的'现实主义的'世界观所瓦解"。③ 这一说法显然带有欧洲中心论的色彩。

广义而言，人类社会的承继，离不开对政治、文化、法律、经

---

* 本成果受国家社会科学基金重点项目"近代中国社会环境历史变迁研究"（16AZS013）资助。作者衷心感谢三位外审专家非常精辟的意见，本文原刊于《中国社会科学评价》2017年第3期。

** 作者单位：南京大学抗日战争协同创新中心。

① 参见王翠《"强制阐释论"述评》，《中国社会科学院研究生院学报》2016年第5期。

② 张江：《强制阐释论》，《文学评论》2014年第6期。

③ ［美］苏珊·桑塔格：《反对阐释》，程巍译，上海译文出版社2003年版，第6—7页。

验、教训、认知、规范和历史知识的阐释。《易·系辞》中有"上古结绳而治",这些政事性的绳结显然需要专人阐释。恩格斯在《家庭、私有制和国家的起源》中指出:"随着家长制家庭的出现,我们便进入成文史的领域,从而也进入比较法学能给我们以很大帮助的领域了。"① 那么,至迟自家长制家庭时起,就应该形成比较系统化的阐释了。

但哲学、逻辑学意义上的阐释规范无疑始于阐释学的建立。阐释学又称解释学、释义学、诠释学。一般认为,"诠释"(interpretation)问题首先是由试图确立"上帝之言"的意义所引起的,其近代阶段始于19世纪初施莱尔马赫(Schleiermacher)所建立的圣经诠释学,导致了对"本文的意义"这一问题高度自觉意识的产生;到了19世纪末,狄尔泰(Dilthey)将神学诠释学进一步推向普遍化和理论化,成为理解人类的精神创造物、探讨整个"精神科学"的基础。② 这样,诠释学由具体的诠释规则和诠释技术上升为具有一般意义的诠释方法论。

存在主义者海德格尔认为:"现象学描述的方法论意义就是解释。……通过诠释,存在的本真意义与此在本已存在的基本结构就向居于此在本身的存在之领会宣告出来。此在的现象学就是诠释学。"③ 受此影响,有学者定义诠释学是"(广义上的)文本意义的理解与解释之方法论及其本体论基础的学说"。④

但"科学的"阐释学构建起来以后,并没有使阐释理念、阐释规范、阐释目标有趋同之势或更加理性,而仍然是众说纷纭、莫衷一是。

中国的阐释传统源远流长,以经学为盛。商周时代的"儒",实

---

① 《马克思恩格斯文集》第4卷,人民出版社2009年版,第70页。
② 参见[意大利]斯蒂芬·柯里尼《诠释:有限与无限》,[意大利]艾柯等著,[意大利]柯里尼编:《诠释与过度诠释》,王宇根译,生活·读书·新知三联书店1997年版,"导论",第4页。
③ [德]马丁·海德格尔:《存在与时间》(中文修订第二版),陈嘉映、王庆节译,熊伟校、陈嘉映修订,生活·读书·新知三联书店2015年版,第44页。
④ 潘德荣:《西方诠释学史》,北京大学出版社2013年版,第4页。

际上是殷民族"礼教的教士",他们保存着殷人的宗教典礼,其职业包括治丧、相礼、教学及其他宗教职务;他们向门下弟子、公族子弟、各国权臣、甚至国君阐释礼教。① 春秋时,各种宫廷乐舞的意境,非博学之士亦无以发微。鲁襄公二十九年(前544),季札在鲁观乐,从意境、构思、政制、文化、环境、个性和内容等方面对周乐作了系统评论,留下了享誉2500多年的经典阐释。② 稍晚于季札的孔子,为《易》作《彖》《象》《系辞》《文言》《序卦》等10篇;并对《书》进行编纂,"上断于尧,下讫于秦,凡百篇,而为之序,言其作意"。③ 可以说,孔子的做法包含了对典籍系统的阐释。这些学者没有构建、甚至系统地论证"阐释"或诠释学的概念、内涵等,但这类基于文本意义和历史事实的阐释多能获得时人的认同。

战国迄西汉,专门阐释《春秋》者有左氏、公羊、谷梁、邹氏、夹氏五家;释《诗》者有毛氏、齐、鲁、韩四家;"《易》有数家之传"。④ 马瑞辰认为,"盖诂训第就经文所言者而诠释之,传则并经文所未言者而引伸之"。⑤ 在某些情况下,为经文所做的阐释,其学术价值远胜于经文本身,如《左传》的史学、军事、政治,乃至文学价值都超过了《春秋》。西汉迄清,经学始终是中国具有统治性的学科,阐释儒家经典一直是一门重要的学问。其他各家各派的典籍,也均被不断地阐释。晋人《抱朴子》称:"幽赞太极,阐释元本。"⑥ 唐礼部郎中孔志约对医典进行阐释时,特别声明:"事非佥议,诠释拘于独学。"⑦

不可否认,对于同一部作品,不同的人会有不同的看法与感受。鲁迅指出:"《红楼梦》是中国许多人所知道……单是命意,就因读

---

① 《胡适文存四集》卷1《说儒》,欧阳哲生编:《胡适文集》(5),北京大学出版社2013年版,第29页。
② 杨伯峻编著:《春秋左传注》,中华书局1990年版,第1161—1165页。
③ 《汉书》卷30《艺文志》,中华书局1962年版,第1704、1706页。
④ 同上书,第1701、1702页注释3、4。
⑤ 马瑞辰:《毛诗传笺通释(上)》卷1《杂考各说·毛诗诂训传名义考》,陈金生点校,中华书局1989年版,第4—5页。
⑥ 杨明照撰:《抱朴子外篇校笺》上册,中华书局1991年版,第7页。
⑦ 唐慎微等:《重修政和证类本草》卷1,民国年间上海涵芬楼翻刻本,第7页b。

者的眼光而有种种：经学家看见《易》，道学家看见淫，才子看见缠绵，革命家看见排满，流言家看见宫闱秘事……"① 根据现代阐释学和接受美学的理解，一部文学作品的最后完成，不是终于作者的写作活动，而是终于读者的接受活动，这种接受活动包括所有参与作品阅读的一代又一代的众多读者。②

到目前为止，尽管学术上的理性阐释仍没有可操作的判别标准，但在人类不同的感受中，必然存在着精神上的相通之处，艺术享受方面的契合性。马克思指出："困难不在于理解希腊艺术和史诗同一定社会发展形式结合在一起。困难的是，它们何以仍然能够给我们以艺术享受，而且就某方面说还是一种规范和高不可及的范本。"③

历史作品和历史资料同样需要阐释。就认识的差异性而言，历史阐释与文学阐释有相似之处。历史编纂者从来都有自身的偏见或成见，即便一千个读者不会有一千个《史记》，但非阐释无以更加接近历史真相。梁启超指出："盖《春秋》而果为史者，则岂惟如王安石所讥断烂朝报，恐其秽乃不减魏收矣。……自尔以后，陈陈相因，其宗法孔子愈笃者，其毒亦愈甚。致令吾侪有'信书不如无书'之叹。"④ 通过阐释，对历史资料爬罗剔抉，对历史事实抽丝剥茧，对历史认知推陈出新。梁启超认为近代史学重要的进步，就是对多年因袭的历史重加鉴别以估定其价值，如此则史学立于"真"的基础之上，"而推论之功，乃不至枉施也"。⑤

因此，张江教授将非理性的强制阐释归纳为四个特征：场外征用、主观预设、非逻辑证明以及混乱的认识路径。⑥

中国古代很多学者反对过度诠释经典。明清之际著名思想家王夫之阐释经学，"言必征实，义必切理。其说《尚书》，诠释经文，多

---

① 《鲁迅全集（编年版）》第5卷，人民文学出版社2014年版，第26页。
② 参见於可训《当代文学：建构与阐释》，武汉大学出版社2005年版，第219页。
③ 《马克思恩格斯文集》第8卷，人民出版社2009年版，第35页。
④ 梁启超：《中国历史研究法（外二种）》，河北教育出版社2000年版，第43—44页。
⑤ 同上书，"自序"，第3页。
⑥ 张江：《强制阐释论》，《文学评论》2014年第6期。

出新义。然词有根据，不同游谈……"① 清人言释诗原则："惟以发明寓意为主，以其属于比兴，未可以文辞害也。至于直述其事，意尽言下者，自可勿为多释。"② 这样的诠释态度自然可以用后现代理论加以多方质疑，但其严谨性值得推重。

综上所述，追求符合历史事实和理性认知的阐释曾在一定范围内受到中国古代学者的推重。但是，由于传统社会中儒家、法家学者多抱有学术为政治服务的理念，在历史实践和史学认知领域，也就存在着非常普遍的有意歪曲现象。

二 强制阐释与政治利益

后现代主义兴起后，不少学者否定历史事实、不承认作品本文（亦称"文本"）的原义。尼采有这样一句名言："要到重估一切价值中去寻找，到摆脱一切道德的价值中去寻找，到肯定和相信一切迄今为止被禁锢、受轻视、遭诅咒的东西中去寻找。"③ 这一理念对于打破中世纪的神学禁锢起到过相当积极的作用，但他所宣称的"没有事实，只有阐释"的后现代先声也会使某些学者误入历史虚无主义的泥淖。保罗·瓦莱里（Paul Valéry）称："根本就不存在本文的原义这样的东西。"人们往往认为，"本文一旦离开了其作者（以及作者的意图）与其写作的具体语境（因而也就离开了其所指物），就会在具有无限多的诠释可能性的真空之中漂浮"④。在历史认知方面，有人同样不承认历史事实的客观性，认为"历史事实并不是过去发生的事件，而是促使我们通过想象重塑它的符号。这个符号很难说是冰冷的或是过硬的。甚至判别其真假都是非常危险的"。⑤

---

① 王夫之：《薑斋先生诗文集》卷首附传，民国年间上海涵芬楼翻刻本，第1页a。
② 佚名：《杜诗言志》卷11，江苏人民出版社1983年版，第231页。
③ ［德］弗里德里希·尼采：《看哪这人！——自述》，《权力意志——重估一切价值的尝试》，张念东、凌素心译，商务印书馆1991年版，第68页。
④ ［意大利］艾柯：《诠释与历史》，载艾柯等著，［意大利］柯里尼编《诠释与过度诠释》，第42、50页。
⑤ Carl L. Becker, "What are Historical Facts?" *The Western Political Quarterly*, vol. 8, no. 3 (Sept. 1955), p. 330.

文本意义与政治利益：历史阐释的边界

因此，自有阐释之时，就有强制阐释，乃至有意歪曲。近代英国法庭上的律师，多是强制阐释的身体力行者。马克思指出，他们通常会"乱七八糟地提出各种无耻的模棱两可的问题，力图弄得证人糊里糊涂，然后对他的话加以歪曲"。①

由于遭遇强制阐释，甚至在马克思生前，马克思主义理论已经"被歪曲得面目全非"，以至于马克思在谈到19世纪70年代末在一些法国人中间广泛传播的所谓"马克思主义"时说："我只知道我不是'马克思主义者'。"②

在现代西方学术界，强制阐释带有不少功利的目的，正如艾柯在揭露学者倾向于对非经典材料提出新解释时所说：由于几乎所有传统上被视为"经典"的文学作品都已经被研究透了，因此"要想在此研究领域取得成功、要想出人头地，其首要条件是必须不断创新，不断标新立异……"对于那些一心想尽快建立学术声名的学者而言，通过对经典作品作出与众不同的解释，他们极易引起学界注意，超越侪辈，同时被诠释的作品也获得了新的生命。③

后现代学者把强制阐释应用于史学领域，极易导致历史相对主义。如美国历史学家卡尔·贝克尔（Carl Becker）提出的"人人都是他自己的历史学家"就是极端的例子。④ 无论如何，强制阐释说到底就是马克思、恩格斯所批评的"要求用另一种方式来解释存在的东西，也就是说，借助于另外的解释来承认它"。⑤

就这个意义而言，某些后现代学者并不比近代学者有实质性的进步。贝克尔称："历史更是一种臆想性的创造，是我们每个普通人从他个人经历中提取出来的个人货色，以契合其实际的或感情的需要，

---

① 《马克思恩格斯文集》第5卷，人民出版社2009年版，第569页。
② 《马克思恩格斯文集》第4卷，第396页。
③ ［意大利］艾柯：《诠释与历史》，载艾柯等著，［意大利］柯里尼编《诠释与过度诠释》，第25页。
④ Carl Becker, "Everyman His Own Historian", The American Historical Review, vol. 37, no. 2 (Jan. 1932), pp. 221–236. 对这一观点的分析批判，详见张江《评"人人都是他自己的历史学家"——兼论相对主义的历史阐释》，《历史研究》2017年第1期。
⑤ 《马克思恩格斯文集》第1卷，人民出版社2009年版，第516页。

并且进行装饰以适合其审美口味。"① 这一论点没有丝毫新鲜之处，不过是尼采"没有事实，只有阐释"的另一种说法而已，更与黑格尔"区别并不在于事情本身，而仅仅在于两种解释的出发点不同"这一论调如出一辙，而黑格尔的论点在170多年前就曾被马克思、恩格斯极为系统地批判过。②

马克思、恩格斯早就批评近代某些学者"尽管满口讲的都是所谓'震撼世界的'词句，却是最大的保守派。……至于他们的全部其他论断，只不过是进一步修饰他们的要求：想用这样一些微不足道的说明作出具有世界历史意义的发现"③。这一批评对于现代、后现代的某些学者同样非常适用。

如果说西方某些后现代学者出于个人名利，对历史的强制阐释导致了历史相对主义的话，在中国古代，对历史的强制阐释始终与维护专制权力联系在一起，长期导致了历史绝对主义。自西汉武帝"独尊儒术"、确立儒学为国家意识形态后，对儒学的阐释就不仅仅是学术问题，更多是政治宣示。以儒家为主体的经学家通常以拔高、美化、附会、甚至神化的方式阐释或强制阐释儒家经典。

董仲舒谓："《春秋》大一统者，天地之常经，古今之通谊也。"④这种武断之论，既无凭据，更无验证。无限尊儒的目的，实则是"利用孔子为傀儡，垄断天下之思想"而已。⑤ 直到20世纪，新儒学代表人物熊十力仍在强调："经为常道，万世准绳。"又称："经学者，仁学也：其言治，仁术也。吾故曰常道也。常道者，天地以之始，生民以之生，无时可舍，无地可易也。"⑥ 实质上，经学产生至今不过百世，虽在汉民族建立的封建王朝中较有影响力，但有些统治者也不以为然（如有的尚法、有的尊道、有的崇佛等）；"万世准绳"之说实在太虚妄。这一"天不变，道亦不变"的历史绝对主义阐释话语

---

① Carl Becker, "Everyman His Own Historian", p. 228.
② 参见《马克思恩格斯文集》第1卷，第336页。
③ 《马克思恩格斯文集》第1卷，第516页。
④ 《汉书》卷56《董仲舒传》，第2523页。
⑤ 陈先初：《易白沙集》，湖南人民出版社2008年版，第86页。
⑥ 黄克剑、王欣、万承厚编：《熊十力集》，群言出版社1993年版，第185、207页。

影响中国政治、思想、文化和学术两千余年，它将儒家经典和思想神化到放之四海而皆准的程度。与历史相对主义一样，将思想意识、社会实践和历史发展的绝对性与相对性割裂开来，只承认绝对性，否认相对性，认为君权、儒家伦理与社会现实都是万古恒定的。

强制阐释导致的历史绝对主义，使仁、义、礼、信等儒家信条与专制政体的暴虐形成鲜明对比，使得这些信条沦为"流俗的伪善"。恩格斯指出："文明时代越是向前进展，它就越是不得不给它所必然产生的种种坏事披上爱的外衣，不得不粉饰它们，或者否认它们——一句话，即实行流俗的伪善。"这种伪善的实质是告诉被统治者，"剥削阶级对被压迫阶级进行剥削，完全是为了被剥削阶级本身的利益；如果被剥削阶级不懂得这一点，甚至想要造反，那就是对行善的人即对剥削者的一种最卑劣的忘恩负义行为。"① 令人不解的是，某些经学家一方面抱持仁者爱人的理念，另一方面却对恩格斯这种剥去专制者仁善的伪装、真正维护普罗大众利益的论断视而不见，甚至大加反对。某些儒者言行悖谬、相互矛盾之处，甚至连康熙皇帝也有所不满，他批评理学家："终日讲理学，而所行之事全与其言悖谬，岂可谓之理学？"② 可见，强制阐释导致的历史绝对主义，绝非阐释者自己所能弥缝自洽。

沦为历史相对主义的西方神学家经常从合乎人性的观点来解释宗教观念，③ 秉持历史绝对主义的中国经学家则通常以超人性来神化合乎人性的经典。对于这种牵强附会、毫无依据的阐释，若不是出于政治宣示、思想控制、科举应试等目的，一般人恐很难理解和认同。

即使对于《诗经·关雎》这样直白的普通爱情诗，经学家也要强制阐释为："《关雎》，后妃之德也"；"《关雎》乐得淑女以配君子，忧在进贤，不淫其色。"首句："关关雎鸠，在河之洲。"毛亨、毛苌释为："悦乐君子之德，无不和谐，又不淫其色，若雎鸠之有别焉，然后可以风化天下。夫妇有别，则父子亲。父子亲，则君臣敬。君臣

---

① 《马克思恩格斯文集》第4卷，第197页。
② 余金辑：《熙朝新语》卷2，嘉庆二十三年刻本，第11页a—b。
③ 参见《马克思恩格斯文集》第1卷，第256页。

敬,则朝廷正。朝廷正,则王化成也。"① 胡适指出:"《诗》学到了汉朝,可算得遭了一大劫。后来宋儒无论如何总跳不出这个'后妃之德,文王之化'的圈子。"②

《汉书》称:"唐、虞之隆,殷、周之盛,仲尼之业,已试之效者也。然惑者既失精微,而辟者又随时抑扬,违离道本,苟以哗众取宠。后进循之,是以《五经》乖析,儒学浸衰,此辟儒之患。"③

把儒学"浸衰"完全归咎于"辟儒",实在过于简单。儒学衰微的根本原因,显然是儒学的意识形态化,是政治对学术的暴凌,是专制政体对社会思想的控制,即绝对至上的君权与对历史强制阐释的话语结合到了一起。易白沙言:"孔子尊君权,漫无限制,易演成独夫专制之弊";"孔子但重作官,不重谋食,易入民贼牢笼"。④ 因此,儒者谬解经典,并非完全出于"陋辟",更是出于对皇权的恭服、对政治的依附、对专制的恐惧,毕竟"人是最名副其实的政治动物"。⑤

同时,谬解经典也是出于构建儒者自己的话语权威及世俗权力,出于权威构建后各种利益的诱惑。表面上的学术阐释,与现实世界的权力构建、利益追逐相互关联。马克思在分析"历来的观念的历史叙述同现实的历史叙述的关系"时认为:"特别是所谓的文化史,这所谓的文化史全部是宗教史和政治史。"⑥ 若用宗教史和政治史来理解儒者的"陋辟",当更加明朗。

正是由于权威的建立与世俗的利益密切相关,《论语·卫灵公》中说:"君子谋道不谋食……学也,禄在其中矣。"有人认为这已成"儒门安身立命第一格言"。⑦ 而此话本身就充斥着追求爵禄与"谋道"的自相矛盾之处。提出三纲五常、天人感应的董仲舒是儒家经典强制阐释的集大成者,"凡相两国","子及孙皆以学至大官",可谓

---

① 魏徵等编:《群书治要》,天津人民出版社2015年版,第23页。
② 胡适:《胡适的北大哲学课》卷2,新世界出版社2014年版,第82页。
③ 《汉书》卷30《艺文志》,第1728页。
④ 陈先初编:《易白沙集》,第87、89页。
⑤ 《马克思恩格斯文集》第8卷,第6页。
⑥ 同上书,第33页。
⑦ 陈先初编:《易白沙集》,第89—90页。

生荣死哀。① 另一位儒学强制阐释的著名人物朱熹,"家故贫","箪瓢屡空",虽然政治上较不得意,但其在朝可抨击权臣韩侂胄,死后更从祀孔庙。② 在元、明、清三代受到的尊崇,无以复加。

强制阐释与专制权力结合在一起,常常造成极其恶劣的社会后果。古今中外的文字狱就是这种阐释最常见的表现形式。明太祖时,学者表章中的普通典故,一旦遭遇专制者强制阐释,轻者被诛、重则灭门,是为耸人听闻的"表笺祸"。浙江府学教授林元亮表内有"作则垂宪"、北平府学训导赵伯宁表内有"垂子孙而作则"、福州府学训导林伯璟表内有"仪则天下"、桂林府学训导蒋质表内有"建中作则"、常州府学训导蒋镇表内"睿性生知"、澧州学正孟清表内有"圣德作则"、陈州州学训导周冕表内有"寿域千秋"、怀庆府学训导吕睿表内有"遥瞻帝扉"、祥符县学教谕贾翥表内有"取法象魏"、亳州训导林云笺内"式君父以班爵禄"、尉氏县教谕许元表内以"体乾法坤,藻饰太平"、德安府学训导吴宪表中有"永绍亿年,天下有道,望拜青门",等等,这些作者皆被冤杀。在朱元璋看来,"盖'则'音嫌于'贼'也,'生知'嫌于'僧'也,'帝扉'嫌于'帝非'也,'法坤'嫌于'发髡'也,'有道'嫌于'有盗'也,'藻饰太平'嫌于'早失太平'也。"杭州教授徐一夔贺表,有"光天之下,天生圣人,为世作则"等语,朱元璋皆强制阐释为:"生者僧也,以我尝为僧也。光则剃发也,则字音近贼也。"又有人谢恩诗中有"殊域"及"自惭无德颂陶唐"之语,朱元璋阐释为:"汝用殊字,是谓我歹朱也。又言无德颂陶唐,是谓我无德,虽欲以陶唐颂我而不能也。"这些人皆被诛杀。③

清代统治者对学者著述的强制阐释更加牵强附会,制造文字狱的手段更残忍、株连更广泛,数量在160起以上。④ 像庄廷案、戴名世

---

① 《汉书》卷56《董仲舒传》,第2525页。
② 《宋史》卷429《道学三·朱熹传》,中华书局1977年版,第12767—12769页。
③ 参见赵翼著,王树民校证《廿二史札记校证》,中华书局1984年版,第740—741页。
④ 参见张兵等《清代文字狱的整体状况与清人的载述》,《西北师范大学学报》(社会科学版)2008年第6期。

案,动辄株连数百人。

在历史上,对文本的强制阐释所导致的历史绝对主义,既有着阐释者本人的功利目的,更有着统治者维持集权政治的现实需求,一方面造成了学术研究的万马齐喑,另一方面给政治生活套上了重重枷锁,最终禁锢了人们的思想意识,扼杀了社会的创新能力。

三 历史阐释的边界

张江教授指出,文本阐释的有效性应该约束于一定边界之内,任何由语言编织的文本,其自身含义都是有限的。不应该也不可能对一个含义有限的文本做无限阐释。对历史的阐释更应该警醒,不能主观上肆意篡改。①

在开放、自由的学术氛围下,为阐释设置一定的边界,学者通常可以达成某种程度的共识。如杜甫诗中的"万竿竹"并非说明杜家真拥有庞大的竹林;李白的诗歌应比"狗肉将军"张宗昌的作品更能够满足人们的审美需求;常被讥为"冒险家的乐园"的资本主义世界,相比"特权者的乐园"的封建集权社会,显然是划时代的进步。这种阐释边界使学者忘记自己的身份,找到共守的契约:"同以前的各个时代相比,我们的全部进步就在于从身份进到契约,从过去留传下来的状态进到自由契约所规定的状态。"②

同时,为阐释设置边界应该作为历史阐释的范式。历史阐释的边界说到底就是以历史唯物主义为指南。恩格斯指出:"一切观念都来自经验,都是现实的反映——正确的或歪曲的反映。"③ 相对客观的历史阐释离不开经验的观察,包括准确的文本理解、合乎事实的主观分析以及结合全部人类生活实际的体验。"经验的观察在任何情况下都应当根据经验来揭示社会结构和政治结构同生产的联系,而不应当

---

① 张江:《阐释的边界》,《学术界》2015年第9期。
② 《马克思恩格斯文集》第4卷,第93页。
③ 《马克思恩格斯文集》第9卷,人民出版社2009年版,第344页。

带有任何神秘和思辨的色彩。"① 诸如文字狱式的强制阐释,也是来自经验,是对人类经验极为严重的歪曲反映,是超出人性理性的极端病态的思辨。

阐释的界限,必须基于客观历史事实、理性认知和一定社会现实的基础,阐释离开了现实的历史就没有任何价值。现代医学的诞生,使学者们不会再相信孔子登泰山而目辨阊门白马、刘邦是乃母与蛇交而生;宇航员登上月球后,理性的人们也不会再认为月宫中住着嫦娥和玉兔、后羿可以射日。因此,随着社会实践能力的增强、人类认知水平的提高,许多历史阐释的优劣高下、正确与否都是可以判定的。马克思指出:"任何神话都是用想象和借助想象以征服自然力,支配自然力,把自然力加以形象化;因而,随着这些自然力实际上被支配,神话也就消失了。"②

承认历史阐释的界线,并不是否定历史的相对性和绝对性。"究天人之际,通古今之变"是司马迁乃至中国古代不少史家的信念。人类历史既有相对性、又有绝对性。各民族的发展路径纷繁复杂,历史进程参差不齐,这是历史的相对性;但各民族的历史进程却有着绝对的衡量尺度。恩格斯指出:"奴隶制是古代世界所固有的第一个剥削形式;继之而来的是中世纪的农奴制和近代的雇佣劳动制。这就是文明时代的三大时期所特有的三大奴役形式。"③ 尽管马克思、恩格斯对社会形态在不同地方有着不同论述,但其核心依据是人的自由程度,即奴隶是不自由的劳动者,农奴是半自由劳动者,而工人则"自由得一无所有"。他们在《共产党宣言》中宣布,未来取代资产阶级社会的"联合体"中,"每个人的自由发展是一切人自由发展的条件"。可以说,自由是衡量所有文明社会的尺度,这是历史的绝对性。需要说明的是,这里的自由是生活的一部分,而不是神秘莫测的虚缈之物。因此,历史的绝对性存在于生活中;历史绝对主义恰恰不存在于生活,而历史相对主义则无视生活。

---

① 《马克思恩格斯文集》第1卷,第524页。
② 《马克思恩格斯文集》第8卷,第35页。
③ 《马克思恩格斯全集》第21卷,人民出版社1965年版,第200页。

设置阐释的边界，要求我们不是从人们所说的、所想象的东西出发，也不是从口头说的、思考出来的、想象出来的命题或概念出发，去理解有血有肉的生活，去理解现实的历史。"道德、宗教、形而上学和其他意识形态，以及与它们相适应的意识形式便不再保留独立性的外观了。……而发展着自己的物质生产和物质交往的人们，在改变自己的这个现实的同时也改变着自己的思维和思维的产物。"① 这种阐释观念始终站在现实历史的基础上，不是从观念出发来解释生活，而是从生活出发来解释各种观念形态；不是历史观念决定生活，而是生活决定历史观念。唯其如此，历史阐释才不致导向历史相对主义或历史绝对主义，不致导向不可知论、神秘论或先验论。

---

① 《马克思恩格斯文集》第1卷，第525页。

第二编

在中国文学研究中的应用

文学阐释与对话精神*

李春青**

三十多年来,西方文学理论与方法的引进大大开阔了我们的眼界,提升了我们发现问题、分析问题的能力,中国文学理论界可谓获益良多。然而这里也确实存在着很大的问题,这主要表现在两个层面上。一是有些研究不顾西方理论方法与作为研究对象的中国文学之间的某种"错位"现象,犯了"削足适履"或"圆凿方枘"的毛病。二是西方某些理论本身就存在"强制阐释"问题,特别是各种"文化理论",往往不顾文学现象本身的鲜活性、复杂性,只是从一个角度、用一种模式面对纷纭复杂的文学现象。这显然是有问题的。近年来,中国社会科学院张江教授在一系列论文和会议发言中敏锐地指出了西方文论中存在的"强制阐释"的偏颇与谬误,引起学界广泛关注。在张江教授看来,运用某些西方文论来阐释文学现象,其结论常常不是阐释的结果,而是已经存在于其理论预设之中。这样的文学阐释当然是不可取的。① 那么这种"强制阐释"的症结何在呢? 愚以为,其主要症结之一乃在于缺乏"对话"精神,完全是把阐释对象视为一堆可以任意剪裁、重构、评判的材料,忘记了任何文学文本,乃至一切文化文本都是一种言说,都是一种主体心灵与精神的话语表

---

* 本文原刊于《文艺争鸣》2015 年第 1 期。
** 作者单位:北京师范大学文学院。
① 张江先生近年来的一系列论文对这种"强制阐释"现象进行了深入而系统的分析,可谓切中要害,值得学界高度关注,主要有《当代西方文论若干问题辨识——兼及中国文论重建》(《中国社会科学》2014 年第 5 期);《强制阐释论》(《文学评论》2014 年第 6 期)。

征。因此用通俗的话说"强制阐释"所犯的错误实质上是只知有己，不知有人，用古人的话说，就是"六经注我"。

那么我们如何避免这种"强制阐释"之弊呢？中国古代文论中的"对话"精神值得我们借鉴。

中国古代文论中有一种很好的传统，那就是对文本的充分尊重。其中蕴含着一种"对话"精神。这一传统早在孟子提出"知人论世""以意逆志"的说诗方式时就开始了。《孟子·万章下》云："一乡之善士斯友一乡之善士，一国之善士斯友一国之善士，天下之善士斯友天下之善士。以友天下之善士为未足，又尚论古之人。颂其诗，读其书，不知其人，可乎？是以论其事也。是尚友也。"这就是著名的"知人论世"说的来源。过去论者多以现代的认识论角度来理解"知人论世"的含义，将之解释为：要真正理解一首诗，就必须了解作者的情况，而要了解作者的情况又必须了解其所生活的时代的情况——总之是理解为一种诗歌文本的解读方法了。这种理解当然并不能算错，只是并没有揭示孟子此说的深层内涵。这里孟子真正想要表达的意思是"交友之道"。在此章的前面孟子先是回答了万章"如何交友"的问题，说"不挟长，不挟贵，不挟兄弟而友。友也者，友其德也，不可以有挟也"。然后又讲到贤明君主也以有德之士为师为友的诸多例子，最后才讲到有德之士之间亦应结交为友的道理。古代的有德之士虽已逝去，但是他们的品德并没有消失，所以今天的有德之士也要与古代的有德之士交友。与古人交友看上去是很奇怪的说法：古人已经死了，如何与之交友呢？这恰恰是孟子的过人之处——试图以平等的态度与古人交流对话：既不仰视古人，对之亦步亦趋，也不鄙视古人，对之妄加褒贬。"尚友"的根本之处在于将古人看成是与自己平等的精神主体。与古人交流对话的目的当然是向古人学习，以使自己的品德更加高尚。所以，"知人论世"之说实质上是与古人对话，向古人学习美好品德的方式，用今天的话来说就是将古人创造的精神价值转化为当下的精神价值。这绝不仅仅是一种诗歌文本的解读方式。如果沿着孟子的思路进行进一步的阐释，我们就会得出这样一个结论：孟子的"知人论世"说可以理解为一种"对话解释学"——解释行为的根本目的不是要知道解释对象是怎样的（即对之作出某种判断或命名并以此来占有对象），而是要在其中寻求可以被自己认同的意义。这也就是后世儒者常常强调的"体认"一词的含义。"体认"不是现代汉语中的"认识"而是"理解"加"认同"。对于古人，只有将他们视为朋友、主体，而不是客体，不是认识对象，才能以体认的态度来与之对话。因为古人在其诗、其书之中所蕴含的绝不是什么冷冰冰的知识，而是他们的生命体验与生存智慧，是活泼泼的精神。故而后人就应该以交友的态度来对待之。读古人的诗书就如同坐下来与老朋友谈话一样，其过程乃是两个主体间的深层交流与沟通。通过这种交流与沟通古人创造的精神价值或意义空间就自然而然地在新的主体身上获得新生。由此可见，孟子的"知人论世"之说实际上包含着古人面对前人文化遗留的一种极为可贵的阐释态度。在当今实证主义的、还原论的研究倾向在人文学科依然有很大市场的情况下，孟子的阐释态度尤其具有重要的现实意义。

相较而言，那种具有"强制阐释"倾向的西方文论显然缺乏"对话"精神，它们是不屑于与那些作为"历史流传物"的文学或文化文本"对话"的。例如在后殖民主义理论看来，西方人关于东方的一切言说无不具有"西方中心主义"或"帝国"色彩，无论其对东方文化是如何赞赏有加；而在女性主义理论的视野中，则到处充满了男权主义的偏见，即使对女性热情赞美与讴歌也同样是出于男性的立场与审美趣味。毫无疑问，无论是后殖民主义还是女性主义，作为一种文化理论都有其合理性，它们也确实揭示了许多从其他视角无法看清的问题，但是这些理论的片面性也是非常明显的，它们不仅常常会遮蔽研究对象的许多丰富性与复杂性，而且还极容易对研究对象进行"强制阐释"——赋予其所不具备的特点与性质。

孟子提出的另一个重要解诗方法是"以意逆志"。他说："故说《诗》者，不以文害辞，不以辞害志；以意逆志，是为得之。"（《孟子·万章上》）根据历代注释，"以意逆志"的意思是说，以说诗者自己从"文辞"中读出来的"意"去推测诗人作诗之旨。这里既有对"志"，即作诗者之旨的尊重，又有对"意"，即说诗者的理解的肯定，这里也还是体现出一种平等的对话精神，既不是我注六经，也不是六经注我，而是说诗者与诗人通过诗歌文本而进行的交流与契合。一首诗、一篇文章总会包含着作者的意图,如果一味强调文本的自足性与解释的任意性那肯定也是有问题的。西方从俄国形式主义、英美新批评到法国结构主义、解构主义基本上都是"文本中心主义"的,把作者排除于文学批评与研究之外。这些批评流派尽管早已成为明日黄花,但余风所及,今日许多批评者还是讳言作者,好像文学批评一谈作者就不入流了。这实在是一大谬误。尊重但又不囿于作者的意图与思想情感,才是文学批评的恰当态度。这里孟子的"以意逆志"说正是如此,对我们有重要启发意义。

在孟子之后,中国历代的学术研究与诗文评中也包含着十分珍贵的"对话"精神。我们知道,包括诗文评在内的中国文化古代学术最基本的运思方式是"体认"与"涵泳"。这种运思方式不同于西方的"认知"和"分析"。孔子说:"知之者不如好之者,好之者不如乐之者"(《论语·雍也》),"知之""好之"都是表面知道,实际并未知,至少是知之不深。"乐之"则是真正懂得并且已把所知化为自身体验了。"体认""涵泳"正是这种"乐之"的运思方式。盖中国古代学术,根本上都是讲做人的道理,故其关键不在知其文义句义,而在于身体力行之。能身体力行者方为真知。"体认""涵泳"就是懂得并身体力行的意思。这也就是明儒王阳明"知行合一"之本义,在王阳明看来,知而不能行,只是未知。这种运思方式的前提是把自己和自己所面对的言说者置于同一境界之中,感受其所思所想,即禅宗所谓"心心相印""以心传心"。这是一种真正意义上的对话,是通过与对方的交流而在自家身上生成某种体验与感受,从而达到与对方心灵的默契融合。这是"对话"中的最高境界,是对对象的"真了解"。"所谓真了解者,必神游冥想,与立说之古人处于同一境界,而对其所持论所以不得不如是之苦心孤诣表一种之同情,始能批评其学说之是非得失,而无隔阂肤廓之论。"[①] 中国古代学术的传承、交流都是践行这种"对话"精神的。这里的关键在于,通过"体认""涵泳"得到的东西已经是自家的东西,而不再是

---

① 陈寅恪:《冯友兰〈中国哲学史〉审查报告一》,见冯友兰《中国哲学史》下册附录,中华书局1961年版。

外在于自己的东西。孟子说:"君子深造之以道,欲其自得之也。自得之,则居之安。居之安,则资之深,资之深,则取之左右逢其源。"(《孟子·离娄下》)这正是讲这个道理。"自得"出来的道理之所以重要,是因为它已经不完全是对方传达给你的东西,其中包含了从自己的生活经验中体会出来的道理,在这一过程中对方的言说只是起到启发的作用,"君子"不是对它照单全收。所以这里"君子""自得"出来的东西就是与之对话者给予的和自家经验的融合,是一种新的构成物。用伽达默尔的话来说,就是"视域融合"的产物,是类似于所谓"效果历史"的东西。朱熹说:"入道之门,是将自家身己入那道理中去。渐渐相亲,久之与己为一。而今人道理在这里,自家身在外面,全不曾相干涉。"(《朱子语类》卷八)这就是说,在"对话"过程中,不能仅仅从对方获取,不能把自己置于被动接受位置,更主要的是从要自身寻觅,要把自身与对话者置于同一语境去体察感受,从而"悟出"其中的道理来。换言之,"对话"的过程应该是生成性的、创造性的,结果是获得新的,即与对话双方原有的知识都有所不同的新知。这种运思方式是中国古代学术的重要特点,也是中国古代学术获得现代意义的重要可能性之所在。

在诗文评中这种"体认"与"涵泳"的思维方式更是得到广泛运用。兹略举数例:"东坡长句波澜浩大,变化不测,如作杂剧打猛诨入,却打猛诨出也。《三马赞》:'振鬣长鸣,万马齐喑,'此不传之妙。学文者能涵泳此等语,自然有入处。"(吕本中《吕氏童蒙训》)又:"张子韶云:'文字有眼目处当涵泳之,使书味存于胸中,则益矣。'韩子曰:'沉浸浓郁,含英咀华,'正谓此也。"(蒲大受《漫斋语录》)又:"看诗不须着意去里面分解,但是平平地涵泳自好。"(《诗人玉屑》录朱熹语)这都是说,对诗文作品的理解不能以旁观者姿态来品评,不能停留在理性分析,而是要深入其中,体味感受其中情味与妙趣,才能真正理解其含义。这种以体认与涵泳为基本思维方式的诗文解读可以说是中国古代源远流长的诗学阐释学。

在我们看来,以体认与涵泳为基本思维方式的阐释学也同样是一种"对话"精神的体现。何以见得呢？首先，这种阐释学不是建立在"主体—客体"模式上的，不是对象化的，而是建立在"主体—主体"模式上的，是"主体间性"的。这里的关键在于，阐释者不是把作为阐释对象的诗文作品当作客体，或者文字，或者文本、材料来看待，而是当作一个主体、一种活泼的人的精神、情感、心灵来看待，对之充满了尊重与同情，这是真正的"了解之同情"。其次，这种阐释学的目的并不是单向的理解与获得，不是知识的认知，而是意义的建构，是在阐释者与被阐释者心灵沟通、精神契合的基础上的新的意义的生成。从某种意义上说，对于文学文本的阐释就是一个无限展开的意义生成过程，有一个阐释者就会有一种新的意义被建构起来。一个国家、一个民族文学传统中的人文精神、审美趣味就是在这样不断的阐释过程中得以传承延续并不断丰富的。意义建构不能牺牲研究对象的固有意义，不是阐释主体为对象强行赋予意义，这是一个"双向建构"的过程，在这个过程中，阐释者与被阐释者都是主体，都是意义的来源。但是由于阐释对象是以文本形式存在的、呈现为话语形态的"主体"，故而更需要阐释者的充分尊重，这是一个阐释的立场与态度问题，否则就难免造成"六经注我"，即"强者阐释"了。

值得一提的是，在我们当下的古代文论研究中，对于古代诗文评中那种对文本与作者的尊重以及"对话"精神却继承的很不够，相反倒是颇有西方文论的"强制阐释"之弊。特别是用西方文论的概念和观念来解释或命名古代文论的术语时这种弊病尤显突出。诸如把"神思"等同于想象、"体性"解释为风格等，不胜枚举。甚至有学者还从作为中国古代最具形而上色彩的"道"中读出了"言说"的含义，可谓"强制阐释"的典型例证。古代文论固然是一个现代学科，但其研究对象毕竟是古人审美经验与诗文观念的集中体现，这就要求古代文论研究不能简单地套用西方文学理论的概念与观点，研究对象的复杂性与特殊性对研究方法有着适应性要求，否则就必然导致对研究对象的简化或扭曲。

那种具有"强制阐释"倾向的西方理论不是把研究对象视为"对话"者，而是看作证明自身理论合理性与普适性的材料，对其缺乏基本的尊重态度，故而常常断章取义，任意取舍，对那些与此理论相矛盾的材料一概视而不见，这显然不是一种恰当的治学态度。故而，经过三十多年的引进与接受，时至今日，对于西方理论，我们确实应该深入反思一下，宜分辨其短长优劣，以往那种照单全收的态度是不再可取了。

传统文论理论与批评和创作实践
相互融通特点说略[*]

党圣元[**]

"强制阐释论"是近两年来引起学界强烈关注与呼应的一个论题①,之所以如此,是因为这一论题触及了现代文学理论知识生产、话语制造中的一些痛点。"强制阐释论"的反思性、建构性意向相当明确,现实性特征非常突出,在讨论的过程中,所关涉的不外乎文学理论"何为"与"为何"这一长期困扰学界的问题,而更深层、更具体的问题,却是如何认识文学理论研究中知识和话语生产的阐释学原则与方法论问题。"强制阐释论"既是一个问题域,也是一种方法论,其对于我们反思中国古代文论研究中的阐释学问题,亦提供了一

---

[*] 基金项目:本文为中国社科院创新工程重大项目《中华思想通史》子项目"文艺思想编"阶段性研究成果,原刊于《文艺争鸣》2015年第12期。

[**] 作者单位:中国社会科学院。

① 《中国社会科学报》2014年6月16日刊登之题为《当代文论重建路径:由"强制阐释"到"本体阐释"——访中国社会科学院副院长张江教授》长篇访谈,是"强制阐释论"这一问题的初次提出,也是张江先生关于"强制阐释"问题的发轫之作。其后,张江先生又在《文学评论》2014年第6期发表了《强制阐释论》一文,从四个方面全面、细致、深入地阐发了他对于这一问题的研究所得和主要学术见解。之后,这一论题渐次在学界展开讨论,张江先生在讨论过程中除了继续展开自己对于这一论题的看法而外,还与朱立元、王宁、陈晓明、周宪等诸位先生以书信的形式进行对话式讨论,进一步激活、拓展、深化了问题的讨论;这一论题,也成为近两年来文学理论领域举行的一些学术研讨会上聚焦、热议的话题。这一讨论,除了问题本身的意义而外,对于整体激活文学理论研究中思想、知识、话语生产所涉及的学术理念、方法论反思,亦产生了明显的效益。因此,称"强制阐释论"为近两年来文学理论研究中的一个"事件"是合适的。相关讨论文章见诸《中国社会科学》《文学评论》《文艺研究》《清华大学学报》《学术月刊》《学术研究》《探索与争鸣》《文艺争鸣》等刊物,可参阅。

个很好的问题域和方法论借鉴，我们所提出的"中国古代文论研究中的阐释学重构"问题，就是由此而引发出来的。目前，关于"强制阐释论"讨论的关注点出现了向文学理论与文学批评相互融通方面聚焦的趋向，而我们觉得，传统诗文评所代表的中国古代文论理论、批评、创作实践经验三者相互融通、同生共长的特点，对于思考这一问题不无参鉴意义。因而，本文受"强制阐释论"启发，在阐释学的视野中对传统诗文评理论与批评以及创作实践经验相互融通的特点做一番体认，并认为传统诗文评所体现的理论、批评、创作实践经验三者相互融通的思想、知识、话语产生特点，代表了中国古代文学理论批评以"文学"为轴心、为本位的"本体性阐释"①特征，其当代价值意义值得我们去发现，其对于通过"折中"的哲学智慧来认识与解决当代文学理论批评中理论、批评、创作实践经验三者往往相互脱节、割裂的弊端，以及深入反思中国古代文论研究的阐释学重构问题，当不无裨益。不足之处，祈请方家批评指正。

一 从传统诗文评属于文学批评还是文学理论说起

传统诗文评，是文学理论还是文学批评呢？看法不尽一样。现在我们大家可能会更倾向于认为传统诗文评与其说是文学理论，倒不如

---

① 此处所言之"本体阐释"之"本体"，取宋代理学家张载、朱熹之义。张载《正蒙·明诚》："未尝无之谓体，体之谓性。"又《正蒙·乾称》："感者性之神，性者感之体。"此处之"体"指本性、根本的性与德，"体"与"性"是同一关系。又，《正蒙·神化》："神无方，易无体，大且一而已尔。"又，《正蒙·参两》："太虚无体，则无以验其迁动于外也。"此处之"体"谓形体，"无体"即无形体。朱熹亦经常使用"本体"这一概念，在如"性之本体""天理自然之本体""形器之本体"等，其中之"本体"分别具有"本身""本然""根据"等意思，所指对象均为"理"。朱熹还有"心之本体未尝不善""虚灵自是心之本体"等说法，这里之"本体"指本来具有的内容。朱熹解释"体"的一段话，对于我们理解传统哲学中"本体"这一概念的含义颇有启发，其曰："只就那骨处便是体，如水之或流或止，或激成波浪，是用；即这水骨可流可止，可激成波浪处，便是体。如这身是体，目视耳听，手足运动处便是用。如这手是体，指之运动体掇处便是用。"见《朱子语类》卷五、卷六。又，《西北大学学报》2008 第 1 期刊有笔者《返本与开新：本体性阐释与中国古代文论当代性意义生成问题》一文，对中国古代文论研究中的"本体性阐释"问题进行了议论，可参阅。

说是文学批评。但是，老辈的罗根泽先生则认为，中国古代诗文评更侧重于是一种文学理论，而不是文学批评。罗根泽在其《中国文学批评史·绪论》中对来自于西方的"文学批评""文学理论"概念做了十分详细的区分和界说，他认为文学批评分为广义和狭义两种："'文学批评'是原文 Literary Criticism 的译语。Criticism 的原来意思是裁判，后来冠以 Literary 为文学裁判，又由文学裁判引申到文学裁判的理论及文学的理论。文学裁判的理论就是批评原理，或者说是批评理论。所以狭义的文学批评就是文学裁判；广义的文学批评，则文学裁判以外，还有批评理论及文学理论。""中国的文学批评本来就是广义的，侧重文学理论，不侧重文学裁判。所以研究'中国文学批评'，必须采取广义，否则不是真的'中国文学批评'。"① 在谈到中国文学批评与西洋文学批评各自的特点时，罗根泽认为："西洋的文学批评偏于文学裁判及批评理论，中国的文学批评偏于文学理论……所以西洋的文学裁判（狭义的文学批评）特别发达，批评理论也特别丰富。""返观中国，不唯对这些批评理论，不甚感兴趣；对文学作家和作品的批评，也较冷淡。……但对于文学裁判虽比较冷淡，对于文学理论则比较热烈。中国人喜欢论列的不重在批评问题，而重在文学问题。如文学观、创作论、言志说、载道说、缘情说、音律说、对偶说、神韵说、性灵说，以及什么格律、什么义法之类，五光十色，后先映耀于各时代的文学论坛。在西洋也不是没有，但其比较冷淡，正同中国之对于批评的比较冷淡一样。"② 罗根泽之所以如此认为，原因概在于他认为西洋的文学批评重在"裁判"，而中国的文学批评重在"评论"，而欲行事于"论"，则离不开"理"，因而便以为中国文学批评偏重于文学理论。之所以今人对传统文论特征的认知与罗根泽的认知有如此差异，其中对于"文学理论""文学批评"概念理解的时代差异性是主要原因，当然与学科意识的精严与否也不无关系。罗根泽先生那一辈的古代文论研究者，由于正处于学科初创时期，所以特别注重文学界说和学科区分，学科意识非常敏感。因为正

---

① 罗根泽：《中国文学批评史》，上海古籍出版社1984年版，第5、8页。
② 同上书，第13、15页。

处于中国现代文学理论、文学批评的"立法"时期，所以罗根泽在其《中国文学批评史》的"绪论"中非常执着于对诸如"文学""文学批评""文学理论""文学评论"等概念的厘清，这种厘清本身也包含了对中国传统文学理论批评的身份认同，其严谨程度我们今天是无法比拟的。对于罗根泽先生的看法，需要放在当时的历史情境中进行体认，我们虽然不完全同意，但是深表理解。这个问题比较复杂，这里悬置不论。

　　抛开这个话头不说，我们的看法是文学理论与文学批评实际上是你中有我、我中有你，两者之间往往难以划界，更是难以分开。非但文学理论与文学批评本来不应该截然划界，即文学理论和文学批评与文学创作也不应该相互脱节，而应该相互融通。然而，当下的情况却是两者的关系正在渐行渐远，分工越来越不同，相互之间似乎到了"井水不犯河水"的地步。这种理论与批评、理论与创作实践，甚或批评与创作实践各自划疆为界、相互脱节、坐大一隅而互不通声气现象的出现，对于文学理论、文学批评，甚至文学创作，都是非常不利的。在我们看来，传统诗文评在理论、批评、创作实践三者之间的相互融通方面特点明显、优长突出，其不但可以为我们思考当代文学理论与批评、与创作实践严重脱节提供一些借鉴，而且对于我们思考当下古代文论研究的阐释学重构问题，也不无裨益，确实值得说道一番。毫无疑问，文学理论研究的言说对象是文学，文学理论正是通过围绕研究对象"文学"的种种言说，生产、建构出了关于"文学"的我们称之为"理论形态"的话语系统，就"理论形态"话语生产必不可少的提炼和升华这一特点而言，其对具体的文学创作现象和经验、对具体文学作家和作品的阅读感受和批评意见自然会有大量的归纳、总结、抽绎，乃至逻辑推演和概念化表述，但是文学作为言说之"象"，应该是始终存在其间的，也就是说文学理论之立说，应该见文学之"象"，或者说文学理论的话语不论如何抽象，最终应该能还原回作家、文本、批评的实际场景中去，而不应该是"得鱼忘筌""过河舍舟"般地彻底舍弃掉作家、文本、批评，而成为分疆自治、傲视文学、不知其来历与归宿的异质性话语。我们认为：传统诗文评在进行自己的理论言说时，对于理论、批评、创作三者关系的处理折中得当，保持了文本、作家、批评、理论共同拥有之意义世界的完整性，确实值得我们深入体悟。这就引出了下一节的话题。

二 "当局者"与"旁观者"

　　文学理论针对自己的研究对象而言说时，是不是存在"当局者"和"旁观者"两种眼光、两种姿态呢？我本人认为是存在着的。而且，我一直认为：当代西方的文学理论，更多地体现出一种"旁观者"的眼光和言说口吻，而中国传统诗文评则更多地体现出一种"当局者"的眼光和口吻。

　　在传统诗文评之中，并不存在完全独立的"旁观者"，诗文评家都能将自己的理论言说置于具体的文本批评语境和创作实践情境之中。虽然罗根泽先生认为："在中国，则从来不把批评视为一种专门事业。刘勰的《文心雕龙》是一部体大思精的文学批评书，但其目的不在裁判他人的作品，而是'论文叙笔'，讲明'文之枢纽'。"① 但是，实事求是地讲，刘勰在《文心雕龙》中"裁判"他人作品的地方实在是多得数不过来，通过选文定篇、通过评价裁定古今作品和作家，以及通过大量创作和批评的实际事例来进行言说，从而实现了他对于文学的"理论"言说的"圆照"境界。即如叶燮之《原诗》，在我们今天看来，叶燮在谈论诗学问题时，与诗歌创作实践的联系还是相当紧密的，但是由于叶燮将一些理学概念、理学思维方式引入诗评之中，并且做了许多抽象的义理阐发，加之叶燮的一些言说方式与之前一般的诗话、序跋中的品评言诗方式有所不同，以致他的《原诗》便被《四库》馆臣们讥讽为"英雄欺人之语"。这也从反面证明了传统诗文评讲求理论与创作、与批评不分疆划立、不分轩轾的特点，不遵此家数，便会受到歧视、挤压。

　　中国古代诗文评的作者，往往是作家与批评家一身二任，他们本身是作家，有着丰富的创作经验。但是，在创作之余，他们也会热衷于讨论、挑剔文章之优劣，交流创作的心得和独家经验，品第裁判他

---

① 罗根泽：《中国文学批评史》，上海古籍出版社1984年版，第14页。

人的作品，力求对各种诗文创作现象进行规律层面的归纳与总结，从而使得文学理论、文学批评与他们的文学创作实践处于同一过程之中，处于一个共同的意义世界之中。譬如陆机《文赋》既是文论，又是一篇上乘的赋；刘勰《文心雕龙》是一部"笼罩群言""体大虑周"的理论著作，但刘勰又是通篇采用精美的骈文来写就这部著作的。是不是可以这么说，刘勰在进行他关于"文学"的理论性建构和批评性言说时，分享着揭秘"文"的奥妙和创造美"文"所带来的喜悦与美感呢？笔者认为是可以的。更有甚者，古代许多诗人往往喜欢通过诗篇来言说自己的诗学思想，出现了大量的"论诗诗"，而《二十四诗品》则更是通过二十四首齐整、优美的四言诗，通过每首诗所营构出的栩栩如生、姿态各异的整体意象或曰意境，来"象喻"种种具有深度哲学底蕴的诗学风格或曰诗歌美学类型，从而成为一种独特的诗文评形式。同时，古人也更喜欢通过书信、序跋、笔记、小品文、评点等文笔来进行关于文学的理论和批评言说，亦成为传统诗文评的主流形态之一，而如东汉王充《论衡》那样的体量大、成系统的"论体"文评，反而少见。同时，在传统诗文评看来，似乎只有诗文创作的实践者才有资格参与到诗文评的活动中来，曹植、刘勰、刘克庄等人都发表过这方面的言说，一些看法不免苛刻，却代表了一种普遍倾向。

这就形成了传统诗文评与诗文创作实践相互融通的特点，使传统文学理论批评始终不脱离诗文之怀抱，即便明清时期的小说、戏曲理论批评也是如此。这一特点也促使诗文评更贴近文学实践活动，贴近文本世界，也更重视文学创作的一般规律，并且形成了创作与理论批评之间良性的互哺关系。总的来说，植根于诗文创作实践、从具体的批评入手的诗文评，在文学的"场内"与"场外"之间出入自在、应付裕如，很好地折中协调了文学理论的"场内"与"场外"之间的关系，并以文学性作为重要的评价标尺。也正是由于诗文评的身份并不是完全独立的，诗文评在传统学术中的定位一直极为尴尬，在传统目录学上最终也不过只是附骥于集部之尾。但这并不意味着诗文评不重要，这些由种种具体的文学现象实践所抽绎出的经验和规律，以其针对性强和言说有效性，可以被直接用以指导文学创作实践，可以有效地用来批评具体的文本，并且还可以有效地避免出现"以文害辞""以辞害意"、偏颇过执之"过度阐释""强制阐释"弊端。

中国古代诗文评重视文学实践的传统，可以为我们今天思考如何走出"强制阐释"的困境提供思路。文学理论应该抽象自具体的文学实践，而非架空文学甚至解构或者消解文本的独特意义世界。无论是中国古代诗文评还是西洋古典的文艺思想，都不否定文学场域、文学实践的根本价值，"旁观者"理论、批评姿态的关键在于冷静地观照与自省，而完全脱离文学场域、文本场域的理论言说，却实际上是背离"旁观者"姿态的极端化言说，必然有违于折中之道。张江先生认为当代西方文论存在"场外征用"的情形，存在运用文学以外其他学科的现成理论阐释文本、解释经验造成了脱离文学实践的现象。① 这一情况的确存在，然而这是否就意味着文学场域之外的理论不能介入到文学理论的言说中来呢？如果我们回顾中国古代诗文评的发展历程，可以发现，在其肇端之初，便与文学场域之外的其他思想文化相杂糅。或者说，这种杂糅，本身便是诗文评发生期的本来状态。在文学、文学批评逐步自觉并且独立成形态之后，文学场域之外的思想因素和话语成分也一直或多或少地渗入文学理论批评之中，乃至于纠缠难分。在这方面，我们可以举出许多传统文学理论批评中的例子来，比如《诗大序》《诗小序》中的对于《诗》的那些言说，也很难说刘勰在《文心雕龙》开头三篇中对于文学"原道""征圣""宗经"的整体价值建构框架中没有"场外征用"的言说痕迹，而宋明理学家们言说文学时的"场外征用"就更不用说了。因此，文学理论批评话语作为一种泛文化的知识结构，实际上是中国古代诗文评的一个重要特征，也是西洋西方文论，尤其是现当代西洋文论在逐步发展中产生的一种倾向，解释学的兴起便是一个典型的例子。当代西方文论之所以要进行"场外征用"，既有拓展文学疆域、模糊学科边际的考虑，也有突破理论瓶颈的现实困境，因为一般来说"场外征用"最具有话语颠覆效应，这也是现当代西洋文学理论一直喜欢在话

---

① 见张江《强制阐释论》，《文学评论》2014年第6期；《当代西方文论若干问题辨识——兼及中国文论重建》，《中国社会科学》2014年第5期。

语解构与颠覆中行进的原因所在。在笔者看来，问题一定程度上出在"场外征用"，但是"场外征用"又无法尽免，所以问题的关键点便是"场外征用"是不是以文学为本体，是不是围绕文学这一轴心而进行，其聚拢点和落脚点是不是文学本身，场外理论的征用能否密切结合文学实践而进行。如果是的，则通过"场外征用"带来的思想、知识方面的话语杂交优势而增强理论的创新性和穿透力，只要控制得当，能入乎其内、出乎其外，最后还是回到文学本体、本位上来，确实倒也不失为好事一桩。实际上，张江先生在其文章中也已经充分注意到了这一点，并且进行了辨析，则说明"强制阐释论"的讨论又深入到了一个新的层面。只是这一问题相当复杂，涉及的面非常广泛，因此还需要我们进一步深入探究。

传统诗文评立足于文学创作实践，与文学批评融通为一，由此形成的不同于西方的传统，我们不妨称之为"当局者"姿态。因为"当局"，所以置身其中而冷暖自知；也正因为"当局"，诗文评的"理论"独立性也往往随之缺席。这一传统使诗文评与文学实践之间有着天然的亲近感，对于我们今天反思"强制阐释"无疑是很好的启示。但其缺陷也是客观存在的，那便是"旁观者"姿态的缺失，使中国古代比较缺乏独立的文学理论家与批评者：一方面，作家将感性的创作思维带入到诗文评中，一味地"象喻"，而在纯粹的理性思辨和逻辑演绎方面比较薄弱了一些；另一方面，作家在创造诗文评的过程中难免陷入"当局者迷"的窘境，难有客观、独立的"裁判"态度，锐利的反思性批判意识和观念、话语方面的颠覆能力也比较弱了一些。当代中国的文学理论，如何在密切结合文学创作实践的基础上，通过理论与批评之间的融通，在不丢弃传统诗文评"象喻"特点（"当局者"身份）的情况下，又体现出一定的"旁观者"身份，是值得我们思考的。

三　我们应该如何阐释传统文论

我们再把话题转到中国古代文论研究之阐释学重构这一问题上来。我们应该如何阐释传统文论？传统诗文评很古老，属于旧物，是已经消逝了的那些时代的诗性智慧之集中体现。然而，传统诗文评并不浅薄，更不丑陋；相反，在这一"古物"身上通体蕴含和折射着独特的中华诗性文化智慧的幽光。我们在研究中对传统诗文评所进行的当代阐释，应该致力于发现它对于当代中国文论所具有的价值意义，应该将阐释兴趣和价值诉求定位于发现这一"旧物"中的美丽，以及它在时间过程和空间转换中的意义延伸。

  毫无疑问，在我们对于传统诗文评的当代阐释之背后，蕴含着每一个阐释者个人的文化、诗学眼光与立场，以及独特的学术理念和方法，这是无可避免的，而且我们正是努力通过这种阐释来折射出处于转型期中国学者的思想、文化、学术的姿态与价值趋向。毋庸讳言，已往我们对传统诗文评所进行的现代阐释，更多的是从西方文论的视点来体会、理解传统文论，体现的是西方的学术品位和标准，尽管这种理解和体会不乏深刻和敏锐之处，但是如果一味地以西方文论的视点来阐释中国传统文论，能真正理解和体会中国传统文论吗？能避免掉入"强制阐释"之窠臼吗？因此，我们认为，在对传统诗文评进行当代阐释时，充分展示中华文化、中华美学的视点是非常必要的。尤其是在当下，中国文化元素已经成为世界瞩目的热点，和平崛起过程中的中国，更需要对自身的传统人文思想乃至传统的诗意文化倾注热情，以增强我们的民族文化、民族美学自信和自为意识，增强当代中国文学理论和美学的内创能力，并且以此而拓展、丰富世界文化的多样性。这正是我们强调当代中国文学理论研究和传统文论研究中要突出中国视点之原因所在。这里所谓的中国视点，指在对传统文论进行当代阐释时，提问和价值评价是不可避免的，但是我们所需要的提问和评价，不应该是完全按照西方文论的问题意识和提问方式来进行，不应该是完全按照西方文论评判问题的标准来评判，而是需要根据从中国本土的思想文化现实中生成的问题来进行提问，以如何更加有利于解决中国现实文化、文艺问题为标准来进行评价，而这种提问和评价最终又能够获得世界的理解和认同，只有这样才能使我们的阐释具有一定的现实针对性和思想原创性。这就是"强制阐释论"作为一个问题域和一种方法论，所给予我们的启示。

  对传统诗文评进行创造性阐释和创新性传承，应该成为当下研究

传统文论理论与批评和创作实践相互融通特点说略

古代文论的一个学术目标。传统诗文评对于当代中国文学理论体系建构价值意义是不言而喻的,我们称之为传统诗文评的当代价值意义。但是,传统诗文评的当代意义并非是现成的,也不是一成不变的,而是一个发现与思想生成的过程。正因为是一个思想生成的过程,这就需要我们一方面深入到历史情境中去,一方面回到现实情境中来,在历史情境与现实情境两重视域之融合中,通过重新解读而发现之,通过"解蔽"而彰显之,这样才能在发现的过程中生成传统诗文评的当代意义:一方面,如果不历史性地回溯,便没有古代文论"过去视域"之呈现;另一方面,如果没有当下的意义诉求,便没有研究的"现在视域"之生成,而"过去视域"与"现在视域"的缺失,必将妨害经典语境与当代语境的动态生成。我们知道,所谓"现在"即是"过去"的"现在","过去"即是"现在"的"过去";离开"过去","现在"根本无所附丽;离开"现在","过去"也将无处着落。这也就是说,回到传统诗文评的历史语境,是理解其"当代意义"的一个前提。因此,历史性地理解、阐释传统诗文评,应该成为我们研究古代文论的一个方法论前提。传统诗文评的当代意义并不是一种现成的随手可取的状态,它有待于理论价值阐发和现实意义的生成,因而纯粹的"回到原典"已无可能,任何一种历史"还原",其实都是对历史的某种阐释,而且阐释活动本身又必然隐含着研究者当下的文化立场,越深层次的阐释,其中所包含的历时性内蕴和当下性诉求就越深刻、越丰富。其实,在理论阐释之中根本不存在所谓可以原原本本地回到原典、还原古代的事实,如果有人这样宣称,那只能表明其作为阐释者还没有形成自己的阐释立场和时代理解。我们认为,阐释立场与时代理解之形成,可以使传统文论中那些至今仍然具有生命力和范型意义的资源得以激活和释放出来,并且通过创造性阐释而使传统文论实现创新性传承与发展,使传统文学遗产保持旺盛而持久的生命力。这一点是非常重要的。

在"回到原典"的过程中,除了阐释者的时代性外,还有一个所谓"解释学循环"的问题。在西方解释学的语境中,解释的循环是理解的存在方式,是理解的展开。在早期施莱尔马赫的语境中,"解释学循环"作为理解文本的一种技艺,是指在对文本进行解释时,理解者根据文本细节来理解整体，又根据整体来理解文本细节，这种理解的循环运动沿着文本来回移动，在文本被完满理解时才会消失。对此，狄尔泰进行了发展，他认为循环包括三种相互依赖的关系：单个词与文本整体、作品本身与作者心理状态、作品与它所属的种类与类型，这就把循环扩展到解释活动中理解与经验的关系中。海德格尔认为未知文本的理解，永远由被理解的前结构所决定，完满的理解不是整体与部分之间循环的消除，而是这种循环得到最充分实现。伽达默尔的理论，重在说明传统与理解之间的循环，正是知识的历史性表现。他认为理解就是不断地从整体到部分，再从部分到整体的过程，我们的理解必定受到传统的影响，而认识事物之后得到的解释又转变为新的传统，正是在这种循环中形成了新的问题视域，而视域的融合也是在这种循环中得以实现。

西方阐释学的若干原则，在中国的经典阐释传统中，也可以找到一些相似或相近的成分。近些年来，一批具有中国传统文化知识背景的学者已经开始思考、研究中国古代经典中存在的阐释传统，并力图借此来构建一种不同于西方阐释学传统的中国经典阐释学。这种研究路径，既可以视为站在中国文化本土立场上对西方阐释学关注问题的一种回应，也可以视为中西文化、中西阐释学之间所进行的一种平等、自由的对话，以期使我们当下语境中的传统文史哲研究实现"现在的视域"与"过去的视域"、"中学的视域"与"西学的视域"的融合。因此，在与西方阐释学的观点与方法相互比较、相互对话的过程之中，尝试建构中国文化本位的古代经典阐释系统，确实可以视为一条古今、中外比勘会通的路径。

我们认为，传统文论作为研究阐释的对象，其文本的意涵是客观的，是先于我们的理解而存在的。因此，正如赫施所说的那样："一个本文具有特定的含义，这特定的含义就存在于作者用一系列符号系统所要表达的事物中。"[①] 而我们阐释文本之目的，则在于获知作者或作品之原意。悠久历史的中国经典阐释传统也认为，经典文本所具

---

① ［美］赫斯：《解释的有效性》，王才勇译，生活·读书·新知三联书店1991年版，第16—17页。

有的原意是一种客观存在,无论是作为最高真理的"道",还是最高存在的"气",或是最高理想的"志",都深藏于经典之中,阐释之任务就是通过特定的方法和过程,将经典文本的内在意义揭示出来。清人焦循在总结当时的经学阐释境况时说:"今学经者众矣,而著书之派有五:一曰通核(主以全经,贯以百氏,协其文辞,揆以道理);二曰据守(信古最深,谓传注之言,坚确不移,不求于心,固守其说);三曰校雠;四曰摭拾(指辑佚);五曰丛缀(丛考字句名物)。"① 由此可见,古人在经典阐释活动中,所关注的是具体阐释路径的选取,对于经典本身内蕴的意义是不予质疑的。实际上,在传统经学阐释系统的内部,无论是汉学与宋学之争,还是理学与心学之辩,所不同的只是对于阐释经典的途径与方法在选择上有所不同而已,而对于经典文本所蕴含的微言大义,则均无异议。100多年的西学东渐,形成了中国近代以来过度崇拜西方阐释方法的新的述学传统,这是因为中国近代以来积弱的国势滋生了对于西方科学方法的膜拜与推崇,西方的阐释方法被视为是揭示本质、显明"体"的唯一有效路径。这种心态在相当程度上还在左右着我们今天对于传统文论的阐释,并且阐释了传统文论研究中的种种"强制阐释"现象,我们往往熟练地"援西入中""以西解中",以西方文论中本来就是"强制阐释"之产物的阐释路数和套数为模式,对传统文论再来一次"强制阐释",从而裁剪、割裂了传统文论的整体意义世界,这似乎越来越成为我们的一种阐释惯性,以致使我们越是阐释,与传统文论之间的知识隔膜就越来越大,与古代文论的精神越来越疏远。法国哲学家保罗·里克尔曾指出:"所有诠释学的目的,都是要征服存在于经典所属的过去文化时代与诠释者本身之间的疏远和距离。借由克服这距离,使自己与经典的时代合一,注释者才能够使其意义为自己所有:他使陌生成为熟悉,也就是说,他使它属于自己。这正是他透过理解他者而得到他所追求之自我理解的成长。因此,每一诠释学,无

---

① 焦循:《辨学》,《雕菰楼文集》卷八。

论外显地或隐含地,都是经由理解他者而有的自我理解。"① 我一向很不同意什么以所谓西方科学的方法对传统人文经典进行现代阐释之类的说法,因为这么一来,阐释传统人文经典似乎变成了如自然科学实验中从某种物质中提取某种元素那样,从经典中提取某种客观原意的过程。其实,古代文论研究中大量的"强制阐释"正是发生于这种所谓"科学"的阐释过程之中的。这是因为从阐释过程来看,我们对研究对象进行阐释时是不可能不融入我们的社会经验、生命体验等的;从阐释目的来看,我们的研究也不仅仅只是为了单向度地理解经典文本,同时也是我们与经典文本展开对话,以及投射自我、理解世界的一个过程。

我们阐释传统文论,也需要超越唯历史主义与主观主义的二元对立。这里存在着一个如何实现文本所代表的"过去视域"与作为阐释者的我们所代表的"现在视域"两者很好地融合的问题。在阐释过程中,我们不能将"现在视域"与"过去视域"割裂开,把"现在"和"过去"看成是孤立的、不相联系的孤立存在;既不能仅仅局限于"现在"而不关注"过去",也不可以执守于"过去"而不关注"现在",这样庶几可以避免在阐释过程中出现种种"强制阐释"的问题。对此,陈寅恪先生的一段论述,常常为学者引用,今在引之:"凡治中国古代哲学者,其对于古人之学说,应具了解之同情,方可下笔。盖古人著书立说,皆有所为而发。故其所处之环境,所受之背景,非完全明了,则其学说不易评价,而古代哲学家去今数千年,其时代之真相,极难推知。吾人今日可依据之材料,仅为当时所遗存最小之一部,欲借此残余断片,以窥测其全部结构,必须具备艺术家欣赏古代绘画雕刻之眼光及精神,然后古人立说之用意与对象,始可以真了解。所谓真了解者,必神游冥想,与立说之古人,处于同一境界,而对于其持论所以不得不如是之苦心孤诣,表一种之同情,始能批评其学说之是非得失,而无隔阂肤廓之论。否则数千年前之陈言旧说,与今日之情势迥殊,何一

---

① [法]保罗·里克尔:《诠释的冲突》,林宏涛译,台北桂冠图书公司1995年版,第14—15页。

不可以可笑可怪目之乎？但此种同情之态度，最易流于穿凿附会之恶习。因今日所得见之古代材料，或散佚而仅存，或晦涩而难解，非经过解释及排比之程序，绝无哲学史之可言。然若加以连贯综合之搜集及统系条理之整理，则著者有意无意之间，往往以其自身所遭际之时代，所熏染之学说，以推测解释古人之意志。由此之故，今日之谈中国古代哲学者，大抵即谈其今日自身之哲学者。所著之中国哲学史者，即其今日自身之哲学史者也。其言论愈有条理统系，则去古人学说之真相愈远。"① 深入领悟这段话的意涵，有助于我们克服阐释经典文本时极易于发生的种种"穿凿附会""隔阂肤廓"之错误。

四 让"古代文论"重新回归文学史的怀抱

在文论研究中，如何保持理论、批评、创造实践三者之间的相互融通呢？如何避免理论高悬在上、自言自语，既不及物也不接地气的弊端呢？我们认为，就传统文论的研究而言，在对传统文论经典文本进行阐释时，首先要做到的就是要让"古代文论"重新回到文学史的怀抱之中。为什么要这样说呢？这是因为近一个世纪以来，在西方学术体系的规训和西方文学理论的耳提面命之下，古代文论研究和传统文学批评史著作的编纂思路也逐渐向"理论""概念""演绎"的方向汇拢。我们的研究，我们的阐释，逐渐成为一个"理论"提纯的过程。但是，这样的"理论"提纯或曰醇化的阐释思路，必然导致理论史与批评史、理论史与文学史割裂现象的出现。本来在传统文论的原生态中，这三者之间的关联是十分密切的，古人在进行文学言说时，他的理论阐发多数是直接针对具体的文学现象而发的，这便体现出了传统文学理论史和批评史对文学史的强烈依附关系，我们所指出的传统诗文评理论、批评、创作实践相互融通特点，正是因于此而形成的。因此，如果我们在阐释过程中一味地将理论史从具体的批评

---

① 陈寅恪：《冯友兰中国哲学史上册审查报告》，收入《金明馆丛稿二编》，上海古籍出版社1980年版，第247页。

史语境、从特定的文学史情境中剥离抽取出来,不注意它们之间的原生态关系,在阐释中缺乏对此关系的充分揭示,便会导致我们言语中的古代文学理论成为一堆孤单的范畴、概念、术语、命题等关键词的汇总,使听者无法知道这些理论观念在当时是在一种什么样的批评场域、什么样的文学氛围中产生的。

理论与批评史、与文学史的分疆划界,固然使得文学理论研究高度专业化,然而也会在追求自足的过程中走向封闭,从而使研究文学理论者与研究批评史者及研究文学史者互不往来,陌如路人。尤其是理论与宽泛意义上的批评意识的割裂,更应该值得我们警惕。在传统文论的原生状态中,批评观念并不都是以范畴、命题等形式出现的。批评作为一种话语,它的包容面要宽泛得多,范畴、命题只是其中的一小部分。多样具体的批评观念错综复杂地交融在一起,既形成了一个时期文学批评的总体风貌,也构成了这个时期文学理论的具体样态。但是,如果我们仅仅选择其中若干个具范畴形态的概念来说明一个时期、一个阶段的文学理论,那就肯定会筛选过滤掉那些隐含在大量批评实践中的、理论抽象化程度还不是太高的批评观念或批评意识,这就会导致阐释过程中的片面性、随意性。

另外一个问题就是要重视个案研究、个案阐释,而不应该过分迷恋理论通史的书写。在一些理论通史之中,通常给我们的往往只是一种简要的理论方面的轮廓描述和体系建构,而其中的细节大多未经深入的个案研究,以致这些理论的历史细节在通史体的宏大理论叙事过程中被遮蔽、被忽略。也就是说,这样的通史书写,在没有进行具体而深入的个案研究的情况下,便先有了一个预设的总体框架,其后所进行的具体书写只不过是给这个框架添加一些举隅式的理论事件罢了,而且很可能是随意添加的。这种情况的存在,非常不利于传统文论阐释性研究的拓展与深化。客观而言,以一个人所具有的学力和从事研究的时间与精力,根本不可能保证他在有生之年对传统文论史的所有环节、所有问题都有深入的研究,由于不可能穷尽阅读所有的原始典籍,并且能发现其中未被关注过的问题,因此可以说迄今为止传统文论的大量的原始材料仍被搁置一边,这些材料不能进入阅读视野,自然也就谈不上对其中所包含的理论现象、批评情境予以认知,以及进行具有原创性的阐释。深入细致的个案阐释的缺失，在相当程度上影响了研究的学术进程，使得传统文学理论史研究的路子越走越窄。对于这一问题，我们在反思古代文论研究中的"强制阐释"之时，亦应引起重视。

20世纪早期中国文学批评史研究中的"强制阐释"谈略[*]

党圣元[**]

近一段时间以来,关于当代西方文论中的"强制阐释"问题受到了广泛的关注,已经成为一个热点性话题,更可望成为今后文论研究中的一个新的问题域。《中国社会科学报》于2014年6月16日刊登了题为《当代文论重建路径:由"强制阐释"到"本体阐释"——访中国社会科学院副院长张江教授》的长篇访谈,是为这一问题的初次提出,也是张江关于"强制阐释"问题的发轫之作。新近,张江又在《文学评论》2014年第6期发表了《强制阐释论》一文,从四个方面全面、细致深入地阐发了他对于这一问题的见解。张江在文中指出,"强制阐释是当代西方文论的基本特征和根本缺陷之一",并且对"强制阐释"的特征做出归纳:"强制阐释是指,背离文本话语,消解文学指征,以前在立场和模式,对文本和文学作符合论者主观意图和结论的阐释。其特征有四:第一,场外征用。广泛征用文学领域之外的其他学科理论,将之强制移植文论场内,抹杀文学理论及批评的本体特征,引导文论偏离文学。第二,主观预设。论者主观意向在前,前置明确立场,无视文本原生含义,强制裁定文本意义和价值。第三,非逻辑证明。在具体批评过程中,一些论证和推理违背基本逻辑规则,有的甚至是逻辑谬误,所得结论失去依据。第四,混乱的认知路径。理论建构和批评不是从实际

---

[*] 本文原刊于《文艺争鸣》2015年第1期。
[**] 作者单位:中国社会科学院。

出发,从文本的具体分析出发,而是从既定理论出发,从主观结论出发,颠倒了认识和实践的关系。"① 张江在文中对"强制阐释"的具体表现特征、理论得失等的分析与评价,首先是针对当代西方文论的整体特性而做出的极具思想个性和观念冲击力的认知与评说,但是这个评说同时也触及了当代中国文论体系和话语建构与发展中的一些学术、文化方面的深度问题,需要进行认真检视和深度反思。如题所示,本文的主旨不是对"强制阐释"论本身进行评说和延伸性阐述,因此不拟涉及当代西方文论体系的总体性认知及其优劣评价等问题,而仅就"强制阐释"在20世纪以来中国古代文论研究中的体现及其影响进行简要的反思性讨论。我们认为,张江所提出的"强制阐释"问题,对于当代中国文论的建设和发展,在理论和方法两个方面具有积极的意义,尤其是对于我们反思20世纪以来的中国古代文论研究及中国文学批评史书写,极具启发性,提供了一个很好的切入点和问题域。

"强制阐释"在当下的中国古代文论研究及批评史书写中有无体现,并且有哪些具体的表征呢?回答是肯定的,我们甚至可以说,20世纪以来的中国古代文论的现代阐释史和中国古代文学批评史的现代书写史,在一定程度上可以说是在西方文论话语权规约下的"强制阐释"史,当然其具体表征不完全如张江在《强制阐释论》中所列举的那样,其中有变异、有损益。笔者认为,中国古代文论研究中的"强制阐释"现象,有的体现在对于古代文论的文本章句解释方面,有的体现在对于古代文论的话语体系整合建构方面,有的体现在对于古代文论思想理论的价值评判方面。这种现象其实在20世纪初中国文学批评学科草创阶段即已经出现,新文学诞生之后,传统诗文评退出了当时文学批评的舞台,进入了历史的橱窗,新文学理论批评与传统诗文评彻底断裂。与此同时,以引进的西方文学观念和文学理论批评知识为工具,对传统文学理论批评进行梳理、阐释、整合、建构的古代文论研究和批评史书写随之而开始,并且逐渐形成了古代文论研究中的援西入中、以西解中、以西律中的模式。按照陈寅恪的说法,

---

① 张江:《强制阐释论》,《文学评论》2014年第6期。

王国维研究传统诗学是"取外来之观念,与固有之材料互相参证"①。陈中凡说自己撰写《中国文学批评史》,所采用的方法是"以远西学说,持较诸夏"②。《中国诗学大纲》的作者杨鸿烈说自己对于传统诗学的书写是"把中国各时代所以论诗的文章,用严密的科学方法归纳排比起来(按:这里所说的'严密的科学方法',实际上就是采用西方文学观念和理论的逻辑分类思想),并援引欧美诗学家研究所得的一般诗学原理来解决中国诗学的许多问题"③。同时又申说"我们现时绝对的要把欧美诗学书里所有的一般'诗学原理'拿来做说明或整理我们中国所有丰富的论诗的材料的根据"④。朱光潜认为"诗学在中国不甚发达","中国向来只有诗话而无诗学",而"诗话大半是偶感随笔,信手拈来,片言中肯,简练亲切,是其所长;但是它的短处在零乱琐碎,不成系统,有时偏重主观,有时过于传统,缺乏科学的精神和方法",这是因为"中国人的心理偏向于综合而不喜分析,长于直觉而短于逻辑的思考"。在朱光潜看来,"谨严的分析与逻辑的归纳恰是治诗学者所需要的方法",因此必须运用西方文学理论的基本原理,来讨论诗的问题,"对于中国诗作一种学理的研究",并且还要进行中西比较,"一切价值都由比较得来,不比较无由见长短优劣。现在诗作品与诗理论开始传到中国来,我们的比较材料比从前丰富得多,我们应该利用这个机会,研究我们以往在诗创作与理论两方面的长短究竟何在,西方人的成就究竟可否借鉴"⑤。由此,我们可以说,"取外来之观念,与固有之材料互相参证"是20世纪初中国古代文论研究和中国文学批评史书写的一般方法论和具体的解释学策略。我们的意思不是说这一方法和策略是错误的,更不是否定其对于催生和促进古代文论研究、中国文学批评史书写及学科创建、发展方

---

① 陈寅恪:《王静安先生遗书序》,见《金明馆丛稿二编》,上海古籍出版社1980年版,第219页。
② 陈中凡:《中国文学批评史》,中华书局1927年版,第6页。
③ 杨鸿烈:《中国诗学大纲》,商务印书馆1933年版,第1页。
④ 同上书,第28页。
⑤ 朱光潜:《诗论·序》(抗战版),见《朱光潜美学文集》第2卷,上海文艺出版社1982年版,第3、4页。

面所具有的积极意义。事实上,从历史的眼光来分析和评价,我们认为,在20世纪早期随着新文学、中国现代学术诞生而兴起的中国古代文论研究和中国文学批评史书写,选择这种方法和策略,体现的是一种历史的进步,一种无可避免的历史必然性选择。我们所要指出的是这种方法和策略,在发挥其积极意义的同时,是否同时也扮演了20世纪以来古代文论研究和中国文学批评史书写中"强制阐释"的催生婆呢?对于这一问题,我们的回答也是肯定的。

援西入中、以西解中、以西律中,以西方文论为式样,剪裁古代文论的一些文本材料,将其强行纳入西方文论模式之中,在具体的解释中妄事糅合,通过攀缘依附西方文论来申说、证实所解释的古代文论章句在知识、思想方面的意义之合法性,在20世纪早期的古代文论研究和文学批评史书写中即已出现,而且其作为一种"强制阐释",在当时便已经得到了关注与反思。我们先从已故著名中国文学批评史大家罗根泽先生当年在其《中国文学批评史》第一篇《周秦文学批评史》"绪言"中的一段话说起。罗氏之言如下:"学术没有国界,所以不惟可取本国的学说互相析辨,还可与别国的学说互相析辨。不过,与别国的学说互相析辨,不惟不当妄事糅合,而且不当以别国的学说为裁判官,以中国的学说为阶下囚。糅合势必流于附会,只足以混乱学术,不足以清理学术。以别国学说为裁判官,以中国学说为阶下囚,简直是使死去的祖先,做人家的奴隶,影响所及,岂止是文化的自卑而已。"[①] 这段话是罗根泽在"绪论"第十三"解释的方法"一节中说的,不要以为罗根泽在此所言是在排拒西方文论,以及反对在中西比较的视野中解释中国传统文论,我们只要读一下罗氏这篇共分为十四小节,从"文学界说"到文学批评、文学批评史、中国文学批评的特点,最后落脚于中国文学批评史书写的方法论和体例的长篇"绪言",就可以知道,他是在全面、细致、深入地比较了中西文论各自关于"文学""文学批评"之不同特点之后,专门针对当时古代文论解释中的"妄事糅合"中西、以中就西,进行"强制阐释"而发言的。为此,罗氏提出了他自己的关于古代文论研究和批

---

① 罗根泽:《中国文学批评史》第1册,上海古籍出版社1984年版,第30—32页。

评史书写中的意义解释的"明训""析疑""辨似"三原则。在罗根泽看来,所谓"明训","就是顺释其意",用我们今天的话来讲,也就是回到古人的语境之中,在不脱离、不暌违古人原意的前提下来解释古人之言;所谓"析疑",就是要认识到古人的理论批评话语都是"以他的根本观念为出发点"的,因此在解释时必须要透过古人的一些表面上看起来与其"根本观念不很融洽"的言语,整体、有机地分析、解释和阐发之;所谓"辨似",就是"辨别异同",在解释中发现中国文评"与众不同"与"与众不殊"的意涵。罗根泽继之而讲道:"凡是有价值的学说,必有与众不同的异点;但创造离不开因袭,所以也有与众不同的同点。不幸研究学艺者,往往狃同忽异;大抵五四以前则谓后世的学说上同于上古,五四以后则谓中国学说远同于欧美。实则后世的学说如真是全同于上古,则后世的学说应当取消;中国的学说如真是全同于欧美,则中国的学说应当废弃。所以我们不应当糅合异同,应当辨别异同。辨别异同就是辨似。"① 罗根泽在此所提出的古代文论解释中的"妄事糅合",与"强制阐释"有无相似之处呢?我们认为其与张江指出的"强制阐释"中的"主观预设"方式的第二种做法"前置模式"非常相近相似。张江指出"前置模式"的做法是"批评者用预先选取的确定模式和式样框定文本,作出符合目的的批评。批评者认为,这个模式是普适的,具有冲压一切文本的可能,并据此作出理论上的指认。"② 而我们看到,古代文论研究中的"以西解中""妄事糅合",正是以所选定的西方文学观念为模式和式样,带着这个前置预设进入所要解释的古代文论文本,并且用这个前置预设来强行"冲压"所"框定"的符合自己的解释意图的文本。为此,罗根泽提出了他自己关于古代文论释义的"直解法":"无论明训、析疑或辨似都需用直解法,不必胪列许多后人的曲解附会。因为释义与述创不同,述创必述因革的创造,释义必弃后人的曲解,彼是'以传还传',此是'以经解经'。"③

---

① 罗根泽:《中国文学批评史》第1册,上海古籍出版社1984年版,第31页。
② 张江:《强制阐释论》,《文学评论》2014年第6期。
③ 罗根泽:《中国文学批评史》第1册,上海古籍出版社1984年版,第32页。

20世纪初古代文论研究和文学批评史书写草创阶段的这种以西解中、以西律中的"强制阐释"方法,其表现不惟"妄事糅合"一端,而是多方面的,并且随着中国现代文学理论话语和学科体系的发展,古代文论研究中的"强制阐释"也在跟随着西方文论的话语翻新而不断地发展变化着。比如,百余年来在研究中以西方文论为模本,对古代文学理论文本和古人批评话语进行选择性过滤与提纯,对古代文论概念范畴进行意图性极强的定向性发掘和阐释,对于古代文论理论体系进行筛选目的极其明确的梳理和建构性整合,以西方文论为裁决尺度而评说传统文论的种种不足和短劣之处,等等。又比如,我们引进、接受了西方的文学主体论,于是就会立刻以西方的主体说为蓝本,将古代文论中的"言志说""缘情说"等阐释为文学主体论;西方的"接受"美学传进来之后,便一窝蜂地将古人的"诗无达诂"以及其他诗论家关于批评鉴赏中因接受者而异的片言只语阐释、建构成为系统的中国"接受美学";引入了西方的生态美学、生态批评,古人的"天人合一"、庄老的道论思想等本属于天道、性命、政治、道德论范畴的思想就马上成为中国古代生态美学理论话语;西方叙事学、阐释学引进来并风靡全国,于是也很快就会有中国古代叙事学、中国古代阐释学的著作问世,等等,不一而足。我们不是说这种在西方文论启示下或观念和方法借鉴下的对于古代文论的研究、阐释一概不对,而是说在这种情形下难免出现和反反复复地衍生出"强制阐释"的现象,这种"强制阐释"所导致的必然结果就是势必会脱离古人原意和传统文化原点,洗褪掉中国传统文化、文论的本色,在对传统文论进行重新编码的过程中而改写了中国传统文学精神和传统文论的理论话语形态与实质,结果便将古代文论家的相关思想、传统文论中的相关文献仅仅作为证明西方文论普适性意义和决定性正确的事实材料,或曰西方文论的脚注。关于这一点,笔者在以往的论文中曾经指出过[①],这里略而不论。如果仔细地梳理和辨析,我

---

① 参考拙文《学科、体系及书写体例:古代文论研究中诸问题的思考》,《甘肃社会科学》2007年第4期;《论中国传统文论经典阐释中的视界融合问题》,《中国社会科学院研究生院学报》2006年第6期。

们会发现,如张江在《强制阐释论》一文中所列举的诸如"挪用""转用""借用""话语置换""硬性镶嵌""词语贴附""主观预设""非逻辑证明"等"强制阐释"的"十八般武艺",在20世纪以来的古代文论研究和文学批评史书写中均有体现,其结果难免导致如张江所指出的"实践与理论的颠倒、具体与抽象的错位,以及局部与全局的分裂"[1]。张江在文中还指出:"当代文学理论话语的建构必须坚持系统发育的原则,在吸纳进步因素的基础上,融合理论内部各个方向和各个层面,建构出符合文学实践的新理论系统。"[2] 我们认为,这一想法也适合于古代文论研究方面。

近年来,国内学界关于中国文论如何建构、如何发展的讨论,关于古代文论研究和中国文学批评史书写的学术反思、方法论重建的讨论,可谓是一波未平,又起一波,语速滑快,观念凌乱,其中话语空转、思维倒悬的现象在在有之。愚意以为,无谓的争论、虚假的观念构建、空洞的言语机锋,是没有意义的,切实可行的则是回到历史与现实的经纬度上来,回到当下中国思想文化和文艺理论批评的事实语境中来,回到古代文论研究的百年学术史反思中来,认真检视、清理其中的几成学术顽疾的"强制阐释"现象,使西方文论在我们的研究真正成为比较、对话的一方,而不是成为如罗根泽所说的"裁判官"。"强制阐释"的克服,可以使我们的古代文论研究真正回到立足自我、面向现实、守正创新的正确位置上来,并且才有可能使我们步出当代中国文论学科发展、古代文论研究和批评史书写所面临的种种困惑、重重迷雾,才能规避、戒除实践已经证明了的预想通过"强制阐释"而实现的纯粹原则与理念构想,以及规划行动策略,少作空洞浮泛之想,少为英雄欺人之语,切切实实地进行一些深度的思想、文化方面的学理性反思,扎扎实实地开展一些贴近本土思想文化、贴近现实文化国情、贴近人文诗意、贴近具体问题的思考和研究阐述,此之为立足自我、面向现实、守正创新。

---

[1] 张江:《强制阐释论》,《文学评论》2014年第6期。
[2] 同上。

从杜诗研究谈强制阐释*

陈梦熊**

杜诗学的发展建立在杜诗研究的基础上,其物质载体则是形态各异、刊刻年代不同的杜诗别集、杜诗全集等,它们作为杜诗文本演变的直接表现形式在杜诗学的发展中扮演了重要的角色。随着西方文论思想的传入,部分学者尝试着从全新的角度去解读杜甫及杜诗,从而开创了"杜诗学"发展的新篇章。在西方文论的启示下,"杜诗学"研究的确有了进一步的发展,但我们也注意到某些观点的表述有"强制阐释"①的嫌疑,某些学者的研究完全陷入了"场外征用"的误区。

一

2014年的文学理论界十分火热,张江先生提出的"强制阐释"使得研究者再次将关注的目光投向中国当代文论的建构方式。他在《强制阐释论》一文中明确指出:"强制阐释是指,背离文本话语,消解文学特征,以前在立场和模式,对文本和文学作符合论者主观意图和结论的阐释。其特征有四:第一,场外征用。广泛征用文学领域之外的其他学科理论,将之强制移植文论场内,抹杀文学理论及批评的本体特征,引导文论偏离文学。第二,主观预设。论者主观意向在

---

* 本文原刊于《重庆工商大学学报》(社会科学版)2016年第2期。
** 作者单位:西南大学文学院。
① 张江:《强制阐释论》,《文艺争鸣》2014年第12期。

前,前置明确立场,无视文本原生含义,强制裁定文本意义和价值。第三,非逻辑证明。在具体批评过程中,一些论证和推理违背基本的逻辑规则,有的甚至是逻辑谬误,所得结论失去依据。第四,混乱的认知路径。理论建构和批评不是从实际出发,从文本的具体分析出发,而是从既定理论出发,从主观结论出发,点到了认识和实践的关系。"① 张江先生的观点切中肯綮地点出了中国文论研究中长期以来存在的问题——以西释中。他并非是针对某一位学者的研究工作,或就某一个观点提出批评,而是就中当下的中国文学批评原则和中国文论的话语建构方式提出质疑。试图解答这一问题,需要我们从个案研究入手,就同一研究对象在不同历史阶段的研究做对比分析有助于分辨不同观点的孕构过程是否有"强制阐释"之嫌。

我们并不反对借用西方文论的话语和研究模式去审视中国文学。事实上,正是由于积极吸纳和借鉴了西方文论的思想成果,我们才创造了今时今日的成就。正如王国维先生所言:"取外来之观念,与固有之材料互相参证。"回顾 20 世纪的杜诗研究,我们可以将其划分为三个阶段:第一个阶段是"现代学术思想在杜甫研究领域的建立……王国维、陈寅恪、闻一多、梁启超为代表的一批学者,已经可以很娴熟地运用现代学术观念和方法在古代文学研究中表现出新的思维方式和表达新的意见。"第二个阶段则是杜甫研究的过渡期,"世界观、人民性、爱国主义"等话题被重点讨论;同时还出现了"文化大革命"时期"评法批儒"和郭沫若的《李白与杜甫》。第三阶段是"杜甫研究的活跃期","现代学术意识,在这一批学者身上表现相当明显"。② 早年的杜诗研究延续了传统学术的研究模式,将重点放在杜甫诗集的搜集、整理、校订工作上,为后来的研究工作奠定了文献基础。

受"西学东渐"之风的影响,杜诗研究在 20 世纪 30 年代开始出现现代转型的迹象,这是杜诗研究领域中出现"以西释中"的开始。"梁启超 1922 年诗学研究会的演讲《情圣杜甫》,首开以西方'真善美'为标准评杜诗的风气,针对传统道德标准第一的'诗圣'提法,

---

① 张江:《强制阐释论》,《文艺争鸣》2014 年第 12 期。
② 刘明华:《现代学术视野下的杜甫研究》,《文学评论》2004 年第 5 期。

称杜为'情圣',认为是杜诗感情的丰富、真实、深刻,手法的熟练、偏僻入里,使杜甫在文学史上有着崇高的地位。"[①] 梁启超的观点颇具新意,被一部分人所接受。他的观点符合"以西释中"的契合性原则,因此不能被认定为"强制阐释"。杜诗的伟大不仅缘于"一饭不曾忘君恩"的忠君品质,更是杜甫走进人民、体察民生疾苦展现的人格魅力。当我们吟诵"老妻画纸为棋局,稚子敲针作钓钩"时,浮现在眼前绝不是一位高高在上的士大夫,而是享受生活闲趣的老翁。杜甫用自己的真情为我们留下了杜诗,梁启超用"情圣"的赞誉肯定了杜诗的成就,虽跨越千年却保持了精神世界的高度契合。虽是主观预设,却由于批评者预设的批评原则符合杜诗的情感特质,没有产生强大的疏离感。

在同一时期的研究中,胡适所做的杜甫研究成就颇大。他在《白话文学史》中曾就杜甫展开了专章讨论,取得的成果可谓喜忧参半。一方面,胡适率先以"写实派"点评杜诗开后世"现实主义"的先河。他从社会学的角度来考察杜诗,使得"流离陇蜀,毕陈于诗"的内涵融入了文学创作与社会变迁的因素,符合传统诗学的基本价值取向。胡适研究杜诗最大贡献是将"问题诗"作为杜甫的贡献,认为"其乱离中诗歌的艺术风格是:观察细密,艺术愈真实,见解愈深沉,意境愈平实忠厚。"[②] 另一方面,胡适的杜诗研究也存在这"强制阐释"的情况,即他的观点不具备针对杜诗的言说能力。胡适认为杜诗中大量出现俗语是宋诗以议论入诗的先导,并认为杜诗的审美特征之一是风趣。胡适的观点印证了张江先生提出的导致"强制阐释"的原因之一——主观预设,这与胡适大力提倡白话文有关系。他将杜诗作为提倡白话文的佐证材料,这就严重地偏离了解读杜诗的价值取向,无法实现杜诗文本与现代研究之间的精神契合,应认定为"强制阐释"。

20世纪50年代后是杜诗研究的新阶段,中国学术界尝试运用马列文论和毛泽东思想来解读杜诗,其成果中不乏"强制阐释"的观

[①] 林继中:《百年杜甫研究回眸》,《河北大学学报》(哲学社会科学版)1999年第2期。

[②] 同上。

点出现。傅康成先生在《杜甫诗论》中尝试着运用现实主义的方式分析杜诗，萧涤非先生则在《杜甫研究》中率先引入"人民性"的评价标准。两种观点都是以杜甫遭逢"安史之乱"的历史契机作为切入点，将杜甫在社会动荡中逐步走进民众、了解民众的心路历程作了细致分析，使得我们对于杜诗的理解有了提升。需要强调的是"现实主义""人民性"在被用以评价杜甫之后，其作为学术概念的内涵就发生了转移，人们更多的是从中国传统文化语境的层面去理解，而不是站在西方文论的角度上。因此，我们在20世纪50年代以"现实主义""人民性"概括杜诗是不能被认定为"强制阐释"。虽然是借自西方文化语境的理论，但仍具有针对当时文学研究的言说能力，并能对杜诗研究产生推动作用。而1971年问世的《李白与杜甫》在打破学术界长久以来的压抑和沉寂的同时，却将杜甫研究引入了"误区"。全书最为夸张的错误是郭沫若将杜诗中"恶竹应需斩万竿""卷我屋上三重茅"的虚指作为实证，然后经过详细计算得出了万竿竹的面积和三重茅的奢侈，最终认定杜甫是地主阶级。郭氏的观点可算"强制阐释"的极端个例，根源在于他以某种先入为主的价值判断取代了严肃、客观的学术研究，不仅彰显了立论者"主观预设"的研究思路，也不符合论述者本人作为古文字学家的身份，具有鲜明的"非逻辑证明"色彩。吴中胜先生曾针对郭沫若的《李白与杜甫》发表过这样的评价："他的指向是现实，凭着他敏锐的政治嗅觉，他已预感到即将发生又一场暴风骤雨式的政治运动。他要批判的是现在学术界的'歪风'，在这场政治运动来临之前他要赶紧与这些老学究划清界限。"[①] 正是由于郭沫若是怀揣着这样的目的去研究杜甫，他所得出的结论必然是不具备言说能力的，也就暴露了他试图以"强制阐释"的方式去界定杜甫的真实动机。

进入20世纪80年代，中国学术界迎来了发展的黄金时期。杜诗学研究也是如此，突出特征就是兼具中国古代文论精神特色和民族性，又符合当代社会价值取向的成果大量涌现。有学者尝试运用西方知识分子视角重新审视杜甫和杜诗，他指出"忧患意识""批评意识""重

---

① 吴中胜：《学术怪胎：郭沫若〈李白与杜甫〉》，《粤海风》2010年第3期。

建意识"是杜诗价值所在。这一观点没有成为西方知识分子学说的图解,而是始终将杜甫定位在中国传统文化的语境中,继而提炼出杜甫的人道主义精神。此间所谓"人道主义"已非西方文化语境的产物,而是有了新的内涵。更为难能可贵的是研究者为我们在中国文论中找寻到了相对应的概念"民胞物与",更兼杜甫作为传统士大夫的社会身份与现代人思维中的知识分子具有相似性,使得从知识分子理论审视杜甫的"民胞物与"情怀丝毫不让人产生格格不入的感受。"民胞物与"乃是宋代理学的产物,他将众生视为自己的同胞,视一切客观存在为不可或缺的组成要素,原本用以强调人与自然的统一性,是"天人合一"思想在理学影响下的发展。刘明华先生认为杜甫身上就具有"民胞物与"的情怀,"杜甫那些描写亲情的诗篇固然充满情韵,显示了诗人亲切的一面,但杜甫那些同情不幸者,关心弱小者,帮助受难者的诗篇更显示出人性的辉煌。这是杜甫迥异于时人并在历史独具风采的原因"①。由此我们就能够理解杜甫为何能在危难时刻营救房琯,这不是私人友情所致,而是杜甫以"民胞物与"情怀烛照众生的结。同样的情怀还表现在"三吏三别"的诗篇中,杜甫始终是以悲天悯人的博大胸襟去审视众生,才塑造了后世人眼中的"诗圣"。

从"情圣"到"现实主义""人民性",再到"社会良心""民胞物与",每一个概念或是借鉴自西方文论或是从中国传统中采撷而来,他们被一代代的研究者赋予新的内涵,成为不同历史语境下能够言说的文论话语资源。由此可见,寻觅中国传统文论话语中"隐性传承"至今仍然具有活力,针对当下文学创作实践具有言说能力的话语资源是可行的,但要注意避免走入"强制阐释"的误区。

二

清人谭献在《复堂词录序》中曾写道:"作者之用心未必然,而读者之用心未必不然",接受美学则强调读者与作者的"视域融合"。他们都试图在作者与读者之间搭建阐释的路径,这种努力的有效性和

---

① 刘明华:《论杜甫的"民胞物与"情怀》,《文学遗产》1994年第5期。

适应性必须在实践中才能得到验证。我们必须承认文学文本的含义原本就是复杂的，并不存在着唯一性的答案。这一点正是人文社会科学研究与自然科学研究之间最大的区别所造。当西方文论以"场外征用"的方式试图建构放诸四海而皆准的理论模式时，就意味着他们已经走入了"强制阐释"的误区。如何在借鉴西方文论的同时，避免由于"强制阐释"给我们的研究工作带来的负面影响。

然而做到这一点并不容易，很多学者在研究难免会受到外界因素的干扰，下面将通过个案分析，就相关问题进行探讨。

20世纪的杜诗研究是古典文学研究的重要构成要素之一，随着中国人逐渐接受了西方文艺理论对文学的界定方式，我们对文学的认知也发生了转移。以"文学"一词为例，最早出处是《论语·先进》，与现今通行的含义有较大差别。"文学"在发展中逐渐形成了三种含义："一是指学识渊博。如桓宽的《盐铁论》中的'文学'，就是指博学之士；二是指官名。汉代州、郡和王国皆设置文学官职，类似于后世的教官。这种官职位一直延续到唐代；三是指文章，包括诗、文等。"[①] 其后，"文学"的概念融入了"纯文学"[②] 的成分，并在唐代时有了较"文笔说"更进一步的发展。古风先生指出："汉语'文学'一词的现代化是通过两条线进行的，一条是传统'文学'观念的现代转化，即由《诗》→诗→诗文等转化；另一条是通过翻译英语'Literature'来进行内涵的转换。"[③] 中国人现在所理解的"文学"已经极大地偏离了传统话语环境中塑造的"文学"概念，而是被从西方译介的 Literature 一词所取代。当然这并不意味说，我国传统文化语境中塑造的"文学"一词就与"Literature"无涉。事实上，正是因为传统意义层面的"文学"中蕴含着"Literature"的基因，才为二者的融合创造了可能性。可见中国现代文论体系中的许多概念往往是承继了传统诗学的某些基因，在西方论文的话语资源的启示下被

[①] 古风：《中国传统文论话语存活论》，社会科学文献出版社2013年版，第167页。
[②] "纯文学"是与"杂文学"相对的概念，这一概念主要形成于五四新文化运动中，认为中国传统的文学观是以"杂文学"为主。
[③] 古风：《中国传统文论话语存活论》，社会科学文献出版社2013年版，第169页。

注入了新的内涵,从而塑造了中国文论的现代面貌。

　　胡适在《白话文学史》中明确指出:"白话文学史就是中国文学史的中心部分,1000 多年的中国文学史是古文文学的'末路史',是白话文学的'发达史'。"他在《建设的文学革命论》中进一步阐述了自己的观点,将"都是白话的,或是近于白话的"文学作品视为有生命力的,也就否定了以文言文为载体的古典文学。当胡适以倡导白话文的"主观预设"去审视杜甫诗歌创作,不可避免地陷入矛盾中:"一方面要提倡白话,另一方面不能否认古典文学确有好作品。胡适的处理方式是,主张古典文学也有白话,而且好的作品都是用白话写的。在他看来,杜甫也有白话诗,如部分律诗、乐府诗、打油诗和小诗。律诗如《闻官军收河南河北》,'能用白话文写出当时高兴得很';乐府诗如《石壕吏》《兵车行》等,之所以为人喜爱,是因为'用的白话'。此外,胡适认为杜甫的打油诗'体裁上自然走上白话诗的大路',不赏识老杜的打油诗,就不能真正了解老杜的真好处,'这种打油诗里的老杜乃是真老杜呵'。"① 胡适受限于肯定"白话文"的"主观预设"将杜诗作了切割,使得完整的杜诗体系被分割成为"白话文"和"文言文"两大部分。看似合理的划分实则是"非逻辑证明"的思维方式在作祟。胡适的"白话文"文学观与他对杜甫的肯定之间产生了矛盾,为解救这一矛盾,胡适不惜用"白话文"的优越性强制要求杜诗文本,属于典型的"强制阐释"。

　　同样的情况在五四时期新文学的提倡者中并不罕见,所谓"诗有格律,是诗人的不幸","问题诗"都是当时新文化干将们否定杜诗的代表性观点。尽管他们的观念各有不同,但无一例外地是从"主观预设"出发或是对杜诗文本进行切割,或是以"非逻辑证明"的方式,最终得出的结论绝非是经由严密论证而是用以印证自己的理论设想。同一时期的旧派文人反对新文学的崛起,同时对古典诗学怀有特别的好感,集中表现为"整理国故"之风的盛行。"与新派知识分子注重诗词的传播效果和社会价值不同,旧派文人评判文学的视角和观点,

---

① 吴中胜:《五四文人的杜诗批评:在古今之间抉择》,《中国社会科学报》2014 年 9 月 5 日。

主要是从艺术入手来评判诗词的审美效果。"① 但五四时期的旧派文人在杜诗研究中并没有产生具有影响力的观点,无法与迎合了时代潮流和社会大众的新文学旗手们对抗,也就无从谈及推进杜诗研究。

五四时期的文化冲突极为激烈,促成了中国文人阶层的分化。一部分人从旧文化的体系中成长起来,他们对古典诗词、古典文学怀有别样的好感,面对诸如杜诗一类的经典著作,他们的思想是复杂而矛盾的。另外一部分文人沐浴在"欧风美雨"中,他们立足革新,以颠覆性的思维审视传统,试图在传统文学的基础上建构新的文学体系。同样情况发生在学术研究中,一部分学者坚持传统的研究方式,另一部分人则大胆借鉴西方文学的研究成果。后者在研究中不免有削足适履之举,也就难以避免"强制阐释"的情况。西方文论思想大批被引入到文学研究是在20世纪80年代,而"强制阐释"的成果也在此后不断涌现。就80年代之后的杜诗研究而言,"强制阐释"集中体现在两个方面:其一,运用弗洛伊德精神分析阐释杜诗;其二,以比较文学的研究范式研究杜诗。

弗洛伊德倡导精神分析学说,将"力比多"作为人类一切行为的动力元素,而自然世界的花朵正是欲望升华的载体。因此,当诗人或作家在文学作品中描绘花时,他就是在表达自己内心深处被压抑的欲望。这一理论很早就受到了荣格的批判,却被我国的研究者所借用,当他们将"力比多"的理论应用到杜诗研究中,就会发现杜甫笔下的花是如此之多,而杜甫本人大力创作咏物诗正是在入蜀之后。因此,他们就认定杜甫咏物诗中的"花"意象是杜甫内心深处无法满足的欲望的表达。我们还以从另一个关于杜甫的研究个案中,印证当前杜诗研究中存在的"强制阐释"倾向。张思齐先生发表的《从咏鹅诗看基督教精神对杜甫潜移默化的影响》一文中指出:"作为唐朝国教之一的基督宗教对杜甫有着潜移作用,以至于他无须变更自己的话语体系就接纳了基督精神。杜甫长期面临的生存压力使得他的思维异常敏感,以至于在基督精神的推动下他关注到了自身、周边生存物以及宇宙中的其他生命个体。杜甫诗歌这一基本品格使得杜诗具有恒

---

① 吴中胜:《杜甫诗歌在五四前后的命运》,《现代文学研究丛刊》2010年第6期。

久的认识价值与审美价值。杜诗的认识价值使人们认为它值得一读且百读不厌。"① 张先生在这篇论文中根据《景教流行中国碑》和海德格尔在《林中路》中对作品构成方式的论述,就认定杜甫接受了基督教、并认为杜甫创作的五首咏鹅诗集中体现了关注生命主体本真存在的精神寄托。最终的结论是:"在创作咏鹅诗篇的时候,杜甫关注到了宇宙间生命个体的本真存在。当杜甫投入到他的诗歌创作中的时候,他所直接面对的只有一个唯一的存在,那就是上帝。他的心理依归是什么?杜甫的心理依归不是别的,正是基督宗教。白居易的闲适诗得益于基督宗教的浸染,杜甫的闲适诗也得益于基督宗教的浸染,从根本上说,还是基督宗教的精神对杜甫产生了潜移作用。"② 作为比较文学研究的专家,张先生的观点可谓是耸人听闻。基督教的精神与杜诗构成方式之间的联系仅属臆测,没有任何既有的文献资料可以支撑其观点。上述两种研究属于典型的"混乱的研究路径",他们"以预订的概念、范畴为起点,在文学场内作形而上的纠缠,从理论到理论,以理论证明理论。开展批评从既定的理论切入,用理论切割文本,在文本中找到合意的材料,反向证实前在的理论。"③ 足可见"强制阐释"的情况在当下的文学研究中流毒甚广,不仅是文论研究,更多地体现在借用西方文论的成果去解读中国文学文本。

三 结语

有学者提出"把中国的还给中国"④,这是对简单套用西方文论思想成果解读中国文学文本,尤其是解读中国古典文学造成"误读"的反思,也是呼唤走出"强制阐释"的误区和回归"本位阐释"的呼喊。

---

① 张思齐:《从咏鹅诗看基督教精神对杜甫潜移默化的影响》,《大连大学学报》2013年第4期。
② 同上。
③ 张江:《强制阐释论》,《文艺争鸣》2014年第12期。
④ 罗钢:《"把中国的还给中国"——"隔与不隔"与"赋、比、兴"的一种对位阅读》,《文艺理论研究》2013年第2期。

《红楼梦》"悲剧"说辨议[*]

张 均[**]

最近,以西方理论强制阐释中国文学现象的问题引起了学界反省。不过,多数反省都集中在当代文学研究,实则古代文学研究更见严重。这是因为,现当代文学的兴起、发展的确受益于西方思想的激发,以西释中尚未尝不可,但对作为中国经验的古代文学亦如此为之的话,那跨语际的"主观意向在前,预定明确立场,强制裁定文本的意义和价值"[①]的强制阐释现象就必然发生。既然如此,何以古代文学研究反省反而少呢?这大约是因为古代文学研究使用的西方概念往往不是近20年才引入的时新术语(如话语、互文、现代性等),相反,它们(如现实主义、人道主义、悲剧、典型等)输入中国学术系统都已接近百年,业已自然化、中国化。但恰是在此,强制阐释发生得最严重。系统剖析这些基本概念的强制性毋宁是有待展开的重要问题,从悲剧概念之于《红楼梦》的强制阐释可略见一斑。自王国维《红楼梦评论》发表以后,中经马克思主义与海外红学的相互激荡,"悲剧"论已逐渐成为红学研究中的共识。对此,亦曾有学者表示"尤其不赞成王国维的硬扣的态度"。[②]但悲剧概念之于《红楼梦》是怎样硬扣的,学界并无系统分析,本文拟从动因、策略、机制等方面依次讨论《红楼梦》何以不是西方意义上的悲剧,并就古代文学

---

[*] 本文原刊于《学术研究》2016年第5期。
[**] 作者单位:中山大学中文系。
[①] 张江:《强制阐释的主观预设问题》,《学术研究》2015年第4期。
[②] 李长之:《王国维文艺批评著作批判》,《文学季刊》(创刊号)1934年1月。

《红楼梦》"悲剧"说辨议

研究问题空间的重建略表意见。

一 《红楼梦》不同于悲剧的叙事动因

研究一部作品,或许最重要的工作是要厘清作者何以要讲述这一故事。恰如丁玲所言:"(作家)不是无缘无故的要做一个作家才走向写作生涯的;也绝不是做了一个梦,醒来后便要立志做一个作家的。"①

厘清了作者动机,才能进一步了解他(她)何以这样而不是那样去讲故事,何以产生这样而不是那样的审美效果。《红楼梦》初看起来的确是讲了一个类似《罗密欧与朱丽叶》的"向封建礼教发出了第一声抗议"②的西方式悲剧,但实则作为"中国传统中最伟大的小说",③它讲述故事的逻辑与西方悲剧风马牛不相及。而其最初的差异,就植根在叙事动因的不同上。要理解这种不同,宜先了解古希腊以来西方人是怎么认识悲剧的。对此,别林斯基认为:"(对于)希腊人来说,生活有其暧昧的、阴沉的一面,他们称之为命运,它像一种不可抗拒的力量似的,甚至要威胁诸神。可是高贵的自由的希腊人没有低头屈服,没有跌倒在这可怕的幻影前面,却通过对命运进行英勇而骄傲的斗争找到了出路,用这斗争的悲剧的壮伟照亮生活的阴沉的一面;命运可以剥夺他的幸福和生命,却不贬低他的精神,可以把他打倒,却不能把他征服。"④ 这种主、客对立,以人类自由意志与某种外部力量(命运、规律、秩序等)的搏击为内容,旨在肯定人的尊严并通过主人公的毁灭"借引起怜悯和恐惧来使这种感情得到陶冶"⑤的悲剧叙述最早在《被缚的普罗米修斯》《俄狄浦斯王》等

---

① 丁玲:《作家与大众——关于读文学书的问题》,《丁玲文集》第 6 卷,湖南人民出版社 1984 年版,第 12 页。
② 李希凡、蓝翎:《关于〈红楼梦简论〉及其他》,《文史哲》1954 年第 9 期。
③ 夏志清:《〈红楼梦〉里的爱与怜悯》,胡文彬、周雷编:《海外红学论集》,上海古籍出版社 1982 年版,第 127 页。
④ [俄] 别林斯基:《智慧的痛苦》,《古希腊三大悲剧家研究》,中国社会科学出版社 1986 年版,第 174 页。
⑤ [古希腊] 亚里士多德:《诗学》,罗念生译,人民文学出版社 1962 年版,第 19 页。

经典剧作中确立。而在此后,"由于剧中之人物之位置及关系而不得不然者"或因"极恶之人"的"交构"而产生的人生挣扎,① 就构成了西方三大悲剧类型(命运悲剧、性格悲剧、社会悲剧)的共同特征。其中,命运悲剧和社会悲剧直接表现为自由意志与外部力量的冲突,性格悲剧则是此冲突在个体性格中的内化。譬如,马克思、恩格斯将悲剧理解为人物内心矛盾的结果,但又认为悲剧最深刻的根源只存在于客观的社会矛盾中,悲剧本质是"历史的必然要求和这个要求的实际上不可能实现之间的悲剧性的冲突"。② 不难看出,自由意志构成了西方悲剧故事的动因,它们不是为了展示不幸,而是为了凸显人作为宇宙主体的使命感和尊严感,"(命运)可以摧毁伟大崇高的人,但却无法摧毁人的伟大崇高"。③ 这正是徒劳推动巨石的西西弗斯"无声的全部快乐"之所在:"他超越了自己的命运。他比他推的石头更坚强","他是自己岁月的主人"。④ 亦因此故,西方悲剧中的"英雄人物虽然在一种意义上和外在方面看是失败了,却在另一种意义上高于他周围的世界","他们并没有受到击败他的命运的损害"。⑤ 到了近现代,这种不可摧毁的自由意志更发展为秉有历史自信、挑战秩序、改造社会的强力意志。后者就构成了《红与黑》《复活》等悲剧的动力。其中,即便主人公最终遭受失败,但作者仍然借此"人生有价值的东西"的"毁灭",⑥ 成功批判"没有公道"的社会制度、伦理秩序等,甚至向读者揭示了新的出路。可见,展现人作为万物主宰的尊严感或"英勇而骄傲"地推动社会进步,构成了西方悲剧的叙事动因。

那么,《红楼梦》在叙事动因上是否与西方悲剧一样源于自由意志呢?答案是否定的。贾宝玉不但与"人的伟大崇高"无缘,甚至

---

① 王国维:《王国维文学论著三种》,商务印书馆2007年版,第14页。
② 《马克思恩格斯选集》第4卷,人民出版社1995年版,第560页。
③ 朱光潜:《悲剧心理学》,安徽教育出版社1996年版,第273页。
④ [法] 加缪:《西西弗斯的神话》,《加缪全集》第3卷,河北教育出版社2002年版,第138—139页。
⑤ [德] 谢林:《艺术哲学》,魏庆征译,中国社会出版社1996年版,第64页。
⑥ 鲁迅:《再论雷峰塔的倒掉》,《鲁迅全集》第1卷,人民文学出版社1981年版,第192页。

对"我"的存在也不看重。他动辄谈死,动辄就要放弃自己。如第十九回他对袭人说:"好姐姐!好亲姐姐!……只求你们同看着我,等我有一日化成了飞烟,风一吹便散了的时候,你们也管不得我,我也顾不得你们了,那时你们爱那里去就那去了。"第三十六回又说:"我此时若果有造化,该死于此时的,趁你们在,我就死了,再能够你们哭我的眼泪流成大河,把我的尸首漂起来,送到那鸦雀不到的幽僻之处,随风化了,自此再不要托生为人,就是我死的得时了。"显然,贾宝玉的自由意志薄弱得几近于无。因此,他被刘小枫认为是儒家精神"无从克制历史王道中的恶"而"被石化、植物化"① 的结果。当然,刘小枫可能以为经由与外部力量的斗争而获得崇高是所有人都应经过的精神之路,但曹雪芹等中国古典文人可能并不如此认为。"陋室空堂,当年笏满床;衰草枯杨,曾为歌舞场",斤斤计较于"我"又如何,"崇高"又如何?甚至"推动社会进步"又能如何?到头来,一切抗争、一切"英勇而骄傲"的结局都不外乎"荒冢一堆草没了"。诚然,站在西方立场,可以指责曹雪芹消极、不理解人的高贵。但站在曹的立场,不也同样可以讥笑古希腊人肤浅、泥陷于"我执"和"法执"而不自知么?在此,如果我们不坚持以西律中而按其自身来理解的话,那么就不难发现《红楼梦》有其自己充分正当而充满魅力的讲述悲、喜故事(不仅是"悲"事,它既述不幸之爱情又"备极风月繁华之盛"②)的理由。

《红楼梦》的叙事动因实可从其"十六字纲领"——"因空见色,由色生情,传情入色,自色悟空"(第一回)——获得答案。"因空见色",据字面理解是指作者因深感虚空故而来呈现这大千色相、讲述那红尘故事,即是说,虚空感构成了《红楼梦》的起因。这使《红楼梦》与西方悲剧貌合神离:看似和后者一样涉及"新与旧的冲突,两种人的冲突,两种思想的冲突",③ 但其实不甚相干。

---

① 刘小枫:《拯救与逍遥》,华东师范大学出版社2007年版,第244页。
② (清)俞樾:《小浮梅闲话》,朱一玄编:《明清小说资料选编》下册,齐鲁书社1989年版,第695页。
③ 李希凡:《红楼梦评论集》,人民文学出版社1973年版,第288页。

不过,"云空未必空",作者倘若真的已入"空"境也就不会"披阅十载,增删五次"来完成此"泣血之作"了。所以,"空"应该理解为曹雪芹为深渊般的痛苦紧紧缠绕时希望达到的超越状态。而从他"泪尽而逝"的现实结局看,他终究未能超越,故"因空见色"准确的释义应是"因悲见色"。这正是《红楼梦》的叙事动因,恰如第七十八回所称:"悲则以言志痛。"那么,曹雪芹又有何悲呢?对此,可从两方面理解。一方面,是古人普遍深永的生命痛感,如"天与地无穷,人死者有时,操有时之具而托于无穷之间,忽然无异于骐骥之驰过隙也"(《庄子·盗跖》),"人生处一世,去若朝露晞"(曹植《杂诗》),"人生若浮寄,年岁忽蹉跎"(张华《轻薄篇》),"向之所欣,俯仰之间,已为陈迹,犹不能不以之兴怀。况修短随化,终期于尽。古人云:'死生亦大矣!'岂不痛哉!"(王羲之《兰亭集序》)等等,这种种感伤,都通向古人强烈的生命体验——虚无感。在《桃花扇》研究中,高小康称之为最终的胜利者:"整个作品中的世界观没有向人们哪怕是间接地暗示存在着最终意义上将会胜利的正义——如果说故事中的世界真的有什么最终的胜利者,那就是虚无。"① 另一方面,曹雪芹个人刻骨铭心的身世之痛也将他推至虚无之前。他"生于荣华,终于苓落,半生经历,绝似'石头'",② 家世之痛,爱情的毁灭,美好事物无可抵挡的流逝,可能都曾使他为浩大的悲伤所包围。《红楼梦》由此诞生:"(他以为)人生无法进入美满的境地。生命现象的本身便是一个悲剧","痛苦之余,悲哀之余,他就拿起笔来,用心血写起他的场面广大的故事来。"③ 如果说西方悲剧发端于人的自由、尊严和改造社会的勇气的话,那么《红楼梦》则起源于古人的大绝望。前者希望在斗争中展示人高于万物的尊严甚至征服不义,后则对斗争、征服兴味索然,只是系心于安慰自己痛苦的魂灵。两者差异极大:前者是希望者的文学,后者是绝望者的文学。虽

---

① 高小康:《〈桃花扇〉与中国古典悲剧的演变》,《文学遗产》1999年第4期。
② 鲁迅:《中国小说史略》,人民文学出版社1973年版,第207页。
③ 史任远:《贾宝玉的出家·序》,吕启祥、林东海主编《红楼梦研究稀见资料汇编》,人民文学出版社2001年版,第1117页。

然这并不妨碍它们涉及相似的失败的爱情，但若因此就把古希腊式悲剧硬扣到《红楼梦》上去，无疑是比较严重的强制阐释。

二 《红楼梦》不同于悲剧的故事策略

绝望的文学和希望的文学的不同，在故事策略上表现得更为明显。西方悲剧性文学发展到19世纪，易卜生式社会悲剧日渐为主。这类悲剧在故事经验层面，往往将斗争作为"可以叙述之事"的重心，多讲述个人与不合理社会制度和伦理秩序之间的冲突，借以批判社会、吁求进步。《红楼梦》亦往往被悲剧论者如此误读，认为它正是"叛变封建世俗男女相爱的理想结合与恪守贵族家世利益和封建礼法的'金玉良缘'的尖锐冲突"。[①] 这种趋从西方化的答案在两点上大有纰漏。一是有意识忽略西方悲剧完全不需要的"风月繁华之盛"的描写。但这种在悲剧中纯属多余的内容（如宴饮、诗会、节庆等）在《红楼梦》中却铺天盖地、无穷无尽。二是忽略了曹雪芹的叙事动因。易卜生式的悲剧大写斗争，意在批判并改进社会，但曹雪芹对进步、改革并无兴致，相反却沉溺于"人生永恒的悲哀"，"不知道是中国历史发展的产物，又想也想不到怎样悲惨的现实都可以由人们改造的"，[②] 因此，《红楼梦》尽管也出现人物矛盾，但它们不会像西方悲剧一样在整体上成为故事的组织逻辑。相反，《红楼梦》的"以言志痛"取资于中国古老的文化和叙事经验。

那么，面对虚无时古代士大夫会如何通过文字安慰自己的灵魂呢？对此，单世联写道："中国文化是记忆的文化。文学记忆的特征之一，不在于重述既往史事，而在于将往事中的情境和心境以诗的方式予以重现或复苏。在穷困潦倒、寂寞萧条的日子里追怀既往繁华胜境，慨叹人世无常、世事如梦，是中国文人的'心灵积习'之一。"[③]

[①] 李希凡：《红楼梦艺术世界》，文化艺术出版社1997年版，第351—352页。

[②] 史任远：《贾宝玉的出家·序》，吕启祥、林东海主编《红楼梦研究稀见资料汇编》，人民文学出版社2001年版，第1120页。

[③] 单世联：《记忆的力量——〈红楼梦〉意义述论》，《红楼梦学刊》2005年第4辑。

这是很具深度的观察，包含了古典文学的秘密：记忆，是理解士大夫文化的关键词。美国学者斯蒂芬·欧文也将"追忆"视为中西文学的根本差异，认为在西方文学中"人们的注意力集中在真实和意义上"，而在中国古典文学中"与它们大致相等的是往事所起的作用和拥有的力量"。① 借此，他认为由于"惧怕湮没和消蚀的心理"，"在中国古典文学中，到处都可以看到同往事的千丝万缕的联系"，"往事再现"的作用在于"用残存的碎片"使人"设法构想失去的整体"，"把现在同过去连结起来，把我们引向已经消逝的完整的情景"，从而使"已经物故的过去像幽灵似地通过艺术回到眼前"。② 显然，这是与西方悲剧完全不同的故事逻辑：如果说回忆指向业已消失的美好，那么斗争则凭借对历史的必然要求（历史真实）的拥有而以未来的胜利自居。对于陷溺于深永悲哀的曹雪芹而言，后者不太可能激发他的兴致，而代代相沿的回忆的诗学则更贴近他的心灵。在回忆的诗学中，文人们通过往事再现去捕捉逝去的岁月，通过对生命景象的艺术复活来抵挡美好事物的消失，"生命如急管繁弦，越是美好的越是短促无凭，文字不能把握时间，但它可以呈现出与时光联系在一起的形象、画面、场景、意境，唤起与过去同样的感受与情绪"。③ 此种回忆的诗学，可见之于唐诗宋词，见之于尺牍小品，也可见之于《红楼梦》这种以小说形式出现的文人作品。

作为长篇小说，《红楼梦》不可能追求唐诗那种"断片的美学"，专以生命瞬间的营造来结构全篇，而是势必要讲叙许多世俗生活故事。甚至这些故事还包含大大小小的矛盾，但这些矛盾不是整部小说的斗争逻辑，相反，它们还和"无事之事"（宴饮、节庆、雅集等）共同服从于回忆的诗学。此即"因空（悲）见色"中的"见色"，亦即往事再现。那么，《红楼梦》是怎样往事再现的呢？这包括两方面特征。一是整体"对照记"。与西方悲剧习于集中写主人公的人生挫败不同，《红楼梦》讲求盛衰俱集、兼呈悲欢："红楼之作，乃雪芹

---

① ［美］斯蒂芬·欧文：《追忆》，郑学勤译，上海古籍出版社1990年版，第2页。
② 同上书，第1—3页。
③ 单世联：《记忆的力量——〈红楼梦〉意义述论》，《红楼梦学刊》2005年第4辑。

《红楼梦》"悲剧"说辨议

巢幕侯门，目睹富贵浮云，邯郸一梦。始则繁华及盛，景艳三春，花鸟皆能解语；继则冷落园亭，魂归月夜，鬼魅亦且弄人。"① 这是大结构层面上的悲欢相错，细结构上亦是如此。譬如，在"景艳三春"期间，香菱、秦可卿、秦钟、贾瑞、金钏等即已相继遭遇人生不幸。及至"冷落园亭"期间，仍有"寄闲情""宴海棠""沐天恩""庆生辰"等欢庆事象。所以，《红楼梦》的往事再现是整体呈现，需要以对照之法阅读。这一点，不少回目已经明确显示出来，如"贾元春才选凤藻宫，秦鲸卿夭逝黄泉路""寿怡红群芳开夜宴，死金丹独艳理亲丧""开夜宴异兆发悲音，赏中秋新词得佳谶"，等等。二是"对照"中的不对称。《红楼梦》虽兼有悲、喜两面，但喜的数量大大胜过悲的一面，有关寿辰、节日、游园、宴聚、赏花、钓鱼、结社联诗、雅制灯谜乃至嬉戏打闹、争风吃醋之类的描写，构成了其三分之二以上的篇幅。尤其是"于一切排场，及每人穿着插戴，无不极意摹写"。② 由西方悲剧观之，衣饰、菜单、礼单和起居陈设之类等细节堆砌不但不必要，甚至不严肃。因此之故，受西方影响的现代文人往往不理解这种喜胜于悲的不对称处理，认为"细细说那饮食、衣服、装饰、摆设，实在讨厌！"③ 把《红楼梦》硬扣为悲剧的学者则对此则视而不见。那么，对宴饮、嬉闹乃至衣饰、菜单等的铺排真的没有意义吗？对此，张爱玲有非同凡响的见解："因为对一切都怀疑，中国文学里弥漫着大的悲哀。只有在物质的细节上，它得到欢悦——因此《金瓶梅》《红楼梦》仔仔细细开出整桌的菜单，毫无倦意，不为什么，它因为喜欢——细节往往是和美畅快，引人入胜的，而主题永远悲观。一切对于人生的笼统观察都指向虚无。"④ 也就是说，这些细节描写本身即是"以言志痛"的一部分。不过，问题也随之而至：就凭这些排场、穿戴等等物质细节就能抵挡时间的疼痛？而色的另外一面（悲）和抵挡又有什么关系？要回答此问题，须明白《红

---

① 境遍佛声：《读红楼札记》，《红楼梦研究稀见资料汇编》，第5页。
② 周春：《红楼梦约评》，朱一玄编《红楼梦资料汇编》，南开大学出版社2001年版，第523页。
③ 陈独秀：《三答钱玄同》，《新青年》1917年第8卷第1号。
④ 张爱玲：《中国人的宗教》，《余韵》，花城出版社1997年版，第8页。

楼梦》"见色"的色并不止于物质细节和不幸事件，而是另有重要部分——情。这就涉及《红楼梦》往事再现中更为复杂的结构关系：情色对照。

此即"由色生情、返情入色"。《红楼梦》中的色是广大世俗社会，其间美丑并存、清浊难分，那么，作家又如何使之成为可以抵抗内心苦痛的色呢？这通过两层互动完成。一是"由色生情"。小说首先在广大"色世界"里开辟出"情世界"。这个情世界又可分为"有情之天下"和"有情人"。大观园是为有情之天下，园内是青春与美的所在，"花儿不离身左右，鸟声只在耳东西"，一帮美丽清俊的小儿女在其间结社吟诗、簪花斗草，偶杂些"儿女痴怨""捻酸吃醋"。其间姐妹们（包括宝玉）更皆有情人。其中，宝玉的"情不情"是最高的情的境界，"凡世间之无知无识，彼俱有一痴情去体贴"，即是说，对世间有情之物和无情之物皆以一腔痴情去体贴、去爱，而并不考虑对方是否爱己。甚至，其对象不仅是一切世人，还包括花草、万物。第三十五回有段议论，可见此意："时常没人在跟前，就自哭自笑的。看见燕子，就和燕子说话；河里看见了鱼，就和鱼儿说话。见了星星月亮，他不是长吁短叹的，就是咕咕哝哝的。"这种与万物相体贴的"情世界"构成了《红楼梦》色的核心，也是其用以抵挡时间疼痛的最主要凭借。二是"返情入色"。实则《红楼梦》用以安慰个我灵魂的不仅是"情世界"，也包括无趣的"色世界"（如菜单、礼单等物质细节）和不那么美好的"色世界"（如"风刀霜剑严相逼"之类人间不幸）。这一点，将大观园内外分裂成势不两立的两个世界（如余英时的现实世界与理想世界的划分）的悲剧论者难以认可。但"返情入色"在两个层面上完成了这种共同的整体性抵抗。一是有了大观园中那"古往今来厚地高天中的最崇高最圣洁最伟大的情"[①] 的照耀，原本无甚趣味的宴饮、衣饰、礼单、起居陈设等物质细节也因为曾是情的物证或受情的拂抚而变得熠熠生辉，二是有了那厚地高天之情，那些或令人憎厌的无情之人、之事，也泛射出若干生命光辉，现出可哀悯的颜色。因此，王熙凤、贾政等都并非批判对

---

① 周汝昌：《〈红楼梦〉与"情文化"》，《红楼梦学刊》1993 年第 1 辑。

象，相反，他们不可避免的毁灭同样让人深感悲悯。

此即《红楼梦》中情与色的"对照记"。情生于色，但又反过来赋予了它有情世界的生气和价值。经此互映，情、色最后融冶一体，美好事物与无趣甚至不美之物打成一片，共同构成了《红楼梦》生机勃勃的"往事"。这种往事再现构成了《红楼梦》回忆的诗学的故事策略，并以情、色互通整体抵抗着时间的疼痛。遗憾的是，悲剧论者往往强制把这整体往事分为肯定和否定两个部分，并认为作者有破旧立新、渴求理想新社会之意。

三 《红楼梦》不同于悲剧的叙述机制

悲剧论者如果未能在故事策略层面看到《红楼梦》的回忆的诗学，那么他们在叙述机制层面继续强制阐释就是必然的。譬如，冯其庸对《红楼梦》的理解即是西方化的："贾宝玉、林黛玉爱情的毁灭"，"是新的生命由于它还未成熟，经不起狂风恶浪的摧折而毁灭，但它健壮的根系和茁壮的幼芽仍在适宜的土壤里保存着"，"只要有适当的气候，它会继续生长，最终长成大树"。[①] 这种理解是以西方悲剧叙述机制为前置模式而形成的。其中，宝玉被理解为自由意志之代表者（"还未成熟"的"新的生命"），他的努力尽管被毁灭，但因其追求爱情的意志最终赢得了读者的怜悯和认同，那么仍可以说"（他）并没有受到击败他的命运的损害"，[②] 甚至还包孕了自由终将实现的希望。不过，《红楼梦》真的意在通过自由的毁灭来反映"历史前进的客观趋势"[③] 并唤醒希望的幼芽吗？答案是否定的。它的"落了片白茫茫大地真干净"的归宿，暗含着"长夜无晨"[④] 和"彻底的悲观主义"[⑤] 的基本底色，它无意像西方悲剧那样挑战现实秩序或展示人的伟大崇高，相反，它希望通过繁复的往事再现臻于某种生

---

① 冯其庸：《读〈红楼梦〉》，《红楼梦学刊》2007年第5辑。
② ［德］谢林：《艺术哲学》，魏庆征译，中国社会出版社1996年版，第64页。
③ 冯其庸：《读〈红楼梦〉》，《红楼梦学刊》2007年第5辑。
④ 鲁迅：《中国小说史略》，人民文学出版社1973年版，第209页。
⑤ 高小康：《〈桃花扇〉与中国古典悲剧的演变》，《文学遗产》1999年第4期。

命境界并最终平复内心痛苦。在此情形下，如果说西方悲剧组织斗争故事的叙述机制在于自由的成长（毁灭），那么《红楼梦》的机制则可用一个佛学概念来表述：破执。破执，意味着破除某种对自己和世界的执着。何谓执着，唯识宗称为"遍计所执性"，即指"以名言来表示种种因缘和合而生起的本无实体的存在，并执着为实有，而实际上，这是把无实体的执着为有实体的，这样所得的认识是不实在的、错误的"。① 从佛学看，所谓"人的伟大崇高"或"自由意志"本身即是一种应该去掉的"执"。由此可见，《红楼梦》与西方悲剧几乎逆向而行。那么，《红楼梦》在其回忆的诗学中是怎样破执的呢？

这可从极有隐喻意味的"风月宝鉴"的故事讲起。在第十二回，贾瑞迷恋王熙凤，终致染疾不起。忽一日有跛足道人赠镜一枚，名曰"风月宝鉴"，并特嘱只可照背面而不可照正面。贾瑞照背面，则见一个骷髅立在里面。忍不住好奇又照正面，却见凤姐站在里面招手叫他，于是荡悠悠进镜与凤姐交欢。如此恍惚相会，终于死去。贾瑞祖父贾代儒愤而烧镜，谁知镜内哭道："谁叫你们瞧正面了！你们自己以假为真，何苦来烧我？"这段故事不可等同于市井风月。《红楼梦》一度以《风月宝鉴》之名流传，亦可见此"妖镜"（贾代儒语）的隐含意味。对此，脂砚斋在"千万不可照正面"一句旁边评道："观者记之，不要看这书正面，方是会看。"② 从看镜跳跃到看书，脂砚斋是在提醒读者："风月宝鉴"隐喻着人生与世界的真相。那么，是怎样的真相呢？刘相雨认为："风月宝鉴的正面是勾引人的凤姐，反面是骷髅；正面是假，反面是真；正面是现象，反面是本质"，因此，风月宝鉴"是一面抽象化的、蕴含着丰富哲理意味的镜子，涵盖了正与反，真与假，现象与本质诸方面的对立统一"③。这一分析颇有道理，但对立统一仍出自西方认识论。脂砚斋本意则是：我们所处的世界正如一面镜子，从正面看是青春繁华从反面看是虚无荒凉，正面是"好"反面则为"了"；但繁华与荒凉、"好"与"了"，不是对立统

---

① 方立天：《佛教哲学》，中国人民大学出版社2006年版，第330页。
② 俞平伯编：《脂砚斋红楼梦辑评》，古典文学出版社1958年版，第200页。
③ 刘相雨：《谈〈红楼梦〉中的"风月宝鉴"》，《红楼梦学刊》1995年第4辑。

《红楼梦》"悲剧"说辨议

一的"两个世界",而是"一个世界"的两个面向。是好是了、是有是无、是真是假其实本无区别。如果观察者认为它们区别很大或竟是两个世界,那只表明观察者无力看破所谓"温柔富贵乡"。只能从繁华看见繁华,便是执迷。而能从繁华中嗅出荒凉气息,从有中看见无,并意识到有即是无、欢即是悲,那便达到了破执层次。脂砚斋所谓"会看"即指不执迷于正面(色、美、繁华等)且能把握到它与反面(空、骷楼、荒凉等)互成镜像。倘如此,个人对于生命的认识就会大为提升,就可能达到完满的生命之境。相反,一个人倘若不明白有、无本为一体,好、了原即一物,而一定要把这"一个世界"强分为现实世界和理想世界并为追求理想而不断和现实斗争的话,那无疑是最糟糕的"执"了。这种执迷,毋宁是西方悲剧作为自由意志故事的本质所在,而《红楼梦》所"破"者也正在此"执"。从某种意义上讲,西方悲剧的终点正是《红楼梦》的起点。因此,破执正是"风月宝鉴"的隐喻,亦是《红楼梦》叙述机制之所在。悲剧论者以为《红楼梦》是在一步步展示宝黛与封建卫道者的斗争、呈现自由的成长,其实不然。单纯就小说线索而论,当然有此一支,但在诸多线索之下,曹雪芹真正用意却在于一步步地破执,一步步地将读者带入有无一体、"好""了"互见的通彻万物的生命境界中去。破除人心之于"好"的执迷,使之从"好"中看到"了",从"风月宝鉴"的正面看到反面,这才是《红楼梦》的深层机制。

那么,《红楼梦》是如何落实这一机制的呢?可分两层述之。一是僧道设置。"风月宝鉴"系由道士携来,实则僧、道在作品中具有结构性功能。小说中每逢关键节点,僧道便会适时出现,恰如清人姚燮所言:"英莲方在抱,僧道欲度其出家;黛玉三岁,亦欲化之出家,且言外亲不见,方可平安了世;又引宝玉入幻境;又为宝钗作冷香丸方,并与以金锁;又于贾瑞病时,授以风月宝鉴;又于宝玉闹五鬼时,入府祝玉;又于尤三姐死后,度湘莲出家……一部之书,实一僧一道始终之。"[①] 在此,僧道的出现及言论,实在不断提醒读者所谓

---

① (清)姚燮:《读红楼梦纲领》,载一粟编《红楼梦资料汇编》,中华书局1964年版,第167页。

大观园内外的红尘世界（兼含色、情）与太虚幻境同为一个世界，读者"沉酣一梦终须醒，冤孽偿清好散场"。遗憾的是，对此功能作用现代知识分子多是不甚了了，反以为是荒诞不经。二是宝玉角色设置。宝玉同样有"度化"读者之用。对此，鲁迅称："宝玉在繁华丰厚中，且亦屡与'无常'觌面"，"悲凉之雾，遍被华林，然呼吸而领会之者，独宝玉而已"。① 又说："在我眼下的宝玉，却看见他看见许多死亡。"② 这是指宝玉动辄谈死，动辄要"化灰化烟"，几乎时刻在提醒读者所谓"烈火烹油，鲜花著锦之盛"，"也不过是瞬息的繁华，一时的欢乐"。（第十三回）通过宝玉与僧道，《红楼梦》最终使人从世界的正面看到它的反面，从"好"中看到"了"，并最终以"了"的平淡与从容来重新面对"好"的现实。有了如此识见，人们就会进入云淡风轻的生命境界：既不会因富贵繁华的不能得到而焦虑不安，亦不会因青春、爱情等美好事物的存逝而大喜大悲。一个人如果到了这等境界，大约可谓破执了。而这正是佛学中的"色即是空"的道理："色即是空，不待色灭然后为空"（僧肇：《维摩经注》），"色即是空，非色灭空，色性自空"（鸠摩罗什译：《维摩经》）。显然，埋藏在《红楼梦》深处的是中国传统的有关生命的内在超越机制，与自由意志的故事大不相干。

四　余论

以上破执机制，兼之前述回忆的诗学的故事策略、以言志痛的叙事动因，共同构成了《红楼梦》与西方悲剧的差异的主要方面。此外，在审美效果上二者也存在消极与积极之别。西方悲剧尽管多述不幸之人生，但其效果则是乐观主义的壮伟，《红楼梦》尽管有叙"鲜花著锦、烈火烹油"之事，但并不激发读者与天斗、与地斗、与人斗

---

① 鲁迅：《中国小说史略》，人民文学出版社1973年版，第201页。
② 鲁迅：《绛洞花主小引》，《鲁迅全集》第8卷，人民文学出版社1981年版，第145页。

的勃勃的自由意志，而是让人"沉静了下去，与实人生离开"。① 然而在一个不再那么需要文学承担家国正义的年代，我们也不必以"消极"二字将《红楼梦》所揭橥的中国人灵魂深处幽微的痛苦和深永的美轻易打发。就此而论，《红楼梦》比一般古典文学的"沉静"更消极，也更深刻。沉静是古典诗歌往事再现的美学目标，"自色悟空"显示《红楼梦》也希望平抚时间疼痛之后走向类似虚静之美。但《红楼梦》在此途中却一不小心掉入了某种"虚无的深渊"，② 未臻虚静反而带来更广大的痛苦。对此，夏志清认为："曹雪芹表面上写了一个道教的或禅的喜剧，表现了人类在绝望和痛苦中的无希望的纷扰以及至少一个个人的解脱。但只是表面的，因为读者只能感觉到这小说中所描写的痛苦的真实比道家智慧的真实更深地激荡着他的存在。"③ 这缘于并非所有往事再现皆能使人物我两忘继而心灵平静，因为"色即是空"，由艺术再现出来的繁华更如梦幻泡影，它未必能让人从幻象中得到安慰。对于"一往有深情"者，反而是再度提醒那过去已永不再来，是将之一次次地从平静边缘拖入痛苦深渊。如果说小说是"存在的勘探者"（昆德拉语），那么这深渊中深永的灵魂之痛，就显然不是"消极"二字所能概括，更非西方悲剧模式能够完成。由此可见，《红楼梦》在效果、机制、策略、动因等方面皆与西方悲剧相去颇远。悲剧论者仅据爱情失败就把《红楼梦》纳入西方自由意志的故事，不免太过强制阐释，值得深刻反思。在古代文学研究领域，同样发生着强制阐释的现实主义、浪漫主义、典型等西方概念，更是必要的系统反思对象。未来古代文学研究新的问题空间的打开，对中国人精神的"同情之了解"，不能不说与这些概念的祛魅密切相关。

---

① 鲁迅：《青年必读书》，《鲁迅全集》第3卷，人民文学出版社1981年版，第12页。
② 王安忆：《人生戏剧的鉴赏者》，《文汇报》1995年9月21日。
③ 夏志清：《〈红楼梦〉里的爱与怜悯》，载胡文彬、周雷编《海外红学论集》，上海古籍出版社1982年版，第135页。

强制与偏移:《水浒传》文本阐释的问题与反思[*]

俞武松[**]

当前的文学研究除了存在理论上的强制阐释[①]外,在中国传统文学诸如《水浒传》等创作历程复杂、创作素材丰富、流传版本多样的文本中,还存在着以文本阐释文本的强制阐释,具体表现为:用素材阐释文本、用异质文化阐释文本、用衍生文本阐释原文本等。以文本强制阐释文本的主要问题在于:一是在文本阐释时突破诗史互证的边界,采取诗史互等的方式,将创作的历史素材与文本进行直接比对,或者将作为创作素材的其他文学文本、民间传说等作为阐释文本的依据;二是利用异质文化对文本进行解读乃至批判,得出具备一定理论深度、具有相当视觉冲击力的结论,而或多或少地忽略了与原文本的关联;三是利用"后传""续"以及改编作品等衍生文本,对原文本进行解读,将不同文本中的"同一"人物混杂在一起,从而形成接受层面的混杂状态。

纵观《水浒传》的研究,对于忠义观的解读,关系到对于《水浒传》人物的评价和主旨的理解,也关系到对于《水浒传》结构的判断,其中突出地体现了以文本强制阐释文本的问题。

---

[*] 本文原刊于《山东师范大学学报》(人文社会科学版)2017年第5期。
[**] 作者单位:中国社会科学杂志社。
[①] 张江:《强制阐释论》,《文学评论》2014年第6期。

强制与偏移：《水浒传》文本阐释的问题与反思

一 素材阐释文本与《水浒传》忠义观的内涵

据考证，宋江起义与方腊起义的时间较为接近，史籍记载中以方腊起义较为详细，故事传说中则以宋江起义较为盛行。事实上，"宋江起义作为农民起义并不典型，与其说它是一支革命的农民队伍，毋宁说它是一支流动的侠盗武装"①。这就可以从一个角度说明历史上的"梁山好汉"并没有小说《水浒传》中的强大力量，也未必做出了像小说中表现出来的事业。而在宋元的民间传说或者戏曲中，《水浒传》中的人物数量不尽相同、人物性格也差别较大。换句话说，历史上的宋江起义和后来的民间传说以及相关的文学作品，都在不同程度上成为小说《水浒传》创作的素材。因此，从历史考证和其他文学文本出发，研究《水浒传》人物形象、性格和忠义观的形成，或者采用对比方式凸显《水浒传》人物性格，是中国诗史互证传统的继承和发扬。前者如史学家邓广铭等就宋江是否为投降派、宋江起义开始的年代等问题进行探讨②，刘知渐对历史上的宋江和《水浒传》中的宋江形象进行对比③，冒志祥从官文书的角度研究《水浒传》中宋江征辽的故事④，等等；后者如徐海宁从《大宋宣和遗事》、元杂剧和小说《水浒传》来考察水浒故事的主题演变⑤，王晓霞等从元杂剧"水浒戏"和小说《水浒传》出发研究两个李逵的形象⑥，等等。这方面研究成果颇为丰硕，极大推进了《水浒传》的研究工作。

其中，对于《水浒传》主题研究影响较大的一种观点认为，《水

---

① 张锦池：《〈水浒传〉考论》，人民出版社 2014 年版，第 3、22 页。
② 邓广铭、李培浩：《历史上的宋江不是投降派》，《社会科学战线》1978 年第 2 期；《关于宋江起义开始年代问题的再探讨》，《社会科学战线》1978 年第 3 期。
③ 刘知渐：《从宋江的历史说到〈水浒〉对宋江历史的夸张》，《重庆师范学院学报》1980 年第 3 期。
④ 冒志祥：《从官文书看〈水浒传〉的宋江征辽》，《南京师范大学文学院学报》2006 年第 4 期。
⑤ 徐海宁：《古代水浒故事的主题演变探析》，《东岳论丛》1998 年第 4 期。
⑥ 王晓霞、张振谦：《两种"水浒"，两个李逵——从元杂剧"水浒戏"到明清小说〈水浒传〉》，《四川戏剧》2008 年第 6 期。

浒传》写的是农民起义。如果从 1950 年杨绍萱《论水浒传与水浒戏》发表在《人民戏剧》第一卷第五期算起，到 2014 年还有关于此问题的讨论（根据知网搜索结果），这 60 多年来的研究已经基本明确地指出了农民起义说的根源、时代意义和自身缺陷。综合来看，梁山起义的终极目的并不在于推翻大宋皇帝夺取政权，更没有上升到创造一种新社会制度的高度。因为"农民起义和农民革命思想所追求的目标起点是解决饥饿问题。农民起义取得一定进展后，代表农民要求的平均主义思想被提出来，北宋以后尤其如此。……农民起义发展后期，农民领袖无不把最后方向指向王权主义的政权"①，而梁山起义除了明显具有"大碗喝酒，大块吃肉，大秤分金银"的目标外，完全不具备后面的愿景（更为重要的是，梁山起义还有着以忠摄义的特点，下文详述）。这与方腊起义有着本质的区别，或许这就是大宋皇帝愿意接受梁山好汉们"报效朝廷"，而对方腊起义却欲除之而后快的根本原因。

有学者认为，"将历史上的宋江起义视为一次大规模的农民起义的历史观念，完全是《水浒》影响的结果。而当我们的文学史家在研究《水浒》的时候，又反过来把那种由《水浒》造成的历史模式套到了《水浒》的头上。于是乎，历史上的宋江是农民，《水浒》中的梁山泊聚义自然不言而喻是农民起义了"②。这就明确地指出了诗史互证突破边界走向诗史互等，而终于用史来阐释诗。这里需要注意的是，历史上的宋江起义在正史中的记载较少，比如《宋会要辑稿》中没有关于宋江起义的直接记载，而《东都事略·侯蒙传》和《宋史·张叔夜传》中仅有零星记载。从这些为数不多的记载来看，基本可以判定历史上的宋江起义规模不大，甚至有可能没有占据梁山泊为"根据地"。而随着水浒故事的广为流传，尤其是小说《水浒传》的巨大影响，不但导致民间对水浒故事的认知发生了"正史化"的倾向——认为《水浒传》所述具有相当高的可信度，甚至将之等同于历

---

① 许并生、宋大琦：《20 世纪〈水浒传〉思想研究及〈水浒传〉思想论析》，《东南大学学报》（哲学社会科学版）2008 年第 1 期。
② 欧阳健、萧相恺：《水浒新议》，重庆出版社 1983 年版，第 4 页。

强制与偏移:《水浒传》文本阐释的问题与反思

史上的宋江起义,更导致了部分史学研究者也采取了类似的态度,将《水浒传》故事写进史学著作中。① 由此,导致了《水浒传》创作的素材最终成为阐释《水浒传》文本的依据,诗史互证的传统也演变为诗史互等的强制阐释。对此,需要认识到"文、史毕竟有别。题材和主题也毕竟不能混同。《水浒》中的梁山泊聚义,与历史上的宋江起义是不相同的两码事。它的性质如何,只有从对《水浒》的具体剖析中才能做出科学的结论"。②

从素材的数量及其与忠义观的关系来看,《水浒传》作者更多的是从民间水浒故事以及相关的作品出发,完成《水浒传》文本的创作。③ 从《大宋宣和遗事》《宋江三十六赞》《醉翁谈录》(其中有《石头孙立》《花和尚》和《武行者》等话本名录),到元人杂剧水浒戏,再到小说《水浒传》,经历了一个变化发展的过程。这个过程中不但包含人物性格、形象的变化,也包括故事情节和主题的变化。但是,有学者却认为,"《宣和遗事》和《癸辛杂识》所记已为大部分主要梁山好汉的性格定好了基调。元杂剧有关梁山英雄的剧本留传下来的不多,但也不外乎叱奸骂谗,除暴安良,行侠仗义,逞其血气之勇"④。但从这段话来看,《宣和遗事》等已经为大部分主要梁山好汉奠定了性格的基调,后来的水浒戏和小说《水浒传》无非更为生动、形象。换句话说,用《宣和遗事》和水浒戏中的人物性格来理解小说《水浒传》中的人物性格也是基本可行的。不难发现,这种观点多少带有可以用《宣和遗事》和水浒戏来"强制阐释"《水浒传》文本的意味。在研究元代水浒戏与《水浒传》的关系时,有学者认为,"在元人艺术舞台上,宋江为首的梁山好汉的正义性被大大强化,他们是扶弱锄强、替天行道的社会正义的化身,是敢于反抗、

---

① 如部分"中国通史"类著作就认为,《水浒传》中所述之人物和故事"基本上应有所依据",也将梁山泊作为宋江起义的根据地,并将之与方腊起义一起列为北宋末年的农民大起义。
② 欧阳健、萧相恺:《水浒新议》,重庆出版社1983年版,第5页。
③ 宋子俊、范建刚:《〈水浒全传〉主题辨析——与传统的农民起义说商榷》,《中国古代小说戏剧研究丛刊》,2003年。
④ 郭振勤:《从生成史略论〈水浒传〉的主题》,《汕头大学学报》1993年第3期。

誓死复仇的……敌人害怕这样的英豪，衰弱的民族需要这样的英豪。所以，改造水浒故事，歌颂梁山英雄，是宋元人民的时代心声"。而到了《水浒传》中，不但"同宋元时期反抗……侵略的斗争直接联系在一起"，而且"发泄对……侵凌压迫的强烈不满"，以至于认为《水浒》是"一部民族心灵史"①。很明显，这种对于《水浒》主题的理解受到了《争报恩》《李逵负荆》《还牢末》《双献功》等文本对于梁山好汉的形象塑造和精神寄托的影响。② 毫无疑问，这里以元代水浒故事的文本为依据，来"强制阐释"小说《水浒传》，由此得出的结论虽然具有一定的合理性，但是并非小说《水浒传》的核心。

　　从《水浒传》的内容来看，忠义观无疑是其主题，对于忠义观的不同理解，形成了对于《水浒传》主题的不同解读。最早出场的史进、朱武、陈达、杨春等人，以及史进引出鲁智深、鲁智深引出林冲、林冲引出柴进，表现的都是处友之义；当林冲被逼上梁山寻找"投名状"遇到杨志的时候，事君之忠才开始以人生理想的面貌出现。③ 之后，处友之义从形式上占据着故事的主要篇幅。但是，处友之义并没有离开事君之忠而发展，它在展开的过程中逐渐被事君之忠笼罩。虽然有的英雄好汉对事君之忠产生了疑问甚至抵制，但是他们又因为处友之义而屈从于事君之忠，并由此在一定程度上造成了最终的悲剧。

　　《水浒传》中"处友"带有浓厚的个人色彩，朋友之间往往从个人情感出发，将朋友之间的义表现在具体的行动之中。具体来说，可以从处友之义的三种不同形式来进行分析。

　　一是基于相互认可或欣赏的意气相投。梁山好汉们初次相遇的时候，经常在互通姓名后为对方声名所吸引，或者在冲突后为对方的本

---

　　① 王前程：《从"盗匪"到"救国英雄"——水浒故事的嬗变与〈水浒〉主题的变化》，明代文学与科举文化国际学术研讨会，2008年。
　　② 《争报恩》中说道"替天行道宋公明"，《李逵负荆》中说道"替天行道救民生"，《还牢末》中说道"要替天行道公平"，《双献功》中说道"宋公明替天行道"，等等。这种替天行道的行为与梁山好汉有胆有识、勇武过人的形象融合在一起，成为人们对于现实不公的反抗和对于民族英豪的呼唤。
　　③ 本文借用袁无涯对忠义的理解（"忠义者，事君处友之善物也"）。参见《忠义水浒全书》，明万历四十二年袁无涯刻本。

领所折服。由此,双方互相认可或欣赏对方的本领、声名,并在此基础上显得意气相投。在这种关系中,很多人会发展成一种稳定、长久的生死之交。比如鲁智深和林冲虽属偶遇,但二人互为对方的本领所折服,并成为生死之交,以至于鲁智深在野猪林仗义救林冲,最后被迫离开大相国寺,落草二龙山;武松和张青夫妇的相识源于一场冲突,之后大家为对方的本领和声名所折服、吸引,最后结拜为兄弟,甚至在武松血溅鸳鸯楼之后,张青夫妇还帮助武松改扮成头陀避难。不过,并非所有一开始显得意气相投的朋友都会成为生死之交。在接触的过程中,如果一方或双方觉得对方并非是自己真正认可或欣赏的人,这种朋友关系便显得极不稳定且很容易结束。比如鲁智深在痛打了要强娶刘太公女儿的周通之后遇到李忠,大家欢欢喜喜地见面叙旧。住了一段时间之后,鲁智深发现李忠、周通"不是个慷慨之人,作事悭吝,只要下山"(第五回)①,以至于最后卷了桌上的金银酒器,离开了桃花山。

二是基于意气相投的机遇和礼遇。在意气相投的基础上,有时候会遇到能够展现本领或者实现人生理想的机遇,知己和伯乐在这里集于一身。得遇知己,一身的本领有人欣赏、一世的理想有人认可;有了机遇,一身的本领能够展现、一世的理想可能实现。这种关系往往最为稳固和长久,可以说,梁山的兴起在很大程度上应归功于此。在这种关系中,梁山好汉们对此付出的一切都是肯定、积极和心甘情愿的,因为他们把对知己的认可和欣赏、对伯乐的感激与自我展现、自我理想(价值)的实现融于一体。以至于那些沉沦社会底层的好汉们,几乎将此看成了唯一能够展现自我和实现自我的途径。比如靠打鱼为生的阮氏三雄在吴用的动员下,为晁盖的声名所吸引,并认为晁盖和吴用这样的知己为他们理想的实现提供了机遇,因而不顾身家性命地参与劫取生辰纲的行动。在智败搜捕的官军之后,和晁盖、吴用

---

① 从目前流传的情况来看,《水浒传》的版本分为繁本和简本两大系统,繁本即文繁事简本,主要有一百回本、一百二十回本和七十回本;简本即文简事繁本,主要有一百十五回本、一百〇二回本、一百十回本、一百二十四回本等。人民文学出版社出版发行的《水浒传》为一百回本,岳麓书社出版发行的《水浒全传》为一百二十回本。本文所引内容均出自施耐庵、罗贯中《水浒传》,人民文学出版社1997年版,后文只注明回次。

一起走上梁山。

在这样的机遇中,双方会以礼相见、以礼相待,尤其是提供机遇的一方,更会主动地礼遇对方,在提供机遇的同时,也让对方为自己所用。换句话说,他们既为别人提供了展现本领、实现理想的机遇,也为自己提供了借助他人来实现自己理想的机遇,并且随着宋江在梁山领导权的确立,这种被礼遇的机遇逐渐转向报效君王的目的,即将处友之义归之于事君之忠,好汉们的理想和行动最终被"束缚"到一个方向。宋江在数次战斗中收服被捉的武将,大都是从意气相投入手,先取得他们对于处友之义的认可,再向他们表明忠君为国的志向和可能性,从而使之觉得能够获得展现本领和报效君王的机会,并由此说服这些武将加入自己的行列。

三是非于意气相投基础上的机遇。梁山好汉们还遇到一些并非意气相投、也无多少礼遇的展现本领、实现理想的机遇,提供机遇的人多是在位的权贵或官吏。尽管如此,好汉们仍然在一定程度上把这些人看成是"知己",并且用实际行动来把握机遇。在这种情况下可能获得暂时的成功,赢得一时的风光;不过,他们的最终结局都极为类似:或者由于主动决裂,或者由于被逼无奈而分道扬镳。武松在景阳冈打虎之后受到知县的赏识,作了县里的都头,后来又帮助知县把一担金银送到东京。但是,武松在查出武大被毒杀而举报无门的时候,做出了自己的选择(杀了潘金莲和西门庆),这就让武松与这种"知己"主动决裂了。杨志则不一样,他花了许多金银却仍被高太尉弃之不用,流落东京街头卖刀,出于义愤杀了牛二之后被发配大名府,得到了梁中书的赏识,通过校场比武被提升为提辖。原本以为可以一心报效"知己"、实现个人理想的杨志,在生辰纲被劫之后一声叹息,怅然离开。

综合《水浒传》文本来看,处友之义经历了如下的生发过程:

首先是怀才未遇的悲愤。当好汉们怀才未遇、英雄暂无用武之地的时候,往往会产生对自己一身本领无处施展、个人理想无法实现的悲叹,也有对空有一身本领却无人赏识的愤懑。吴用在说服阮氏三雄参加智取生辰纲一事的时候,阮氏三雄就发出了这样的感叹:"若是有识我们的,水里水里去,火里火里去。若能勾受用得一日,便死了开眉展眼。"(第十五回)这个时候,好汉们的生活状况比较糟糕,或生活困苦、衣食存忧,或孤身在外、辗转飘零,或被逼无奈、杀人放火。比如阮氏三雄生活的困顿,武松在江湖上的漂泊,林冲在草料场快意恩仇,等等。但是,他们并没有因此自暴自弃,放弃自己的一身本领和人生理想,他们经常在发泄式的怨叹中等待着"伯乐"的出现,等待着展现自己本领和实现个人理想的机遇。可以说,他们的悲愤中激荡着对于未来的期望。

其次是得遇知己的欣喜。当本领、声名或理想被人认可、欣赏的时候,好汉们就遇到了意气相投的知己,他们会表现得非常兴奋、激动;尤其当被礼遇后又面临着展现本领、实现理想的机遇时,他们更会奋不顾身地去为之行动。当宋江和李逵初见的时候,李逵因宋江的声名而倒身下拜,在酒席桌上他更是感叹:"真个好个宋哥哥,人说不差了!便知我兄弟的性格!结拜得这位哥哥,也不枉了!"(第三十八回)在这种兴奋、激动中,李逵听说宋江想要新鲜的鱼做汤吃的时候,便自告奋勇地去讨两尾活鱼,并因自己不懂规矩而和张顺大打出手。这种欣喜既是对被认可、被欣赏的表现,也是对遇到展现本领、实现理想的机遇并受到礼遇——对自己能够有机会展现本领、实现理想的赞颂。

最后是以身报答的行动。面对知己和机遇时,好汉们会以自己的行动、甚至是生命来报答和把握。他们会因为意气相投,而为对方设身处地地处理问题,比如石秀之于杨雄的结义之情而甘愿操刀作屠夫,以至于在被杨雄误解的情况下智杀裴如海,最后与杨雄、时迁一起投奔梁山。他们会因为展现本领、实现理想的机遇,而积极主动、甚至不惜生命地去报答知己、实现自我。比如李逵之于宋江这位知己,不但在历次危险中冲锋陷阵甘当马前卒,甚至在被宋江以"忠义"之名下毒之后,也只是无奈地顺从。至于武松之于阳谷知县、杨志之于梁中书、朱仝之于沧州知府等,也无一不是以身报答的行动,只是这样的"知己"和机遇没有意气相投的基础,而更像是居高临下的施予、甚至是嗟来之食的施舍罢了。

从对处友之义的态度和行动来看,好汉们还有一个显著的特点,正如武松在醉打蒋门神之后说的一番话:"我若路见不平,真乃拔刀相助，我便死了不怕。"（第三十回）正是这种死也不怕的豪情，让英雄们在报答知己和实现理想的行动中不计得失，以至于为常人所不敢为，为常人所不能为。当这种豪情融入处友之义中，就使得报答知己和实现理想的行动闪耀着男性雄壮的气息；当这种豪情在现实中遭遇磨难，甚或引致在报答知己和实现理想的行动中身残命丧的时候，就形成了具有内在张力的悲壮之情。

相比较处友之义而言，《水浒传》中将事君之忠视为具有终极意义的目标。尽管有的梁山好汉对此提出了疑问，但是，这些人最终在事君之忠的笼罩下完成了处友之义的行动。

一方面，事君之忠成为人生理想的落点。在《水浒传》诸人中，第一次明确以事君之忠作为人生理想出现的是三代将门之后杨志，"只为洒家清白姓字，不肯将父母遗体来点污了。指望把一身本事，边庭上一枪一刀，博个封妻荫子，也与祖宗争口气"（第十二回）。尽管他后来与鲁智深、武松一起在二龙山占山为王，但他终究走进梁山并接受朝廷招安，在死后被封为"忠武郎"，子孙可赴京"照名承袭官爵"（第九十九回），实现了自己的人生理想。

不过，并不是《水浒传》中的每一个人都像杨志这样始终明确地把事君之忠作为人生理想。像武松、鲁智深等人，在经历了报答知己和实现人生理想的行动遭到挫败后，对事君之忠产生了不满和怀疑，可惜他们没有提出彻底解决这个问题的办法。当一百〇八人在忠义堂重新排定座次，乐和唱到宋江所作《满江红》中"望天王降诏早招安，心方足"时，武松叫道："今日也要招安，明日也要招安去，冷了兄弟们的心。"鲁智深也说："只今满朝文武，俱是奸邪，蒙蔽圣聪，就比俺的直裰染做皂了，洗杀怎得干净？"（第七十一回）不过，他们最终在处友之义下妥协了。

这里的妥协不能看成是对事君之忠的主动接受，而是他们在宋江以处友之义的名义实施事君之忠的行为下，对于处友之义的坚守和对于事君之忠的无奈。需要明确的是，对事君之忠的质疑主要是对朝廷中蒙蔽圣聪的奸邪们的不满，这些奸邪们阻碍了事君之忠的理想实现。对事君之忠的无奈并非是与之彻底决裂，而是对于这种理想在现实中面对蒙蔽圣聪的奸邪们的忧虑，并由此导致了对于实现理想的悲观。但是，从《水浒传》的故事来看，这种人生理想最终在忧虑与悲观中付诸行动。

可以说，事君之忠从一开始就作为人生理想的面貌出现，一些人始终积极主动地付诸行动；一些人在对处友之义的坚守下，带着些许无奈走到最后。或许，只有当"酷吏赃官都杀尽"的时候，才能更好地"忠心报答赵官家"（第十九回）。

另一方面，事君之忠也是现实秩序的约束。这里有两层意思：一是现实统治秩序的约束，二是以现实统治秩序的名义进行的约束。前者是对于以君权为中心的权力、法律规范的遵从，后者是蒙蔽圣聪的奸邪们借以控制和打击的手段。

从《水浒传》故事开始，现实统治秩序的约束就一直在发挥作用。尽管梁山好汉们聚义山林、打家劫舍甚或攻城克地，但他们基本上是为了夺取不义之财、为山寨谋取钱粮、救人性命或者是"替天行道"教训贪官污吏（不能排除一些人滥杀无辜）——智取生辰纲是为了夺取十万贯不义之财，攻打东平府和东昌府的重要原因之一就是"目今山寨钱粮缺少"（第六十九回），攻打北京城是为了救卢俊义和石秀的性命，而攻打高唐州的原因除了救柴进之外，还因为新任知府高廉"倚仗他哥哥（高俅），势要在这里无所不为"，其妻舅殷天锡"倚仗他姐夫高廉的权势，在此间横行害人"（第五十二回）。

但是，在这一系列的行动中，梁山的好汉们并没有想拿出一个新的社会秩序（制度）来取代已有的社会秩序（制度），而是对他们认为不属于忠君爱国贤良的所作所为进行替天行道式的处理。究其根本，还是为了报效朝廷（君权），在"赵官家"的清平世界中一刀一枪，博个封妻荫子，流芳百世。因此，智取生辰纲之后，挑担子的军士们没有被杀；攻打东平府和东昌府取得钱粮、收服猛将之后，"急传将令，不许杀害百姓、放火烧人房屋"（第六十九回），"太守平日清廉，饶了不杀"（第七十回）；攻打了北京城和高唐州之后，也是"教休杀害良民""出榜安民，秋毫无犯"（第六十六回、五十四回）。

与之形成鲜明对比的是蒙蔽圣聪的奸邪们借以君权为中心的权力、法律规范实施的控制和打击行为，其目的在于削弱甚至毁灭梁山好汉（包括朝廷中其他忠君且阻碍他们之人）的势力，以达到其混淆视听、把持朝政、独揽大权的目的。由于这个目的披上了君权的外衣——以圣旨或者其他行政命令的形式来下达，所以这种行为就带有相当强的"君叫臣死，臣不得不死"的强制性。如果直接抵制或者反抗这种行为，就落下了抗旨不忠的把柄；如果想要保全自身而又不至于被害，就要巧妙地应对。陈桥驿滴泪斩小卒就是一个及时应对的例子：面对克扣皇帝赏赐和肆意凌辱梁山好汉的局面，壮士一怒杀厢官。为了避免被高太尉等人利用此事大做文章，宋江和吴用商议后杀了杀厢官的军汉，然后申复省院并告知宿太尉，这才避免了中书省院的谗害。

正是因为有了事君之忠的约束和对事君之忠的遵从，替天行道的口号和行动才具有相当的合理性，并且被大众和朝廷接受，最终实现"封妻荫子"的人生理想。不过，这在很大程度上也造成了与现实统治秩序的冲突，为后来的悲剧埋下了伏笔。

可以说，对于好汉个人而言，宋江和梁山是其知己，为其提供了机遇；对于梁山这个群体而言，君王或者君王权力的代表（宿太尉等）是其知己，为其提供了机遇。所以，梁山好汉们最后走上了招安的道路，并为君王四处征讨，立下赫赫战功，而大部分好汉都在这个过程中战死沙场或者伤病而亡。

二 异质文化阐释文本与《水浒传》忠义观的文化溯源

从现有的研究资料来看，《水浒传》是一部在中国社会和文化发展过程中产生的作品，故对忠义观或者其他思想进行文化溯源，必须根植于中国传统文化，既使用所谓现代眼光来看，也应就其时代社会发展的具体情况来分析，而不应出现用后30年否认前30年的情况。但是，在当前流行的中西比较研究中，却出现了用西方文化为标准来"批判"《水浒传》的情况，从而使其对《水浒传》的阐释带有相当的强制性。

《水浒传》中"智取生辰纲"是"七星聚义"所做的一件夺取不义之财的大事，较为突出地展现了处友之义，在某种程度上也可以说

强制与偏移：《水浒传》文本阐释的问题与反思

是整部作品中真正聚义的开始。有人认为，"智取生辰纲"背后的"为富不仁"和"劫富济贫"等理由是值得质疑的，并由此对"劫富济贫"背后的文化心理进行了分析。其分析以基督教为依据，认为"基督教把'嫉妒'视为七大原罪之一，教导信徒努力排斥这种心中的恶魔。但是，中国人绝对平均主义的背后则是病态性的极端嫉妒心理。《水浒传》时代就有这种心理……'智取生辰纲'的行为所以会让中国人（包括现代中国人）感到痛快，就是它迎合了中国自古皆然的嫉妒心理……中国人为什么非常欣赏'智取生辰纲'，这就因为中国人的心理是充满嫉妒、充满绝对平均幻想的心理"①。这里提出的问题有："劫富济贫"是一种绝对平均主义，这种绝对平均主义背后是对于"富"的仇视和中国人自古至今都有比较严重的嫉妒心理，"智取生辰纲"是"劫富济贫"的行为，所以也是充满对"富"的仇视和嫉妒的心理，人们对于"智取生辰纲"的欣赏也是由于"中国人的心理充满嫉妒、充满绝对平均幻想的心理"，究其原因则在于"中国还没有完成以新教伦理取代旧教伦理那种根本性的价值观的转变"。②

暂且不论"中国人的心理是充满嫉妒、充满绝对平均幻想的心理"是如何得出的，单就其对于"智取生辰纲"的理解而言，无疑存在着知识性问题和用异质文化强制阐释《水浒传》文本的倾向。首先，《水浒传》中明确说过"智取生辰纲"的目的：刘唐在和晁盖相认后说到，"此是一套不义之财，取而何碍！……天理知之，也不为罪……倘蒙哥哥不弃时，献此一套富贵"（第十四回）；吴用劝说三阮兄弟入伙时明确说到，"取此一套富贵，不义之财，大家图个一世快活"；公孙胜见到晁盖时明确表示，"今有十万贯金珠宝贝，专送与保正作进见之礼"（第十五回）。可见，"智取生辰纲"是为了取不义之财、图一世快活。从这件事情的结果来看，"阮小二、阮小五、阮小七，已得了财，自回石碣村去了"，白胜也将一包金银埋到床下

---

① 刘再复：《双典批判：对〈水浒传〉和〈三国演义〉的文化批判》，生活·读书·新知三联书店 2011 年版，第 35—36 页。

② 同上书，第 37 页。

地里（第十八回），也没有接济什么"贫"。不知从这些文本中如何得出"劫富济贫"的结论？再有，对于不义之财的获得，在《水浒传》中也并非梁山好汉们的"特权"，因为"去年也曾送十万贯金珠宝贝，来到半路里，不知被谁人打劫了，至今也无捉处"（第十四回）。还需注意的是，晁盖"祖是本县本乡富户，平生仗义疏财，专爱结识天下好汉……若要去时，又将银两赍助他起身"，并且当他准备救刘唐的时候还送了十两银子给雷横（第十四回），不知他如何"仇富"？作为同乡的教书先生吴用、道士公孙胜、石碣村的三阮兄弟以及刘唐、白胜，或者与晁盖交好，或者仰慕其名而欲结交，也看不出如何"仇富"。况且，《水浒传》中的柴进既富且"贵"，卢俊义、李应等人富甲一方，即使是鲁智深、武松在落草二龙山前也看不出因为贫穷而"仇富"，而林冲、徐宁、呼延灼、宋江等军官或者官吏更看不出什么"仇富"心理。

　　基于文本事实，可见其立论已无基础。至于其认为基督教教导信徒排斥嫉妒，以及开出的所谓"新教伦理"的药方，无非是用基督教思想和与近代资本主义发展相适应的新教精神，来进行的强制批判。从逻辑上说，起点都错了或者根本不存在，如何保证结论的正确呢？从文本上说，《水浒传》中既未涉及基督教，也未涉及宗教改革，更未涉及近代资本主义发展（即使描绘了资本主义萌芽及产生的社会影响，也与近代西方资本主义发展有着本质的区别），所谓"新教伦理"如何才能发挥作用呢？换句话说，韦伯所论证的新教伦理对于西方近代资本主义发展的重大作用①，在《水浒传》文本中根本无从谈起，即使在中国社会发展的现实中，又从何而论呢？这种以异质文化阐释的结果，不但形成了对于《水浒传》文本的强制阐释，同时遮蔽了文本和中国文化的独特内涵。

　　事实上，处友之义和事君之忠的观念并非是梁山好汉的独创，也不是作者的灵感迸发。它们在先秦两汉的儒家思想中已经有了较为明确的表述，尤其到了两汉以后，事君之忠更明确了其主导地位。

----

① ［德］马克斯·韦伯：《新教伦理与资本主义精神》，于晓等译，生活·读书·新知三联书店1987年版。

强制与偏移：《水浒传》文本阐释的问题与反思

对于处友之义而言，至少可以追溯到《论语》。《子罕》中记载了一个故事。子贡曰："有美玉于斯，韫椟而藏诸？求善贾而沽诸？"子曰："沽之哉，沽之哉！我待贾者也。"按照杨伯峻的理解，孔子在这里的意思是等待识货的人。① 不妨将此理解成是在等待一个能够认可和欣赏自己的人，在等待一个能够展现本领、实现理想的机遇。对于孔子而言，他一直在坚持自己的理想，在诸侯国中寻找一个能识货的人、一个能实现理想的机遇。这在《论语·阳货》中有着直接的例证，公山弗扰在费邑图谋造反，请孔子去他那里，而孔子真的准备前往。当子路不高兴地发问时，孔子作了自己的解释，并将自己在这件事情上想要实现的理想也明白地表述出来："如有用我者，吾其为东周乎？"

对于十分推崇周礼的孔子而言，他十分强调人与人之间礼的秩序，所以他对于"八佾舞于庭"的季氏非常愤怒，在见了名声不好的南子之后为避免误会而指天发誓。由此不难推断，孔子对于与识货的人之间的关系，也不会突破礼的秩序，换句话说，他也会用礼来衡量和评判这种关系。这一点在朱熹的《四书集注》中有着更为明确的理解和表述，"士之待礼，犹玉之待贾也"。② 这里将士比作玉，明确将礼与识货的人（贾）并举。事实上，当季桓子收了很多齐国送来的歌姬舞女而三天没有过问政事，孔子就离开了。朱熹赞同这是因为"简贤弃礼，不足与有为"③ 的原因导致的。换句话说，当孔子意识到自己不再被礼遇且不再拥有实现自己理想的可能，就选择了主动离开，结束这种关系。

在"我待贾者"这个问题上，深受儒家思想影响的司马迁似乎比孔子说得更明白，他在《史记》中更是充分展现了自己的思想——士为知己者用。司马迁在《报任安书》中说到的"士为知己者用，女为悦己者容"广为人知，这两句话在《战国策·赵策》和《史记·刺客列传》有关豫让的故事中均有出现。豫让为了报答对其"甚尊

---

① 杨伯峻：《论语译注》，中华书局1980年版，第91页。
② （南宋）朱熹：《四书章句集注》，中华书局1983年版，第113页。
③ 同上书，第184页。

宠"的智伯，不惜毁容毁声潜伏为奴，数次刺杀赵襄子来为智伯报仇，后"伏剑自杀"。这是受到知己的礼遇而不惜一切报答知己的行为。这种报答知己的行为受到知己对自己的认可程度和礼遇程度的直接影响，"众人遇我，我故众人报之；国士遇我，我故国士报之"。《刺客列传》中记载的聂政、荆轲也是如此，《水浒传》中好汉们报答知己的情况亦与此同。

对于司马迁而言，他笔下的诸人物"寄寓自己深切的同情"，"暗含了司马迁自己的人生感慨"①。司马迁在经历继承父志编修史书到遭受李陵之祸、身陷囹圄的惨变后，其心理状态也发生了转变，正如《太史公自序》中说的那样："此人皆意有所郁结，不得通其道也。"因此，他后来撰写《史记》"是在经历磨难之后通过著书抒发心中的抑郁和不平"②。在司马迁看来，导致这种抑郁和不平出现的直接原因是在李陵之祸中，"明主不深晓"，"拳拳之忠，终不为列"（《报任安书》），自己的一片忠心没有得到皇帝的理解和认可，反而受刑遭辱，隐忍苟活。这就让司马迁再难以像他笔下的那些人物一样，去不顾一切地践行"士为知己者用"的人生信条。

司马迁的发愤著书深深影响了后世的文人，其《史记》作为我国传记文学的开端，更是"为后代文学的发展提供了丰富的营养和强大的动力"——不但"为后代小说创作积累了宝贵的经验"，而且"成为后代小说戏剧的取材对象"③。对于《水浒传》而言，其作者"受李贽、金圣叹等在野文人赏识，多有共鸣，当属同类，应该是一个极富才情却得不到任用，不满现实又无处呼告，很有思想却不能不缄口，生活于元明之际或更晚的民间文化人。他的倾吐欲望与'水浒故事'产生了契合，于是加工撰作出洋洋一部《水浒》"④。

至于事君之忠，也可以在孔孟那里找到相关论述。孔子和孟子"肯定的'父慈子孝'、'事亲从兄'，显然就是强调一个人应该在与

---

① 袁行霈等：《中国文学史》第 1 卷，高等教育出版社 1999 年版，第 217 页。
② 同上书，第 206 页。
③ 同上书，第 219—220 页。
④ 王鸿卿：《〈水浒〉主题新论》，《明清小说研究》2005 年第 2 期。

其他某些人（即那些与自己保持着血缘关联的人）的特殊性关系中履行血缘亲情的原则规范，从而实现自己的血亲团体性存在。当然，在人的存在中，除了这种父母子女（血缘）的团体性因素外，还包含着其他建立在特殊性人际关系基础之上的团体性因素，诸如丈夫妻子（姻缘）、朋友熟人（友缘）、同乡邻人（地缘）、领导下属（治缘）、同事同行（业缘）、师生同窗（学缘）等种种团体性的因素"①。由此可见，事亲从兄指向的是血缘或类血缘的团体性存在，并且这种团体性存在被推广到社会关系的方方面面，进而成为约束人与人之间的关系的一条基本准则。

在父权主导和嫡长子继承的环境中，事亲从兄无疑意味着以血亲团体性存在的人们对于这个团体中男性领导权力（等级）及其继承者的遵从。当孔子说"君君臣臣，父父子子"的时候，重点在于强调礼的重要性，而非像汉代那样突出君王的绝对权力和地位。孔子对此说得很明白："父母在，不远游，游必有方"（《论语·里仁》）；"夫孝，德之本也……身体发肤，受之父母，不敢毁伤，孝之始也。立身行道，扬名于后世，以显父母，孝之终也"（《孝经》）。尽管孔子也谈到了事君，但却并非突出其绝对主导的地位。孟子虽然更加明确地将"父子有亲，君臣有义……朋友有信"（《孟子·滕文公上》）并列，但他主要也是为了强调血亲的重要地位。

在孔子和孟子那里，事亲从兄主要着眼于实现血亲团体性存在。不过，当大一统的汉代将这种血亲团体性存在与君权、神权结合之后，所产生的忠君理念则让后人在忠孝之间的关系中"理所应当"地将天平偏向忠。董仲舒提出"独尊儒术"的背后是百家争鸣局面的结束，是各种思想的融合。"他最明确地把儒家的基本理论（孔孟讲的仁义等）与战国以来风行不衰的阴阳家的五行宇宙论，具体地配置安排起来，从而使儒家的伦常政治纲领有了一个系统论的宇宙图式作为基石，使《易传》《中庸》以来儒家所向往的'人与天地参'的世界观得到了具体的落实，完成了自《吕氏春秋·十二纪》起始的、

---

① 刘清平：《论孔孟儒学的血亲团体性特征》，赵敦华《哲学门》第 1 卷（2000 年）第 1 册上，北京大学出版社 2009 年版。

以儒为主、融合各家以建构体系的时代要求。"① 事实上，构建这种思想体系的目的是适应时代政治社会的要求，维护君王统治，并且为这种统治进行合理化和正当性的辩护。因此，忠君思想在树立绝对君权的过程中自然而然地确立了重要的地位。

在这种情况下，孔孟主张的血亲团体性在相当程度上被泛化和强化了，事亲从兄也有了进一步的发展，"'三纲五常'更成为神圣不可动摇的道德原则和规范，'忠'与'孝'得到进一步的强化，成了不可违背的伦理和政治法则"②。正是这样的思想才得到了君王统治的认可和发展，而那些提出和发挥这些思想的人更容易得到赏识和重用。与之相对的是，孔孟在当时的社会中并没有居于高位、掌握重权，这便从反面证明了他们的思想并不完全是当时君王统治想要的东西，也难怪孔子说出"我待贾者"，甚至发出"道不行，乘桴浮于海"的感叹了。

可以说，在血亲团体性存在中，事君之忠以"三纲五常"的形式统摄着父子、夫妇、兄弟、朋友等关系。由此出发，《水浒传》中事君之忠与处友之义的关系及其文化渊源也就不难理解了。

三　衍生文本阐释原文本与《水浒传》忠义观的评价

前文所述对于"智取生辰纲"的评价，已经涉及对于《水浒传》忠义观的评价。无论喜爱还是憎恶，都不应成为评价《水浒传》的先决条件，甚至陷入"我喜欢就是好，你不能说不好；我不喜欢就是不好，你不能说好"的非学术状态。即使做不到绝对意义上不受情绪影响，至少也应该以文本为依据来进行评价，尽量减少个人情绪的左右。

在中国文学史上，诗文评的形式具有极其鲜明的个人色彩，产生

---

① 李泽厚：《中国古代思想史论》，天津社会科学院出版社2003年版，第136—137页。

② 任继愈等：《中国哲学史通览》，东方出版中心1994年版，第126页。

强制与偏移：《水浒传》文本阐释的问题与反思

了许多个性化的批评。对于《水浒传》而言，金圣叹的点评和对《水浒传》文本的处理可谓脍炙人口，但这不等于他的点评和处理就是千古不易之定则。虽然今天有很多学者的研究证明金圣叹"腰斩"《水浒传》（以百二十回本即"袁本"《忠义水浒全书》为底本），但从对于忠义观的评价来看，这两者有着密切的联系，并且存在着以"腰斩"后的文本"强制阐释"原文本的倾向。

据研究，明末崇祯十三年（1640）前，繁本和简本系统的《水浒传》均为通行本，其特点都是以"忠义"为中心，在梁山大聚义后接受朝廷招安，随后奉旨平辽并讨伐不替天行道的其他强盗，虽功成遇害而仍执"忠义"之心于泉下。但在金圣叹宣称得到"贯华堂古本"后，"竟然成为此后近三百年中《水浒传》的定本，以致世人不知《水浒传》还有其他的'繁本'、'简本'"。[①] 面对如此情况，学界已有不同看法，但很多观点是从农民起义的角度来进行论证的。如张国光发展了胡适的观点（金本把《忠义水浒传》变成了"纯粹草泽英雄的《水浒传》"），认为宣扬"忠义"的《水浒传》是投降主义的，而金本《水浒》则是鼓吹农民起义的。[②] 罗尔纲虽然不赞同金圣叹"腰斩"《水浒》的说法而认为施耐庵的《水浒》原本就是七十回，但是他与张国光对于金本《水浒》的认识有着相近之处，同样认为金本《水浒》是一部歌颂农民起义的小说。[③] 毋庸置疑，金本《水浒传》的故事更加集中，人物个性所表现的反抗性也比较突出。但是，从忠义观的角度来看则有着不尽相同的认识。

从《水浒传》的文本来看，对于主要人物的性格刻画，在前七十回已经基本完成。梁山大聚义之后的征辽和讨伐，更多地偏向于在处友之义的约束下，践行事君之忠的"夙愿"，虽然有人对此提出了异议，但基本上没有实质性的反抗或者逃离（公孙胜奉师命离开是个特例）。或者可以说，梁山大聚义之后的事君之忠对于主要人物的性格存在着一定的约束和削弱。金圣叹对《水浒传》人物的描写大加赞

[①] 张锦池：《〈水浒传〉考论》，人民出版社2014年版，第127页。
[②] 张国光：《〈水浒〉与金圣叹研究》，中州书画社1981年版。
[③] 罗尔纲：《水浒传原本和著者研究》，江苏古籍出版社1992年版。

赏，其中的主要人物，诸如武松、鲁智深、林冲、李逵、石秀、阮氏三雄等性格鲜明、栩栩如生。不过，这些人物到了招安以后就变得不再出众，一幅幅鲜活的英雄画卷变成了一幅南征北战图。究其原因，就像在孔孟那里对于血亲团体性的理解一样，"由于赋予了血亲团体性以至高无上的根本地位，就进一步要求个体性和社会性都必须从属于血亲团体性，允许凭借血亲团体性来约束限制个体性和社会性的充分发展，从而最终在本质上呈现出血亲团体性的特征"①。

这个深层次的原因决定了梁山好汉们在招安之后的命运，他们之前的个性必然被慢慢打磨成一个标准的忠义模型。这不但与实现"封妻荫子"的理想一致，也与君王和朝廷的企望相符。只要君王这个最大的"知己"能够认可他们、为他们提供机遇并加以礼遇，他们一样会不顾一切地为之行动，并越来越忠。因此，可以说梁山好汉们的奋起之争主要是在忠君之下，对于现实中不公平命运的奋争和对幸福生活的追求，其反抗性是鲜明的。不难发现，招安之后的人物性格远不如招安之前鲜活、突出，招安之后的故事对于大多数人物的性格也没有什么实质性的发展或补充。梁山好汉们的个性在招安之前已经得到了充分的发展和展示，也许从这个角度看，金圣叹腰斩《水浒传》反倒更加突出了人物的个性特征。对于那些不赞同招安的人而言，招安只是他们在处友之义下的妥协，也是他们个性受到约束的开始。在这种约束之下，其个性中的闪光部分受到了削弱，以至于淹没在了事君之忠下。

值得注意的是，金圣叹的做法实际上突出了处友之义，而削弱了事君之忠，正因为此，他才将平辽和征讨的内容删去。这一点通过文本的对比即可发现。在金本中，宋江得到九天玄女传授三卷天书的时候，并没有"遇宿重重喜，遇高不是凶。北幽南至睦，两处见奇功"这四句偈语，而容与堂的百回本中则存在。结合之后的故事发展来看，这不但是对宋江一生命运的预示，也是对此后故事情节的预示。偈语中的"宿"和"高"分别指的是太尉宿元景和太尉高俅，前者

---

① 刘清平：《论孔孟儒学的血亲团体性特征》，赵敦华《哲学门》第1卷（2000年）第1册（上），北京大学出版社2009年版。

反对对梁山用兵而力主招安,并最终促成此事;后者虽然领兵欲平梁山,但终究没能如愿,反而被俘上山。而"北幽"和"南睦"则是南北两个地名,前者指被石敬瑭割让给契丹而有宋一代始终未能收回的"幽云十六州"(又称"燕云十六州"),即预示着后来征辽的故事;后者指南方的"睦州",当年被方腊攻陷并在方腊起义失败后被改为"严州",即预示着后来讨伐方腊的故事。这就是百回本《水浒传》在梁山大聚义之后的内容。而在百二十回本中,这四句偈语为"遇宿重重喜,遇高不是凶。外夷及内寇,几处见奇功"。"宿""高"二人二事没有变化,"外夷"和"内寇"取代了"北幽"和"南睦",加上"几处"取代了"两处",则预示着除了征辽和平方腊外,还有征讨田虎和王庆的故事。这种不同并不像金本那样完全删除了梁山大聚义之后的内容,而只是量上的不同。况且,有研究者指出,宋江破辽后出现的诏书所署时间为"宣和四年冬",而破方腊后上给朝廷的表文署"宣和五年九月",并由此推断征讨田虎和王庆的时间有了矛盾。更为重要的是,根据明代万历年间《新刊京本全像插增田虎王庆忠义水浒传》的本子可以看出征讨田虎和王庆的故事是后人"插增"进去的。① 即使暂时抛开田虎和王庆两部分内容不论,征辽和平方腊也足以显示事君之忠以及遮蔽在其中的处友之义。

有鉴于此,可以说金圣叹通过对于《水浒传》的"腰斩",实现了以金本《水浒传》阐释原本《水浒传》的目的,既使得处友之义被凸显,也使得事君之忠被遮蔽甚至消解,进而使得二者之间的张力消失;虽然集中了人物形象和个性,但是削弱了忠义观,以至于后人还经常用金本《水浒传》来阐释其他版本的《水浒传》。

如果说金本《水浒传》是最早、最有代表性的衍生文本的话,那么《金瓶梅》《水浒后传》《后水浒传》《荡寇志》,扬州评话《武松》《独臂武松》以及诸多"水浒"影视作品等,则是后来逐渐出现的衍生文本。其中,《金瓶梅》更多的是借用《水浒传》的部分内容来说出一个全新的故事,其主旨发生了根本性的转移;《水浒后传》

---

① 朱一玄:《〈水浒传〉前言》,施耐庵、罗贯中《水浒传》,人民文学出版社1997年版,前言第2页。

《后水浒传》等则是对于《水浒传》故事的延续和发展，往往在一定程度上延续原作的精神；扬州评话《武松》《独臂武松》等则是对《水浒传》中的个别受人们喜爱的人物进行演绎和丰富，其精神往往续接《水浒传》而故事情节则有所发挥或创造，比如对于"武松独臂擒方腊"的认同；至于《荡寇志》则是在形式上续接金本《水浒传》，从宋江的噩梦写起，其意在阐明："既是忠义必不做强盗，既是强盗必不算忠义。乃有罗贯中者，忽撰出一部《后水浒》来，竟说得宋江是真忠真义。从此天下后世做强盗的，无不看了宋江的样：心里强盗，口里忠义。杀人放火也叫忠义，打家劫舍也叫忠义，戕官拒捕、攻城陷邑也叫忠义。……真是邪说淫辞，坏人心术，贻害无穷。"① 这里不但将忠义与强盗对立，而且认为《水浒传》所宣传的忠义有着极坏的社会影响。更进一步的是，该书在此基础上采取了如下的做法："因想当年宋江，并没有受招安、平方腊的话，只有被张叔夜擒拿正法一句话。如今他既妄造伪言，抹煞真事。我亦何妨提明真事，破他伪言，使天下后世深明盗贼、忠义之辨，丝毫不容假借。"② 这就不但出现了前文所述的诗史互等、以素材强制阐释文本的情况，也出现了用衍生文本《荡寇志》强制阐释原文本《水浒传》的情况。

究其原因，恐怕与标榜忠义的梁山好汉们实现忠义的方式不无关系。从处友之义方面看，梁山好汉们对于知己的报答是坚决和豪迈的。不过，这种坚决和豪迈在血亲团体性的约束限制下，并没有充分发展社会性的方面。换句话说，梁山好汉们在报答知己所采取的行动中，并没有考虑到行动的社会意义和影响。当阳谷知县想让武松将一担金银送到东京的时候，武松认为这是"得蒙恩相抬举"（第二十四回），欣然领命。身为都头的武松未必不知道这些金银是哪里得来的，也许当他觉得自己受到重用的时候已经默认了这种官场的游戏规则，而没有去考虑这样做的社会危害和负面影响，甚至选择拒绝。在快活林醉打蒋门神之后，张都监设计将武松调遣过去，声称要武松作自己

---

① （清）俞万春：《荡寇志》，人民文学出版社1981年版，第1页。

② 同上。

的"亲随梯己人",武松也非常感激,"若蒙恩相抬举,小人当以执鞭坠蹬,伏侍恩相"(第三十回)。武松像大多数梁山好汉一样,在判定知己的时候,缺乏对于知己的评判,也缺乏对于这种关系的反思,从而显得具有一定的随意性。更有甚者,有些报答知己的行动,出现了随意杀戮的情况。比如董平在归降宋江以后,除了"赚开城门,杀入城中,共取钱粮,以为报效"之外,还"径奔私衙,杀了程太守一家人口,夺了这女儿",而这样做的原因竟是"程太守有个女儿,十分大有颜色。董平无妻,累累使人去求为亲,程万里不允。因此,日常间有些言和意不和"(第六十九回)。这样来看,董平在报答知己的行动中夹杂了自己的私欲,甚至可以说他用忠义观掩盖了自己的私欲。再比如李逵,在江州劫法场救宋江和戴宗的时候,"火杂杂地轮着大斧,只顾砍人……不问军官百姓,杀得尸横遍野,血流成渠"(第四十回);在三打祝家庄的时候,他竟然无视盟约,杀了扈三娘一家老小。如果按照江湖上公认的"杀人偿命,欠债还钱"的标准,对于那些无辜枉死的人,李逵是不是该以命抵命呢?如果从一诺千金去看李逵的行为,岂不是言而无信的表现?

从事君之忠方面看,梁山好汉们同样是坚决和豪迈的,甚而在招安之后似乎带有一种优越感:既有得偿所愿的快意,又有能够报效君王、封妻荫子的欣慰。于是,他们主动请命,前去征讨方腊这样的"江南草寇"。在他们的心里,尽管还没有得到朝廷的重赏和封赐,但自己是代表君王征剿,是尽忠报国。因此,他们不惜兄弟战死沙场,不惧被骂为"打家劫舍的草寇"。可见,他们只是从报效君王的角度来进行征剿,而没有或者是没能对这种"以寇制寇"的行为进行深层次的反思,更难以提出解决方法。在这个层面上,事君之忠具有相当的狭隘性。这种掩藏在忠义观之下的狭隘性和随意性,将梁山好汉们的另一面展示了出来;而展示出来的这些内容,既没有和他们公认的一些做人、做事标准相一致,也没有进一步发挥忠义观中积极、健康的部分。后人对梁山好汉们的批评也涉及这个问题,兹不赘述。

至于由《水浒传》衍生的影视作品,不但借鉴了《水浒传》研究的最新成果,也将现代人的价值标准融入剧本的再创作中,从而出现了所谓的"翻案",其中较为著名的就是影视作品对于潘金莲形象的塑造。在《水浒传》中,潘金莲由于被清河县一个大户纠缠而去大户的夫人那里告状,导致"那个大户以此恨记于心,却倒赔些房奁,不要武大一文钱,白白地嫁与他",之后有几个"奸诈的浮浪子弟"骚扰,而潘金莲也嫌"武大身材矮短,人物猥琐,不会风流"(第二十四回),这就为《水浒传》中潘金莲的形象奠定了基调。当武大和武松兄弟相认后回到武大的家里,潘金莲以嫂子的身份见到武松,却有了这样的想法:"武松与他是嫡亲一母兄弟,他又生的这般长大。我嫁得这等一个,也不枉了为人一世。你看我那'三寸丁谷树皮',三分像人,七分似鬼,我直恁地晦气!据着武松,大虫也吃他打了,他必然好气力。说他又未曾婚娶,何不叫他搬来我家住?不想这段因缘却在这里!"(第二十四回)这里透露了几个基本事实:一是武大的个人条件不好、形象特别差;二是潘金莲对于和武大婚配是不满的;三是武松的形象好、本领大且没有婚娶;四是潘金莲由此想和武松有一段姻缘。从一般的角度来理解,觅得佳偶是理想的选择,对于佳偶的追求也具有正当性。但是,当一个人已经有了婚姻而又没有解除婚姻的时候,再去追求所谓佳偶就要受到婚姻制度和相关伦理规则乃至法律的约束。换句话说,潘金莲被迫嫁给武大是不得已,武大的实际情况让她对于婚姻产生了不满,并有了另觅佳偶的想法。从今天婚姻自由和男女平等甚或女权的角度来看,潘金莲的想法和行为自然具有反抗意义。但是,《水浒传》中的潘金莲面对的深层问题却是:其追求佳偶的想法和行为与现实中的血亲伦理、好汉标准、婚姻制度、法律制度等发生了不可调和的矛盾。对于武松而言,其想法和行为与血亲伦理和好汉标准的矛盾更为尖锐。如果承认潘金莲在与武大的婚姻中遭受了不幸,那么就不能否认或者忽视其想法和行为所要面对的深层问题。如此,或许可以将问题归结为:是否可以因为婚姻中的不幸而置血亲伦理、婚姻制度和法律制度于不顾?甚至因为婚姻中的不幸而毒杀配偶?看来答案至少不是肯定的。

可以看到的是,《水浒传》中并没有明确说出潘金莲不同意大户纠缠的具体原因,但因此认为她"反叛了当时男子三妻四妾的社会规则",而没有综合考虑其动机和实际效果,恐怕是把她的形象和所做事情的意义拔得太高了。至于个别演员认为"潘金莲不仅不是淫妇，而且是'不甘命运被人摆布，敢于追寻爱情'的烈女"，而对于其出轨，甚至表示"尊重通过各种规则上位的人，这就是很现实的生活"①，则不得不让人深思。如果抛开其中混乱的价值观和对于《水浒传》原著的无知外，这些认识折射了一个共同的倾向：用衍生文本来强制阐释《水浒传》原文本。需要声明的是，此处并非反对对经典著作的改编和再创造，而是认为这种改编和再创造不能置原文本于不顾；即使没有能力回答原文本中的复杂问题，也应该慎重将之简单化、娱乐化，不应该罔顾世道人心。正如一些批评家指出的那样，"潘金莲当然是值得同情的，但是改编应当从社会历史角度写出淫妇的悲剧，不应当牺牲人物形象，片面凸显抽象人性无处安放而至毁灭的'崇高'。应当指出的是，名著改编要剔除那些于今有害的思想成分，并不足以构成对原著基本精神的迁移"②。

四 结语

对于文本强制阐释文本问题的分析和批评，不等于否定其中的合理因素，不等于否认中西比较的可能，也不等于对经典文本的改编和再创作持全盘否定的态度。除了前文所述要"剔除那些于今有害的思想成分，并不足以构成对原著基本精神的迁移"外，还要注意文本的选择，如研究小说《水浒传》忠义观就要以其文本为核心，不同版本之间可以互证互校且要注意区别改变基本思想而增删文本内容的情况，其他诸如创作素材、衍生文本以及异质文化等都不足以构成对其文本基本思想的否定。当然，这并不妨碍通过以上途径对文本提出批评以及对文本基本思想进行反思。因此，在讨论回到文本时，选择什么样的文本是一个至关重要的问题。

---

① 《颠覆原著角色盘点为潘金莲翻案影视剧》，参见安徽新闻网（http://www.anhuinews.com/zhuyeguanli/system/2013/08/09/005976920.shtml）。
② 郑伟：《名著改编不应误读现代意识与大众审美情趣——由新版〈水浒〉剧改编说起》，《人民日报》2011年8月9日。

在文学外部研究不断挤压文本研究空间的时候，提倡回到文本无疑具有重要的意义。从《水浒传》的研究情况来看，解决好回到文本的问题就必须重视且处理好素材与文本、异质文化与文本、衍生文本与原文本之间的关系，从而在怎样回到文本上，避免理论的强制阐释；在回到什么文本上，避免文本的强制阐释。

王国维如何超越"强制阐释"

——从《〈红楼梦〉评论》到《人间词话》的审美阐释*

刘锋杰**

自2014年以来,张江教授推出了"强制阐释论"的系列论文,引起关注。从目前的讨论看,肯定"强制阐释论"提出的必要性与针对性,可谓共识。尤其是用"强制阐释论"来观察与评价西方20世纪以来的文论发展时,特别能够体现这一研究的意义。不过,随着讨论的深入,人们也会发现一个问题,"强制阐释论"属于对西方文论诸多症候的一种诊断,在揭示西方文论的诸多弊端时,确实抓住了要害,并予以一针见血的分析。但是,毋庸讳言,这是批评性的,即针对西方文论揭开它的硬伤,把它从高高在上的位置上拉下来,还原它的真容。可在进行了这样的解构以后,到底该如何建设新的文论,也许更加令人关注。笔者就曾当面请教过张江教授,他答以自己的对策——"本体阐释"可以解决这个问题,并认为这才找到了建设中国文论的理论基础与方向。这一观点自有其发人深省之处。然而,由于"本体阐释"还处于比较抽象的理论设计阶段,它的理论适应性到底有多大,是远不够清晰的。同时,张江教授也没有特别结合具体的文论实践来阐述这个"本体阐释",并使这个理论观点得到应有的检验,这个话题还不免有"草色遥看近却无"的味道。本文拟通过分析王国维在20世纪初期撰写《〈红楼梦〉评论》与《人间词话》这

---

* 本文原刊于《文艺争鸣》2015年第8期。
** 作者单位:苏州大学文学院。

两部批评著作的文论实践，试图回答一二，以就正于方家。

比较而言，如果说《〈红楼梦〉评论》属于"强制阐释"，那么《人间词话》则超越"强制阐释"而实现了阐释的"软着陆"——着陆到"审美生命的经验与体验"之温柔中去了。此处所说的审美生命的经验，既可指作家的审美生命的经验，也可指作品中所展示的审美生命的经验；此处所说的审美生命的体验，既可指读者也可指批评家从作品的阅读中，从作家的个性与风格中所获得的体验。王国维的理论探索，对于建设今天的文论不无重要的启发。

一

《〈红楼梦〉评论》发表于1904年，是王国维的第一篇正式批评论文，也被视为中国现代文学批评的开山之作，从此中国才有了现代意义上的批评写作。文章以叔本华的意志哲学为出发点来分析中国文化与《红楼梦》的思想特征。

文中首先提出了"生活之本质"的问题，并原汁原味地引述叔本华的观点：人受欲望支配，而欲望总是永远满足不了的，故人永远处在追求欲望而不得最后满足的痛苦之中。王国维这样说：

"生活之本质何？'欲'而已矣。欲之为性无厌，而其原生于不足。不足之状态，苦痛是也。既偿一欲，则此欲以终。然欲之被偿者一，而不偿者什百。一欲既终，他欲随之。故究竟之慰藉，终不可得也……故欲与生活、与苦痛，三者一而已矣。"

既然人在现实生活中是无法满足欲望的，也是无法解除人生痛苦的，那么，到底是什么东西才能解除这种由人的欲望所引起的痛苦呢？王国维认为，唯有"美术"才足以担此大任。他又以叔本华的观点为依据，说：

"兹有一物焉，使吾人超然于利害之外，而忘物与我之关系。此时也，吾人之心无希望，无恐怖，非复欲之我，而但知之我也……然则非美术何足以当之乎？夫自然界之物，无不与吾人有利害之关系；纵非直接，亦必间接相关系者也。"

"美术"之所以能够解除痛苦是因为它是"非实物"，故无以引发人的欲望,即"超然于利害之外",实现"观者不欲"的无欲状态。王国维描述了这一解脱状态:"此犹积阴弥月,而旭日杲杲也;犹覆舟大海之中,浮沉上下,而飘着于故乡之海岸也;犹阵云惨淡,而插翅之天使,赍平和之福音而来者也;犹鱼之脱于罾网,鸟之自樊笼出,而游于山林江海也。"其实,这指的是人达到了精神自由,不为外物所累。

正是在这一舶来理论的预设下,王国维要用《红楼梦》来印证人类是如何解决这个超越物欲的问题的,他说:"自哲学上解决此问题,则二千年间,仅有叔本华之《男女之爱之形而上学》耳。诗歌、小说之描写此事者,通古今中西,殆不能悉数,然能解决之者鲜矣。《红楼梦》一书,非徒提出此问题,又能解决之者也。"王国维此说要表明的是,面对同一问题,在西方是叔本华解释得好,在中国则是《红楼梦》解释得好,可见他对《红楼梦》的抬爱。故其关于《红楼梦》的分析,就将紧紧扣住"如何摆脱欲望"这一思路进行,揭示《红楼梦》所能达到的思想高度。

王国维关于《红楼梦》共有如下三点看法:

其一,《红楼梦》的主题思想是描写"人生之欲"及其解脱之道。王国维区分了两种解脱之道,一种是"非常之人"如惜春、紫鹃的解脱,那是超自然的、神秘的、宗教的、平和的;另一种是"通常之人"如贾宝玉的解脱,那是自然的、人类的、美术的、悲感的、壮美的,也是文学的、诗歌的、小说的。正因为"非常之人"的解脱是宗教的,所以不属于文学范畴,这样一来,贾宝玉自然而然地成为小说的主人公。此意大概是说,"非常之人"的解脱以宗教为目的,缺少解脱过程中的故事,故为小说中的次要人物,予以点缀即可;若为主要人物,则没有值得细密描写的必要性。而"通常之人"的解脱要经过种种磨难与曲折,作为小说的主人公来加以描写刻画,也属必然与自然。

其二,《红楼梦》是一部悲剧作品。既然"人生之欲"难以解脱,那么描写这种解脱的痛苦当然是悲剧了,所以王国维认为《红楼梦》是一部悲剧作品。又根据叔本华三种悲剧观的划分,确认《红楼梦》属于第三种,是"彻头彻尾的悲剧"或"悲剧中的悲剧"。叔本华的三种悲剧是：极恶之人构成的悲剧、受命运支配者构成的悲剧与普遍人构成的悲剧。由于前两种悲剧往往与一般人生不相关联，人们也就不太关注这类悲剧。可普通人之悲剧则揭示了这是"人生之最大不幸，非例外之事，而人生之所固有故也"，"足以破坏人生之福祉"，并加诸人人，所以"可谓天下之至惨"。王国维首次将《红楼梦》视为悲剧作品，并阐释它的价值，在充满乐感文化精神的中国，实属破天荒的事。

其三，反对《红楼梦》研究中的"索引派"。王国维指出："自我朝考证之学盛行，而读小说者，亦以考证之眼读之。于是评《红楼梦》者，纷然索此书中之主人公之为谁，此又甚不可解者也。"王国维显然不满意于这种"索引批评"，所以才干脆自己动手来阐释《红楼梦》的美学价值与伦理价值。他的理由是，文学创作绝非写某一人某一事，而是通过所谓的一人一事来观照全体人类的性质，"夫美术之所写者，非个人之性质，而人类全体之性质也……于是举人类全体之性质，置诸个人之名字之下。譬诸'副墨之子''洛诵之孙'，亦随吾人之所好名之而已"[①]。王国维强调，对于"人类全体之性质"来说，作品中的人物设名，只是一种临时性指称。《红楼梦》的主人公可以叫贾宝玉，也可以叫曹雪芹、纳兰容若，还可以叫"子虚""乌有"，因为作品中的人物是典型——一个"熟悉的陌生人"，无论怎么命名这个人物都可以。所以，像"索引派"那样非要将书中人物到底指谁弄个水落石出，其实是毫无意义了。

王国维的研究产生了重大影响：一是"乐感文化"说几乎成为定论，李泽厚后来说中国人奉行乐感文化，西方人奉行罪感文化，就源于此。二是《红楼梦》的"悲剧说"被学界广泛接受，似为不刊之论。虽然如学者所指出的那样，从此揭开了中国传统戏曲中到底有无悲剧。若有悲剧又如何区别于西方悲剧等话题的争议，但从"悲剧"角度解释中国传统戏曲，到底成了一种趋势。

[①] 以上引文均出自王国维《〈红楼梦〉评论》，《王国维文集》第1卷，中国文史出版社1997年版，第1—23页。

二

但就整体构思而言,《〈红楼梦〉评论》是理论先行的,即以叔本华的哲学美学思想为依据,再勘探《红楼梦》中与此相一致的那些东西。因切入视角新颖,为中国传统学术所未有,故有所发现,如悲剧说。但将哲学理论与一个具体作品一一加以对照,即使作品的某一部分可与先行理论有相合处,终究难以使作品整体上与先行理论绝对吻合,如此论述起来,或者是抓不住作品主旨,或者是伤害了作品的丰富性。这恐怕是文学批评上理论脱离实际的典型症候。

《〈红楼梦〉评论》就有两处令人十分怀疑而难以接受的地方:一处是说《红楼梦》开卷关于男女之爱的神话解释,对应了"生活之欲之先人生而存在,而人生不过此欲之发现也。此可知吾人之堕落,由吾人之所欲,而意志自由之罪恶也",把一个中国式的神话叙事,与西方的带有基督教"原罪"意识的宗教叙事相对应,离开了中国文化传统。一处是"所谓玉者,不过生活之欲之代表而已",将"玉"与"欲"对释,看似石破天惊,可"玉"的中文之义又怎么可以与"欲"的翻译之义相对等呢?这无疑开了一个学术玩笑。质疑者指出:"《〈红楼梦〉评论》带有明显的试验性,它的基本立论不一定很稳妥,论述中也存在牵强附会的错误。例如,为了证说贾宝玉最后出家是对'人生之欲'的彻底醒悟,即叔本华所说的'解脱',王国维似乎更加看重并且显然拔高评价小说后四十回在全书中的地位与艺术价值,这就有点先入为主,以既定的理论推绎代替对作品实际描写的分析。又如,将贾宝玉'衔玉而生'的'玉'比附解释为'人生之欲'的'欲',认定《红楼梦》开头所述有关石头误落尘俗的神话,暗合西方的宗教的'原罪'说,并论指小说的基本结构也是写'原罪'的惩罚及其解脱,这也有点削足适履,生拉硬套。如果说《红楼梦》中的'玉'确有象征意义,所喻指的也绝非叔本华意志哲学中所说的'生活之欲',而是指人的灵明本性,是一种东方式的哲学观念。《红楼梦》第二十五回有所谓'通灵玉蒙蔽遇双真'的描写，其中以'玉'喻指人的圆明本性的象征含义就很明显。"①

按照时下的观点来看，《〈红楼梦〉评论》一开始就大量引用叔本华的哲学观点，并对照而描述《红楼梦》，又将《红楼梦》的思想主题完全等同于"欲望之解脱"这个哲学命题，完全可以算作是"强制阐释"。

何谓"强制阐释"？首倡者张江教授的解释是："一是场外征用。在文学领域以外，征用其他学科的理论，强制移植于文论场内。场外理论的征用，直接侵袭了文学理论及批评的本体性，文论由此偏离了文论。二是主观预设。批评者的主观意向在前，预定明确立场，强制裁定文本的意义和价值，背离了文本的原意。三是非逻辑证明。在具体批评过程中，一些论证和推理违背了基本的逻辑规则，有的甚至是明显的逻辑谬误。为达到想象的理论目标，无视常识，僭越规则，所得结论失去逻辑依据。四是反序认识路径。理论构建和批评不是从实践出发，从文本的具体分析出发，而是从现成理论出发，从主观结论出发，认识路径出现了颠倒与混乱。"② 张江教授提出"强制阐释"的问题，本意是想概括文化理论流行之后西方文论所犯下的诸多错误，可这用于说明吸收西方哲学美学理论来研究中国文学问题，也同样具有针对性；因为近现代以来的中国文论在向西方学习的过程中，同样犯下了"强制阐释"的错误，为阐释文学与建立现代文论付出了不低的"学费"。王国维的《〈红楼梦〉评论》当为"学费"之一。不过，有的付了"学费"以后会不思进取，所以算是白付了"学费"，没有从中真正获得任何教训。王国维则不同，他在付出"学费"以后能够反思，所以当他再写《人间词话》时就完全摆脱了"强制阐释"的窘境。

张江教授所列"强制阐释"的四错误中，第四条与第一条有所重

---

① 温儒敏：《中国现代文学批评史》，北京大学出版社1993年版，第5—6页。另参考叶嘉莹《对〈〈红楼梦〉评论〉一文的评析》，见《王国维及其文学批评》，河北教育出版社1997年版，第154—178页。据叶嘉莹所说，此书写作于1970年，后于1979年由香港中华书局印行，1982年再由广东人民出版社再版。温的观点同于叶的观点，特附注。

② 毛莉：《当代文论重建路径：由"强制阐释"到"本体阐释"——访中国社会科学院副院长张江教授》，《中国社会科学报》2014年6月16日。

复,所以主要有三条,对照来看《〈红楼梦〉评论》,全都沾上了边。《〈红楼梦〉评论》犯了第一条,用叔本华的意志哲学来解说一部长篇小说创作,意志哲学的理论怎么能够成为一部小说评论的唯一依据呢?《〈红楼梦〉评论》也犯了第二条,主观预设了"生活之欲"这个概念,再以此阐释作品以为证明,忽略了原著不在"生活之欲"文化语境之下生长出来这一根本差异,当然不能得出令人信服的结论。《〈红楼梦〉评论》还犯了第三条,把中国的神话叙事与西方的"创世记"叙事相等同,把中国人受佛教思想影响回到人的灵明本性的努力视为西方的"解脱痛苦"。二者间即使存在某些相似性,但也不能否定其间的根本差异:中国人仍然在意人间生活,而西方人否定人间生活。反映在《红楼梦》中,就是小说极力描述了"大观园里的诗性生活",以至有学者将其称为贾宝玉们的"人生理想"。而意志哲学所证明的"解脱痛苦"则根本不会留恋人间生活的幸福与快乐。正是因为《〈红楼梦〉评论》属于"强制阐释"之作,它具有试验性,也不无开拓性,但却留下了巨大遗憾,有待《人间词话》来弥补了。

三

叶嘉莹在比较它们时曾有一些明确的认识,她说:"在王静安先生所有关于文学批评的著述中,无疑地《人间词话》乃是其中最为人所重视的一部作品,因为他早期的杂文所表现的只不过是他在西方思想的刺激下,透过他自己性格上的特色,对传统之中国文学发生反省以后所产生的一些概念而已。其较具理论体系的《〈红楼梦〉评论》一文,则是他完全假借西方之哲学理论来从事中国之文学批评的一种尝试之作,其中固不免有许多牵强疏失之处。至于《人间词话》则是他脱弃了西方理论之拘限以后的作品,他所致力于的乃是运用自己的思想见解,尝试将某些西方思想中之重要概念融汇到中国旧有的传统批评中来。所以《人间词话》从表面上看来与中国相沿已久之诗话词话一类作品之样式,虽然也并无显著之不同,然而事实上他却已曾为这种陈腐的体式注入新观念的血液,而且在外表不具有理论体系的形式下,也曾为中国诗词之评赏拟具了一套简单的理论雏形。这种新旧双方的融会,遂使他这一部作品在新旧两代的读者中都获得了普遍的重视。然而可惜的是《人间词话》毕竟受了旧传统诗话词话体式的限制,只做到了重点的提示,而未能从事于精密的理论发挥;因之其所蕴具之理论雏形与其所提出的某些评诗评词之精义,遂都不免于旧日诗话词话之模糊影响的通病,在立论和说明方面常有不尽明白周至之处。"①

叶嘉莹为《人间词话》的正当性所做的辩护有两点:一点是王国维的立场由突出西方转向了突出中国,与传统相汇合,增加了说明传统的力量;一点是王国维具有了自己的立场而去除了他者的立场,这为他"自出机杼"提供了时机。正是这种回归中国传统、回归自我思考的努力,造成了《人间词话》的创造性。

但我为什么一开始就说叶嘉莹只是有了"一些明确的认识"而非具有"完全明确的认识"呢?原因在于,叶嘉莹在肯定《人间词话》的成功时,仅仅认识到了王国维在撰写《〈红楼梦〉评论》时是从西方理论出发的,这个理论先行造成对于作品的肢解,却没有触及一个更为根本的问题,即认识到王国维在撰写《人间词话》时不仅是回到中国传统的诗话词话样式,而且也是回到了中国传统诗话词话所固有的文学批评的特点即关注"审美生命的经验与体验"的直接阐释上来了。正是基于此,王国维不再是从先验理论出发去看作品,而是从实际的作品感发出发去引用理论,从而避免了理论对于作品的吞噬,还作品以本来的审美面貌;再以这个审美面貌为基础加以阐释,所得出的是审美体验,而非几条理论的结论。所以,在叶嘉莹看来,《人间词话》的缺点是"未能从事于精密的理论发挥",言下之意就是理论性不够,所以称它只有"理论雏形",但却没有认识到这也正是《人间词话》的优长所在。那种过分追求理论体系性与完整性的做法,往往正是理论斫伤审美生命的基本症候;《人间词话》的非理论性,正好体现了它对于审美生命的重视与突出,使其关于审美生命诸多特性的阐释是具体的,深切的,动人的,从而具有了从某些方面

---

① 叶嘉莹:《王国维及其文学批评》,河北教育出版社1997年版,第185—186页。

洞悉审美生命的真正穿透力与鉴赏力。

先看《人间词话》的论述范围，可一睹它的审美批评的风采。依据涉及理论与作品的不同构成比，它呈现了下述三类论述情况：

第一类：涉及理论观点而没有涉及作品。主要有：第一则（词以境界为最上）、第二则（有造境、有写境）、第四则（优美与宏壮）、第五则（写实家亦理想家）、第六则（境非独谓景物也）、第九则（境界为本）、第五十四则（文体始盛终衰）、第五十六则（大家之作）、第五十七则（不为美刺投赠）、第五十九则（近体诗体制）、第六十一则（轻视与重视），共有11则。

第二类：涉及具体问题同时涉及理论。主要有：第三则（有我之境、无我之境与陶渊明等）、第七则（著一"闹"字境界全出）、第八则（境界有大小与"细雨鱼儿出"等）、第十则（太白与以气象胜）、第十一则（冯正中与深美闳约）、第十二则（"画屏金鹧鸪"与词品）、第十六则（词人者不失赤子之心与李后主）、第十七则（客观诗人、主观诗人与《水浒传》等）、第十八则（血书与宋道君皇帝词）、第二十三则（三阕词与能摄春草之魂）、第二十五则（"我瞻四方"与忧生、忧世）、第二十六则（三句词与三境界）、第三十则（"风雨如晦"与气象）、第三十一则（昭明太子、陶渊明与气象）、第三十二则（词之雅郑与永叔、少游）、第三十三则（美成词与创意少）、第三十四则（词忌用替代字与美成词）、第三十五则（沈伯时与用代字）、第三十六则（美成词与得荷之神理者）、第三十八则（三位诗人的咏物词）、第三十九则（白石写景之作与"隔"）、第四十则（隔与不隔与"池塘生春草"等）、第四十一则（"生年不满百"与不隔）、第四十二则（白石词格之高与意境）、第四十三则（南宋词人与境界）、第五十一则（"明月照积雪"与境界）、第五十二则（纳兰容若与自然之眼）、第五十五则（三百篇与无题）、第五十八则（长恨歌与隶事）、第六十则（出入说与美成、白石）、第六十二则（昔为倡家女等与淫词、鄙词与游词），共31则。

第三类：论词而不涉及理论问题。主要有：第十三则（南唐中主词与解人不易）、第十四则（温飞卿词与句秀）、第十五则（词至李后主而眼界始大）、第十九则（冯正中词）、第二十则（正中词）、第二十一则(欧九词)、第二十二则(梅舜俞词)、第二十四则(《蒹葭》与风人深致)、第二十七则(永叔词)、第二十八则(冯梦华谓)、第二十九则(少游词境)、第三十七则(东坡词与元唱)、第四十四则(东坡、稼轩与旷、豪)、第四十五则(东坡、稼轩与雅量高致)、第四十六则(苏辛词与狂狷)、第四十七则(稼轩词中想象)、第四十八则(周介存谓)、第四十九则(介存谓梦窗词)、第五十则(梦窗与玉田之词)、第五十三则(陆放翁评学诗)、第六十三则(天净沙)、第六十四则(白仁甫与秋夜梧桐雨),共22则。

从上述分类可引出如下四条结论,这是《人间词话》不同于《〈红楼梦〉评论》的地方,也是其超越"强制阐释"的地方。

第一条,从具体的审美经验与体验出发,而非从一个先行理论框架出发。《人间词话》虽然是以"境界"为核心来统摄全书写作的,所以人们也把它视为"境界说"的理论建构。可是,它的每一则词话都是针对一个具体的诗学问题或词作问题予以提问并加以解释,虽然也有些概括性的表述如"写实""理想""出入""轻视与重视"等,可也与相关的文学史现象相结合,予人印象仍然是关于具体问题的讨论。其纯粹的理论讨论只有11则,远远低于讨论理论与实践关系的31则与专门讨论词作的21则。就整个《人间词话》的理论性言,它是"就事论理"的,再也没有了《〈红楼梦〉评论》那样大段的"就理论理"。

第二条,依靠中国语境就可读懂。不管人们如何证明《人间词话》中存在多少西方的高深理论,可对于不具备西方理论知识的读者来说,他们几乎可以读懂其中的每一则。但读《〈红楼梦〉评论》就不一样,即使是相关领域的学者,也要依靠对于叔本华理论的较为完备的认知才能理解这篇评论的精义。如《人间词话》中的"境界",人们在阐释时会有各种不同的理解,可当读者们不太理会这些歧异时,却也能大体上懂得"境界"包含了哪些主要含义。支持这一理解的原因是"境界"一词来自中国文化传统,虽然是从哲学、禅宗等语境中挪用过来的,由于没有超出大的文化语境,所以是好懂的。再如"写实"与"理想"二词,就溯源而言,来自西方,可它们能够融入中国语境,就因为这是两个无须负载高深理论就可明白的词语。《人间词话》确实吸收了西方思想，但是就中国论中国，改变了《〈红楼梦〉评论》的就西方论中国的阐释方式，所以能够融入中国诗学思想之中而容易被中国读者所接受。

第三条，《人间词话》引起的是有价值的争议。如关于北宋与南宋词作的历史评价问题，即使认定王国维有偏颇之处，但他也是有所本，所以提出的不是一个伪命题，而是一个实实在在的文学史问题，不妨碍王国维去完成他的一家之言的思想表述。这与《〈红楼梦〉评论》明显不同，其中可质疑的理论观点过于明显，某些论断也能轻而易举地被推翻。在《人间词话》中，王国维对南宋词作低于北宋词作的评价，属于言人人殊。《人间词话》就已有问题论问题的阐释方式，为其奠定了极好的诗学基础，从而不致发生"理论空转"与极端偏颇。而《〈红楼梦〉评论》完全取西方理论以观察中国，当然有可能因为中西差异而弄得"全盘皆输"。

第四条，这是一部从欣赏出发的批评论。朱光潜曾说有四种批评方式："导师批评"——如坊间的《诗学法程》《小说作法》一类；"法官批评"——在自己心中"预存几条纪律"来要求创作；"舌人批评"——从其他学科学来一些知识用以比照文学创作，或者注疏与考据；"印象主义批评"——"我自己觉得一个作品好就说它好，否则它虽然是人人所公认杰作的荷马史诗，我也只把它和许多我所不喜欢的无名小卒一样看待。"他自己是主张印象主义批评又要加以丰富的，所以说"文艺虽无普遍的纪律，而美丑的好恶却有一个道理。遇见一个作品，我们只说：'我觉得它好'还不够，我们还应说出我何以觉得它好的道理"[①]。《人间词话》所奉行的当是这种"欣赏的批评"——既欣赏又批评，在呈现自己的好恶后又说明好恶的理由。比如说自己不把白石视为第一流的词人，就指出他的"创意太少"；比如说南宋词不及北宋词，就说它总是"隔"的；比如说周美成的"一一风荷举"好，就是因为"真能得荷之神理者"；比如说纳兰容若能"以自然之眼观物，以自然之舌言情"，就是由于他"初入中

---

① 朱光潜：《谈美》，《朱光潜全集》第2卷，安徽教育出版社1987年版，第39—41页。

原,未染汉人风气"。由此可知,《人间词话》不仅对大量名作进行了自己的鉴赏,而且予以解释,使读者能够获得进入诗词艺术殿堂的门径,登堂入室,岂不乐哉?所以,《人间词话》是就诗人与作品的审美经验来抒发读者与批评者的体验并加以适当解说,没有《〈红楼梦〉评论》那种脱离具体的阅读感受所进行的"理论空转"。

如果对这两个批评文本加以深度比较,《〈红楼梦〉评论》可以说是"去生命化"的,而且去得彻底。为了强调"解脱痛苦",王国维并没有肯定《红楼梦》所包含的巨大情感力量。因为世俗之情,正是"解脱痛苦"的革命对象。王国维着重分析了"木石前盟"的神话叙事,却没有在意曹雪芹的自叙:是为了不忘他所见到的那几个女子才写作的。因为前者可证"欲望"即"原罪",后者则证人生毕竟是充满情感激荡的。在《〈红楼梦〉评论》中,王国维特别提出"眩惑"问题,就是为了彻底的"去生命化"。所谓"眩惑"不同于优美与壮美,"夫优美与壮美,皆使吾人离生活之欲,而入于纯粹之知识者。若美术中有眩惑之原质乎,则又使吾人自纯粹知识出,而复归于生活之欲"。在王国维看来,"眩惑"就是指作品所表现的那些情色的东西、快感的东西,若让这些东西来满足人们的欲望,医治世人的痛苦,那就不是使人们忘记"生活之欲",相反倒是加以鼓励了,所以王国维坚决反对之。虽然王国维没有将"眩惑"问题与《红楼梦》直接对应起来加以论述,但明显地,《红楼梦》也难逃干系,大观园里的青春冲动或贾府里的情欲膨胀,同样也是《红楼梦》的表现对象。王国维为什么没有提到这点呢?大概与他已经将《红楼梦》定义为"解脱痛苦"这个基本估价有关,既然主旨是"去欲"的,当然也就包含了对于其间"嗜欲"部分的否定。提出一个"眩惑"的问题悬在那里,可见王国维的《〈红楼梦〉评论》在断开人世之情上面做得非常决绝。在一个"去生命化"的批评文本中,所论述的作品不过只是哲学理论的某种注解而已。

《人间词话》却是"再生命化"的文本。表现为二:第一,代替《〈红楼梦〉评论》的核心词汇"解脱",《人间词话》的核心词汇之一是"情",所以才有"喜怒哀乐""感慨遂深""赤子之心""性情愈真""爱以血书者""忧生忧世""凄婉""有性情""雅量高致"

"以自然之舌言情""欢愉愁苦之致""其言情也必沁人心脾""寄兴言情"等。尽管王国维所说的情感非世俗之情，而是审美之情，但只要将情感提到认识文学的中心位置，当然会不同于《〈红楼梦〉评论》的不敢涉及情感。所以，与其说《〈红楼梦〉评论》是文学评论，还不如说它是哲学亚文本。第二，《人间词话》中不仅没有用"眩惑"这个概念来阻击情感的介入，甚至可以说请进了"眩惑"而予以肯定。如讨论"淫词""鄙词"时引用了"昔有倡家女，今为荡子妇。荡子行不归，空床难独守"。"何不策高足，先据要路津？无为久贫贱，轗轲长苦辛"。要论内容，它们就属于"眩惑"的快感一类。女人说自己空床难守，寻求情欲的满足，要置于"解脱痛苦"的观点下，那是应当反对的，因为这种满足欲望的做法，只会带来更多欲望与痛苦的产生。强调一个穷光蛋对于追求功名利禄的某种向往，也是肯定了对于欲望的满足，对照"解脱痛苦"的观点，也是应当予以否定的，可是王国维也同样予以表彰。为什么？原因在于王国维回到了人生，而不是绝对地超然人生。那些属于生命的自然冲动，得到了他的原谅与理解，并且只要表现起来是真切的，他就予以肯定。王国维已经转变了评价标准，在《〈红楼梦〉评论》中，他以叔本华哲学提倡的"解脱痛苦"为标准；在《人间词话》中，他以诗人要追寻"人生真实"为标准。王文生评价道："这里引用的两组诗句，前者表现了明显的欲念，后者表现了明显的功利，但王国维却以其'真'而对它作了肯定。由此可见，文学的'真'，是他衡量文学作品的最高标准。它虽是从他的超功利的文学观引申而来，却又突破了他的超功利的文学观的范围。"① 陈良运也指出："王氏对情真之审美界定，还有一个颇为破格的观点，那就是大凡情真之语，不必因其格调不高以'淫鄙'责之……在这两首诗中，有着人的生命力的冲动，真而不作假，使人读后觉其'亲切动人''精力弥满'。"②《人间词话》的"再生命化"就是再人生化，再真实化，再情感化，也可以说是重新回到了中国的抒情传统。比如王国维在另一处论及屈

---

① 王文生：《王国维的文学思想初探》，《古代文学理论研究丛刊》1982 年第 7 辑。
② 陈良运：《王国维"境界"说之系统观》，《社会科学战线》1991 年第 2 期。

原、陶渊明、苏东坡,使用的标准就是"感自己之感,言自己之言"。① 并强调自己宁愿欣赏"征夫思妇之声",也不愿欣赏那些把诗词作为"羔雁之具"的作品,也是同一标准,坚持认为创作必须有感而发,有情要抒,才能情真意切,打动人心。②

但亦明了王国维的重回抒情传统,并非是对文学创作与理性思维关系的断然否决,而是在坚持诗词抒情性的同时,看到了诗词创作必然兼具理性思考。王国维说:"文学中有二原质焉:曰景,曰情。前者以描写自然人生之事实为主,后者以吾人对此种事实之精神的态度也。故前者客观的,后者主观的也;前者知识的,后者感情的也……要之,文学者,不外知识与感情交代之结果而已。苟无锐敏之知识与深邃之感情者,不足与于文学之事。"③ 这近于严羽,严羽说:"诗有别裁,非关书也;诗有别趣,非关理也。而古人未尝不读书、不穷理。所谓不涉理路,不落言筌者,上也。诗者吟咏情性也。盛唐诗人唯在兴趣,羚羊挂角,无迹可求。故其妙处莹彻玲珑,不可凑泊,如空中之音,相中之色,水中之月,镜中之像,言有尽而意无穷。近代诸公作奇特解会,遂以文字为诗,以议论为诗,以才学为诗。以是为诗,夫岂不工,终非古人之诗也。盖于一唱三叹之音,有所歉焉。且其作多务使事,不问兴致;用字必有来历,押韵必有出处,读之终篇,不知着到何在。"④ 严羽也是强调诗歌创作要与读书相关,但就诗歌本性而言,却又要超出读书的状态,进入"顿悟",才能创造出"第一义"的作品。王国维受到严羽影响,在《人间词话》第九则中引用了严羽的这段话,只是表示了严羽的"兴趣说"与王士祯的"神韵说"没有自己的"境界说"更能触及诗词创作的根本,在其他的问题如情与理结合、重视"第一义"诗人、"向上"学习、反对

---

① 王国维:《文学小言》第十则,《王国维文集》第1卷,中国文史出版社1997年版,第27页。
② 参见王国维《文学小言》第十七、十三则,《王国维文集》第1卷,中国文史出版社1997年版,第28—29页。
③ 王国维:《文学小言》第四则,《王国维文集》第1卷,中国文史出版社1997年版,第25—26页。
④ 严羽:《沧浪诗话·诗辨》,郭绍虞主编《中国历代文论选》第2册,上海古籍出版社1979年版,第424页。

"务事"等上面，都接受了严羽观点。当然也有区别，由于受西方认识论哲学的影响，王国维更多地论述了"知识"在创作中认识事物的作用，但他并没有越出诗词创作，更重视抒情的边界。

四

到这个时候，我又可以再回到"强制阐释"问题了。从表面上看，"强制阐释"的缺陷是理论先行，可实质上的根本缺陷则是"去生命化"：去作家的生命，去作品的生命，去批评者与读者的生命。因而，避免"强制阐释"的根本方法就是阻止这个"去生命化"而请回审美生命，也就是请回作家的生命，请回作品的生命，请回批评者和读者的生命。鉴于此，我认为，在反对"强制阐释"后提出回到"本体阐释"，未必是一个明确的解决方案，所谓的"本体阐释"面临着概念是否能够成立或至少是是否能够自洽的问题。

张江教授的"本体阐释"主要内容如下：

"是以文本为核心的文学阐释，是让文学理论回归文学的阐释。'本体阐释'以文本的自在性为依据。原始文本具有自在性，是以精神形态自在的独立本体，是阐释的对象。'本体阐释'包含多个层次，阐释的边界规约'本体阐释'的正当范围。'本体阐释'遵循正确的认识路线，从文本出发而不是从理论出发。'本体阐释'拒绝前置立场和结论，一切判断和结论生成于阐释之后。'本体阐释'拒绝无约束推衍。多文本阐释的积累，可以抽象为理论，上升为规律。"

张江又认为"本体阐释"包含"核心阐释""本源阐释"和"效应阐释"三重含义："核心阐释是'本体阐释'的第一层次。就文本说，是对文本自身确切含义的阐释，包含文本所确有的思想和艺术成果。就作者说，它是作者能够传递给我们，并已实际传递的全部信息。这些信息构成文本的原生话语。对原生话语的阐释，是核心阐释。本源阐释是'本体阐释'的第二层次。它所阐释的是，原生话语的来源，创作者的话语动机，创作者想说、要说而未说的话语，以及产生这些动机和潜在话语的即时背景。这是对核心阐释的重要补充，是确证和理解核心阐释的必要条件，是由作者和文本背景而产出的次生话语。效应阐释是'本体阐释'的第三层次，也是最后一个层次。这是对在文本传播过程中，社会和受众反应的阐释。效应阐释包含社会和受众对文本的多元认识和再创作，是文本在传播和接受过程中产出的衍生话语。效应阐释是验证核心阐释确正性的必要根据。"

又说："从核心阐释向外辐射可以向四个方面展开。一是文本生成的社会历史背景，包括作者及其相关的一切可能线索。二是文本艺术与技巧的解剖和分析，包括它的借鉴与创造。三是历史与传统的研究，包括传承的、沿袭的、模仿的表现与根据。四是反应研究和分析，包括一切契合文本的读者和社会反应。这四个方面的研究可以相互融通、互文互证。"①

我不否定这样的立场与主张会对救治"强制阐释"起到一定的积极作用，但我认为，这还不是有力的针对性方案。理由如下：

第一，从哲学上看，"本体"意指一切实在的最终本性，本体论是存在之思考与探索。曾有不少学者予以辨识，有的认为可以用到文论中，有人主张不能用到文论中。朱立元探讨了本体概念的误用，分析了五种混淆：第一，将本体论与本质论相混淆，只要透过现象讨论文学本质的，就被称为文学本体论。第二，将本体论与宇宙论或自然哲学相混淆，把本体论从抽象逻辑构造降为宇宙、自然始基、本原的经验寻求。第三，将本体论与本原论相混淆，把关于艺术起源的发生学研究，都看成本体论研究，艺术本体论成了艺术根源论。第四，将本体论与本根论相混淆，以本体为本根，在概括文学艺术思潮时，把突出人的个性的思潮称为"人本思潮"，把偏重于文字、语言、形式的思潮名之为"文本思潮"，把以何为"本"的探讨看成是艺术本体论的主要内容。第五，将本体论与哲学基本问题相混淆，哲学要回答"思维对存在、精神对自然界的关系问题"，有人根据对此基本问题的不同回答，认为建构了不同的本体论。结果，本体与本质、本原（即本源）、本根（即本源）混用，在未能准确把握本体论的情况下，

---

① 毛莉：《当代文论重建路径：由"强制阐释"到"本体阐释"——访中国社会科学院副院长张江教授》，《中国社会科学报》2014年6月16日。

造成对于本体论的误用。① 朱立元的梳理极为重要，看到了本体与本质、本源的区别，这对划分清楚文论研究的各自领域是有指导意义的。朱立元关于本体论是"存在之学"的界定，斩断了本体论与经验论之间的关系，由此推论，则所谓的作品本体、作家本体、作品起源这些具体之物的本体界定，都是不存在的。张荣翼更清晰地指出，"本质论"研究文学的抽象属性或者说文学区别于非文学的独特性，"本源论"研究文学的来源即与什么东西相关联，"本体论"研究文学的存在方式即文学以哪种实体的方式存在。② 若接受上述说法的话，那么在文论中使用"本体论"至少要将其与本质论、本源论等相区别，不要混淆相关概念。这样一来，"强制阐释论"在提出"本体阐释"时就会遭遇两个困难，一个是应不应该提出"本体阐释"这样的哲学式命题，从而无法为自己划清阐释的领域；另一个是在提出"本体阐释"时又提出"本源阐释"，极易混淆"本源"与"本体"内涵，若"本体阐释"也可以转化为或延伸为"本源阐释"，是否意味着不使用"本体阐释"这个命题也是可以的，这样一来，"本体阐释"这个核心概念的主导性与支配性就被动摇了。

第二，在文论中使用"本体"这个概念原属于"活用"，本来有其特指，如张隆溪说："在理论上把作品本文视为批评的出发点和归宿，认为文学研究的对象只应当是诗的'本体即诗的存在的现实'。这种把作品看成独立存在的实体的文学本体论，可以说就是新批评最根本的特点。"③ "新批评"主张"本文本体"启发了后人，使人们陆续提出了"语言形式本体""生命本体""审美精神本体""实践本体"等概念，可见人们在使用"本体"这个概念时，大都为其选取一种内容作为依据，而这个内容就成为"本体"，而非选取多种内容为其内涵，原因在于，"本体"只能为一，不能为二，更不能为三以至更多数。"强制阐释论"的"本体阐释"则包含了

---

① 参见朱立元《当代文学、美学研究中对"本体论"的误释》，《文学评论》1996年第6期。
② 参见张荣翼《文学的本源、本质和本体》，《江海学刊》1994年第2期。
③ 张隆溪：《作品本体的崇拜——论新批评》，《读书》1983年第7期。

从作家、作品、创作过程到接受欣赏整个过程,有囊括整个文学活动之势,在理解"本体"时未免过于泛化。直接的理论后果就是将"本体阐释"变成了关于文学创作的一般阐释,尽管在提出时强调了"正确的路线必须将文本作为阐释的出发点和落脚点",也会在后来提出的"本源阐释""效果阐释"等命题中将"本体"的制约性消耗殆尽,变得不是"本体阐释"而是关于文学活动的一般阐释。在主张者可能以为这样的三层阐释设计,足以打通文学的内部研究与外部研究的壁垒,可实际上,一旦打破以后,也就不是什么"本体阐释"了。

第三,从文学本体论的功用看,"本体"概念出现于新时期以来的文论界,主要是为了反对认识论乃至主体论,所谓回到"本体",即是回到审美论,回到文学自身。徐岱说:"一种新的文艺学已经以它充满自信的声音宣告了自己的崛起。……无论是研究文艺的创作规律,还是研究文艺的欣赏规律,都必须受文艺本体论的支配。"[①] 王一川认为:"从本体反思出发,艺术不仅仅或不主要是反映,而从根本上说,它是体验,从人的存在这一本根深层生起的体验——这是存在的体验,生命的体验,真正人的体验。它关注的不仅是认识生活,而且更重要的是全面地、深刻地显现生活的本体、奥秘——即体验生活。艺术被当作认识的工具、教育的工具,其生命意味、存在意味却必然地失落了。"王一川认为,本体的缺失会导致"主体迷失""感性迷失""形式迷失""意义迷失"。[②] 王一川受胡经之体验论美学的影响,所以从人的生命存在的角度提出了体验本体论,所反对的是文艺反映论。但我发现,在张江教授论述"本体阐释"的过程中,未见"审美"两字,这与新时期以来文学本体论的传统是相隔阂的。他用"本体阐释"去取代"强制阐释",却不点明"本体阐释"的审美特性,可能失去了真正的着力点,从而无以映照出"强制阐释"的错误根源在哪里这个至关重要的问题。不错,说"强制阐释"犯了"以理论代文本"的错误有一定的道理,可实际上,"强制阐释"

---

① 徐岱:《哲学观的更新与文艺学的发展》,《文学评论》1986年第1期。
② 王一川:《本体反思与重建——人类学文艺学论纲》,《当代电影》1987年第1期。

的根本之错是没有把文学当作活生生的审美生命对待，反而是从文学的身上东割一块，西割一块，只要能够证明某种理论观点是正确的，就达到了阐释目标。可是，经过如此宰制的作品，已经失去了生命光耀。所以，我愿引出下面的话题，"本体阐释"应当所指的就是"审美阐释"。

第四，"强制阐释"的根本弊端是理论先行，而矫正它的当然是审美先行，理论的活动方式是概念的演绎，审美的活动方式是情感的表达。"本体"概念对应于"形而上"设论，"审美"概念对应于"形而下"设论，"强制阐释"与"审美阐释"才是真正的一对儿，你反对着我，我反对着你。就此而言，反对"强制阐释"，关键不是看有没有文本出现，而是如何对待文本。若要文本具有对抗理论的力量，必须承认它的不同于理论的审美独立性。与理论是概念相比，当文本及其批评都围绕着感性存在而发力时，它才足以抗衡理论，属于"本体阐释"的一些硬性概念，就会被"审美阐释"的软性概念所取代，从而更具有阐释性。比如"本体阐释"认为文本自身具有"确切含义"，有"确有的思想和艺术成果"，是作者传递给我们的"全部信息"，"效果阐释"是对"验证核心阐释确正性的必要根据"，等等，试图强调文本本身具有一个固定的、确切的、先读者与批评者领略就已经存在的"固有意义"，可这样一来，文学阅读与批评也就变成了对于"固有意义"的接近与证明。对于文本的这种认知，几乎排斥了批评阐释在文学意义生成过程中的重要作用，是把文本等同于一般的客观存在物，把阅读和批评等同于对于这个存在物的反映，结果难免是科学化了阐释活动，忽略了批评阐释本身正是意义生成本身。其他如"原生话语""次生话语"与"衍生话语"的排列，固然具有很强的逻辑性，但如果不充分认识到这三个话语所代表的三种阐释方式其实是交融的，就同样忽略了文学意义生成的复杂性与交融性。比如，陶渊明（365—427）生于晋宋时期，到齐梁时期，近乎百年，可钟嵘（？—518）在评价时也只把他放在"中品"里面，称为"隐逸诗人之宗"。到了北宋苏轼（1037—1101）才高度评价他，可此时已经过了五百年，苏轼认为陶渊明虽然作诗不多，但"质而实绮，癯而实腴，自曹、刘、鲍、谢、李、杜诸人皆莫及也。"① 这表明对于一个诗人、一首诗的体验感发，是需要时间淘洗的。要认识什么是"确切含义"与后来的"阐发含义"，什么是"原生话语"与后来的"衍生话语"，这是十分困难的；要在二者间划界，甚至视前者为主，后者为辅，更是不合适的。文学的阐释，不是有了"全部的信息""固有意义"在那里存在着，再等着读者与批评者来揭示，来整理，来下结论；而是面对着作者的生命与情感、作品中的生命与情感，再用读者与批评者的生命与情感去体验它们，共鸣它们，予以交流，获得共生。或者说，"审美阐释"的内核是围绕审美生命来阐释，这里跳动着作家的生命、作品的生命、读者的生命、批评者的生命，它是生命的创造与交流。回到生命与情感，就可回避概念的"硬性切割"。这时候，"原生话语"只是一个生命，"次生话语""衍生话语"都是围绕生命展开的。强调以生命为核心，不否定构成生命背景的是时代、历史、政治，但它们都只有融入生命之中才是生命的一部分，才激活了生命、丰富了生命。"审美阐释"在确立了生命中心以后，当然可以用到理论，但这些理论是用于阐释生命的诸多方面的，而非用生命去证明理论的正确性。当生命遇到理论时，生命可以吸收理论；而非当理论遇到生命，要用理论的框架去肢解生命。立足于审美经验的阐释，则无论理论是否是场外的，都可为阐释所用。生命中可容纳任何理论，而理论则可能只对应一种生命。所以，能够解除"强制阐释"的应当是"审美阐释"，围绕着生命这个核心而展开，而深入，而提升。

---

① 苏轼：《与苏辙书》，孔凡礼点校、王文诰辑注《苏轼诗集》（全八册），中华书局1982年版，第1882页。

论强制阐释与审美化本体阐释

——20世纪中国古代文学研究反思[*]

姜克滨[**]

近几年来,关于西方文论的"强制阐释"成为文艺理论研究的一个热门话题。张江先生在《文学评论》2014年第6期发表了《强制阐释论》全面细致论述了自己的观点。"强制阐释是指,背离文本话语,消解文学指征,以前在立场和模式,对文本和文学作符合论者主观意图和结论的阐释。"[①] 对于其基本特征,张江先生归纳为:第一,场外征用;第二,主观预设;第三,非逻辑证明;第四,混乱的认识途径。理论直指当代西方文论的根本缺陷,对当代中国文论体系和话语建构提供了一个新的视角。西方文论自20世纪80年代大量引入,文学批评多有依傍,文学研究也多有借鉴,"强制阐释"问题已经涉及文学研究、文学批评的各个领域。西方文论和中国文论领域的"强制阐释"问题,很多学者发表论文进行探讨,笔者无须赘述。中国古代文学研究领域内的"强制阐释"问题,较少学者去关注,而"强制阐释"现象在古代文学研究领域屡见不鲜,或见于诗歌阐释,或见于小说主题解析,或见于小说作者考证,等等,不一而足,理应引起我们的反思。中国古代文学研究中"强制阐释"现象的存在与西方文学理论的强势话语有关,也与古代文学研究方法的局限、创新

---

[*] 本文为2017年度教育部人文社会科学研究青年基金项目(17YJC751013)成果,原刊于《海南大学学报》(人文社会科学版)2018年第2期。

[**] 作者单位:山东大学文学院;淄博师范高等专科学校。

[①] 张江:《强制阐释论》,《文学评论》2014年第6期。

的困境有关。

一 西方文论背景下的"强制阐释"与中国古代文学研究

自 20 世纪 80 年代以来，西方文论以译介的方式大量引入中国，在国内兴起了学习与接受的学术热潮，现象学、诠释学、接受理论、形式主义、结构主义、后结构主义、精神分析理论、叙事学等理论思潮涌入学术界，触及各个学术领域，催生了一批研究成果。在我国文艺理论界，西方文论构筑起话语霸权，在很多领域占有统治地位。20 世纪西方现代文学理论大致经历了三个阶段，关注于作者阶段（浪漫主义和 19 世纪），绝对关心作品的阶段（新批评），以及开始注意读者阶段（接受美学）。任何一种文学理论有着其关注的集中点，不可能解决文学所有的现实问题。中国文学自有其"特质"，中国传统文化语境也迥异于西方，中国古代文学研究与西方文学理论有多大的契合度需要长时间的检验，不是一蹴而就的过程。在中国古代文学领域，许多学者尝试用西方文论来阐释古代文学作品，对作品主题、内容、表达方式、人物形象等，用西方文论的术语和概念重新解读；或者以西方的某一理论为框架，对文学思潮、文学流派重新分析。诞生于西方的文艺理论被生硬地搬入古代文学研究领域，必然会水土不服，引发一系列的问题，造成强制阐释。下面笔者从强制阐释的特征来分析古代文学研究中的强制阐释。首先是场外征用。接受理论在古代文学研究领域的广泛应用即是其中一例。接受理论亦称接受美学，强调了读者参与作品的积极性和创造性，反对结构主义化的唯本文趋向，从社会意识交往的角度考察文学的创作和接受，这都具有积极的意义。但接受美学过度抬高读者地位，一味强调接受过程，忽视本文，忽视创作主体，有舍本逐末之嫌；不注重作者、作品与读者三者的有机联系，也有片面化、单一化的缺陷。袁世硕先生在《接受理论的悖论》中指出：

姚斯的以读者接受为中心的文学史模式的核心概念"期待视

野"、费什的读者反应批评理论、伊泽尔的"审美响应理论"等均放逐作品本文,过度抬高读者接受的地位,理论上难于自圆其说,他们的论证中又离不开作品本文,便不自觉地回到传统的文学批评的路子,造成了理论与实践的悖论。①

正如李白的《静夜思》,我们不去分析诗歌的内涵、艺术手法和写作背景,不去关注李白的身世生平,却大谈特谈《静夜思》的流传接受,而在流传接受的研究中,诗歌本身又是无法回避的,这就造成了理论与实践的悖论。伊格尔顿在《二十世纪西方文学理论》一书中对接受理论的弊端评论道:

> 伊赛尔许给读者相当程度的自由,但是我们还没有自由到可以随心所欲地进行解释。因为一个解释要想成为这一文本而非其他文本的解释,它在某种意义上就必须受到文本自身合乎逻辑的制约。换言之,作品在一定程度上决定着读者对它的反应,不然批评就会陷入全面的无主状态。②

作品本身的客观性决定了阐释的边界,读者的阅读与接受离不开文本,受到文本的制约。读者阐释的自由是有限度的,正如"有一千个读者就有一千个哈姆雷特",对哈姆雷特的阐释限定于哈姆雷特本身,哈姆雷特在阐释中不可能变成堂吉诃德。

接受理论有其理论阐释的边界和适用的条件,但依据其理论研究中国古代文学的论文和著作却忽视了这一点,以"接受"为主题的研究与日俱增。多数研究者将文献中保留的诗话、诗论、评点、笺注等看作文学接受的资料,通过梳理、阐释这些资料,来构建中国古代文学的接受史。接受史的研究一类是单个的作家与作品的接受个案研究,如屈原接受史、杜甫诗歌接受史、陶渊明诗歌接受史、苏轼诗歌

---

① 袁世硕:《接受理论的悖论》,《文史哲》2013 年第 1 期。
② [英]特雷·伊格尔顿:《二十世纪西方文学理论》,伍晓明译,北京大学出版社 2007 年版,第 82 页。

接受史、《水浒传》接受史、《金瓶梅》接受史等；另一类是文体、文论的接受研究，如诗学接受史、山水诗接受史、"诗言志"接受史等。接受理论的出现，似乎为古代文学研究开拓了一片广大而空旷的沃土，任何作家、作品都可以在此理论下展开新的研究。然而，多数研究者在攀附接受理论时，并未注意到其理论缺陷，而且接受理论并不适用于一切作家与作品，它的阐释有自己的边界。接受理论在古代文学研究中的移植与对接，需要研究者深厚的学养和高超的艺术技巧，并非一般初学者能做到。正如张江先生在《强制阐释论》中所言"把场外理论无缝隙、无痕迹地运用于文论场内，并实现其理论目的，需要许多技巧。这些技巧既能为理论包装出文学能指，也能利用文学为理论服务，其本身就是一种很高超的理论和艺术追索"①。许多研究者对场外理论的征用，罔顾文学作品实际，将场外的概念和术语硬性贴附，得出文本以外的阐释。再如生态美学兴起，人与自然，人与社会的审美关系进入研究视域，而禅宗思想与道家哲学似与自然有关，许多古代文学研究者从此基点出发，重新审视《诗经》《离骚》和山水田园诗，谢灵运、陶渊明、王维等诗人一下子变成了生态美学的代表，似乎早在先秦时期人们已经具有了环保意识。更有甚者，只要文学作品中涉及自然环境描绘，从古典小说到现当代小说，从中国小说到外国小说，都可以用生态美学的理论进行分析阐释。理论阐释的无边界化，文本的疏离与断章取义，造成的强制阐释，这样的阐释价值何在？

主观预设也是强制阐释的特征之一，在古代文学研究中也是很常见的。主观预设往往从现成的结论出发，研究还未开始，结论已经产生了，研究的过程就是为其结论（理论）寻找文本和材料的过程。研究者的认识途径不是发现问题，解决问题，而是先有答案，再去寻找问题。研究者预设立场和结论，强制择取文本，以实现其研究目的。小说《红楼梦》的研究可以说明这一点。王国维的《〈红楼梦〉评论》，文章以叔本华的意志哲学为出发点来分析中国文化与《红楼梦》的思想特征，来阐释《红楼梦》的悲剧意义。以哲学和美学的

---

① 张江：《强制阐释论》，《文学评论》2014年第6期。

观点来剖析小说，反映了王国维前瞻性的眼光，文章有开创性意义。但《〈红楼梦〉评论》的根本缺点，正如叶嘉莹在《王国维及其文学批评》一书中所言：

> 然而却不可先认定了一家的哲学，而后把这一套哲学全部生硬地套到一部文学作品上去。而静安先生不幸就正犯了此一缺点。因此在《〈红楼梦〉评论》一文中，他虽有极精辟的见地，却可惜全为叔本华的哲学所拘限，因而遂不免有许多立论牵强之处。①

王国维以叔本华哲学为立论依据，将《红楼梦》硬性套入其理论模式，产生的后果必然是牵强附会的强制阐释。《红楼梦》的精神与价值与叔本华的哲学并不能画等号，况且叔本华的哲学本身也有理论缺陷，前置结论的研究方法必然失去了文本的客观性，陷入阐释的困境。前置立场、前置结论在"索隐派"红学研究中也可以看到，索隐派红学认为《红楼梦》所写是历史上某一家之事，他们从正史、野史笔记、文集等材料中找寻与小说情节相似之处，然后开始论证，如"明珠家事说""清世祖与董鄂妃故事说"等。

非逻辑证明也广泛地存在于中国古代文学研究中。一些论文的论证违背了基本的逻辑规律，在证据不足的情况下，仍然得出确定的结论。在形式逻辑中，必要条件假言推理的逻辑规则为：只有p，才q，前件p是后件q的必要条件，肯定前件p真，并不能肯定后件q真。很多的古代文学研究论文却违反了假言推理的逻辑规则，在必要前提为真的情况下，得出了结论为真的论断。典型的案例如《金瓶梅》作者研究。

《金瓶梅》的作者，鲁迅先生在《中国小说史略》中论道："作者不知何人，沈德符云是嘉靖间大名士（亦见《野获编》），世因以拟太仓王世贞，或云其门人（康熙己亥谢颐序云）。"②"作者是嘉靖

---

① 叶嘉莹：《王国维及其文学批评》，河北教育出版社1997年版，第159页。
② 《鲁迅全集》，人民文学出版社2005年版，第6页。

间大名士"此论断是推测之说,并无实据。很多研究者依据此条论断,广泛搜寻嘉靖间大名士,王世贞、李开先、贾三近、屠隆等约50人进入候选者名单,为候选者爬梳剔抉史料,寻找证据。论文的论证思路基本上是:A 是嘉靖间大名士,A 是《金瓶梅》的作者。这一论证思路已经违反了逻辑规则,"A 是嘉靖间大名士"这一前提为真,并不能推理出"A 是《金瓶梅》的作者"这一结论为真,更何况"作者是嘉靖间大名士"这一前提的真假并未确认。《金瓶梅》作者研究在无充分资料的情况下,却新见频出,争议不断,反映了古代文学研究中的急功近利现象,不仅浪费学者的大量精力,逻辑错误也让研究的价值大打折扣。

除了西方文论话语强势的原因,古代文学研究中的"强制阐释"自有其产生的内在原因与外部原因。古代文学研究陷入了一种阐释困境,与新材料的缺乏,研究成果的重复,创新乏力等因素有关。而"强制阐释"的外部原因则是学术的实用主义、功利主义,这当然与当前的学术评价机制与学术环境有关。

二 古代文学研究的创新困境:
   过度阐释与强制阐释

文学研究从方法上说,包括考订、训诂、鉴赏等,从研究方向而言,则有挖掘文本艺术内涵、作者史料搜集、版本辨别等不同研究目标。古代文学研究在第一代学者王国维、陈寅恪、鲁迅、胡适等人的手里成为一门学科,学科的规范与研究的思路也因他们的著作如《宋元戏曲考》《元白诗笺证稿》《中国小说史略》《中国章回小说考证》等初步构建。源于清代学术的考据之学逐渐兴起,相关的论文与著作层出不穷,在很长一段时间,"考证"成为古代文学研究的主流。"实证"的学风的产生一方面得益于清代学术传统,另一方面也与西方理论思潮有关。在 20 世纪初期,美国学术界实证式研究也主导了文学中的历史批评。然而在遵循"实证"学术传统的同时,材料成为古代文学研究的制约因素。

文学研究总要依据一定的材料才能进行,否则就是无米之炊。不言而喻，对古代文学研究来说，材料的地位是举足轻重的。没有翔实可靠的材料，我们不可能有科学准确的结论。对于研究一个作家来说，没有他的生平资料、作品全集等资料，后续的研究很难进行，即使勉强进行下去，整个研究也是无源之水，无本之木。没有材料的支撑，是很难形成独立的观点的。对于过度依赖材料的"实证"研究来说，材料的多寡影响研究的进程和质量，一旦材料缺乏，研究可能陷于停滞状态。如"考证派"红学的危机就可说明这一点。余英时在《红楼梦的两个世界》中曾评论道：

> 但新材料的发现是具有高度偶然性的，而且不可避免地有其极限。一旦新材料不复出现，则整个研究工作势必陷于停顿。"考证派"红学的危机——技术的崩溃，其一部分原因即在于是。我必须加一句，这个流弊并不限于红学，而应该说是近代中国考证学的通病。本来材料是任何学问的必要条件，无人能加以忽视。但相对于研究题旨而言，材料的价值并不是平等的。其间有主客、轻重之别。就考证派红学而论，对材料的处理就常常有反客为主或轻重倒置的情况。①

一方面可以用来考证的材料有其量的极限，在没有重大考古发现的前提下，新材料也越来越少；另一方面材料的价值并不均等，在没有充分的有价值的新材料的支撑下，研究者往往对材料进行过度阐释，过于强调材料的价值。

没有新材料，学术研究就只能利用旧材料，如果没有方法与思路的革新，很多研究成果只能是重复研究，而且是低质量的循环，从这一角度看，也属"强制阐释"的范畴。"强制阐释"的产生也与学术研究的功利主义有关，在量化评价的学术体制下，在研究充分的课题上再做文章，在充分阐释的基础上再过度阐释。陈大康先生在《研究格局严重失衡与高密度重复》一文中经过大量的统计得出了如下结论："不难发现各历史阶段或各文学体裁的研究，都是集中在某几个

---

① 余英时：《红楼梦的两个世界》，上海社会科学院出版社2002年版，第19页。

点上，如唐诗研究中对杜甫、李白、白居易、王维、李商隐、李贺六位诗人的研究就占了66%，而明代戏曲研究中，对汤显祖一人的研究就占了约53%，研究格局的失衡是显而易见。"① 名家与名著本身具有很大的研究价值是毋庸置疑的，但这些作家作品远远不是文学研究的全部。几千年来留下的作家与作品不计其数，除了一些名家名作，是不是都没有研究价值？我想答案是否定的，一些我们以为二流的作家作品也是文学史的组成部分，研究价值也是不可小视的。陈大康先生在《关于古典文学研究中一些现象的思考》一文中对此现象评论道：

> 上世纪90年代分析《孔雀东南飞》的论文有72篇却无七十二般变化，所述均囿于各种文学史教材的内容；近9000篇红学论文中，题目标明讨论宝黛爱情的约有400篇，未标明但实际上涉及的则更多，可是说来说去不离叛逆的爱情与爱情的叛逆，曹雪芹当惊讶他所批判的"通共熟套"竟会以这样的方式出现。原地打转同样在消耗能量，却不等同于发展，当这类论文增长到相当数量时，就会在各方面给学术造成危害。②

大量重复雷同的研究不仅消耗了人力物力，而且偏离了创新的学术方向，削弱了学术研究的价值。盲目创新也是造成"强制阐释"的原因之一。在古代文学研究领域，被视为"经典"的文学作品，经过历代学者研究，仿佛已经被"研究透了"，要想在这些作品研究上有重大突破，是非常困难的。但对于一些热衷功利、喜走捷径的学者，想在此领域标新立异，渴望能一举成名。在新材料受限的条件下，新方法与新观点的创新被很多人奉为至宝。在古代文学研究领域，"新论""新说"频出，以时髦的新方法解构经典文学名著的做法也屡见不鲜，观点可谓"新"矣，但真正经得起论证和推敲的却没有几个。很多论文提出的论点，有的没有充分的材料支撑，有的缺

---

① 陈大康：《古代小说研究及方法》，中华书局2006年版，第29页。
② 陈大康：《关于古典文学研究中一些现象的思考》，《文学遗产》2004年第1期。

乏严密的逻辑论证，经不起时间的考验，一段时间之后就无人关注了。在古代文学研究中引入系统论、信息论或生态学、地理学的相关概念与研究方法，对文学作品进行新的阐释，方法的革新似乎就是创新，也会得出新的结论，但这种创新的价值实践证明是不高的。《西游记》的作者经鲁迅与胡适考订为吴承恩，逐渐为学界所认可，20世纪80年代又掀起了"否定吴承恩为《西游记》作者"的学术讨论，在无硬性材料的前提下，盲目推翻旧说，又无真正意义上的"新论"，使原本严肃科学的论证变为"猜谜语"式的游戏，表面上是创新革新，本质上却是因袭退步。《醒世姻缘传》的作者考证也是盲目创新的案例。长篇小说《醒世姻缘传》是明末清初的一部有影响的世情小说，原题"西周生辑著"。对于"西周生"是谁，很多学者做出了推断。比较有影响的观点如"蒲松龄说""丁耀亢说""贾凫西说"等，多数研究者的思路是从情节、民俗、方言等方面入手，来论证某人创作的可能性，只能是对照性的推测，并无实在的证据来证实其结论。从写作可能性去推测小说作者，小说作者可以轻易地找出来，但这样的论证本身违反了形式逻辑的推理规则，推出的结论自然也毫无意义。英国批评家柯里尼在《诠释：有限与无限》中说：

> 尽管这些新的解释仍会被视为微不足道或不着边际，但通过对那些无可争议地处于中心地位的作品做出新的解释，他们引起了学界的注意，同时被诠释的作品也又一次获得了新的生命。因此，只要在研究方法上能够创新（至少是表面上创新），措辞用语能富于刺激性，就会受到很高的评价。①

新阐释的立足点应该是新的材料或者新的有效方法，不能为了阐释而阐释，新阐释必须有新的价值才可能被学术界认可。相反，以"空无"的新阐释挑战经典阐释，可能会引起一时的争论或热议，并没有学术价值，也不会被学术界认可。

---

① ［意大利］艾柯等：《诠释与过度诠释》，王宇根译，生活·读书·新知三联书店1997年版，第25页。

三　从本体阐释到"审美化"本体阐释

如何避免强制阐释，面对"强制阐释"产生的弊端，张江先生提出了"本体阐释"这一概念，以文本的自在性为依据，他认为本体阐释包含三重阐释：核心阐释、本源阐释、效应阐释，对于本体阐释提出的意义，张江先生认为：

> "本体阐释"三个层次的处理，打破了外部研究和内部研究的壁垒。西方文论百年多的盘桓往复，始终没有解决好这个问题。确定三重阐释的范围和关系，既戒除了类似泛文化的非文学阐释，也为文本阐释打开了一个充满张力的空间。①

"文本出发"与"回归文本"的阐释路线是正确的阐释路线，能够避免强制阐释而误入歧途。

本体阐释告诉我们，文学作品有一定的客观性与历史性，任何文学作品都是处在一定社会历史条件下，作者遵循通行的语言与语法规范创作出来的，因此不可避免带有时代的烙印和个人的主观色彩。文学作品创作完成，所用的语句、语词已经固定，本体阐释必须依据这些语句、语词，同时语词、语句所构筑的图像、意蕴以及作品所依托的语境又为阐释提供了多重阐释的空间。中国古代诗文集的笺注就属于本体阐释，对经、史、子、集，从字词、章句、本事、典故等方面进行训释、考辨，如《论语》集解、毛诗郑笺、杜诗集注等，都是从文本出发的阐释。而新时期的古代文学研究，多数属于本体阐释的范畴，如李白诗歌研究、杜甫诗歌研究、《红楼梦》研究、《聊斋志异》研究等，对作者生平的考证，对作品时代背景的分析，对作品艺术的探讨，这些都是文本出发的本体阐释。核心阐释是文学研究本体阐释的核心，也是阐释活动的重心所在。让文学研究成为回归文学本

---

① 毛莉：《当代文论重建路径：由"强制阐释"到"本体阐释"——访中国社会科学院副院长张江教授》，《中国社会科学报》2014年6月16日。

位的研究，这是古代文学研究应该遵循的准则。袁行霈先生曾说："所谓回归文学本位，第一层意思是将文学作为文学来研究。……回归文学本位，第二层意思是将研究的重点放在作品本身，树立以作品为中心的研究格局。作家研究、时代背景研究等，都处于辅助的地位。……回归文学本位，第三层意思是重视作家、作品的艺术研究，在这方面三十年来的进步值得欣慰。……'豪放''婉约'四个字便概括了全部宋词，就是一个例证。"① 以文学性作为标准，对作品以同一的尺度去评判，是对文学本质属性的一个再认识，让古代文学研究有了一个客观的标准。

回归文学本位，必须重视文本，重视作品。古代文学研究必须注重原典的研读，积累丰富的一手材料，只有这样，本体阐释才有生命力。原典的研读，是进行古代文学研究的第一步，没有原典的研读就不可能有研究的发言权。我们指的原典就是作家全部作品的权威版本，它能让我们看到作家真实的思想，有利于我们了解作品的全貌，同时避免了强制阐释带来的弊端。韦勒克所指出的外部研究与内部研究的区分，原典的研读正是进行文学内部研究的开始。韦勒克在《文学理论》一书中曾经这样说道：

> 文学研究的合情合理的出发点是解释和分析作品本身。无论怎么说，毕竟只有作品能够判断我们对作家的生平、社会环境及其文学创作的全过程所产生的兴趣是否正确。然而，奇怪的是，过去的文学史却过分地关注文学的背景，对作品本身的分析极不重视，反而把大量的精力消耗在对环境及背景的研究上。②

以阐释作家生平与作品背景的本源阐释往往成为研究重点，特别是在小说研究领域，以作品为中心的核心阐释陷入创新困境之后，本

---

① 袁行霈：《走向宽广通达之路——新时期古代文学研究的新趋向》，《文学遗产》2008年第1期。
② ［美］韦勒克、沃伦：《文学理论》，刘象愚译，江苏教育出版社2005年版，第155页。

源阐释的论文大量出现,陷入了过度阐释的怪圈。例如考证派红学,对《红楼梦》作者与背景作了大量的考证,对作品艺术内涵的探讨反而居于次要地位,使"红学"蜕变为"曹学"。余英时在《红楼梦的两个世界》中对此评论道:

> 胡适的自传说的新典范支配了《红楼梦》研究达半个世纪之久,而且余波至今未息。这个新红学的传统至周汝昌的《红楼梦新证》(1953年)的出版而登峰造极。在《新证》里,我们很清楚地看到周汝昌是把历史上的曹家和《红楼梦》小说中的贾家完全地等同起来了。其中《人物考》和《雪芹生卒与红楼年表》两章尤其具体地说明了新红学的最后归趋。换句话说,"考证派"红学实质上已蜕变为曹学了。①

《红楼梦》的价值主要还是在于文本的价值,而不是作者生平,更与曹雪芹祖籍是丰润还是辽阳关系甚微。袁世硕先生在《文学史与考证学》一文中曾指出:"而后来持'自传说'的研究者进而要将《红楼梦》里的主要人物一一坐实为曹家某人,由贾元春而硬是推定曹雪芹必有一位'大姊',以及不厌其烦地争辩大观园的地点,究竟在南京还是北京,都失于胶柱鼓瑟,对诠释小说没有什么意义了。"②

在当下的古代文学研究中,我们应当积极吸纳现象学、结构主义、符号学、精神分析、结构批评、接受理论以及其他方法的种种优势,扬长避短,在当今复杂多变的社会背景下,在文学话语与其他各种话语的复杂联系中全面地、多角度地研究文学。例如胡塞尔的现象学诠释恢复了从实证主义那里失落的先验主体的合法地位,把人类主体重新确定为世界中心和意义的来源。但现象学批评存在不少理论漏洞,它是一种唯心主义的、反历史的批评,文学作品的实际历史语境、作者、创作条件、读者都被忽略。新批评派理论,则是绝对的文

---

① 余英时:《红楼梦的两个世界》,第10页。
② 袁世硕:《文学史与考证学》,《西华师范大学学报》(哲学社会科学版)2003年第5期。

本中心形式主义方法论，兰色姆称之为"本体论批评"，也忽略了作者、读者与作品的关系，也存在理论的"软肋"。在面对纷繁多样的西方文论时，古代文学研究者要发扬"拿来主义"的精神，应当取其精华，弃其糟粕。以作品为中心的本体阐释还应该将"审美"放在首要位置，我们倡导"审美化本体阐释"，即关注文学作品的"美"的特质，批评者以"审美感受力"为出发点对作品进行美学阐释。"审美化本体阐释"兼顾了作家、作品，也在一定程度上观照了读者阅读的心理感受，将审美的研究与阐释放在首位，可以纠正"强制阐释"与"过度阐释"的弊端。这与美国批评家苏姗·桑塔格提出的"反对阐释""新感受力"概念相类似。桑塔格并不反对阐释本身，而是反对唯一的阐释，即那种通过把文学作品纳入既定的意义系统，从而一方面导致意义的影子世界日益膨胀，另一方面却导致作品的真实意义日益贫瘠的阐释行为。在《反对阐释》一书中桑塔格提倡："要确立批评家的任务，必须根据我们自身的感觉、我们自身的感知力（而不是另一个时代的感觉和感知力）的状况。现在重要的是恢复我们的感觉。我们必须学会去更多地看，更多地听，更多地感觉。"① 对一首古诗，我们可以考察它作于何时、何地以及诗歌的时代背景，但最重要的阐释应该是探讨诗歌的美学价值。钟振振先生在《古代文学的审美本位》一文中认为："只有深入探讨诗人的人文主义情怀是如何通过语言、文字、音韵，形象地、艺术地表现出来从而感动了一代又一代的读者，这才是'审美'，才是文学研究者最应该做的本职工作。"② 审美化本体阐释更注重文学的审美本质，审美化的研究更符合辩证法。文学不同于自然科学，蕴含了人类的思想、情感和对客观世界美的认识，是主客观认识的统一体。19世纪法国批评家和文艺理论家泰纳在《英国文学史》引论中曾经说过：

    一首伟大的诗、一部优美的小说、一个高尚人物的忏悔录，

---

 ① ［美］苏姗·桑塔格：《反对阐释》，程巍译，上海译文出版社2003年版，第16—17页。

 ② 钟振振：《古代文学的审美本位》，《文学遗产》2014年第1期。

第二编　在中国文学研究中的应用

要比许多历史学家和他的历史著作对我们更有教益。我宁愿放弃五十卷宪章和一百卷政府公文,以换取契利尼(Cellini)的回忆录、圣保罗(StPaul)的书信集、路德(Lucher)的席上谈或阿里斯托芬(Aristophanes)的喜剧。文学作品的重要性就在这里:它们有教育意义因为它们是美的。①

在中国古代文学中,"诗言志""诗缘情"的传统由来已久,诗歌在很大程度上是诗人思想、情感、精神的结合体,反映了特定时代、特定社会条件下某种"共同"的情感与追求。古往今来流传下来的文学作品多因其情怀与美感让后人赞叹不已,这其中的审美价值是不可忽视的。诗歌的韵律美、意境美,戏曲的曲词、曲调之美,小说的情节结构之美、人物之美等,研究者要对作品有审美评价,发现作品的独特美学风貌,然后提炼出作家与作品的"审美个性"。文学作品的阅读、阐释、流传、接受等过程,每一个环节都与"审美"相关,离开了"审美"的文学研究肯定是枯燥的、生硬的。审美化本体阐释则是一源活水,充满生机与活力的,在阐释空间上也是无限的。正如伽达默尔在《真理与方法》中所言:

> 对一个文本或一部艺术作品里的真正意义的汲舀是永无止境的,它实际上是一种无限的过程。这不仅是指新的错误源泉不断被消除,以致真正的意义从一切混杂的东西被过滤出来,而且也指新的理解源泉不断产生,使得意想不到的意义关系展现出来。②

《诗经》《离骚》离我们有两千多年,并不因为时代的差异和历史条件的变化而失去文学价值,相反诗歌经过历代的阐释,美学内涵更加丰富。唐诗宋词,阐释著作汗牛充栋,但仍然有阐释的空间,并不存在"研究透了"的情形。审美化的本体阐释是文学研究发展的必由之路,也是摆脱研究"创新"困境的根本途径。

---

① 张京媛主编:《新历史主义与文学批评》,北京大学出版社1993年版,第147页。
② [德]伽达默尔:《真理与方法》,洪汉鼎译,商务印书馆2010年版,第422页。

总之,"强制阐释"现象在中国古代文学研究中是很常见的,现象的产生与古代文学研究的创新困境有关,也与学术的功利主义有关。而在外国文学理论的强势话语面前,中国古代文学研究也一再被新兴的理论所牵制,侧重文学的外部研究,陷入了过度阐释、强制阐释的怪圈。而随着理论短时更替的热潮退去,文学本位的回归,作品文本的重视,古代文学研究逐渐回到审美化的本体阐释的正确道路上来,这是一个正确的阐释路线,也必将带来更多的学术成果。

论胡适学术研究中的强制阐释问题[*]

泓 峻[**]

已经有学者指出，强制阐释在中国文学研究中的表现，一是把文学材料强行纳入预置的结论之中，"以前在立场和模式，对文本和文学作符合论者主观意图和结论的阐释"，[①] 二是用西方的理论或在研究西方问题时所得出的结论，强行解释中国自己的文学文本与文学现象，"完全不考虑在西方语境中产生的这些批评理论与我们的文学现实之间的错位现象"。[②] 其实，以这两种模式为代表的学术研究中的强制阐释问题，不只发生在文学研究之中，也不是20世纪后期才出现的。它在深受西学影响的中国现代学术开始建立的时候就已经表现出来，而且普遍地存在于文、史、哲等主要的人文学术领域。本文拟通过对胡适学术研究的考察，对这一问题加以分析说明。

一 为什么选择胡适

从胡适入手分析中国现代学术的强制阐释问题，基于以下两点考虑。

第一，在中国现代学术机制建立过程中，胡适不仅身体力行，开风气之先，而且影响巨大，是一个标志性的人物。从学术经历上讲，

---

[*] 本文原刊于《学术研究》2016年第3期。
[**] 作者单位：山东大学威海校区文化传播学院。
[①] 张江：《强制阐释论》，《文学评论》2014年第6期。
[②] 李春青：《"强制阐释"与理论的"有限合理性"》，《文学评论》2015年第3期。

自 1917 年留美归国后，胡适先后累计在北京大学做了 18 年教授，而且出任过文学院院长、校长等职务。其间经历了北大历史上最为辉煌的"五四"新文化运动时期以及 20 世纪 30 年代的"中兴"时期。通过北京大学这个平台，胡适的学术方法与学术思想影响了一大批人，这些人相当一部分是当时或以后中国某一学术领域的"执牛耳"者。仅胡适的入室弟子中，就不乏顾颉刚、冯友兰、罗尔纲、俞平伯、吴晗等 20 世纪学术史上成就卓越的学者，以及傅斯年、罗家伦、杨振声这样后来做到北京大学、清华大学、青岛大学（山东大学）校长的人物。另外，胡适与一些现代学术史上著名的学术出版机构，如商务印书馆、亚东图书馆等也有着密切的联系，对它们的学术取向产生了很大的影响，而这些出版机构则在中国现代学术机制建立过程中发挥了极为重要的作用。同时，胡适还主持或介入了《新青年》《新潮》《每周评论》《国学季刊》《新月》等在当时学术界、思想界有广泛影响的刊物的编辑工作，并通过发表的各种报刊文章、在各地所作的演讲，不断地阐发自己的学术见解与主张，其影响所及，已经绝不限于其门生故旧，而是整个一代知识青年。郭沫若在 50 年代谈起胡适对知识分子的影响时提到，"胡适在解放前曾经被人称为'圣人'，称为当今孔子"。① 无论是否名副其实，在现代思想学术史上，能够被冠以此名号的人，可以说绝无仅有。就学科领域而言，胡适的涉猎十分广泛。1954 年中国大陆试图清算胡适学术研究上的"流毒"时，曾开列出胡适学术研究所涉问题的清单，这个清单包括哲学、政治、历史、文学四个学科的九个具体方面。② 尽管在这些方面胡适并不都是成就最高的学者，但确实都有着开风气之先的地位，其影响的确不可小觑。因此，在一定意义上可以讲，胡适学术研究的成就与局限性，代表着中国现代学术研究的成就与局限性。

第二，在中国现代学术建立的过程中，胡适是一个具有强烈的方

---

① 郭沫若：《三点建议》，《人民日报》1954 年 12 月 19 日。
② 这个由中国科学院和中国作协确定的胡适批判的九个方面包括其哲学思想、政治思想、历史观点、文学思想、哲学史观点、文学史观点、考据在历史和古典文学研究中的地位和作用、关于红楼梦的人民性和艺术成就、对历来的红楼梦研究等，见《学习》1955 年第 2 期。

法论意识的学者。他始终都在倡导并实践着建立在实证基础上的"科学的方法",并努力试图借这种科学的方法,保证其学术研究结论的客观性。其主观努力与实际结果的悖谬,更能够暴露出中国现代学术研究的深层次问题。

胡适很早就对中国的考据学有浓厚的兴趣,并在接触到西方的学术文化之后,认为这种方法与"西儒归纳论理之法"是相通的。① 其后来对中国古典白话小说的研究,主要目的就是要示范一种科学研究的方法,这种方法,按照胡适的总结,就是"处处想撇开一些先入的成见;处处存一个搜求证据的目的;处处尊重证据,让证据做向导,引我们到相当的结论上去"。② 到了晚年,在他的《口述自传》中,胡适曾颇为自得地总结说:"我治中国思想与中国历史的各种著作,都是围绕着'方法'这一观念打转的,'方法'实主宰了我四十多年来所有的著述。"③ 余英时在谈到胡适时说:"胡适思想中有一种明显的化约论的倾向,他把一切学术思想以至整个文化都化约为方法。""他认为一切学说的具体内容都包括了'论主'本人的背景、时势,以至个性,因此不可能具有永久的、普遍的有效性,但是方法,特别是经过长期应用而获得验证的科学方法,则具有客观的独立性。"④ 按照胡适本人的说法,他的学术方法的形成,首先是受到杜威关于"产生疑问—确定问题—提出假设—选择方法—小心求证"等"科学方法中共有的重要程序"的启发,而通过杜威的观点,他重新认识了中国清代的考据学、校勘学、训诂学等古典学术方法,并有意识地在自己的学术研究中加以应用。⑤ 然而,无论是杜威建立在经验主义哲学基础上的科学程序,还是建立在归纳法基础上强调无证不立、无据不信的清代朴学,都没有能够使胡适的学术研究避免强制阐释的命

---

① 胡适:《诗三百篇言字解》,《胡适文存》(一集),黄山书社1996年版,第175页。
② 胡适:《红楼梦考证》,《胡适文存》(一集),第446页。
③ 胡适口述,唐德刚译注:《胡适口述自传》,广西师范大学出版社2005年版,第100页。
④ 余英时:《中国近代思想史上的胡适》,欧阳哲生选编《解析胡适》,社会科学文献出版社2000年版,第112页。
⑤ 胡适口述,唐德刚译注:《胡适口述自传》,广西师范大学出版社2005年版,第102—103页。

运。这一现象，是颇为值得探讨，令人深思的。

二 胡适学术研究的深层次问题

对于胡适的学术研究，许多人曾经给予高度肯定。肯定的人，往往强调其学术研究的示范性意义。比如蔡元培在胡适《中国哲学史大纲（卷上）》出版时，为其作序，就指出其哲学史研究的价值有三点，其一是证明的方法，其二是扼要的手段，其三是平等的眼光。① 然而，胡适的学术研究也存在很多问题，其许多学术观点并不能令人信服。《胡适口述自传》一书的整理者与汉语翻译者唐德刚在此书的译注中，就多次忍不住对胡适的一些学术观点存在的明显漏洞提出了批评。如对于胡适"中国文学史只是一部文学工具变迁史"的观点，唐德刚就辩驳说："这里胡先生只注意'形式'而忽视了'内容'"。针对胡适语体（白话）是活语言、文言是半死的语言的观点，唐德刚指出胡适不了解一个基本的事实，那就是由于最初文字书写工具与材料的限制，言文的不一致实际上在文字产生时就存在。② 郭沫若在20世纪30年代曾经针对胡适的《说儒》一文，写下《驳说儒》，使用自己掌握的殷商甲骨文资料与商代历史知识，对胡适关于"三年之丧乃殷人传统丧制"等说法进行了有力的批驳。

对胡适的学术研究提出批评时，不少人不仅指出了其具体学术观点与使用的具体材料的错谬之处，而且还涉及了学术规范问题。郭沫若在《驳说儒》一文中，就批评胡适对有些证据的使用"牵强附会得太不成话了"。③ 另外有学者也指出，胡适的《说儒》一文，"并非在胡先生素所标榜的'拿证据来'、'有一分证据说一分话'那些原则下写成的，而大多是用'疏通证明'的办法把资料加以宛转解说

---

① 胡适：《中国哲学史大纲》，商务印书馆1919年版，第1页。
② 胡适口述，唐德刚译注：《胡适口述自传》，广西师范大学出版社2005年版，第156—157页。
③ 郭沫若：《青铜时代》，群益出版社1935年版，第118—129页。

第二编　在中国文学研究中的应用

之后才使用的,这样的证据就往往不够过硬,就不具备十足的说服力了"。① 至于对胡适的文学史研究,批评的声音更多。有学者指出,其"逻辑前提缺少客观性","依据'白话文学'这一前提立场构筑的文学史框架,也就不可避免地带上了人为的再造性,有些牵强"。② 国外也有学者批评说,胡适的文学史写作,"不是通过亲自翻阅原始材料来研究写作的,而是按照自己预想的范例,对大量典籍进行编辑、剪切和修改,缀合而成"。③ 金岳霖则针对胡适的哲学史研究,直言不讳地讲:"西洋哲学与名学又非胡先生之所长,所以他在兼论中西学说的时候,就不免牵强附会。"④

上述不同领域、不同时代乃至于不同国度的学者对于胡适学术研究的批评,几乎都指向了一点,那就是胡适在用事实材料证明自己的观点时,常常让事实材料迁就自己的观点,而不是从对材料的分析归纳中去寻找结论。所谓的"牵强附会",对于胡适而言,实际上就是先有一个预置的结论,然后为这个结论去搜罗证据。这样,进入他视野的,就往往只是那些对证明预置的结论有利的证据。当有些证据不足以证明自己预置的结论,或者对自己预置的结论不利时,则要么对这些证据视而不见,要么对它们进行歪曲的解释。这与近来国内学者所谈论的西方文论的强制阐释是异曲同工的。

十分注重研究方法的科学性的胡适,何以犯下强制阐释的错误,与其所谓的"科学的方法"本身存在的先天缺陷有直接关系。胡适有时候讲,他做学问的方法,"只不过是尊重事实,尊重证据"。然而更多的时候,他又强调其所说的"科学的方法",其实包括两个步骤,一是"大胆的假设",二是"小心的求证"。⑤ 对于胡适而言,所

---

① 邓广铭:《胡著〈说儒〉与郭著〈驳说儒〉评议》,欧阳哲生选编《解析胡适》,第263页。

② 罗振亚:《重述与构建——论胡适的文学史观》,《文艺研究》2005年第11期。

③ [加]米列娜著:《文化记忆的建构——早期文学史的编纂与胡适的〈白话文学史〉》,董炎编译,《当代作家评论》2009年第4期。

④ 金岳霖:《〈冯著中国哲学史〉审查报告》,冯友兰《中国哲学史》下册,华东师范大学出版社2000年版,第437页。

⑤ 胡适:《治学的方法与材料》,《胡适文存》(三集),黄山书社1996年版,第93页。

谓"大胆的假设",实际上就是根据自己先在的立场,推测出一个结论,然后想办法用事实材料加以论证。尽管按照他自己的说法,在从事研究时可以用事实材料对自己假设中存在的错误进行修正,从而保证最终结论的客观性。而实际上,这一点却很少做到,因为他对许多学术结论的假设,是基于他的一些根本信仰,而不是客观的学术观察。这些信仰,从比较具体的方面看,包括"白话是唯一有价值的文学""佛教在中国的传播对中国国民生活有害而无益"等;从大的方面看,则包括历史的眼光、文化一元论的立场、进化论的观念等等。胡适被人诟病的研究大多都与他自己根据这些信仰所设定的学术命题有关。

早在1914年,胡适就在日记中把归纳的理论、历史的眼光、进化的观念称为"吾国之急需"的"起死之神丹"。[①] 所谓历史的眼光,在胡适看来,就是"不把一个制度或学说看作一个孤立的东西,总把他看作一个中段:一头是他发生的原因,一头是他发生的结果"。[②] 由于持一种连续的历史观,胡适坚信历史中存在着理解现实问题的因素。因此,他总是试图在现实与历史之间建立一种联系,用历史说明现实问题。胡适一心要建构一个中国自己的白话文学史,实际上就是为他在当时提倡白话文学服务的。在《白话文学史》一书中,他开宗明义地讲自己写白话文学史的目的,就是"要大家知道白话文学不是这三四年来几个人凭空捏造出来的;我要大家知道白话文学是有历史的,是有很长又很光荣的历史的"。[③] 为此,他不仅将白话文学成熟的历史往前一推再推,一直推到《诗经》,而且将大量并非白话的作品勉强纳入到自己的白话文学的范畴之内,并人为制造了白话与文言的二元对立,煞费苦心地论证白话文学一直为中国文学之正宗,是两千多年来中国文学中最有价值的部分。因为这些观点不仅其前提是虚构的,而且结论本身与文学史的真实情况也相差很远,所以他只好对文学史材料进行剪裁、曲解,以迁就预先设置的结论。

---

① 曹伯言整理:《胡适日记全编》(1),安徽教育出版社2001年版,第222页。
② 胡适:《杜威先生与中国》,《胡适文存》(一集),第277页。
③ 胡适:《白话文学史》,安徽教育出版社1999年版,第1页。

在文化问题上，胡适持一元论的立场，相信"文化是民族生活的样法，而民族生活的样法是根本大同小异的"。① 因此，当梁漱溟提出西洋、印度、中国代表三种不同的文化类型，因而选择了不同的历史道路时，胡适表达了强烈的反对立场。这种文化一元论的立场，与胡适早年所接受的进化论立场结合在一起，使他相信，"欧洲文化今日的特色，科学与德谟克拉西"，代表着历史的进步，是中国和印度应该追求的目标，"将来中国和印度的科学化和民治化，是无可疑的"。② 因此，胡适在观察中国的现实与历史时，总是有意无意地拿西方作参照。而且，中国的历史与文化，只有在西方的历史与文化中得到印证时，才被视为积极的。比如，他认为美国式的建立在地方高度自治基础上的联邦制政体是进步的，因此他不仅把它作为中国政治发展的目标加以鼓吹，而且还在中国古代社会中发掘出了"地方自治精神"。基于同样的思路，他不仅把"五四"新文化运动称为中国的文艺复兴，而且认为中国也曾经有一场几乎与西方同步发生的"文艺复兴"——这场运动的主角被胡适认定为宋明理学家，其主要任务也像欧洲的文艺复兴一样是与中世纪宗教的蒙昧作战。在胡适一生的学术文章中，这种将中西不同的文化现象加以比附，进行评价的例子比比皆是：他把六朝的骈体文判定为"鄙野"或"夷化"的，其理由不仅是"它和古代的老子和孔子所用的体裁完全不同"，还因为欧洲中世纪蒙昧时代修道士的拉丁文也是如此。③ 他判断《老子》一书在《论语》之前时，其所使用的一个重要论据是《老子》一书韵语居多，《论语》则主要用散文。韵语出现于散文之前，被胡适认为是世界文学的通则。特别是胡适一生最为骄傲的事业——用白话代替文言的"文学革命"，从其主张的产生，到路径的设计，都直接受到了西方语言文学现状以及西方民族语言形成过程的影响。

这种从文化一元论与进化论立场出发，将中西方的现实问题与历

---

① 胡适：《读梁漱溟先生的〈东西文化及其哲学〉》，《胡适文存》（二集），黄山书社1996年版，第175页。
② 同上书，第180页。
③ 胡适口述，唐德刚译注：《胡适口述自传》，广西师范大学出版社2005年版，第256页。

史问题加以比附，从西方文化价值出发对中国的问题进行研究与评价的学术取向，与当前学者所批评的文学研究中将中国的文本与文学现象完全纳入到西方文论的范畴体系中的强制阐释，采用的是同一种思路，犯的是同一种错误。

三　胡适学术研究中强制阐释的表现

纵览胡适几十年的学术研究，在有些方面的确有很大的贡献。比如他用经学家考据的方法研究《红楼梦》《水浒传》等作品，就不仅提升了这些原来不登大雅之堂的白话小说的地位，而且弄清楚了许多原来十分含混的基本史实，为人们正确理解与评价这些作品提供了重要的参考。然而，其有些学术观点也确实漏洞很大，甚至与基本的事实相悖。这些观点的产生，大多与其学术研究中的强制阐释，尤其是建立在文化一元论基础上，忽视中西方差异，"以西律中"的强制阐释有直接的关系。

概括起来，强制阐释导致胡适的学术研究出现如下一些问题。

第一，在进行东西方比较的时候，往往只看到两者相同的方面，忽视了其间差异的部分。比如，胡适一直以欧洲的意大利、英国、法国、德国等国家摆脱以拉丁语为书面语，创造建立在本民族语言基础上的"国语"这一历史经验为依据，论证20世纪初的中国放弃文言，改用白话的合理性。在他看来，"欧洲中古时，各国皆有俚语，而以拉丁文为文言"，与中国"五四"新文化运动之前的语言状况完全一致。而白话文学革命，就是要效法欧洲近代以来的语言变革实践，"创但丁、路德之伟业"。[①] 实际上，虽然中西方的语言变革在放弃从古代继承下来的与现实生活隔绝的书面语，创立一套更接近口语的书面语方面确有共同之处，但差异也是明显的。西方文艺复兴时期民族语言建立的过程是语言分化的过程，最终造成了原先以拉丁文为书面语的语言共同体的分离。而汉语在近现代的变革则是要求以不分割，甚至是加强原先的语言共同体为前提的。所以，中国近代以来的语言

---

① 胡适：《文学改良刍议》，《胡适文存》（一集），第11页。

变革天然地包含了两个方面,一是以通俗化为目标的白话文运动,二是为保持原先语言共同体不分裂而统一语音,建立并推行"国语"。对于两者之间的差别,胡适同时代的人已经有认识,比如,胡先骕就认为胡适把西方的语言变革与中国的白话文运动放在一起讨论,"是不伦不类的类比"。然而,胡适本人从留学时期一直到晚年,在不断谈及这一问题时,都没有注意到两者之间的差异。这不能不说与他所持的东西方的问题在本质上是相通的这一文化立场有关。

第二,将表面相似的现象解释成本质上相同。胡适一生,对他曾经使用"文艺复兴"(renaissance)这一西方学者在叙述西方历史时使用的概念来描述中国发生的一系列历史事件颇为得意。一方面,他把20世纪初以白话文运动为核心的"新文化运动"称为"中国的文艺复兴"。另一方面,又将这一概念运用于中国历史的考察之中,认为从唐代的古文运动开始,到宋代的新儒学、元以后戏曲与长篇小说的出现,再到清代考据学的产生,中国历史上至少发生过四次"文艺复兴"。① 这样的类比,显得十分随意。比如,胡适把宋代新儒学的兴起认定为一次"中国的文艺复兴",其理由主要是认为当时"新儒学"的任务也像欧洲的文艺复兴一样,是宣扬科学,复兴古代学术,并与中世纪宗教的蒙昧作战。他说:"11世纪和12世纪的儒学和新儒学的复兴,曾一度打开灿烂的科学时代的大门。""它继续存在,并带来了一个人文科学时代——对过去经典与历史文献的研究。"② 并指出,这些儒家学者,以新儒学为武器,"给予已经屡受攻击的佛教以致命一击",③ "这项从11世纪便开始的文艺复兴里,他们在寻找一个方法和一种逻辑,这就是培根所说的'新工具',也就是笛卡尔所提倡的方法论"。④ 他甚至说:"如果我们民族今天并未像世界其他民族那样表现出宗教性,那么,这也仅仅是因为我们的思想家,我

---

① 胡适:《中国的文艺复兴》,胡适著,欧阳哲生、刘红中编《中国的文艺复兴》,外语教学与研究出版社2001年版,第181—182页。
② 同上书,第195—197页。
③ 同上书,第211页。
④ 胡适口述,唐德刚译注:《胡适口述自传》,广西师范大学出版社2005年版,第260页。

们的伏尔泰，我们的赫胥黎，很久以前就与宗教势力进行艰苦的战斗了。"① 把新儒学家提出"格物致知"的主张看成是科学意识的生成，把朱熹等人对儒家经典的研究与西方文艺复兴时期倡导古典学术相提并论，是十分牵强的。特别是认为新儒学的兴起是本土的儒家思想与外来的佛教之间的一场斗争，把它与欧洲反对宗教迷信，恢复古希腊理性主义传统的历史过程相提并论，忽略了在宗教问题上中国表现出的特殊性。

第三，忽视量与质之间的界限，将局部的、次要的、少量的现象当成全部的、主要的、本质的现象。这集中体现在胡适白话文学史的建构过程之中。胡适以白话文学为核心对中国文学史进行考察，主要想得出三个结论：一是白话文学是有很长很光荣的历史的，二是白话文学是中国文学史的中心部分，三是只有白话文学才有价值，已死的文言只能产生没有价值、没有生命的文学。这三个观点，是胡适当年倡导白话文学革命时最主要的理论支撑，作为文学革命的主张，具有很大的号召力。然而，要把它们作为一种学术结论，在中国两千多年的历史中加以落实，变成文学史的叙述，则十分困难。因为事实上，白话文学并非在中国文学史中一开始就存在，而且在 20 世纪文学革命成功之前的绝大部分时间里，都处在文学的边缘位置。在《红楼梦》等长篇白话小说产生以前，诗词文赋等文言文学，才真正代表中国文学艺术的最高成就。这些不仅是文学史的事实，而且也是文学史的常识。然而，为了以一部《白话文学史》为其文学革命张目，② 在贯彻自己预置的结论时，胡适只好对文学史材料的处理采用实用主义的态度，要么把自己的目光集中在类似佛经的翻译这样一些在文学史上实际上没有产生什么影响，没有什么文学价值的所谓白话文学文本上面，对它们大书特书；要么以《史记》《汉书》中个别人物对话为依据，以证明汉代历史散文中白话文学的存在；或者干脆将许多不是

---

① 胡适：《中国历史中的宗教与哲学》，转引自［美］格里德《胡适与中国的文艺复兴》，鲁奇译，江苏人民出版社 2010 年版，第 138 页。
② 实际上胡适最终也没有能够完成白话文学史的写作，他的《白话文学史》只有上部而没有下部，叙述到唐代便中止了。

白话文学的作品,纳入白话文学的名下。而当胡适在著名的《建设的文学革命论》一文中,试图论证白话文学有着比文言文学更高的艺术价值时,更是采用了一种十分奇怪的逻辑。他说:"我们为什么爱读《木兰辞》和《孔雀东南飞》呢?因为这两首诗是用白话做的。为什么爱读陶渊明的诗和李后主的词呢?因为他们的诗词都是用白话做的。为什么爱杜甫的《石壕吏》《兵车行》诸诗呢?因为他们都是用白话做的。为什么不爱韩愈的《南山》呢?因为他用的是死字死话……简单说来,自从《三百篇》到于今,中国的文学凡是有一些价值有一些生命的,都是白话的或者近于白话的。"① 这段话在逻辑上如此混乱,以至于连他的朋友任叔永也不得不站出来反驳说:"要承认杜工部的《兵车行》《石壕吏》是好诗,大约也不能不承认《诸将》《怀古》《闻官军收河南河北》……等是好诗。但此等诗不但是文语,而且是律体。"② 可以说,在试图以文学史的事实论证白话文学的合理性时,面对丰富的文学史材料,胡适采用的基本上是以偏概全的方法。有些时候,为了得出自己事先设置的结论,其论证过程已经到了不顾常识的地步。

第四,在完全不同的事物与现象之间建立一种生硬的联系。中西方文化中的有些东西,不仅存在很大差异,而且有些时候在价值取向上是相反的。而胡适在用西方的概念去指涉中国的现象,或者用中国固有的概念去描述一些从西方引入的文化现象时,经常把一些价值取向上相反的东西视为同一种东西。为了说明中国20世纪初建立的资产阶级"共和主义和民主主义"国家政权是有历史基础的,他围绕"彻底民主化的社会结构""2000年客观的、竞争的官员考试甄选制度""政府创立其'反对面'的制度和监察制度"这样几个方面,对中国封建社会的历史进行了一番考察。③ 其所使用的许多概念,如上文中的"共和主义""民主"等,以及类似"中国的监察系统相当于

---

① 胡适:《建设的文学革命论》,《新青年》第4卷第4号,1918年4月15日。
② 任叔永:《任叔永与胡适的通信》,《新青年》第5卷第2号,1918年8月15日。
③ 胡适:《民主中国的历史基础》,胡适著,欧阳哲生、刘红中编《中国的文艺复兴》,第315页。

西方的国会","御史被称作'言官',这在词义上,让人想起民主制政府中的国会议员"这样的叙述,① 把西方现代资产阶级政治学说或者是把描述西方现代政治制度的概念,用以指涉中国封建制度中的种种现象,总给人一种强烈的时空错位感。在文学问题上,胡适也曾经犯有这样的错误。比如,他曾极力称赞《老残游记》这部小说的景物描写,认为它体现出的是西方写实主义文学精细观察、客观描写的态度。在引用小说中的一些段落加以说明后,胡适这样总结说:"这种白描的功夫真不易学,只有精细的观察能供给这种描写的底子,只有朴素新鲜的活文字能供给这种描写的工具。"② 此处用中国古典文论中的"白描"这一概念指涉《老残游记》中受西方写实主义文学影响而出现的景物描写,完全误会了此概念的真实含义。"白描"本来是中国国画的一种技法,它要求作画时纯用线条勾画出大致轮廓,不胶着于事物的细部特征,不着色。中国古典文学理论借用这一术语,指涉的是一种单纯、简练,不过分烘托渲染的描述方法,这种描写常常三言两语,点到为止,与西方写实主义小说以及受此影响而出现在《老残游记》中的那种追求客观再现、细节真实的景物描写在风格上正好相反。

四　胡适学术研究中强制阐释的时代因素

认真分析起来,胡适学术研究中强制阐释的现象可谓触目惊心,这与他重视科学方法的运用,强调学术研究客观性的主观诉求形成强烈反差。但这种学术困境,并不完全是胡适一个人的问题,而是普遍地存在于近代以来知识分子的学术研究中。造成这种学术困境的原因,也多属于时代性的,而非个人性的。

近代以来,由中国学者自己推动的西学东渐,表现为两个层面,一是对西方学术方法、学术思想的介绍、推广、普及,另一方面就是

---

① 胡适:《民主中国的历史基础》,胡适著,欧阳哲生、刘红中编《中国的文艺复兴》,第325页。

② 胡适:《〈老残游记〉序》,《胡适文存》(三集),第410页。

用西方的学术概念、学术方法去解释与研究中国自己的问题。从事这两种活动的学者，大多都持有同一种信念，那就是东西方的人性、所面对的问题，以及思想学术都有共通性。刘师培所说的"昔罗马文学之兴也，韵文完备，乃有散文，史诗既工，乃生戏曲，而中土文学之秩序适与相符。乃事物进化之公例，亦文体必经之阶段也"①体现着这一信仰，钱锺书所说的"东海西海，心理攸同；南学北学，道术未裂"②体现的也是这种信仰。基于这种信仰，在思考问题时，将中西方的问题做比附，是十分自然的事情。

　　就胡适而言，尽管他也提倡过为学术而学术的态度，然而，在多数时候，他的学术活动与他的现实关怀是密切相关的。当年，胡适抱着对国内现实深深的失望进入美国留学。因此，他最初对西方社会历史、政治、文化、学术的了解，都伴随着为解决中国自身的问题寻求答案的强烈冲动。回过头来，当他面对中国自身的问题时，也就总是处处把它们与他对西方社会的认识相对照。再加上胡适总是习惯于将现实问题转化为历史问题，因此，当他进入到中国的历史当中时，他对问题的认识就很难不受他面对的现实问题的干扰以及他所获得的西方社会各种知识的干扰。这构成胡适学术研究中一个很难走出的"解释学的循环"。

　　有一个例子，可以完整地窥见胡适由西而中、由现实问题而进入学术问题时所遭遇的这种"解释学的循环"。胡适在美国的时候，对美国那种地方享有高度自治的联邦制政体十分赞赏。因此，回到中国时，他就不断宣传，希望在中国建立这种体制，并十分奇怪地把联省自治当成是解决当时中国军阀割据局面的一个有效方案。③当1922年广东的陈炯明发动叛乱，炮轰孙中山的总统府时，胡适居然发表文章为陈辩护说："孙文与陈炯明的冲突是一种主张上的冲突，陈氏主张广东自治，造一个模范的新广东，孙氏主张用广东作根据，做到统一

---

　　① 刘师培：《左盦外集卷十三·文章原始》，《刘申叔遗书》，江苏古籍出版社1997年版，第1646页。
　　② 钱锺书：《谈艺录》，中华书局1984年版，第1页。
　　③ 胡适：《联省自治与军阀割据》，《胡适文存》（三集），第338页。

的中华民国。"虽然他也说"这两个主张都是成立的",但却认为孙中山失败的原因是其有些做法"倒行逆施"因而失去了民心。① 这样糊涂的观点乍看起来十分荒唐,但如果了解胡适的政治思想的话,也就可以理解了。也正是从这一政治思想出发,他才在中国古代社会中发掘出了一种"地方自治精神",认为这种精神曾经使古代的中国人"享有统一帝国生活的种种权益,而不受政府过分的干涉"。②

对胡适而言,认识西方就是为中国的现实问题寻找答案,同时,解释历史也就是解释现实,为现实问题的解决制定步骤。这种历史研究态度表现出的,实际上是在特定的历史条件下中国知识分子普遍存在的一种"现代性焦虑"。对中西相通的强调,则有助于安抚他们自身的这种焦虑与不安,然而其直接的学术后果,则是把中国的问题纳入西方的理论与历史框架中,以西律中。同时,它也常常导致胡适那一代学者,对历史采取一种实用主义的、先入为主的态度,这种态度产生的直接后果,就是对历史的强制阐释。

---

① 胡适:《这一周六十七则》,《胡适文存》(二集),黄山书社1996年版,第374页。
② 胡适:《中国抗战也是保卫一种生活方式》,胡适著,欧阳哲生、刘红中编《中国的文艺复兴》,第361页。

纯文学与准文学在时间意识及空间性构成上的差异
——基于钱锺书对强制阐释的批评*

刘彦顺**

文艺理论知识体系的逻辑出发点是确立研究对象及其价值,继而所产生的问题必然是:对象的呈现状态如何?是如何构成的?如果这一问题得不到清晰的、自明性的描述,各种价值就会混同起来,在各种价值活动的呈现状态及其基本构成方式之间也就会产生强行僭越,强制阐释就必然产生,那么,文艺理论的知识生产就无从合理地、合逻辑地展开。一个已经完成的文学阅读活动正是文艺理论唯一的、也是最高的研究对象,且其呈现的原初状态是:作为一种流畅的、时间视域性的愉悦感奠基于特定文学作品固定的空间构成关系。

强制阐释的核心在于以其他价值僭越、混淆、消解审美价值,而强制阐释的具体操作则在于无视、曲解或瓦解文艺欣赏活动作为流畅时间意识的空间构成。钱锺书反对强制阐释论的特别之处体现于——在审美价值与类审美价值或者纯文学作品与准文学作品之间的复杂关系上展开视野。所谓"纯文学作品"指的是那些仅仅提供阅读的过程性愉悦并因而具有纯审美价值的作品,而"准文学作品"所指的是那些以阐发义理为根本目的、以阅读的过程性愉悦为手段并因而具有类审美价值的作品。他所批评的是中国古代文学批评中的各种典型

---

* 本文是国家社科基金项目"现象学美学中的时间性思想及其效应研究"(16BZW024)的阶段性成果,原刊于《南京社会科学》2018 年第 6 期。

** 作者单位:浙江师范大学人文学院。

的强制阐释现象如"诗无通诂""求女思贤"等,力图守护纯文学作品阅读活动作为美感所具有的流畅的、兴发的时间性状态及其所奠基对象的固定空间性关系。从汉语美学角度而言,钱锺书的"不即不离"之论展现出以地道的汉语,甚至以古雅的汉语词汇来进行概念命名、命题、运思及与西方美学直接进行对话的自信及优长之处,因为中华美学精神最为辉煌与悠久的传统就是确保审美活动自身原发性状态的完整性。

一 审美活动作为时间意识的流畅性与空间构成的整体性

人们总是乐于追求持续性的、流畅的且状态极为纯粹,毫无迟滞、阻隔与断裂的愉悦感,也希望能够保存正在兴发着的各种经验与情致,这是所有人无须证明的天性。在人类的很多生活领域,还必须追求实践或者行为自身持续的流畅性,并力图保持其兴发性的状态。这一切,在审美活动或艺术欣赏活动中体现得极为显著,而这也正是时间感或者时间性最强的领域之一。

不同于科学活动、宗教活动所追求的无时间感、无时间性的纯粹客观之知识与纯粹主观之神灵,也不同于在数学—物理空间中呈现绝对匀速运动的"点状时间",审美活动自身寻求并呈现为一种兴发着的、涌现着的、前牵后挂的"域状时间意识""时间晕"或者"时间视域";当我们阅读"问君能有几多愁,恰似一江春水向东流"到"水"之时,此时的现在感最强(原印象),不过,前面的"问君能有几多愁,恰似一江春"并没有消失,它们仍"滞留"于注意力的视域之中,但绝不是回忆,更不是反思性行为;且由"水"向前同样是一个生动的、兴发着的"前摄"(期待意向)有待被充实,这些字词作为素材或者材质在诗句中被立义为富有意蕴的审美愉悦行为。如果没有这种能力,人们就无法听到旋律,就不会唱歌,也就无法体味到那种充满"继续欲"或者"持续欲"、仿佛被拽着、被吸引着、被牵拉着一般持续向往、向前的美感。

由此生发且同样重要的命题是——审美意向行为作为时间视域或

者时间意识，必定是由审美主体指向由具有特定空间性关系——诸如位置、结构或者方位的多个相位或者要素的审美对象所构成并显现出来的。当我们说自己从艺术作品获得了完善、完美的审美愉悦的时候，其实就同时可以转化为或者转训为另外两种陈述——第一，这一艺术作品的诸要素之间在空间构成上是整体性的，艺术作品的所有要素都在整体之中发挥特定的作用与功能，这意味构成这一空间的所有要素从单体而言都是独一无二的，且它们都处在特定的或者只能是固定的空间位置、方位之上。当然，在这里所说的空间，绝不是一个真实世界中的三维立体的客观空间，也不是几何学意义上的抽象空间，而是指构成一个文学作品的所有要素之间的位置、方位或者结构关系。这个空间、空间构成或者空间构成关系在任何一部作品当中都是独一无二的，或者任何一部作品的空间、空间构成关系都是独一无二的；其中尤其以纯文学作品的空间构成整体性要求最高。

第二，这一审美活动作为兴发着的时间意识必定是流畅的域状物而不是点状物。事实上，当我们说一个作品是一个"整体"的时候，其实就是在描述对这一作品进行欣赏的审美活动的"流畅性"；反之亦然，且"流畅性"是最为根本的，只有在这一前提下才有可能对作品的空间构成的整体性进行判别、言说，因此，"流畅性"与"整体性"并不是一种等价关系。

中国传统文化孜孜以求、流连于感觉及感官愉悦的丰富、流变、新异，这是一种主客不分离的悦乐文化，也是一种时间性极强的文化。其中最为突出的就是审美与道德领域之中的亲子之爱，尤其是亲子之爱中的"慈"更是人世间冲动最强烈、最自然、最超乎功利且绵延最久的美感。儒家的根本在于"仁"，其具体呈现为"礼"的行为，而"仁"的核心正是基于亲子之爱的"慈孝"之情。因此，中华美学精神既是一种执着于享受家庭幸福的文化，也是一种钟情于现世悦乐的此岸文化，尤其是当礼成为国家治理、社会管控、家庭秩序、个人修为的系统规范，且与乐、诗、文、舞等艺术等无间地合流之后，强大的礼乐教化传统就形成了。这就是中华美学精神的家国情怀的具体内涵。可以说，中华美学精神与西方美学相比，它更完满地保全了审美活动构成的完整性，但是其主要弊端就在于——当礼教的

纯文学与准文学在时间意识及空间性构成上的差异

国家需要、意识形态需要远远超出家庭之时,"国"就会僭越"家",正如钱锺书所分析的,最为典型的体现就是自汉代以来的中国古典文学批评往往惯于把诗歌中的"男女"阐释为"君臣",把"求女"说成是"思贤",而且以此成为专门名家者甚众。除此之外,钱锺书还论及宗教(佛教)对于审美的强制阐释,他认为佛教的宗旨在乎"空"——即禁欲,也就是尽力避免感官愉悦的兴发与绵延,其所利用语言的目的正在于"得意忘言""不落言筌",而文学的语言则是空间构成的整体性要求最高,他所维护的也是审美活动作为时间意识或者时间视域构成的空间完整性。

钱锺书对纯文学作品与准文学作品差异的比较的手眼与思想工艺极为独到,主要体现于对审美价值与类审美价值及呈显状态之间进行比较、辨识。他所撰《管锥编》《谈艺录》中的文章与《七缀集》中所列单篇长文不同,一般来说并不专门就某一学科中的某一问题进行专题而系统的探讨,尤其是《管锥编》就愈发依据对古代典籍、文集的阅读,凭依着自己的兴致,往往在某一细处展开论述,且文字一般极为短小精悍,惜墨如金,用典博雅,不过,仅仅就文艺理论、美学而论,钱锺书的这些细小之论却处处包蕴着精辟之见,且新意迭出,其眼界之遥、识力之深、创造性之巨都是出乎意料的。在篇幅、行文上的简短,只是印证着人生有涯、精力有限,钱锺书实在是无暇而不是无力扩展文字,把那些精致的、浓缩的、堪称核聚变一般的文字衍化为长篇大论。在以上两部巨著之中,有一篇文章却是例外,那就是《管锥编·第1卷》论及《周易正义》之"乾卦"篇。就此篇文章的整体而言,其核心内涵就是阐明"易之象"与"诗之象"的根本区别。简言之,如果把属于准文学的"易之象"等同于隶属于纯文学的"诗之象",且把前者的价值及其呈现状态施之于后者,"强制阐释"就必然产生。

纯粹的审美价值所指的是审美对象仅仅能满足感官愉悦之用,虽然具有这种价值的艺术作品在内容、意蕴、题材上所表达的是现实、人生、事件、情绪,甚至很多艺术作品在意蕴、题材上的功利性、政治性、意识形态性很强,但是并不妨碍这些作品作为较为纯粹的审美价值而存在。当然,在此绝不能孤立地、抽象地谈论审美价值,而是就具体的审美活动的状态而言的,且只能如此。如果一个审美主体对艺术作品的欣赏只是沉浸于纯粹的、流畅的愉悦过程之中,只以此为乐,而不是把这个艺术作品作为一种为了他用的工具或者手段,这就是纯粹的审美价值及其活动。而不纯粹的审美价值所指的就是那些除了具备审美价值之外,还满足其他目的的审美对象,更准确地说,审美价值往往退居其后,成为一种手段与工具来完成其他目的,举凡以形象、生动的手段来阐述科学原理、宗教教义、道德规范、思想哲理等的艺术作品都是如此。

二 "不即":准文学时间视域之空间构成的不固定性

钱锺书对纯文学与准文学的比较是从对《周易》与《诗经》的比较开始的,因为《周易》与《诗经》既在形象性、生动性上有相通、相似之处,又在传达、显现人类兴发性经验上骑驿相通、独树一帜。

以形象而生动的方式来显现道理是遍及古今中外的普遍现象,而且最为惯常性地使用的手段就是"比喻",他说:"理赜义玄,说理陈义者取譬于近,假象于实,以为研几探微之津逮,释氏所谓权宜方便也。古今说理,比比皆然。"[①] 在这段话里,钱锺书既指出了这一事实,又指出了通过形象性的语言与其所显现的道理之间并不是一种直接相等的关系,并不是道理自身,而只是一种"手段"而已。就相通之处来看,两者都会给人们带来愉悦的、生动的、形象的感受;就本质区别而言,纯文学作品给人带来的仅仅是过程性的审美愉悦,而准文学作品仅仅把由其所带来的过程性愉悦视为工具与手段,最终要达到的目的是阐明的义理甚至科学知识,等等。

如果能够看到两者之间在价值上的根本差异,并能在这一前提下,根据上述审美活动作为兴发着的时间意识及其空间构成,对两者之间的意义生成机制或立义机制进行深入分析,这才是一个真正的挑

---

① 钱锺书:《管锥编》第 1 卷,生活·读书·新知三联书店 2001 年版,第 23 页。

纯文学与准文学在时间意识及空间性构成上的差异

战。钱锺书回应这一挑战所要解决的是——以纯文学作品为对象的欣赏活动的构成方式及显现状态是什么？换言之，强制阐释造成的既是纯文学与准文学之间在时间意识及其在空间构成上的混淆，更造成了以上两种价值之间的互相强制阐释与互相僭越。如何才能不互相僭越？如何才能规避相互间的强制阐释？僭越与强制阐释就必定体现于审美活动作为时间意识构成的改变，也就是时间意识空间构成或者空间化的改变。要克服与应对强制阐释，就必须立足于审美活动上述构成方式，也就是立足于对确当阐释的正面且完整的描述与分析。本节所论的就是第一个僭越及其应对策略。

（一）准文学作品与类审美价值的存在状态

对于准文学作品来说，在审美与义理之间如何寻求一种平衡是极为关键的，既要首先确保义理的价值及其呈现状态的明晰，尤其是要确保其在人类理性交往公共平台上的正常沟通，也要维护来之不易的美感之翼，因为化抽象理性为生动直观的确是人类最可贵的天赋之一。

针对上节所述易象的"取譬"目的在于"明理"，钱锺书表达了戒备之心，他说："古今说理，比比皆然。甚或张皇幽眇，云义理之博大创辟者每生于新喻妙譬，至以譬喻为致知之具，穷理之阶，其喧宾夺主耶？抑移地就矢也？"[①] 在科学与哲学语言中常常充满了比喻性概念、术语以至于陈述的事实，隐喻或者比喻在科学著作中具有认知功能，在其运作中必须从审美功能转换至认知功能，由修辞的宽容转换至实在的严谨。因此，审美与修辞在科学著作、哲学著作中只是一种有待超越到、升华到或者转换到科学与哲学之思的"手段"与"工具"。否则，"工具性"就有可能僭越为"目的性"，也就是他所言"喧宾夺主"与"移地就矢"，他说："《易》之有象，取譬明理也，'所以喻道，而非道也'（语本《淮南子·说山训》）。求道之能喻而理之能明，初不拘泥于某象，变其象也可；及道之既喻而理之既明，亦不恋着于象，舍象也可。到岸舍筏、见月忽指、获鱼兔而弃筌

---

① 钱锺书：《管锥编》第1卷，生活·读书·新知三联书店2001年版，第23页。

蹄，胥得意忘言之谓也。"① 在这段话里，钱锺书从两个方面指明了科学、哲学著作中"象"或者"比喻"的作用与功能：从第一个方面——"求道之能喻而理之能明"来看，也就是从科学著作、哲学著作的写作过程来看，以"A象"或"A比喻"乃至于"B、C象"或"B、C比喻"都可以说明、阐述同一个道理，把"A"变更为"B、C"等等语言、符号也是完全可以的，并不拘泥于"A"。这意味着以义理之趣为主的准文学作品在对语言、形象的选择上有较大的自由度，虽然也需要锤炼词句、精心构思。

从第二个方面——即"及道之既喻而理之既明"来看，一旦科学、哲学著作写就，且对其阅读过程完成或业已领会了该著述中的道理之后，"象""比喻"等形象、生动的手段或工具便已经完成了自身的使命，在这个时候，读者的注意力就应该完全集中于"道理"之上，不再附着于、恋着于"象"或者"比喻"等语言、符号，以至于可以完全舍弃、忘记其存在。当然，这一道理并不是抽象的，而是在一个具体的对准文学作品进行阅读的过程之中活生生地呈现出来的，也就是说，读者会自觉地或者应该自觉地把构成准文学作品的比喻、形象等诸要素立义为"道理"或者"义理"，而且这一立义活动同样不是一个反思性的、在阅读之后再进行总结、归纳、推理的行为。这一阅读过程本身不仅是当下即席的，而且是一个流畅的、前牵后挂的视域性行为过程。

（二）准文学的"不即"特性与如何抵御以审美强制阐释义理

从审美价值对义理价值的不利影响来看，这一僭越体现在仅仅把注意力停留在审美性、修辞性的"象""比喻"等工具性存在上，而忽略、忽视了这些工具与手段所要表达的"义理"。正如王弼在论及易象的目的与如何把握易象、比喻时所言："故言者所以明象，得象而忘言；象者所以存意，得意而忘象。……义苟在健，何必马乎？类苟在顺，何必牛乎？"② 钱锺书对此的总结是："恐读《易》者之拘象

---

① 钱锺书：《管锥编》第1卷，生活·读书·新知三联书店2001年版，第23页。
② 王弼：《王弼集校释》，楼宇烈校释，中华书局1980年版，第609页。

纯文学与准文学在时间意识及空间性构成上的差异

而死在言下也。"① 这一总结正是针对审美价值对认知价值可能发生的僭越或者强制阐释而言的。"健"之"义"不一定必须由"马"来体现,由"天"也可以体现;"顺"之"义"既可以由"牛"来体现,也可以由"羊"来呈现,钱锺书说:"象既不即,意无固必,以羊易牛,以凫当鹜,无不可耳。"② 这意味着构成"易象"或者"准文学作品"诸要素及其空间构成的固定性、整体性程度不高,不仅这些要素、单子可以被更改,而且这些被更改之后的作品所得到的"意义"或者"道理"却没有改变,或者虽有美感、愉悦感的衰减、退化、衰退发生,但是"意义"或"道理"变化不大;甚至当这些空间构成要素变化极为剧烈,美感的衰退、退化、衰减程度极为夸张、极端,乃至美感、愉悦感全无,及至最终剩下来的只是干巴巴的、抽象的科学、哲学、思想的术语、概念及其逻辑性的推理、思辨的规范陈述,仍然还可以说是不至于伤筋动骨,因为"意义""道理""思想"等还存在于此。

因此,准文学的意义与价值是为了阐明"义理"。在对一个文本进行阅读的过程中,如果审美愉悦与"义理"同时被立义,或者同时被显现出来,当然,这样两种因子是在"一个"阅读行为中复合性地同时呈现出来的,那么,如果"义理"居于上风,读者得到的就是一个以审美愉悦为辅、以"义理"为主的阅读体验,如同本文第一节所述,在此呈现的"义理"就会呈现出一种活生生的、兴发着的愉悦状态,读者就可以判定,此文本是一个准文学作品。

审美与修辞会给"义理"带来不便,最大的问题就是极具个性化、风格化或者诗意化的陈述方式在很大程度上变成一个自足的独语,也就是说,比喻或者其他形象化陈述必须转换为、转渡为一般性的、可在纯粹逻辑知识平台上进行公共交流的术语、概念、陈述方式,并显然要自明性地具备含义的明晰与固定,才有可能成为义理或理论语言。因此,仅就《庄子》而论,其《逍遥游》一篇的主旨在于陈述这一道理——"一个人应该看透功名利禄,看破权势尊位,摆

---

① 钱锺书:《管锥编》第 1 卷,生活·读书·新知三联书店 2001 年版,第 24 页。
② 同上。

脱羁绊，使精神臻于自由自在的无碍之境"，在这句话中，"应该""功名利禄""自由自在""无碍之境""精神活动"等就是上述可供公共交流与沟通的一般性的哲学术语、概念及命题，也就是说，我们不会拿"北冥有鱼""其名为鲲""鹏之背，不知其几千里也""怒而飞""南冥"等作为一般性的、公共性的且高度明晰、内涵固定的术语与概念，来进行纯粹逻辑的交流与沟通。

　　为了应对准文学之中的审美与修辞对认知价值、义理的强制阐释，钱锺书还提到一些典型策略。针对佛教经书与《庄子》所大量运用的博喻修辞现象，他认为这可以有效地规避单一喻体可能造成的与本体混融不分的僭越现象。关于《庄子》，他说："夫以词章之法科《庄子》，未始不可，然于庄子之用心未始有得也。说理明道而一意数喻者，所以防读者之囿于一喻而生执着也。星繁则月失明，连林则独树不奇，应接多则心眼活；纷至沓来，争妍竞秀，见异斯迁，因物以付，庶几过而勿留，运而无所积，流行而不滞，通多方而不守一隅矣。"① 这种方式所起到的后果就是使读者在对准文学作品的阅读过程中淡化本体与个别喻体之间的直接联系，甚至一定要拒斥在本体与单个喻体之间的直接等同，分散读者的注意力，或者使注意力分散地关注博喻中的每一个喻体，这就是准文学为了抵制审美、修辞或者比喻对义理、道理的强制阐释所采取的应对策略之一。

三　"不离"：以纯文学作品的整体性抵御强制阐释

　　本节所论即产生强制阐释的第二种可能性，即把准文学作品空间构成上的不固定性强行施之于纯文学作品，这也是本文的重点与核心所在。

（一）"不离"：纯文学作品空间构成的整体性
　　与对准文学作品阅读中的"得意忘言"及时间视域空间构成上的

---
① 钱锺书：《管锥编》第 1 卷，生活·读书·新知三联书店 2001 年版，第 25—26 页。

纯文学与准文学在时间意识及空间性构成上的差异

不固定、可替换等整体性不强诸特性相比,对于纯文学作品来说则完全不同,钱锺书说:"词章之拟象比喻则异乎是。诗也者,有象之言,依象以成言;舍象忘言,是无诗矣,变象易言,是别为诗甚且非诗矣。故《易》之拟象不即,指示意义之符(sign)也;《诗》之比喻不离,体示意义之迹(icon)也。不即者可以取代,不离者勿容更张。"[①] 可见,两者之间的差异形成了强烈的对照。

仅仅从字面上来看,钱锺书所使用的"舍象""变象""易言""更张"与上节论及准文学时所使用的"舍其象""变其象""取代"一样,是侧重从构成纯文学作品的诸要素之间的空间关系或者空间性而言的,似乎钱锺书只是把纯文学作品当作了一个绝对自立、自足性的存在者,事实上,他是始终把审美活动或者文学阅读活动的意向性构成方式作为唯一的合理视野,且这一意向性活动最为原初、原生的存在状态就是一个一直向前涌现着、兴发着的且主客之间不分离的愉悦活动,因此,他所论纯文学作品或"词章""诗象"绝不是一个抽象的、一般性的、普遍性的"定义",也不是一个完全没有时间性因素的、固定不变的"本质",而是一个当下即席、随时机而兴发的且前牵后挂的视域性行为或者事件,比如在对《诗经》中的《车攻》等文本进行阅读的时候,纯粹的审美愉悦就会被触发、绵延,也就是被立义为一个以纯粹过程性的、视域性的愉悦作为目的与价值的审美行为或者事件,读者就会把这一文本称为"诗""词章"或者纯文学作品。尤其是在论及对纯文学阅读过程中审美主体与审美对象之间是一种"不离"关系的时候,审美活动作为且只能作为意向性活动——审美主体始终指向审美对象的根本构成特性就愈发刺目地显现出来。当然,对于准文学的阅读活动本身也是一种意向性行为,钱锺书所做的,就是对这两种意向性行为从价值差异的角度进行时间视域的空间构成比较。

对于"词章""诗象"或纯文学作品而言,或者更为准确地说,对于那些纯粹的以感官愉悦为目的且仅仅对愉悦之过程流连、徜徉的审美活动而言,其只能由特定的审美对象来奠基,只能由构成这一审

---

① 钱锺书:《管锥编》第 1 卷,生活・读书・新知三联书店 2001 年版,第 23—24 页。

美对象的诸要素之间独一无二的空间构成所奠基。当一个纯粹的审美活动作为一个时间意识或者时间视域正在兴发之时，正是审美主体的注意力贯注于构成审美对象的诸要素的空间位置、方位上的时候。正是构成审美对象诸要素之间的固定空间关系，才使得审美活动作为时间意识或者时间视域得以立义。正如本文在开头处所述，人们不仅几乎都具有把握连续性对象、意识、行为的能力，而且更孜孜以求愉悦感的纯粹、流畅、绵长、强烈，这正是一个由原印象、滞留、前摄不断流淌、涌现、后坠而形成的一个时间晕或者时间视域，也就是说，构成时间视域的原印象、滞留、前摄三者之间并不是现在、过去、将来的持续关系，而是在一个视域或者晕圈中的同时性存在，而绝对不是由一个点在某一空间中的匀速运动所测得的时间。就《诗经·车攻》之诗句——"马鸣萧萧"而言，"马""鸣""萧""萧"在未被阅读之前，只是四个呈现前后排列的文字或者素材而已；在一个完美进行的阅读中，当注意力指向第三个字"萧"的时候，前面的"马""鸣"并没有消失，而是成为视域中的滞留；且正在兴发之中的审美活动都会保有一种流畅的、持续、继续下去的欲望，虽然该句中的第四个字"萧"还未进入到视域之中，但是当注意力到达第三个字"萧"的时候，"前摄"已经作为一个有待充实的意向或者欲向出现了。因此，正是由于"马鸣萧萧"中的每一个字词都决然固定且所有字词都处在独一无二的空间位置、方位抑或相位之上，对于它的阅读才会当下即席地被立义为一个纯粹的愉悦获得行为。

钱锺书在此流露的纯文学或者纯粹审美活动作为时间视域的思想具体表现在"时流之迹"或者时间视域之"迹"的论述上，且主要与对皮尔斯符号学思想的汉语翻译及在此基础上的新开拓直接相关。钱锺书把 sign 翻译为"符"或者"符号"，而把 icon 翻译为"迹"——"《易》之拟象不即，指示意义之符（sign）也；《诗》之比喻不离，体示意义之迹（icon）也"①，无疑更加准确、雅正、传神，尤其是就传神而言，把 icon 翻译为"迹"能够完美地体现出这一思想——阅读活动作为一个兴发着的"时间意识"或者"时间视

---

① 钱锺书：《管锥编》第 1 卷，生活·读书·新知三联书店 2001 年版，第 23—24 页。

域"就是或者就像一个"踪迹""痕迹""足迹"一样,因此,又可以把审美活动所呈现的"时间意识"称为"时间迹"或者"时流之迹"。

(二)"等不离于不即"——对纯文学进行强制阐释的机制

一旦构成纯粹文学作品中的语言或者符号被改动,奠基于原初构成之上的特定时间意识便会发生"变化",而且这一"变化"准确地说应该是"退化"或者"衰退",这一"退化"与"衰退"不是半斤八两、可有可无的,而是"致命"的——"美"的变成了"丑"的,变成了"平庸"的,换言之,这是一种真正的"去势"!当然,在这里所说的"纯粹文学作品"正是指一个纯粹以审美愉悦为目的或价值的审美活动中的审美对象,而这一审美对象绝对不是一个可以自立、自足、独善其身的存在者,而是一个构成意向活动的相关项而已。只有在直接性的、原发性的审美活动中才如其所是地存在,才呈现出其审美价值。因此,钱锺书认为,如果把准文学作品空间构成的不固定性、可更张性强行施之于纯文学作品,那就会完全破坏审美活动,他说:"如《说卦》谓乾为马,亦为木果,坤为牛,亦为布釜;言乾道者取象于木果,与取象于马,意莫二也,言坤道者取象于布釜,与取象于牛,旨无殊也。若移而施之于诗:取《车攻》之'马鸣萧萧',《无羊》之'牛耳湿湿',易之曰'鸡鸣喔喔','象耳扇扇',则牵一发而动全身,着一子而改全局,通篇情景必随以变换,将别开面目,另成章什。毫厘之差,乖以千里,所谓不离者是矣。"[①]通过钱锺书所列举的例子可以看出,如果以内涵、含义相近或相同的语言、比喻来更换准文学作品的语言或者比喻,还不致使其意义受到影响或者伤筋动骨式的影响;而如果以内涵、含义相近的语言、拟象来更换、改变纯文学作品中的语言与拟象,由美而丑,由美而庸,这是完全无法忍受的。当然,还有另外一种好的结局,那就是"别开生面,另成篇什",不过,这已经是另外一个全新的创作与作品了,对于这一作品的阅读与欣赏当然也就是另外一个审美行为了。

---

① 钱锺书:《管锥编》第1卷,生活·读书·新知三联书店2001年版,第24页。

当然，钱锺书的这一思想也有极大的遗憾与缺憾，主要体现在——对审美活动所呈现的原初时间视域构成还只是一个潜隐性的论述，尤其是没有把作品空间构成的这一精彩思想置入到审美活动或者文学欣赏活动这一前提下，更准确地说，是没有把审美活动作为一种有别于真、善、信的价值的寻求及呈现活动的原初状态作为前提，因此，钱锺书虽然已经在文中陈述了准文学的价值在于说理陈义，却没有直接说出纯文学的价值在于纯粹的美感或愉悦；虽然他透辟地、创造性地论证了准文学与纯文学在空间构成上的本质区别，却没有道出纯文学空间构成的"不离"特性实际上所指的是审美活动的流畅性，或者作为时间意识的流畅性。

在此，钱锺书给出了如何对待准文学的最佳方案，他不持过度的审美主义立场，他说："哲人得意而欲忘之言、得言而欲忘之象，适供词人之寻章摘句、含英咀华，正若此矣。"① 这意味着把那些以说理、求知、寻道为己任，同时在文辞上很动人、很形象，富有感染力或者尤其善用比喻、象征、寓言的文字，都通过由"不即"变成"不离"的方式，成为文学作品。由此而言，很多思想家、哲学家、政论家、科学家、批评家们的著作便进入了文学史编纂者的视野，成为一种常态。

但是，这一把准文学视为文学的做法与动作却不能回返过来，把纯文学视为准文学却是绝对不能允许的，钱锺书说："苟反其道，以《诗》之喻视同《易》之象，等不离者于不即，于是持'诗无通诂'之论，作'求女思贤'之笺；忘言觅词外之意，超象揣形上之旨；丧所怀来，而亦无所得返。以深文周内为深识底蕴，索隐附会，穿凿罗织；匡鼎之说诗，几乎同管辂之射覆，绛帐之授经，甚且成乌台之勘案。自汉以还，有以此为专门名家者。"② "诗无通诂"或者"诗无达诂"之说始于汉代，与刘向、董仲舒有着密切关联，抑或也是当时流行的文学批评与研究的惯习、窠臼；其核心观念就在于背离审美活动作为一种兴发着的、流畅的时间意识在空间构成上顽强的固定

---

① 钱锺书：《管锥编》第1卷，生活·读书·新知三联书店2001年版，第27页。
② 同上书，第27—28页。

性——即钱锺书所言"不离"之根本特性,对构成文学作品的局部文字或者语言进行强制阐释,离开语言或由语言呈现出来的形象进行任意、随意阐释,这也就是本文在第一节所论,中国古代文学批评中典型的强制阐释案例之一就是"礼教"对于"诗"的僭越。

以"礼教"强制阐释"诗",错的并不是"礼"自身,也不是"政治""教化""道德"自身,而是"强制"这一接受或阐释策略与机制。钱锺书在论及毛诗解《诗经·狡童》为"刺忽"之意时说:"尽舍诗中所言而别求诗外之物,不屑眉睫之间而上穷碧落、下及黄泉,以冀弋获,此可以考史,可以说教,然而非谈艺之当务也。其在考史、说教,则如由指而见月也,方且笑谈艺之拘执本文,如指测以为尽海也,而不自知类西谚嘲犬之逐影而亡骨也。"[①] 这一强制阐释或许以一种意识形态性的强词夺理来进行,比如常常衍化为一种文学教育、文学教材或者教法、文学水平考试的强制性的制度设计,上述钱锺书在著述中数十次讽刺的"求女思贤"就是一种表征强制阐释的文学制度;另外,强制阐释也通常以一种极为宽容、宽松、自由、大度的解释理论或者接受、鉴赏理论的面目示人,比如强调接受者的个体差异、文本的多层次解读潜力、解释者的兴趣或者思想的差异与变化,等等。可见,强制阐释的权力根基、策略与托词是极强大的,这就更加凸显了钱锺书从审美活动作为时间意识的空间构成完整性角度,反对强制阐释、持守确当阐释思想的重大贡献。

从世界美学史及文艺理论史而言,钱锺书是第一位对审美价值与类审美价值、纯文学作品与准文学作品之间的差异进行系统比较的学者。自此而言,他称得上是一位世界级的美学家、文艺理论家。

---

① 钱锺书:《管锥编》第 1 卷,生活·读书·新知三联书店 2001 年版,第 218—219 页。

"强制阐释"与中国当代文学研究

王 尧

反思和批判当代西方文论是重建中国文论和文学批评理论的基础之一。与此相关的，还涉及对中国古代文论、马克思主义文艺理论与批评以及苏联文艺理论的反思。"重建"，则要清理"重建"之前的文论和批评，这涉及学术史的诸多关键问题。如果不笼统地说"扬弃"，那么，我们实际上面临很多具体问题：去除什么，接受什么，改造或者转化什么，又能再造什么。一旦深入下去，就会发现这都是难题。这也是多年来，学界一直呼吁建立中国特色文艺理论和文艺批评话语体系，但又尚未建立起来的重要原因之一。无论是文化现实的诉求，还是当代文论和文学批评自身的发展，解决这些问题尤显迫切。

我们都意识到，与西方当代文论进行总体性的对话极其艰难。当代西方文论本身斑驳陆离，译成中文的应该只是其中一部分，而在翻译和接受中无疑有这样那样的"误读"。这意味着，我们在和当代西方文论对话时，也有文本选择的问题，是中文版的当代西方文论，还是外文版的西方文论？但这些困难并不妨碍我们在深入思考的前提下，选择具有代表性的当代西方文论论著，进行反思和批判，诊断出一些文论的局限和错误，这些局限和错误也许带有当代西方文论的总体性特征。正如张江先生所说，当代西方文论为当代文论的发展"注入了恒久的动力"，但"一些基础性、本质性的问题，给当代文论的

---

* 本文原刊于《文艺争鸣》2015 年第 11 期。
** 作者单位：苏州大学文学院。

有效性带来了致命的伤害"。确实,这种致命性的伤害同样存在于中国学界,"特别是在最近三十多年的传播和学习过程中,一些后来的学者,因为理解上的偏差、机械呆板的套用,乃至以讹传讹的恶性循环,极度放大了西方文论的本体性缺陷"。因此,"如何概况和提炼能够代表其核心缺陷的逻辑支点,对中国学者而言,仍是应该深入研究和讨论的大问题"①。我们一直讲跨文化对话,在很长时期内,我们和当代西方文论并不构成实质性的对话关系,而是"说话"和"听话"的关系,我们处于"听话"的位置上。我也曾经消极地认为,如果要"对话",我们拿什么来对话?现在看来,在对当代西方文论已经有相当程度的接受和运用之后,提出一些质疑,应该是对话的开始。

在这个意义上,我对张江先生关于当代西方"强制阐释"的系列论述,给予积极的评价,并且认同张江先生的立场、方法和关于相关问题的重要阐释。这是当代中国学者对当代西方文论所存问题的一次颇具学术分量的揭示、命名和论述,是对西方文论进行反思和批判的有效开始,在相当程度上改变了中国学者与当代西方文论对话的疲弱状态,将对重建中国文论的路径和方法产生重要和持续的影响。尽管我们还没有足够的把握将"强制阐释"视为当代西方文论"核心缺陷的逻辑支点",但张江先生精辟地揭示了作为当代西方文论根本缺陷之一的"强制阐释"的基本特征,是重建中国文论这一过程的重要起点之一。在某种程度上说,中国学界存在双重的"强制阐释"现象,一是对当代西方文论"强制阐释"的接受,二是用西方文论"强制阐释"中国文学。如果不局限于文论研究,拓展到中国当代文学研究领域,可以认为对当代西方文论"强制阐释"的揭示和剖析具有方法论的意义。以张江先生的思路和方法,反思中国当代文学研究,我们同样能够发现研究中的"强制阐释"问题,而这一问题与当代西方文论的"强制阐释"相关。因此,在反思当代西方文论的"强制阐释"时,我觉得需要和反思中国文学研究(尤其是中国当代文学研究,包括理论、批评和文学史)相结合。

---

① 张江:《强制阐释论》,《文学评论》2014年第6期。

当代西方文论"强制阐释"的特征，深刻影响了中国学者接受和运用西方文论研究中国文学的思路、方法和具体成果。这一现象的产生，如果追溯历史，应该说与现代中国文论和现代中国文艺批评的建立有很大关系，或者说是现代中国文论史和现代文艺批评史的一个部分。在中国文学由古典向现代转型的过程中，现代中国文论和现代中国文艺批评基本上是接受"西学"和苏联"文艺学"的影响，中国古代文论并没有成为现代中国文论或者文艺批评理论的知识体系，提出中国古代文论的创造性转换问题，则在"新时期"之后。也就是说，我们一直缺少自己的知识体系。西方"现代性"的深刻影响和中国学者的文化身份焦虑，是困扰现代以来中国学者的基本问题之一。对"西方"或者"苏联"文艺理论的接受，自然与中国现代文学受西方和俄苏的影响有关"，西方"或者"苏联"文论与已经在内容与形式上存在"西方"或"苏联"因素有某种切合。当"中国文学"已经和"世界文学"有着这样那样的联系时，西方文论对中国文论、文艺批评的建立和发展确实起到了积极的作用。这是我们今天讨论"强制阐释"问题时不能轻视的。但缺少自己的知识体系的学术史，无论如何是令人尴尬的。就文学创作而言，如果用母语写作，就不可能完全脱离自己的传统，脱离自己的生存方式，脱离自己的文化现实；如此，不仅从学术本身的创新而言，就理论、批评与创作实践的结合而言，当代西方文论和批评理论是不足以面对和解释中国当代文学；同样，在新的语境中，中国古代文论也不足以解释中国现当代文学。

现代中国文论和文学批评的内在矛盾和冲突，制约了中国当代文学研究。中国当代文学这一学科，最初建立在左翼文艺理论家、批评家的思路和框架之上。其中现实主义理论，特别是社会主义现实主义理论，在很长时间内既用来解释20世纪30年代以来的左翼文艺，也用来阐释中国当代文学。这在倡导社会主义现实主义的文艺界领导周扬的文论中有鲜明的记录。冯雪峰在他的文论中，也曾经用社会主义现实主义阐释"五四"以来的文学和鲁迅的创作等。茅盾用现实主义和反现实主义的斗争解释中国古典文学，也是我们熟悉的一段历史。这些理论家、批评家对中国现代文学、当代文学都有重要的贡献，而且在他们的文论中也强调反对教条主义的错误，但在运用一些理论和方法时，同样犯了教条主义的错误。"教条主义"在某种意义上说是最严重的"强制阐释"。这表明，"强制阐释"的问题，常常是不以人的意志为转移的。与之相应的是，在当代文论史、批评史上，对西方文论的解释，我们也多少用了进行了"强制阐释"，我曾经比较《辞海》在1979年之前的各种版本中对西方文论条目的修订，这些不同时期的条目修订有诸多强加的内容。"文化大革命"结束以后的中国当代文学研究，可以说除去以前的教条主义，去除以前的"强制阐释"。对"现实主义""社会主义现实主义"和"革命现实主义"的重新理解，构成了重写文学史的一条线索；对"现代主义"合法性的确认，又构成了重写文学史的另一条线索。这两方面侧重不同，当代文学史著作的基本面貌也有大的差异，突出表现在对文艺思潮的重新阐释、对作家作品的再次历史化。在这个意义上，不妨说新时期以来的理论和批评，是用一种"强制阐释"代替另外一种"强制阐释"。

如果没有当代西方文论的激活，我们很难设想中国当代文学研究会处于什么样的状态。但是，即使这样看似繁荣的状态的背后，仍然是缺少自主的知识体系、话语体系的危机。这种危机并不否定接受和运用西方文论的合理性，但反映出西方文论阐释中国当代文学时的局限。以近三十年文学研究为例，这种局限是显而易见的。关于新时期以来的文学秩序，通常是以伤痕、反思、改革、寻根、先锋、写实为序的，这是典型的以时间为序的"现代性"建构方式。但事实上，就在"伤痕文学"阶段，已经有了《今天》；"寻根文学"通常认为发生在1985年前后，但汪曾祺等人的小说在"反思文学"阶段就已经出现。而"寻根文学"和"先锋文学"也是不是以对立的、前后更替的方式出现的。类似的"强制阐释"还出现在具体的思潮、作家作品的研究中。用西方现代派理论，很容易解释"先锋小说"，但用来解释"寻根小说"就不那么得心应手。在20世纪80年代逐渐形成了关于"纯文学"的观点，这样的观点在20世纪90年代以后受到挑战。我也是坚持"纯文学"观的学人，对大众化语境下的许多文学现象不以为然，但在如果仅仅从"纯文学"的立场出发去批评、否定一些现象,似乎又不足以解决问题。如同我们曾经用现实主义理论去否定现代主义作品一样,用"纯文学"观去解释大众文化的有效性显然值得怀疑。

重建中国文论和文学批评,无疑是一个艰巨的过程。在对当代西方文论的缺陷开始学理上的质疑之后,这一重建是值得期待和努力的。

文学阐释的疆域与文本接受的向度
——关于中国现代长篇小说接受研究的几点思考*

陈思广**

文学阐释是否应恪守文学的疆域,遵循文学本体的法则,许久以来似乎是一个无须辩驳的问题。但随着20世纪西方现代文论的强势涌入,特别是近几十年来经学院派的传承与实践,运用精神分析理论、符号学、现象学、知识考古学、接受理论、结构主义、俄国形式主义、存在主义、女权主义、后现代主义等西方文史哲学观念阐释文学,已成为许多学人刷新存在感的自觉追求。不仅如此,自然科学中的一些范畴如控制论、概率论、统计学等也被嫁接过来,生成文学研究的新范式,文学阐释也由之前单一的批评样式扩展为多样的、跨专业的、融交叉学科为一体的多元共生的批评格局。这无疑极大地拓展了文学研究的新疆域,丰富了人们的认知结构,当然,也带来了另一个令人焦虑的问题,即:文学本体研究的弱化与文学阐释的无边化,特别是当一些学人越来越热衷于简单地"拿来"西方现代文论并生吞活剥、生搬硬套时,这种因过度阐释而偏离文学本体甚至跨越文本所应有的接受向度以至以讹传讹、恶性循环的现象更令人忧虑。有学者将之总结为"强制阐释论",并将这一特点概括为场外征用、主观预设、非逻辑证明和混乱的认识路径四种模式。① 应该说,这一批评确实抓住了当今文学阐释的一些乱象,一针

---

* 本文原刊于《江汉论坛》2017年第9期。
** 作者单位:四川大学文学与新闻学院。
① 张江:《强制阐释论》,《文学评论》2014年第6期。

见血地指出了一些批评者脱离文本实际所滋生的教条化、僵化的症候，对我们构建契合文学实践的新理论体系以回归文学本体批评，防止错位阐释，过度阐释，有十分重要的警醒作用。但是，这也由之引发了人们的另一番思索：文学阐释是否具有恒定的疆域？文学接受是否存在既定的向度？世上是否存在一把包开文学阐释的万能钥匙？答案显然是不言而喻的。因为人的创造力决定着文学疆域的不断拓展，决定着接受视阈的不断拓新，这是人类文学创造力的自然体现，也是文学接受不断发展的历史必然。对于阐释者而言，就如同一个科学的探路人，对于一切新生事物或未知的事物都充满着好奇。当一种新的方法有可能打通文学的疆域进而衍生新的阐释向度时，他会毫不迟疑地闯入新的领地，用自己的智慧开启文学阐释的另一扇门。虽然这种急切地闯入或许会因鲁莽而显得缺乏周密性，甚至有可能破坏原有的结构，但它毕竟打开了文学世界的另一扇门，激活了文学应有的、开放的、自在的、但又锐新的序列，为文学的血液注入了新的活力。"闯不闯"是一回事，"对不对"是另一回事，只有永葆锐意进取的心态，才能不断地打开文学阐释的新疆域、拓新文学接受的新向度，文学生命才能活力四射，历久弥新，文学研究也才能推陈出新，生机盎然。因此，《强制阐释论》一文虽指出了问题的实质，但过于强调"强制阐释"的偏离性而轻视"强制阐释"的拓新性，忽视文学疆域的打开与接受向度的新拓展所带来的积极意义，是值得商榷的。因笔者主要从事中国现代长篇小说的研究工作，故想从现代长篇小说阐释疆域的打开与接受向度的新拓展对现代长篇小说传播接受的意义与影响的角度就教于张江教授，又因限于篇幅，仅讨论"场外征用"与现代长篇小说接受的新向度问题。不当之处，敬请张江教授批评指正。

一

"场外征用"依张江教授的理解是指"广泛征用文学领域之外的其他学科理论，将之强制移植文论场内，抹煞文学理论及批评的本体特征，导引文论偏离文学"①。乍一看，这一界定很有道理，但琢磨后就会发现，"场外征用""抹煞文学理论及批评的本体特征，导引文论偏离文学"，只是一种可能性，另外的可能性或许是给文学阐释带来新的路径，带来新的启迪，甚至在一些具体问题上刷新我们的认知。因此，笔者认为，"场外征用"不宜简单地判定为一种走向，就其效果而言，其利大于弊，其得大于失，值得我们认真研讨。

我们的讨论不妨先从柳青的《种谷记》和欧阳山的《高干大》的阐释与接受说起。

《种谷记》和《高干大》是延安文艺座谈会召开后解放区长篇小说创作的首批成果，1947年出版后受到了解放区文艺界的普遍欢迎。如雪苇就认为，《种谷记》"以体验的深刻与技巧的优越突破了从文学来表现革命的农民及其生活和斗争的作品的一般水平，给《在延安文艺座谈会上的讲话》立下了一座实践的丰碑"②。赵树理也认为，《高干大》"是一本反主观主义和官僚主义的小说"③。按理说，这样一部实践讲话精神的开创性作品应该在之后的文学史中被迅速纳入文学的"方向"中并予以肯定或被"经典化"。1949年5月出版的《中国人民文艺丛书》已将这两部作品收录其中，可见已初步迈入了"经典化"的门槛。然而，令人意外的是，之后小说不仅没有"经典化"反而在当时的文学语境中被迅速边缘化，即便是在20世纪50年代初期革命文学经典化进程中的文学接受和文学史叙述里，这两部从未因政治倾向问题受到批判的作品也未引起真正的重视。诚然，小说在艺术上略有瑕疵，如《种谷记》读来有些拖沓，结构也有些松散，主题给人以含混之感；《高干大》中段情节急转，主次情节稍显混乱，影响了小说的整体性。但为什么会出现这样的瑕疵？它们被迅速边缘化是否与之有关呢？对于这个问题，学术界至今未能给出令人满意的回答。笔者由此想到，既然《种谷记》和《高干大》都是以陕甘宁边区经济建设为题材的长篇小说，那么，我们"征用"经济学

---

① 张江：《强制阐释论》，《文学评论》2014年第6期。
② 雪苇：《读〈种谷记〉》，《论文学的工农兵方向》，光华书店1948年版，第158页。
③ 赵树理：《介绍一本好小说——〈高干大〉》，《人民日报》1948年10月7日。

的理论去审视这两部作品,也即是当我们以边区经济建设中的"经济逻辑"探寻文本时,会不会有新的发现呢?

我们知道,现代经济学的构建以私有产权、市场和资源稀缺性为前提,在经济主体做出决策时有四条原理:权衡取舍的必然存在、成本意识、边际变量的考虑和对激励的反应。① 基于以上四条原理,我们将参与经济的主体依据经济学基本原理进行决策追求预期效用最大化的思维方式称为"经济逻辑"。《种谷记》和《高干大》所表现的正是边区经济建设中如何利用经济原理实现利益最大化的故事。《种谷记》写王家沟农会主任王加扶欲响应上级的号召动员全村农民以变工队的形式集体种谷,村主任王克俭却并不积极,富家王国雄也从中挑拨,变工互助工作无法进行(王克俭还同其他 8 户人家自己种了谷)。看到集体种谷的计划无法实现,王加扶将这一情况通报给上级并在区长的支持下撤换了王克俭的职务,与其他积极分子一起实现了集体种谷的愿望。《高干大》写任家沟合作社主任任常有不为民办事,群众意见很大。副主任高生亮(高干大)有感于村里没有医生造成孩子夭折,主张成立医疗合作社,受到群众欢迎。由于高干大为民着想,办实事,合作社办得十分兴旺,并利用积累的资金,办起了纺织厂、信用社、运输队。而郝四儿为乡长弟媳"赶鬼"时出了人命,嫁祸于合作社被高干大训斥,便对高干大怀恨在心,不断地制造事端,挑拨是非,装神弄鬼,直到装鬼的郝四儿摔死,闹鬼的事才真相大白。之后,合作社分了红,区领导也肯定了高干大正确的方向,高干大被选为总社主任,成为陕甘宁边区的劳动英雄。表面看来,两部小说都在写边区经济建设中如何组织好农民建好合作社的问题,但实际上所表现的"方向"却大不相同:《种谷记》认可的是源于上级行政手段的"集体种谷",故以对上级行政命令的执行与否作为人物命运与故事结局的最终结果;《高干大》肯定的是源于农民实际利益最大化的"经济逻辑",故以农民现实利益的受益度作为衡量的标准并予以认同。这其中虽有政治的取向,但显然是两个不同的"方

---

① 参见〔美〕曼昆《经济学原理·微观经济学分册》,北京大学出版社 2009 年版,第 3 页。

向"。同样的"命题"创作,为什么会有不同的"方向"呢?原来,《高干大》写作的时期恰是边区政府放弃包办代替,允许民办公助并将经营权放回民间、尊重市场规律的时期,而《种谷记》则是政府包办,以"突击运动"的方式组织农民进行生产经营的时期。指导方针不同,创作的旨向自然不同。但"经济逻辑"终究是关于"主体"进行决策的逻辑,追求的是经济主体的自身利益,当自身利益与整体利益发生矛盾时,如何取舍自然摆在了每个利益者面前。为解决边区政府的经济困难,也为了谋求利益的最大化,边区政府自然鼓励农民发家致富与边区政府扩大税源的利益相一致的个人诉求,相应的政策也会得到积极的贯彻落实。但如果农民发家致富的愿望与边区政府的举措并不一致,农民不能从中得到实惠反而需负重时,农民就会采取不同的方式予以抵触,甚至消极对抗。

在《种谷记》与《高干大》中,我们也正好看到了这样的情形:农会主任王加扶行动积极,村主任王克俭却消极抵触。对此,小说还特意写到了王克俭的顾虑:"狗为了一块骨头互相咬得皮破血流,满嘴是毛;两个牲口拴在一个槽上,互相踢得神嚎鬼哭;鸡啄到一条毛毛虫,连忙夹在嘴里跑开鸡群独吞了,人比它们更会耍心眼。工作人员之所以不顾一切地发展变工,那是为了朝他们的上级显功……减租算账说是为了日子过不了,扑在前边还有理由,这变工又是为了什么呢?"王克俭没有从中看到自己应得的实际利益。高干大也在反驳任常有时说:"我的好神神!咱们凭良心说,合作社办了五年,给过全体人民什么利益?人家正是问咱们要利益嘛!——咱们光会口说,实地上什么利益也没给别人拿出来!"只有让老百姓得到实际的利益,合作社才能办下去,也才能办好。所以,当区里强行征收股金时,他元气充足地说:"政府有困难,老百姓又有意见,这件事叫我合作社给咱办!这样的事也办不了,合作社还有个球用!只要政府里能够答应迟半年用钱,我合作社把公债都包了。不要政府费事,又不要老百姓出一个钱,将来还能够给老百姓分红利!"农民看重的是实际的利益。但艺术的呈现也恰恰在这里出现了问题:作为信服讲话精神的柳青和欧阳山,既要表现农民响应党的号召组织起来进行生产的必要性,又要以现实主义的眼光如实摹写这一产生方式对农民实际利益的影响与冲击；既要表现党的政策给农村合作社带来的新变化，又要真实地反映自主性的经营模式给农民带来的实惠和积极性。于是，文学的政治功利原则与现实主义精神之间就产生了无法顾全的矛盾。也由此，我们看到了这样的现象：一方面，柳青理性地刻画出"引路人"王加扶的带头作用，另一方面又客观地描写出"蜕化者"王克俭的退坡思绪；一方面极力支持，大力倡导党的引路意义，另一方面又十分理解、暗自同情自耕农的自主行为。写"引"缘于党的方针政策，缘于作家的党员身份；写"蜕"缘于经济逻辑，缘于作家的农民出身。党员作家的身份使他撤换王克俭的职务将王加扶推向前台，将现实的可能性转化为历史的必要性；底层农民的身份又使他理解王克俭的现实选择，将历史的必要性转化为现实的复杂性。两种矛盾相互纠结，小说就不是路线斗争的线性展示，而是鲜活的陕北生活气息与日常生活化的诗意书写，虽然王加扶最后取得了胜利，但舒缓而略显拖沓的情节与松散的结构无形中削弱了"引路人"的意义，也使主题变得含混起来。欧阳山亦同样如此。一方面他塑造了支持任常有的区长程浩明，另一方面又着力刻画了赞成高干大的区委书记赵士杰；一方面他写到了错误的方针政策使任常有的合作社走向了死胡同，本人也酗酒死去，另一方面也写到了新的经济政策使高干大的合作社兴旺发达，生机勃勃，本人还被树为当地的劳模。所不同的是，欧阳山所表现的是整风运动前农村的经济建设行为，当时延安建设厅提出的是"克服包办代替，实行民办公助"，因此，他对高干大的刻画就显得较为直截，只需表现出高干大如何与边区政策相一致，以"经济逻辑"为杠杆走群众路线并且卓有成效就行。但因反巫神是当时一项重要的政治运动又不能不表现，作家就把它与故事的情节串联起来了。又由于败了合作社家底的任常有突然死亡，反巫神运动又不能不交代，于是小说就出现了中段情节急转，主次情节稍显混乱的艺术瑕疵。当文学进入政治一元化时代后，因柳青在表现中国农村现实的可能性转化为历史的必要性时孕生了"不必要"的纠结情绪，而欧阳山所表现的"民办公助"也时过境迁，《种谷记》与《高干大》的"不合时宜"也就愈发凸显，被边缘化也就在所难免了。这就是《种谷记》和《高干大》之所以出现艺术瑕疵以及因何边缘化的缘由。

二

如果说"征用"经济学理论可以解释《种谷记》和《高干大》之所以出现艺术瑕疵以及因何边缘化的问题,那么,"征用"存在主义理论会有怎样的发现呢?下面,我们再以《围城》为例谈谈存在主义哲学理论对《围城》文学史意义的确立及其意义。

钱锺书的长篇小说《围城》出版于1947年5月,小说一经出版即引起轰动。但由于不久社会形势发生了根本性的转变,钱锺书与他的《围城》随之也噤声,直到1979年夏志清在其《中国现代小说史》中专章称赞钱锺书其人其文并高调断言"《围城》是中国近代文学中最有趣和最用心经营的小说,可能亦是最伟大的一部"① 后,钱锺书与《围城》研究才重新被激活并促成了内地的反冲力,《围城》的接受也从此步入正轨。

据笔者探析,自1979年至今,《围城》接受在现实主义视阈、新批评视阈、存在主义视阈、比较文学视阈等四个视阈中显示出学术进展轨迹。其中,现实主义视阈虽最先沿用却因接受者先验地以现实主义框架去套验现代主义的文本,从而使接受视阈与文本旨向发生了错位,落入了尴尬的境地;新批评视阈一度因文本中心主义等形式主义方法契合了转型时代的接受诉求,加之夏志清的冲击效应,彰显出蓬勃的生机;比较文学视阈是探析《围城》世界性因素的重要视阈,接受者以平行研究为重点,将重心放在展示钱锺书与《围城》同世界文学大师及其代表作的精神联结上,意味着两种世界同样的伟大;而存在主义视阈因《围城》的存在主义质素为接受者寻求中国现代文学与世界同步、与时代同脉的文本提供了理想的标本,实现了《围城》接受的历史性跨越。② 为什么在四种主要的接受视阈中,只有存

---

① 夏志清:《中国现代小说史》,刘绍铭等译,香港友联出版有限公司1979年版,第385页。
② 陈思广:《〈围城〉接受的四个视阈——1979—2011年的〈围城〉接受研究》,《新疆大学学报》(人文社会科学版)2013年第6期。

在主义视阈实现了《围城》接受的历史性跨越呢？

　　1947年7月，竞文书局出版《英文新字辞典》，收录 Existentialism 一词，解释为："现代法国文学里的一种哲学。"戴镏龄先生看后觉得不妥，便在《观察》第3卷第4期发表《评英文新字辞典》一文，对该词条的释义进行了匡正。钱锺书看后说："这不大确切，只能说一派现代哲学，战前在德国流行，战后在法国成风气。我有 Karl Jaspers: Exis-tenz philosophie（卡尔·雅斯贝尔斯：存在主义哲学）就是1938年印行的，比法国 Sartre: L'Etre et le neant.（萨特：生命与虚无）Camus: Le Mythe de Sisyphe（加缪：西西弗斯神话）要早四五年。近来 Kierkgaard（克尔凯郭尔）Heidegger（海德格尔）的著作有了英译文，这派哲学在英美似乎也开始流行。本辞典为'存在主义'下的定义也不甚了了。"① 这是钱锺书为辞典所写的一个补评，并非是针对戴文提出意见，但这却表明，钱锺书对存在主义哲学的来龙去脉知根知底，也从另一方面证明钱锺书以存在主义思想烛照中国社会的现实状况与人的生存状态，自有其潜在的哲学基础与思想根基。因此，从存在主义哲学的视阈揭示《围城》的意蕴绝非无根之木，无源之水，而是更接近钱锺书本意的一种"场外征用"，一种对《围城》的价值与文学史意义更为契合的有效路径。

　　的确，表面看来，《围城》通过"对抗战时期古老中国城乡世态世相的描写，包括对内地农村原始、落后、闭塞状况的揭示，对教育界、知识界腐败现象的讽刺"②，同时借留学生方鸿渐的遭遇，从新式知识分子的角度对中国传统文化进行了深刻的反省与批判，为民族的精神危机样态把脉，对人的现代意义进行哲理的思考。实际上，《围城》是以存在主义思想书写人的存在主义主题，即：人生处处是困境，永远无法摆脱，生活如此，精神亦如此，无法安妥的存在便是人的存在。这也是《围城》的深层主题。

　　众所周知，钱锺书在《围城》中关于"围城"的旨意出现在小说中褚慎明与苏小姐的一段对话里："慎明道：'关于 Bertie 结婚离婚

---

　　① 钱锺书：《补评英文新字辞典》，《观察》1947年第5期。
　　② 温儒敏：《〈围城〉的三层意蕴》，《中国现代文学研究丛刊》1989年第1期。

的事，我也和他谈过。他引一句英国古话，说结婚仿佛金漆的鸟笼，笼子外面的鸟想住进去，笼内的鸟想飞出来；所以结而离，离而结，没有了局。'苏小姐道：'法国也有这么一句话。不过，不说是鸟笼，说是被围困的城堡 Frtresse assiégée，城外的人想冲进去，城里的人想逃出来。'"这是对《围城》主题的形象描述。其实，钱锺书曾借方鸿渐之口点明，城里的人想出来，城外的人想进去这一"围城"现象，不仅指爱情，也指人生。也就是说，人生也罢，婚姻也罢，莫不如是。若我们将这一哲理加以引申的话，我们就会发现，钱锺书先生其实是在探索人的存在哲学的问题，即：人是一个不断探索"我将何为，我将何去，我将何在"的存在物，人生也就是不断探索这一目的的循环往复的过程。你看，从方鸿渐国外游学→上海工作→途中流离→三闾大学→返回上海的人生经历中，作家不正是表现了进城→出城→进城的人生循环吗？不正是思考人将何为→人将何去→人将何在的意义吗？再联系其他人物如赵辛楣、孙柔嘉、苏文纨、唐小芙、褚慎明、曹元朗等人的命运，又何尝不是如此呢？因此，《围城》表达的正是："人生充满不确定性，生活充满无目的性，婚姻也与盲目与偶然相关联，生存的危机也随之而来，焦虑与不安、悲观与失望、孤独与寂寞、空虚与惆怅等思绪就上升为主导情绪，并迫使人们不得不思考存在的价值与意义。这一切都是因为人本身的意义与命运的必然性被无意义与偶然性所替代，人对过程、对结果、对手段、对目的的探寻，都失去了对意义本身的探寻，于是，人生不是一个个有希望的联结点，而是一个个无意义的虚枉的再生点。这就是《围城》对人的非理性的深入思考，也是对人生处境的荒诞性的哲学思考，即：对存在主义哲学的形象的诠释与准确的表达。"① 从这个意义上说，夏志清先生认为："《围城》是一部探讨人的孤立和彼此无法沟通的小说"②，是很有见地的。也正是作家以存在主义观念审视人生，也才

---

① 陈思广：《中国现代经典长篇小说的审美构成与艺术贡献》，《河南科技大学学报》（社会科学版）2012 年第 4 期。

② 夏志清：《中国现代小说史》，刘绍铭等译，香港友联出版有限公司 1979 年版，第 380 页。

能在主体取向上,以一种彻底的虚无主义的态度洞察人生,剥夺人们对意义本源的探寻,撕破人们对终极意义的关怀,将尘世间的荒凉、虚无与荒诞直面地坦示于人间,也才能以反讽与悖论的写作姿态为人们奉献出一部思考人的存在处境及其荒诞性的经典之作。也由此,当解志熙从存在主义视阈给《围城》重新定位时,人们认为他打开了《围城》接受的新疆域,实现了《围城》接受的历史性跨越,因为"通过对方鸿渐那种消极逃避、怯懦认命的人生态度的严厉的批判,钱锺书在召唤一种不畏虚无的威胁而挺身反抗这虚无以肯定自我存在的勇气,在张扬一种勇敢地承担根本虚无的压力并且明知无胜利希望而仍然自决自为的人生态度。这样钱锺书就由对虚无和荒诞的揭示走向了对虚无和荒诞的反抗。这既是《围城》这部现代经典的主旨之一,也是钱锺书与西方存在主义者在思想上的契合之处"。而且,"无须比较我们也可以看出,钱锺书的《围城》和萨特的《理性的时代》是殊途同归,而与加缪的《局外人》则如同一辙。如果说萨特的《理性的时代》是直接从正面来肯定个人的自由和自为的勇气,并把这种自由和勇气推到极端的话,那么钱锺书和《围城》和加缪的《局外人》则是从反面来启示人们,当孤独的个人面对虚无的人生和荒诞的存在处境时,有没有一种个体主体性,有没有一种敢于独立自为的勇气,一种不畏虚无而绝望地反抗的勇气,就是生死攸关的事了。而不论是从正面揭示也好,还是从反面暗示也罢,钱锺书、萨特和加缪的出发点与思路在根本上是相通的,而且他们都以独特的创作表现了无畏的勇气,确定了他们各自存在的独特价值"。从这个意义上说,"钱锺书敢于通过《围城》的创作来表达他对人生之虚无与存在之荒诞的认识,这本身就意味着对这虚无和荒诞的蔑视与反抗;而他也由此为 20 世纪世界文学贡献了一部经典之作,确立了自己的不朽地位"。① 我们也据此说,《围城》是中国现代文学史上第一部以现代主义思想出色地传递现代人观念的优秀长篇小说,是中国现代长篇小说与世界意识同步构建的重要标志。而这一观点我也曾多次在教

---

① 解志熙:《生的执著——存在主义与中国现代文学》,人民文学出版社 1999 年版,第 217—234 页。

学中谈及。至此,《围城》的主题意义与文学史意义在存在主义哲学的"征用"下得到新的阐发。

当然,我们还可以"征用"叙事学理论、符号学理论等其他理论对现代长篇小说作进一步的探讨,限于篇幅,这里就不再具体展开了。

文学的疆域看似有边实无边,文学的探索看似有度实无度,以探求之心打开未知的视阈,以创造之意开启文学这扇神秘莫测的门,是文学不断焕发生命力的根本动力。在探索的道路上,要鼓励探索,允许先破再立,不破不立。"场外征用"亦是如此。"偏离"是一种可能,但"刷新"同样是另一种可能。或者我们换一个角度思考:"偏离"是否意味着"刷新"呢?只要我们以开放的胸怀面向文学,我们的世界将无比宽广。

从"东方主义"和"汉学主义"看跨文化研究中"强制阐释"的出路

——兼论当代中国文论和批评的困境*

邓 伟**

一 绪论

近年来，张江教授提出的"强制阐释论"在国内外文论界引发了热烈的讨论，已经成为一种"理论现象"。之所以引起如此强烈的共鸣和争议，我们必须承认，"强制阐释论"的确是切中肯綮，一方面指出了现代西方文论的本体性缺陷；另一方面也毫不留情地指出了中国当代批评的弊病之所在，具有振聋发聩的效果。中国当代批评机械生硬地搬用、套用西方理论对中国文学和文化问题进行强制性阐释的弊病，相对于现代西方文论本就具有的"强制阐释"的特点，已经是二次"强制阐释"，或者可以称之为双重"强制阐释"。由此观之，当代批评所具有的悖谬性是不言而喻的。

"强制阐释论"令我们不由得回想起20世纪90年代中国文学理论界在接受后殖民主义理论后提出的"文论失语症"这一中国式理论命题及其后续相关论争。撇开表面，这一命题实质上所反映的是中国当代知识分子主体性深层次的焦虑。笔者认为，"强制阐释论"和"文论失语症"是这个问题的一体两面。很难忘记撒切尔夫人的断

---

* 本文为江西省社会科学"十二五"（2015年）规划项目（一般项目）"后殖民批评：形态与价值"（15WX11）成果，原刊于《江汉论坛》2017年第11期。

** 作者单位：江西师范大学国际教育学院；江西师范大学文学院。

言：西方不必焦虑中国之崛起，中国不会成为超级大国，因为"中国没有那种可用来推进自己的权力，从而削弱我们西方国家的具有国际传染性的学说。今天中国出口的是电视机而不是思想观念"①。的确，在众声喧哗、名家辈出的20—21世纪世界文学理论和批评场域，中国学者发出过什么样的声音？身处当代全球知识场域的频繁互动和激烈博弈之中，中国知识分子提出过什么独创性、突破性的理论？做出过什么样的思想贡献？这些问题，早已成为当代中国知识分子心中的隐痛。随着中国经济快速发展，综合国力、国际地位的快速提升和国际影响力的不断扩大，这种隐痛就愈发明显，如同"钱学森之问"和"李约瑟难题"那样困扰着当代中国知识分子。

当代中国批评，由于多年来将现代西方文论奉若圭臬，兼以生吞活剥和削足适履的批评态度，"强制阐释"大行其道已有多年。所造成的后果是：在30多年追赶西方理论的热闹场景之后，蓦然回首，我们自己手中却空无一物。中国学者没有创造出能够在世界文学理论和批评场域流通的理论硬通货，大多只做了西方理论的传声筒。此种情形，值得我们从事文学理论和批评研究的学者深入反思。

为避免凌空蹈虚，本文结合跨文化研究中最具代表性的"东方主义""后殖民主义"和近年来出现的、被称作上述二者替代性理论的"汉学主义"，探讨中国文学理论和批评面临的"强制阐释"问题。

二 "东方主义"与当代中国批评的"强制阐释"特征

张江教授认为"强制阐释"是"当代西方文论的基本特征和根本缺陷之一"，并着力指出"主观预设是强制阐释的核心因素和方法。它是指批评者的主观意向在前，预定明确立场，强制裁定文本的意义和价值"②。笔者认为，"主观预设"不仅是现代西方文论的核心

---

① 转引自郭沂《国家意识形态与民族主体价值相辅相成——全球化时代马克思主义与儒学关系的再思考》，《哲学动态》2007年第3期。

② 张江：《强制阐释论》，《文学评论》2014年第6期。

因素和方法，如果从张江教授这个关于"强制阐释"的界定出发来检视当代中国批评，我们会发现"强制阐释"的"幽灵"几乎无处不在。让我们从当代中国的跨文化研究及其最具代表性的后殖民批评入手，来探其分晓。

在后殖民理论进入中国的初期，即20世纪90年代初，在萨义德的《东方主义》等著作还未译介到国内之前，国内学界就出现了人人争说"萨义德"的热闹场景，旅美学者刘禾曾对此现象发表评论说："此书至今不见中译本的出现，也就罢了，但令人惊讶的是，无论是读过萨义德的书还是没有读过，国内参与评论萨义德的人近几年却踊跃非凡。时常听到有人对'东方主义'和后殖民理论作些望文生义的阐释，遂又将那些释义平白无故地栽到萨义德头上，说萨氏对西方文化霸权的批评就是主张反西方……有些论者表现得尤其急躁武断，对其争论的对象不求甚解，却亟力将萨义德和后殖民理论的立场庸俗化、漫画化……而对其原著既不做翻译，也不做学理上的探讨……由于国内学界对于后殖民理论认识上的种种混乱，我们经常可以听到如下说法：萨义德＝反西方主义＝提倡民族主义……"[①] 萨义德真是"反西方"的斗士吗？他早在写于1984年的《东方主义再思考》一文中就非常清楚地表明了自己对所谓"东方"和"西方"这种二元对立思维方式的看法："与近来东方主义的批评者相同，我认为有两点尤为重要——一是更多地把东方主义解释为批评的而非积极的训练方法从而加以精查细读的严密的方法论上的警醒，二是不让对东方的隔离和限制无挑战地继续下去的决心。我对第二点的理解导致我采取完全拒绝像'东方'和'西方'这类名称的极端态度。"[②]

长期以来，有不少国人和学者把萨义德看作阿拉伯民族在西方的代言人，为反抗以美国为首的西方压迫而发声，更有甚者将其看作整个第三世界的代言人。有中国学者就认为萨义德的《东方学》是一

---

① 刘禾：《互译性：现代思想史写作中的一个语言盲点》，《语际书写——现代思想史写作批判提纲》，上海三联书店1999年版，第4页。
② 参见罗钢、刘象愚《后殖民主义文化理论》，中国社会科学出版社1999年版，第9页。

部"金刚怒目式的著作",而其本人则已经"俨然成为替第三世界各民族打不平的文化斗士"①。甚至趁介绍萨义德之机,公然鼓吹东西方对话之不可能,号召对抗西方:"'东方主义'和'西方主义'各有各的逻辑,各自有各自的一套话语。也许我自己还在'西方主义'的套子里未能钻出来。如果西方和东方真正的对话还不可能,如果公正的叙述还未到时机,那就各说各话好了。"②这是一种彻头彻尾的"强制阐释"。萨义德曾非常明白地表示自己的著作"非但不是为阿拉伯人或伊斯兰国家辩护——如我的著作被许多人所认为的那样——我的观点还认为,除非作为给予它们存在的'阐释群体',否则二者都不存在"③。

仔细分析下来,中国后殖民批评之所以会出现这种非常明显的"强制阐释"特征,主要原因在于批评者的"主观预设",其文化民族主义批评立场早已提前设定。中国后殖民批评所鼓吹的"第三世界文化理论"在这方面非常具有代表性。从这种理论的"强制阐释"视角出发,当今世界文化的主要矛盾是第三世界和第一世界间的文化冲突与矛盾。"第一世界对第三世界的文化控制、压抑和吸引以及第三世界的认同、拒斥、逆反成了一种文化的主题!第三世界文化如何处理和面对与第一世界的关系,如何面对无所不在的西方价值和意识形态的挑战,这是文化和语言领域的基本形势。"④

中国后殖民批评不仅将十分复杂的世界文化矛盾简单化和本质主义化,还由此引申出对西方文化根本性的诋毁与攻击。"曾经支撑这些文化进行伟大变革的那些西方人文价值如自由、民主、平等和人的尊严,在西方的思想中已经受到诸如德里达、拉康、福柯这样的思想家的彻底的质疑。我们的信念变成了过时的、古老的和早已从语言领域中加以消解的东西。它们已不足以支撑我们的存在。"⑤出于中西

---

① 张宽:《欧美人眼中的"非我族类"》,《读书》1993年第9期。
② 同上。
③ 参见罗钢、刘象愚《后殖民主义文化理论》,中国社会科学出版社1999年版,第7页。
④ 张颐武:《第三世界文化的生存困境》,《当代作家评论》1989年第5期。
⑤ 同上。

二元对立的民族主义立场，中国后殖民批评不惜对具有人类普世价值的理念如自由、民主、平等和人的尊严等一概加以否定，其否定和攻击的矛头不仅指向西方文化，还指向了清末和五四以来的中国百年现代化进程。

为了取代这些支撑我们现代化进程的西方核心人文价值，中国后殖民批评炮制并抛出了"中华性"理论，与西方文化展开对抗。"中华性"理论炮制的所谓"中华文化圈"，以中国大陆为核心层，第二层为港澳台，第三层为海外华人，第四层为受中国文化影响的东亚和东南亚国家。"在这个联合体中，中国最有可能成为中心，这不仅在于它是个大国，有一定的综合国力，更主要的是它是一个有深厚传统的、能建立起向心力的文化！中国文化本来就尤其善于绘制宏观世界图景，创造话语体系和建立认同中心。"①

这种打着后殖民主义的旗号，将民族文化本质主义化，拒斥对抗西方文化，否定中国现代化进程，建构新的文化认同中心，其力图重返世界文化权力中心，谋求新的文化霸权的意图非常明显，已经完全与后殖民主义关于民族文化和世界文化的论断背道而驰。上述批评对后殖民理论和中国文化的"强制阐释"已经到了非常严重的程度，原因就是"主观预设"的文化民族主义的批评立场。

我们有必要探究一番，以萨义德为代表的后殖民主义理论家的批评立场究竟从何而来，与上述中国学者的批评立场有何不同？我们必须从后殖民主义的兴起说起。首先，后殖民主义的崛起并不在第三世界那些前殖民地国家，其领军人物也并非第三世界的本土理论家，而是出身于第三世界却已跻身西方学术界的一群学者。其次，《东方主义》及其他后殖民主义经典是首先在西方学术界走红，然后才引起第三世界学术界的关注。换句话说，《东方主义》首先是获得了西方学术界的认可之后，才获得了全球范围内的学术权威性并成为学术经典。西方学术界的权威是《东方主义》等后殖民著作经典性和权威性的来源。再次，在西方学术圈内部，追随后殖民理论最热情的学者

---

① 张法、张颐武、王一川：《从"现代性"到"中华性"新知识型的探寻》，《文艺争鸣》1994年第2期。

又是些什么人呢？他们要么来自少数族裔群体，要么是对这些族裔群体的意识形态持一种同情态度的西方学者。这些来自第三世界国家的学者，大都出身于本国上层阶级。在进入西方学术界之后，他们需要有来自本国的材料证明自己受压迫的地位。他们偏好的材料多与种族、民族、性别、语言等相关，而与阶级无关，因为他们并非出身于本国劳动阶层，也不属于所在国劳工阶层。这解释了崇尚阶级分析法的马克思主义没法获得后殖民主义青睐的原因。这些来自前殖民地国家的知识分子身处西方学术界，所需要的是能够为其获得更大发言权、更高关注度和更大晋升机会的族裔压迫叙事，而萨义德的《东方主义》恰是这个人群所需要的完美范本。所以，后殖民主义并非如某些国内学者认为的那样是为前殖民地国家被帝国主义、殖民主义压迫的劳苦大众代言。

那么为什么后殖民主义被中国学者如此具有"偏好性"地"强制阐释"呢？我们又该如何超越这种"强制阐释"呢？

除了上面提到过的原因外，后殖民理论家的身份也很重要。他们主要来自前殖民地国家，还有一些来自西方国家少数族裔。他们的理论多带有强烈的反压迫情结，这赋予其很强的情感冲击力，非常容易引起有相似历史经历的中国学者的共鸣。

在救亡压倒启蒙的现代中国，民族主义话语长期占据主流。由于"理论旅行"造成的错位，原本在西方从文化边缘地位抨击主流文化的后殖民主义到了中国却和主流话语结合，使本就处于弱势地位的启蒙处境更加窘迫；中国现代性进程也因此面临更大冲击和阻力。汪晖尖锐地指出中国后殖民批评的本质性缺陷："没有一位中国的后殖民主义批评家采取边缘立场对中国文化的内部格局进行分析，而按照后殖民主义的理论逻辑这倒是应有之义。"[1] 章辉也指出，中国后殖民批评"其学理缺陷在于，歪曲了后殖民理论的要义，失却了后殖民知识分子的伦理责任，错误地解读了当代中国文化的矛盾，延误了中国现代性的进程"[2]。

---

[1] 汪晖：《当代中国的思想状况与现代性问题》，《天涯》1997 年第 5 期。
[2] 章辉：《后殖民理论与当代中国文化批评》，《文学评论》2011 年第 2 期。

笔者认为，对殖民主义、帝国主义、新殖民主义和新帝国主义代表的文化霸权，批判是必需的、急迫的任务，但一定要超越民族义愤、苦大仇深才能克服之前许多批评流于表面的问题。

这方面，帕尔塔·查特吉的《民族主义思想与殖民地世界》对我们具有启发意义。书中，查特吉不再如之前很多后殖民理论家那样只关注西方世界有关东方的话语表述，而是转向了印度本土。他的研究向我们展示了知识运作在跨文化语境中的复杂性。查特吉的研究聚焦于以下几点：殖民地时期西方现代国家理论如何被印度知识分子接受，并进入其话语体系；印度本土知识分子如何借用这种西方理论抵抗英国殖民统治，并最终建立自己的国家；印度独立后，这种西方国家理论如何沦为新建立的民族国家的意识形态工具，为其国家权力合法性进行辩护。查特吉告诉我们，跨文化、跨语际的传播，必然使之前的知识和理论发生变化，失去部分原来的意义，并生发出新意义，这意味着，来自西方的理论和话语霸权在一个新语境中，经过一种中介作用，可以生发出一种新的权力、秩序的话语和知识。

"东方主义内部令人生畏的结构"（萨义德语）会导致本土霸权和西方霸权同源同构。西方霸权需要借助本土知识分子及其话语体系的转化才能发挥效力。阿里夫·德里克指出："'东方主义'在亚洲被制造成了民族主义意识形态，并在霸权化的再现中融入他们的各种不同的民族文化思想中。从印度、新加坡到中国，亚洲社会的民族主义在当代复苏。"① 此时，"西方霸权"已沦为本土知识分子把持的话语集团和利益集团在符号资本争夺战中使用的意识形态工具。

三 "汉学主义"与"东方主义"

近年来，由于东方主义所代表的后殖民主义弊端逐渐显现，有学者提出了其替代性理论："汉学主义"，引发学界的热烈讨论和争议。

什么是"汉学主义"？据相关学者梳理，"汉学主义"的产生最

---

① ［土耳其］阿里夫·德里克：《后现代主义、东方主义与"自我东方化"》，曾艳兵译，《东方论坛》2001年第4期。

初受萨义德东方主义的影响。

1998年，德国华裔学者夏瑞春和澳大利亚学者鲍波·霍奇、雷金庆在其著作中均使用了"汉学主义"一词。夏瑞春认为，Sinologism（汉学主义）一词与Orientalism（东方主义）很相似，但是在阐释和中国有关的跨文化研究和知识生产时又比后者更准确。国内首倡这一概念的学者是周宁教授。周宁经过对西方汉学发展史三个阶段的分析指出，汉学作为一门学科的知识合法性遭遇危机。作为西方的话语，其本质上具有根深蒂固的"汉学主义性"①。其后，大力倡导"汉学主义"的是美国达拉斯德州大学的华裔学者顾明栋教授。近年来，顾明栋在国内发表相关论文十余篇，其海外专著的中译本也已出版，引发了一场理论争议。

顾明栋认为，把东方主义和后殖民主义运用到中国研究中的严重缺陷是极易引发文化战争，因为二者都是以政治和意识形态批判为旨归。文化战争从根本上忽视学术研究的真正目的，无法解决学术问题，因此，中国研究需要"汉学主义"这一不同的研究范式。"汉学主义既是一个知识系统，又是知识生产的一种实践理论。前者主要包括了西方研究中偏离中国文明实际状况而产生的纷繁复杂的现象，而后者则涉及了全世界，尤其是西方和中国在生产关于中国文化的知识时所采用的有问题的认识论和方法论。从整体上看，它是建立在以西方为中心的种种观点、概念、理论、方法和范式构成的总体基础之上的，其理论核心是认识论和方法论的他者殖民与自我殖民。"②

顾明栋认为，经他重新建构的汉学主义是一种反思批判性理论。想达到的主要目标是揭示对中国的歪曲歧视偏见这一问题表象之下的动机、态度和意识形态，寻找中国知识生产出现问题的内在逻辑，揭示问题产生的认识论和方法论问题，最终目的是促使有关中国的知识生产能够远离任何形式的政治因素、偏见、歧视和主观性的干扰，尽

---

① 周宁：《汉学或"汉学主义"》，《厦门大学学报》（哲学社会科学版）2004年第1期。

② 顾明栋：《汉学主义：中国知识生产的方法论之批判》，《清华大学学报》（哲学社会科学版）2011年第2期。

量趋向客观中正。

顾明栋教授提倡"汉学主义"基于他的两点认识。第一，长时期以来，面对占据世界学术研究主导地位的西方理论和研究范式，"中国学术界普遍存在'原创的焦虑'"。第二，西方理论和研究范式在进行有关中国知识的生产过程中，具有一种"强制阐释"性。顾明栋认为中国学者学习西方理论，虽开阔了眼界，但也戴上了"有色眼镜"，套上了"无形的知性枷锁"，产生了认识论和方法论惰性，阻碍了他们凭自己的聪明才智做出原创性学术成果。

笔者认为，顾明栋教授对东方主义和后殖民主义缺陷辨析得比较到位，认为二者解释中国文化会出现"强制阐释"现象，对一些中国学者将西方视角内化为自己的研究范式的批评一针见血。顾明栋教授的学术愿景——克服中国学者的认识论和方法论惰性、推动中国学术向更高层次的原创性学术发展——可谓雄浑阔大！但具体到如何克服惰性，进而"促成中国目前以西方学术为中心的学术范式向博采众家之长的独立自主型范式的转换"①，缺乏具体细致的论证。笔者认为，总体而言，"汉学主义"理论解构有余而建构不足，一些关键性理论问题亟待厘清。

"汉学主义"理论建构的第一个核心问题是被反复强调的认识论和方法论问题。顾明栋认为汉学主义"有意或无意地根据西方观点来看待中国。这样以西方为中心的认识论导致了以西方学界的目的论为核心的方法论"②。为了辨明认识论和方法论问题，我们非常有必要首先厘清，汉学研究的本体究竟是什么？

一些学者认为汉学是中国学术研究在域外的延伸，顾教授甚至认为"这是中国人的学术"③。笔者认为汉学研究从严格意义上说不能算作中国学术研究在海外的延伸，原因有二：第一，研究的主体不

---

① 顾明栋：《后殖民理论的缺憾与汉学主义的替代理论》，《浙江大学学报》（人文社会科学版）2015年第1期。

② 顾明栋：《什么是汉学主义？——探索中国知识生产的新范式》，《南京大学学报》（哲学·人文科学·社会科学版）2011年第3期。

③ 顾明栋：《汉学研究的知性无意识》，《北京师范大学学报》（社会科学版）2013年第3期。

同。虽然汉学研究的对象也是中国文化，但研究者已经不是中国人。第二，研究的出发点和语境不同，汉学研究多从研究者所在国和地区具体情况出发，以解决其所在语境中存在的问题为旨归。以上两点意味着，汉学研究所运用的认识论、方法论必然和国内学者有很大区别。

如果不认识到这两点，我们对汉学研究的评价就会流于表面性描述，缺乏对精神实质的探究，导致偏差和误判。笔者认为，顾明栋教授从认识论和方法论角度判定"汉学主义"的观点，就是一种误判。

因为汉学研究的本体不同于国内的中国研究，其研究的语境、出发点、方法论和认识论自然会有所区别，所以，责难"汉学有意无意地根据西方观点来看待中国"是一个伪命题。

让我们以近代"日本中国学"为例，来探讨这个问题。

如何理解近代"日本中国学"呢？近代"日本中国学"诞生的标志性事件是1891年井上哲次郎为明治天皇《教育敕语》撰写的《衍义》获得广泛认同。《衍义》把儒学的"孝、悌、忠、信"等古老理念阐释为具有现代价值的"爱国主义"，大获成功。此后，井上一生致力于将旧的儒家理论和西方国家理论相结合，对日本文化传统进行再造，这成为日本近代史上重要的思想文化现象之一。

其后几十年，井上哲次郎、服部宇之吉和宇野哲人先后成为"日本中国学""东京学派"的核心人物。他们主张为儒学"在新时代注入新的生命"；认为中国有儒教而无"孔子教"，鼓吹真正的"孔子教"在日本，并将孔子的"天命观"引申为日本对世界的责任和"天命"；鼓吹日本文化是融合了中西的新文化，无论东方还是西方都应该接受日本文化的恩泽。这成为那个时代日本儒学阐释的主流，"祭孔"也成为军国主义时代日本常见的文化现象。

与此同时，"东京学派"内部出现了以白鸟库吉和津田左右吉为代表，对以儒学儒史为核心的中国古文化持激烈批判态度的另一派。白鸟库吉在1909年的《支那古传说之研究》中提出了著名的"尧舜禹抹煞论"。他秉持"兰克学派"的实证主义历史观，挣脱了传统儒学观的束缚，从史料的可靠性出发，重新审视中国历史，评价中国文化，并最终完成了"日本中国学"的奠基工作。

无论是井上哲次郎代表的日本"新儒学"还是白鸟库吉代表的急进批判主义，都有其产生和发展的历史语境，都反映了当时日本的国家需要。"新儒学"是以"亚西亚主义"为研究出发点，而急进批判主义是以"脱亚入欧"作为研究的基石。看起来两个学派相互对立，实际上都属于明治维新以来日本"国家主义"的主流意识形态，都是当时日本所需要的。

以上两个对立的"日本中国学"学派说明"所有这些与'中国文化'相关联的扑朔迷离的现象，都是与日本社会总体的'文化语境'相关联的。它时刻提醒研究者，在日本文化中被表述的、被阐释的'中国文化'，已经不是'本源性'意义上的中国文化了，'日本中国学'首先是'日本近代文化'构成中的一个层面，是日本在近代国民国家形成和发展中构筑起的'国民文化'的一种表述形态，它首先是'日本文化'的一个类型"①。

同样，在汉学中被表述和阐释的中国文化，并非"本源性"的中国文化，而是研究者所在国特定时代一种类型的文化表述和建构。因此，认为汉学研究不能使用西方的认识论和方法论，否则便是"汉学主义"，岂非成了一则"惠子善譬"，而"王使无譬"的"强制阐释"性笑话？

"汉学主义"理论建构的第二个核心问题是："汉学主义"和"东方主义"是两种不同性质的理论吗？顾明栋教授一再强调二者的区别，概括起来，主要集中于三点。第一，东方主义是为殖民主义服务的，而汉学主义不是，其意识形态性要微弱得多；第二，东方主义重意识形态和政治批判，汉学主义重知识和学术研究的客观性；第三，"与萨义德的东方主义相比，东方主义完全是西方人的产物，而汉学主义并不完全是西方人的发明，它是西方人和中国人共同创造的产物"②。他特别强调萨义德的"东方主义"没有关注被殖民者的自我殖民或"自我东方化"问题，而"汉学主义"注意到了，还由此

---

① 严绍璗：《对海外中国学研究的反思》，《探索与争鸣》2007年第2期。
② 顾明栋：《什么是汉学主义？——探索中国知识生产的新范式》，《南京大学学报》（哲学·人文科学·社会科学版）2011年第3期。

引申出"自我汉学化"这一概念，认为这是"汉学主义"不同于，也优于"东方主义"之处。

关于萨义德的《东方主义》没有论述东方人参与东方主义建构的问题，赵稀方研究员已经对顾的观点进行了有力的反驳，此处不再赘述。笔者认为，即使我们假定汉学主义的意识形态性比东方主义弱，其旨归也的确在于追求知识和学术研究的客观中正，但并不能因此否认它与"东方主义"的家族相似性。反倒因为强调"自我汉学化"等概念，并罗列了大量"西方学术霸权"的案例而大大加强了中西二元对立的研究进路。这一点令笔者印象非常深刻：顾教授用很长篇幅列举了大量西方学者在汉学研究中把持方法论、认识论霸权的案例，以及一些中国和华裔学者的"自我汉学化"现象，其表述充满了苦大仇深式的民族义愤，表达了把中国文化阐释权夺回来的强烈愿望。

上文中，笔者已经结合查特吉等人的观点讨论过对西方霸权和"自我东方化"现象展开批评时需要注意的问题，一定要避免苦大仇深、流于表面。在批判西方霸权的同时一定要结合对本土霸权的批判（这一点顾教授略有提及，但显然他志不在此）。本土霸权是一种包裹着"民族文化"和"爱国主义"的外衣，占领了道德高地而不易被察觉的"自我东方化"。

德里克曾批评一些亚洲国家的"儒学复兴"是典型的"自我东方化"。"在这种自我东方化中，还有阶级的成分。或者更确切地说，有国家、富有阶级和知识分子之间的同谋。他们都以各自的方式从民族文化的同一性中获益。这种将种族问题引入文化讨论的危险在中国社会表现得最为突出。"① 从保罗·吉尔罗伊的观点看，这是一种从生物学意义上使用文化的倾向。所以，仅从民族义愤出发批判"西方学术霸权"和"自我汉学化"不仅伤不到其筋骨，反而有可能走向批评的反面。

经过比较分析，笔者认为，"东方主义"和"汉学主义"，"自我

---

① ［土耳其］阿里夫·德里克：《后现代主义、东方主义与"自我东方化"》，曾艳兵译，《东方论坛》2001年第4期。

东方化"和"自我汉学化",这些两两相对应的概念在思想层面上并无实质性差异,后者只是前者某种程度上的延伸和在中国研究情境中的具体化。就其思想根基和思维方式而言,后者在相当程度上复制了前者。其突出表征在于不恰当地突出了中西文化二元对立(集中于方法论和认识论层面)和西方文化学术霸权的无所不在(已进入东方人的潜意识)。因此,笔者认为"汉学主义"的提倡虽不乏真知灼见,但其文化民族主义的偏执令人无法忽视,中西"学术战争"氛围异常浓厚。"汉学主义"在理论上是东方主义的延伸,在思想层面上并无根本性突破。其建构的方法论和认识论基础与东方主义一样,仍然是福柯的"权力话语"理论和葛兰西的"文化霸权"批判。"权力"作为研究工具,在"后福柯"时代早已日薄西山。而最根本的问题是,"汉学主义"将其强烈批判的西方认识论和方法论作为自己理论建构的根基,其结果必然是"搬起石头砸自己的脚"。

"汉学主义"既然已经解构了汉学研究中西方认识论和方法论霸权代表的研究范式,那么取而代之的研究范式是什么?按照顾的逻辑,最应该取而代之的是中国的认识论和方法论。但笔者并未发现顾教授使用任何中国的或其他非西方的认识论和方法论进行理论阐述。这一缺憾和萨义德的《东方主义》如出一辙。不少学者指出东方主义没有为自己所批评的现象提出一个替代物,萨义德则辩称东方主义没有必要非得要有一种替代物。Robert Young 指出萨义德即使拒绝提供东方主义的替代物,也无法使自己从所描述的知识强制结构中摆脱出来。即他用什么批评方法可以摆脱他所批判的范式?这种关键性方法的缺失,导致在《东方主义》中萨义德正在重复他所批评的结构。这是《东方主义》的重要缺漏,也是"汉学主义"的软肋。

可以看出,"汉学主义"存在重大理论缺陷,"主观预设"的文化民族主义批评立场明显,是一种具有"强制阐释"性质的理论。和它想要替代的"东方主义""后殖民主义"理论一样,虽然以东方/中国为论述对象,但总体上仍属于西方的内部反思,是边缘对主流的反击。和后殖民主义一样,想要"穿着别人的衣服成为自己",实在是一件不可能完成的任务。

很明显,对于中国当下学术研究来说,"汉学主义"总体上弊大于利。在救亡压倒启蒙,民族主义话语长期占据主流、现代性进程尚在路上的中国,如果将"汉学主义"运用于学术研究,极易引发新一轮的民族主义排外情绪、导致新一轮的思想混乱和思想封闭。

四　结语

一百多年来,中国文化在世界文化格局中总体处于弱势地位。面对具有"强制阐释"性质的西方理论大潮,中国学术的"失语症"和"原创性焦虑"短期内恐难以克服,但并非没有希望。四百多年来,虽历经坎坷磨难,但世界汉学界和中国学者间的对话互动已搭建了一个良好而稳固的学术交流平台。今天,海外的汉学研究和国内学界的相关研究正处在历史上最好的发展时期。这种交流互动,一方面,对中国文化和学术走出去,具有重大意义;另一方面,为西方理论的"中国化"、中国学者熔铸中西优长、做出独创性学术贡献也提供了非常好的契机。

但是,在跨文化交流和学术研究中,我们必须要克服以"东方主义"和"汉学主义"为代表的文化民族主义心态。虽然汉学研究相对于中国本土的研究多少有些显得"另类",甚至因为历史局限性而不乏错误和偏颇之处,但正是这种"另类",丰富了中国学术研究的文化"基因",推动了中国研究在世界范围的展开,可以避免因"师法家法"森严、闭门造车、近亲繁殖带来的僵化与停滞。历史留给我们的一个绝佳例证就是佛教的中国化。历经千余年的儒释道三教合流,最终造就了辉煌灿烂,具有强大生命力和阐释力的中国传统文化,彰显了中华文化有容乃大的非凡气度,本土文化与外来文化融合创新发展的巨大潜力。更近些的例子是90年前出现的中国现代文史之学的典范——"新汉学"。以胡适、傅斯年、陈寅恪、赵元任等为代表的中国学者,面对着当时欧美通过"扩充材料,扩充工具,成今日之巨丽"的汉学研究,为了复兴中国固有之文史研究,再造中华文明,重现国家荣光,秉持"打倒一切成见,为中国学术谋解放""彻底学欧洲汉学家的长处""材料不限国别,方术不择地域;既以追前贤成学之盛，亦以分异国造诣之隆"① 的学术立场从事研究，延请海外汉学名家来华任教，打破常规培养兼具东西视野之后学。积十数载之功，其学术成就已令世界汉学界瞩目，铸就了中国现代文史研究的典范与高峰。正是这种不分中学西学之畛域，熔铸东西之优长，自成一家之气概，造就了那个时代的一批国学大师和中国学术的辉煌。

虽然修正世界对中国的看法还需要一个过程，但比之百多年前，已经有了很大进步，这其中少不了汉学家的功劳；今后，我们更要借重他们的力量。一百多年前，世界汉学是中国学术现代化的重要催化剂和助推器。今天，世界汉学是中国学术发展一面不可或缺的镜子。中国文化不仅属于中国，更是属于全世界、全人类的共同财产。汉学研究的方法论和认识论问题有很大商榷空间，不宜冠以"西方""中国"将其本质主义化，更不宜因使用西方的认识论和方法论就斥责其为西方霸权的体现。这种态度极易使"汉学主义"在"强制阐释"的路上越走越远，导致"把孩子和洗澡水一起泼出去"的后果。

宽广包容的文化胸怀和善于在学习借鉴中积极进取的文化精神造就了中华文化史上辉煌壮丽、举世无双的盛唐文化。"自古皆贵中华，贱夷狄，朕独爱之如一""以史为镜，可以知兴替；以人为镜，可以明得失"，唐太宗震古烁今的文化历史观可以作为篇首撒切尔夫人观点的一种对照。现代西方文论也好，海外汉学也罢，历史的教训告诉我们，如果我们不能以正确的态度看待海外思想资源这面域外的镜子，中国学术的发展恐怕有从双重"强制阐释"一步步陷入偏执和萎靡境地的忧虑。

---

① 王汎森、杜正胜编：《傅斯年文物资料选辑》，中国台湾傅斯年先生百龄纪念筹备会1995年版，第62—63页。

第三编

西方文论批判

当代西方文论若干问题辨识
——兼及中国文论重建[*]

张 江[**]

　　以20世纪70年代末80年代初为节点，当代西方文艺理论开始在中国产生影响，并逐渐演变为显学，受到学界的高度推崇。文艺理论研究言必及西方，西方文艺理论成为评价和检验中国文学艺术实践的标准、文艺理论建设的基本要素。当下，我们面临一个难以解脱的悖论：一方面是理论的泛滥，各种西方文论轮番出场，似乎有一个很"繁荣"的局面；另一方面是理论的无效，能立足中国本土，真正解决中国文艺实践问题，推动中国文艺实践蓬勃发展的理论少之又少。中国文艺理论建设和研究渐入窘境。我们必须深刻反思：究竟应该如何辨识当代西方文论？它对中国文艺实践的有效性如何？在西方文论的强势话语下，中国文艺理论建设的方向和道路何在？

　　对这些问题做出清晰、科学、全面的回答，是一项系统而浩大的工程，试图在一篇文章中加以解决，实在难以实现。本文对当代西方文论的辨析，暂以引入国内较早并产生重大影响的几个流派为例，对中国文论重建的探讨，也只是有针对性地提出宏观构想和基本方向，更具体的问题将在日后的文章中——阐述。

一　当代西方文论的理论缺陷

　　20世纪的西方文艺理论，与此前的现代文论和古典文论相比，

---

[*] 本文原刊于《中国社会科学》2014年第5期。
[**] 作者单位：中国社会科学院。

确实取得了突破性进展。尤其是在理论观照的广度和触及的深度，以及对文艺学科独特性的探求和专业化程度的提升方面，都极大地推进了文艺理论自身的发展。但必须认识到，当代西方文论提供给我们的绝不是一套完美无缺的真理，而仅仅是一条摸索实践的轨迹记录。这意味着，它自身还存在种种缺憾和局限。对此，个别学者已有警悟，并著文反思，[①] 但还远远不够。

需要说明的是，一百年来的当代西方文论思潮迭涌、流派纷呈，其丰富性和驳杂性史所未见。各种思潮、流派在研究范式和观点立场上常存迥异，甚至根本对立。因此，本文对其理论缺陷的论断，只能采取分门别类的方式进行，不可能全部囊括。

（一）脱离文学实践

西方文论中诸多影响重大的学说与流派，不同程度地脱离文学实践和文学经验，运用文学以外其他学科的现成理论阐释文本、解释经验，进而推广为具有普适性的文学规则。这些理论发生的起点往往不是鲜活的实践，而是抽象的理论。在许多情况下，文学文本只是这些理论阐述自身的例证。这让我们对一些西方文论的科学性产生疑问。弗洛伊德的精神分析文论就是这方面的典型。

弗洛伊德不是文学批评家，他的学说首先是作为心理学理论提出的。早在1896年，他就创造并使用了"精神分析"一词，1900年完成《释梦》，构造了他精神分析的理论框架。他的文学观，以及对文学和文艺的表述，都是在这一理论成形后，作为对精神分析学说的证明和应用而逐步形成的。从时间上看，《作家与白日梦》（1908）、《列奥纳多·达·芬奇和他对童年的一个记忆》（1910）、《米开朗基罗的摩西》（1914）、《歌德在其〈诗与真〉里对童年的回忆》（1917）、《陀斯妥耶夫斯基与弑父者》（1928）等被反复引用的文论

[①] 例如，朱立元的《对西方后现代主义文论消极影响的反思性批判》（《文艺研究》2014年第1期）、孙绍振的《文论危机与文学文本的有效解读》（《中国社会科学》2012年第5期）、曹顺庆的《唯科学主义与中国文论的失语》（《当代文坛》2011年第4期）、陆贵山的《现当代西方文论的魅力与局限》（《外国文学评论》2008年第2期），等等，均有对当代西方文论的理性反思。

著作，都是在精神分析理论形成以后完成的，其重要观点无一不是依据精神分析理论衍生而来。更重要的是，这些著作的主要思想和观点都是为了印证弗洛伊德自己的精神分析学说，而不是要建构系统的文学和艺术理论。如果把他的学说作为文艺理论来看，有两个问题值得讨论。

一是理论的前提。弗洛伊德评论文学和艺术的各种观点和立论有其既定前提，即其精神分析理论的重要观点"俄狄浦斯情结"。为了用这一"情结"解读文学及其历史，作出符合自己愿望的结论，他可以只凭猜想、假设而立论，然后演绎开去，统揽一切。哪怕是明知其逻辑起点错误，也绝不悔改。《列奥纳多·达·芬奇和他对童年的一个记忆》就是很好的说明。

弗洛伊德是把这部著作当作精神分析传记来写的。1909年10月，他在写给荣格的信中说："传记的领域，同样是一个我们必须占领的领域。"接着又说，"达·芬奇的性格之谜突然间在我面前开豁了。靠着他，我们将可在传记的领域踏出第一步"。他把达·芬奇当作一个精神病患者来分析和认识，告诉朋友说"自己有了一个'显赫'的新病人"。① 弗洛伊德不是从达·芬奇的作品入手展开分析，而是以其俄狄浦斯情结为前提，从达·芬奇浩如烟海的笔记中找到一个童年记忆，由此记忆生发开去，作出符合他自己理论期待的结论。达·芬奇在笔记中写道："我忆起了一件很早的往事，当我还在摇篮里的时候，一只秃鹫向我飞来，它用尾巴撞开了我的嘴，并且还多次撞我的嘴唇。"② 从这个记忆出发，弗洛伊德认定：第一，"在古埃及的象形文字中，秃鹫的画像代表着母亲"，③ 达·芬奇刚出生就失去父爱，秃鹫是达·芬奇生母的象征，秃鹫的尾巴就是母亲的乳房，"我们把这个幻想解释为待母哺乳的幻想"。④ 第二，达·芬奇在三岁或五岁

---

① ［美］彼得·盖伊：《弗洛伊德传》（上），龚卓军等译，鹭江出版社2006年版，第302页。
② ［奥地利］弗洛伊德：《列奥纳多·达·芬奇和他对童年的一个记忆》，载车文博主编《弗洛伊德文集》第4卷，长春出版社1998年版，第459页。
③ 同上书，第464页。
④ 同上。

时，被当初弃家另娶的生父接到一起生活，达·芬奇有了两个母亲的经历，"就是因为幼年时有过两个爱他的漂亮年轻妇人，他后来所绘画的蒙娜丽莎，才会流露出那样暧昧的、朦胧的笑容。蒙娜丽莎的永恒性，正是达·芬奇在经验与记忆间跳跃所产生的创造性火花所造就的"。① 这就是达·芬奇的恋母情结，正是这一情结造就了达·芬奇的千古名作。

秃鹫这一意象来源准确吗？作为全部立论的前提，它是可靠的吗？不幸的是，早在1923年，弗洛伊德还在世时，就有人指出，他使用的那个达·芬奇笔记的德译本是有错误的，nibbio一词的原意是"鸢"而非秃鹫。"鸢"是一种普通的鸟，与母亲形象毫无关联。立论的前提错了，无论有怎样的理由，"弗洛伊德建筑在误译上面的整个上层建筑，却仍然无法逃避整个垮下来的命运"。② 更让人无法接受的是，就算没有误译，弗洛伊德又是如何确认，达·芬奇了解并按照他的愿望来使用这个意象呢？没有什么考证，也无确切的根据，弗洛伊德靠的是猜测和推想。他推测说，达·芬奇"熟悉一则科学寓言是相当有可能的"，因为"他是一个涉猎极为广泛的读者，他的兴趣包括了文学和知识的全部分支"，"他的阅读范围怎么估计都不会过高"，③ "我们在列奥纳多的另一幅作品中找到了对我们猜想的证明"。④ 弗洛伊德的用词是"可能的""估计"，而没有任何实际的根据，尤其是"猜想"，几乎是这篇文章的基本方法，他由猜想出发，千方百计寻找证明，哪怕被事实证明是错误的，也要恪守"猜想"。由"鸢"到"秃鹫"的误译，弗洛伊德是知道的，但"终其一生，却从未就此做出更正"。⑤ 为什么会如此？原因很多，但根本而言，弗洛伊德明白，放弃了这一前提，全部猜想就会被推翻，他最得意的

---

① ［美］彼得·盖伊：《弗洛伊德传》（上），龚卓军等译，鹭江出版社2006年版，第306页。
② 同上书，第308页。
③ ［奥地利］弗洛伊德：《列奥纳多·达·芬奇和他对童年的一个记忆》，载车文博主编《弗洛伊德文集》第4卷，第465页。
④ 同上书，第489页。
⑤ ［美］彼得·盖伊：《弗洛伊德传》（上），第308页。

这一作品就难以被接受。

二是理论的逻辑。在《释梦》中，弗洛伊德为了证明其精神分析理论的正确，提到了50部以上西方古代和近代的重要文学作品，远自古希腊的荷马史诗，近到与他同代的乔治·艾略特的《亚当·贝德》。但无论怎样广博深厚，他的立足点都是援引文学作品为例，证明释梦理论的正确。我们不否认弗洛伊德的一些文学感受是有见识的，开辟了新的研究方向，但细读其文本，可以认定，弗洛伊德从理论而不是从文学经验出发的文学批评，在根本上颠倒了理论和实践的关系，颠倒了认识和实践的关系，并且在逻辑上，他的推理和证明方法有重大缺陷。

对古希腊悲剧《俄狄浦斯王》的分析，被视作弗洛伊德重要的文学批评文本，但其本意只是要利用这一文本论证"恋母情结"。弗洛伊德从"亲人死亡的梦"说起，总的线索是，人们会经常梦到自己的亲人死亡，"男子一般梦见死者是父亲，女子则梦见死者是母亲"，①而这种现象是由儿童的性发育所决定的。儿童的性欲望很早就觉醒了，"女孩的最初感情针对着她的父亲，男孩最初的幼稚欲望则指向母亲。因此，父亲和母亲便分别变成了男孩和女孩的干扰敌手"。这一类感情很容易变成死亡欲望，由此经常出现"亲人死亡的梦"。弗洛伊德进一步补充说，通过"对精神神经患者的分析毫无疑问地证实了上述的假设"。②在此前的表述中，弗洛伊德未对这种现象作指称明确的命名，他一直在阐释梦。而接下来的论证值得我们讨论。弗洛伊德说：

  这种发现可以由古代流传下来的一个传说加以证实：只有我所提出关于儿童心理的假说普遍有效，这个传说的深刻而普遍的感染力才能被人理解。我想到的就是伊谛普斯王的传说和索福克勒斯以此命名的剧本。③

---

① ［奥地利］弗洛伊德：《释梦》，孙名之译，商务印书馆2009年版，第252页。
② 同上书，第253页。
③ 同上书，第257页。

这就是"俄狄浦斯情结"的原始论证。其逻辑方法是,第一,作者的"发现",即儿童心理的假说在先。第二,这个"发现"要由一个"古老的传说"来证实。第三,这由古老传说证实的"发现",又用来证实(作者用的是"理解")那个"古老的传说"。第四,"我想到的就是"一句进一步证明了作者的论证程序是,先有假说,再想到经典;用经典证明假说,再用假说反证经典。

此处的逻辑问题是,弗洛伊德关于儿童性心理的假说与俄狄浦斯王的相互论证是循环论证,是典型的逻辑谬误。可以表达为:假说是P,传说是Q,因为Q,所以P;因为P,所以Q。这种循环论证在逻辑上无效。

接下来,弗洛伊德关于莎士比亚《哈姆雷特》的论证犯了同样的错误。在对文学史上有关主人公性格的长期争论表达了自己的立场后,弗洛伊德对他的"恋母情结"做了如下证明:

——"我是把保留在哈姆雷特内心潜意识中的内容转译为意识言词。"① 这是用剧中人的故事证明精神分析理论的正确,哈姆雷特自己没有察觉的俄狄浦斯情结就是对弗洛伊德理论的验证。

——"如果有人认为他是一个癔症患者,我只能认为那也是从我的解释中得出的推论。"② 意即只有用他的理论才可以证明剧情的合理,深入理解了剧情,就能更深入地认识弗洛伊德的理论有效。

这仍是一组循环论证。用《哈姆雷特》的剧情证明自己的理论正确,再用该理论去证明剧情的合理与正当。

这种脱离文学经验、直接从其他学科截取和征用现成理论的做法,不是文学理论生成的本来过程,尽管也会对文学理论和批评的发展产生积极影响。弗洛伊德写作《释梦》时,既无意研究文学理论,也无意于文学批评,其本意是借用各种理论,当然也包括文学,证明精神分析理论和方法的正确。脱离了文学经验和实践,弗洛伊德的精神分析文论无法提出科学的审美标准、指明文学理论生成和丰富的方向,更无法指导文学的创作和生产。这不仅是精神分析文论的重大缺

---

① [奥地利]弗洛伊德:《释梦》,第262页。
② 同上。

陷，而且是西方当代文论诸多学派的通病。发展到文化研究更是达到极端，理论的来源不是文学实践，甚至连研究对象也偏离了文学本身，扩展到无所不包的泛文化领域。

（二）偏执与极端

从理论背景来看，许多西方文论的发生和膨胀，都是基于对以往理论和学说的批判乃至反叛。西方文论的"两大主潮""两次转移""两个转向"，① 基本上是对以往理论和方法的颠覆。从立场表达和技术取向上分析，它的深度开掘以至矫枉过正，是可以理解的。但是，任何具有合理因素的观点若推延过分，都会因其偏执和极端而失去合理性。从20世纪初开始，在一百多年的时间里，当代西方文论流派繁多、更迭迅速，最终未能形成相对完整系统的理论，原因正在于此。在这方面，俄国形式主义就很能说明问题。

俄国形式主义的出现给传统文学批评以强烈冲击。相对于此前以社会学批评为主流的理论传统，形式主义的批评家苦心致力于文学形式的理论探讨与研究，并作出极富创造性的理论贡献，其价值不容否定。形式主义的诸多优长特质已渗透于当代文论的肌理之中，如人体自主呼吸般地发挥着作用。但是，把形式作为文学的唯一要素，并将其作用绝对化，主张形式高于内容，用形式规定文学的本质，这种理论上的偏执与极端，最终让包含诸多合理因素的形式主义走上了末路。"尽管俄国形式主义后期已开始注意把文艺作为社会诸多系统中的一个系统，但仍未完全摆脱对文艺进行形式结构分析的束缚，这也从根本上影响了他们试图解答文艺的特殊性问题的初衷"，② 在批评史上留下了遗憾。

俄国形式主义的重要代表雅各布森认为，现代文艺学必须使形式

---

① "两大主潮"指的是当代西方人本主义和科学主义两大哲学主潮；"两次转移"指的是当代西方文论研究重点的两次历史性转移，即从重点研究作家转移到重点研究作品文本，从重点研究文本转移到重点研究读者和接受；"两个转向"指的则是"非理性转向"和"语言论转向"。参见朱立元主编《当代西方文艺理论》，华东师范大学出版社2005年版，第2—8页。

② 朱立元主编：《西方美学思想史》下，上海人民出版社2009年版，第1261页。

从内容中解放出来，使词语从意义中解放出来，文艺是形式的文艺。为证明这一点，他具体阐发说，造型艺术是具有独立价值的视觉表现材料的形式显现，音乐是具有独立价值的音响材料的形式显现，舞蹈是具有独立价值的动作材料的形式显现，诗则是具有独立价值的词的形式显现。雅各布森的观点有合理的一面。形式是文艺的表现方法，文艺的形式确证了文艺的存在。形式的演进和变化是艺术进步发展的重要标志。各种文艺形式有其独立的价值。我们可以独立于艺术的内容，仅对其形式作深入探索。但是，文艺并非为形式而存在，文艺因其所表现的内容而存在，形式为表现内容服务。艺术形式的独立是相对的，在艺术创作和表演的实际过程中，形式不能离开内容而独立存在。从文艺的起源来说，无论音乐、舞蹈还是各种造型艺术，总是先有内容，后有不断创造和繁衍的形式。形式演进的目的只有一个，就是更好地表达内容。没有了内容，形式不复存在。诗歌也不例外。无论怎样强调形式本身的独立价值、执着于词语本身的意义，最终还是要落在它所要表达的内容上，形式无法逃离内容。我们可以用形式主义大师自身的理论阐释来证明这一点。

日尔蒙斯基的形式主义立场是极端的。他长于讨论诗歌的节奏和旋律。在诗歌的形式上，他执着地强调诗歌的"音乐灵魂"，赞成"音乐至上"，并为此引证德国语言学家西威尔斯的观点："在诗语里，音不仅是对内容的'本能的补充'（Ungesuchte Beigabe），而且常常具有独立的，或者甚至是主导的艺术意义。"[1] 但是，在有关《浮士德》一段对话的讨论中，日尔蒙斯基传达了与其本身立场并不相同的信息。为了驳斥一些人对西威尔斯的质疑，日尔蒙斯基转述了西威尔斯对歌德《浮士德》中第一段独白的"精辟分析"。这段分析大意是说，在这部剧里，诗歌朗诵的音调高低是诗歌艺术的重要表现形式，"语调程序的意义在于对个别独白部分及说话人变化着的情绪进行艺术表征"。[2] 但是，这种艺术表征或者说形式表征，其目的是

---

[1] ［苏联］维克托·日尔蒙斯基：《诗的旋律构造》，［苏联］什克洛夫斯基等《俄国形式主义文论选》，方珊等译，生活·读书·新知三联书店1989年版，第307页。

[2] 同上书，第310页。

什么？是为了形式的显现吗？日尔蒙斯基强调：

> 我可以说，在浮士德与瓦格纳对话中，他们外表与性格之间的对比也是通过话语的特征来强调的：首先引人注目的是说话人与众不同的词汇和表达方式，此外还有语调。而其中的差别，某种程度上是在于这一点，即瓦格纳总是犹豫不决、欲言又止地提出问题，而浮士德则以毋庸置疑或者训导的口吻作出回答。①

这段话有三个要点值得注意。第一，它肯定了"话语特征"表达的是剧中人物的"外表和性格"，同时要显现他们之间的"对比"。第二，这里所说的"与众不同的词汇"，并不具有脱离本身能指和所指的独立意义。第三，"语调"在诗歌形式上似乎更具有独立性，是日尔蒙斯基所执着的"音乐至上"的物质载体，也参与人物形象的塑造。由此提示的问题是，这些形式的目的是什么？结论只有一个，即为了表达瓦格纳的柔弱、浮士德的强悍。而这已经是内容。日尔蒙斯基自己的论述证明了我们的判断，形式主义强调的形式，无论怎样独立，最终是为内容服务。形式上的功夫，是为了更好地表达内容。此类例子在形式主义者的著作中俯拾皆是。

另一位形式主义大师埃亨巴乌姆有句名言："形式消灭了内容。"在《论悲剧和悲剧性》中，他通过分析席勒的古典悲剧《华伦斯坦》，证明形式如何消灭内容，是形式而非内容创造了悲剧效果。但是，细读席勒原著，似乎很难得出这一结论。华伦斯坦是历史上的真实人物，在17世纪欧洲三十年战争中发挥了重要作用，为以德意志帝国为主的天主教联盟屡建战功。由于与皇帝菲迪南二世的矛盾，也由于政治上的动摇和私欲，华伦斯坦背叛了天主教联盟，企图把自己的军队交给敌人。然而，在最后关头，华伦斯坦被自己的亲信暗杀。席勒在剧中用大量笔墨描写了华伦斯坦之死。埃亨巴乌姆对此作出结论：这部悲剧的价值是在审美上引起了"怜悯"，这种怜悯不是因为

---

① ［苏联］维克托·日尔蒙斯基：《诗的旋律构造》，［苏联］什克洛夫斯基等《俄国形式主义文论选》，方珊等译，生活·读书·新知三联书店1989年版，第311页。

内容打动了观众,而是形式作用的结果。他说:

> 艺术的成功在于,观众宁静地坐在沙发上,并用望远镜观看着,享受着怜悯的情感。这是因为形式消灭了内容。怜悯在此被用作一种感受的形式。①

他所说的形式有几个方面的含义,但主要指的是"延宕","用席勒本人的话来说,就应该'拖延对感情的折磨'"。② 华伦斯坦在与敌手较量的最后关头,或因为性格,或因为命运,没有采取更有力、更彻底的手段解决问题,丧失了机会,无功而死。这个分析是有道理的。从原作看,在最后关头,即主人公将被暗杀的那晚,他明知面临危险,仍优柔寡断,直到最后的死亡。作者用最后一幕的三至十二场戏"延宕"这一过程,把主人公以至观众的感情"折磨"至极处,让人们对华伦斯坦没有丝毫愤慨,反而满怀怜悯。延宕在起作用。但问题是,作者在延宕什么,或者说用什么在延宕?对此,应对以下一些细节进行分析。

第一,华伦斯坦与其妹迭尔次克伯爵夫人的对话。整个第三场都是主人公与伯爵夫人的交流,其核心内容是伯爵夫人的担心,表达对华伦斯坦的担忧。她不相信主人公的劝慰,她要带着他逃命。在此过程中,华伦斯坦走到窗前观察星相,表现了无法排遣的忧郁和彷徨。他反复安慰伯爵夫人,劝她安下心来早去就寝,可伯爵夫人一唱三叹、恋恋不走,说梦,说忧,说恐惧,让最后的会面充满温情,用伯爵夫人的亲情"折磨"主人公和观众。

第二,华伦斯坦的老朋友戈登的表现。从第四幕的第一场我们知道,戈登在30年前就与主人公共事,他们感情深厚。在第四、第五场中,戈登和身边的人一起劝华伦斯坦放弃对皇帝的背叛。他们用星相暗示命运,用天启宣托劝导,甚至跪下恳请主人公退却,戈登的诚意和真情令人感动。第六场,当曾是主人公亲信将领的布特勒带人来

---

① [苏联]鲍里斯·埃亨巴乌姆:《论悲剧和悲剧性》,[苏联]什克洛夫斯基等《俄国形式主义文论选》,第40页。
② 同上书,第37页。

刺杀华伦斯坦时，戈登在幕后作出了妥协软弱的选择："我怎么做好呢？我是设法救他？"犹豫着，但还不失良心。接着他作出了决定："啊，我最好还是听天安命。"否则，"那严重的后果不能不由我担任"。① 然后，他又劝阻凶手，恳求他拖延一段，哪怕是一个小时，又象征性地阻挡了一下，最终还是软弱地让布特勒得手。老朋友的软弱和背叛，盘桓往复，令人唏嘘。

第三，伯爵夫人的死。华伦斯坦死后，维护他的伯爵夫人也要英勇地陪他去死。尽管有人劝她说皇上已经宽容，皇后也会同情。但她无意回头。她历数华伦斯坦一家人不幸的结局，冷静地安排了后事，甚至交出房屋的钥匙，既豪迈又怨愤地对劝慰者唱道："你总不会把我看得那样低贱，以为我一家没落了还要苟活在人间。""与其苟且偷生，宁肯自由而勇敢地升天。"来人大喊救命，伯爵夫人却冷静而决绝地说："已经太迟了。在几分钟内我便要了结此生。"② 这是最后的悲壮与伤情。伯爵夫人的死，让人们心底升起无尽的同情和怜悯。

作为一种艺术形式和手段，延宕有所依附。延宕是内容的延宕，空洞的、脱离内容的延宕没有意义。人们怜悯华伦斯坦，是因为他战功卓著却误入歧途；身边亲近的人背叛他，他却毫不知晓；为了实现野心，亲人无一存活；唯一逃过的妹妹也要为他陪葬。席勒用翔实具体的内容延宕着华伦斯坦的死，延宕着剧中人的命运，延宕着接受者的审美过程，他们对华伦斯坦质询、赞美、怨愤，于是，怜悯产生了。席勒用形式负载着内容，形式没有消灭内容，相反，形式借助内容而存在，并更好地彰显了内容。

考察文学批评史，"形式消灭内容"并非形式主义的原创，实际上最早出自席勒本人。埃亨巴乌姆用席勒的悲剧发挥此论，并将之推向极端。但是，席勒原文并非如此简单和偏执：

  艺术家的真正秘密在于用形式消灭内容。排斥内容和支配内容的艺术愈是成功，内容本身也就愈宏伟、诱人和动人；艺术家

---

① ［德］席勒：《华伦斯坦》，郭沫若译，人民文学出版社1955年版，第455页。
② 同上书，第468—469页。

及其行为也就愈引人注目,或者说观众就愈为之倾倒。①

席勒立意于"形式消灭内容",这一表达有其具体含义。所谓"消灭内容",不是弃绝内容,而是让内容隐藏于形式之中,通过成功的形式更好地表达内容,使内容而非形式深入人心。由此,艺术家及其艺术行为才能为人所注意,观众的赞扬和投入既指向形式也指向内容。形式永远消灭不了内容。埃亨巴乌姆片面使用了席勒的话,只强调了前一句,放弃了后两句,漠视内容的力量,把形式推向极端,表面上看是张扬了形式主义,实际上瓦解了这一本来极有价值的理论。这也恰恰是整个当代西方文论的悲哀。

(三) 僵化与教条

当代西方文论的某些流派存在僵化与教条的问题。以格雷马斯的矩阵理论为例。法国结构主义文论家格雷马斯从语义学研究开始,从俄国学者普罗普的民间故事形态研究延伸,借助亚里士多德逻辑学命题与反命题的诠释,提出了叙事学上的"符号矩阵"。其理论初衷是,借用数学和物理学方法,将文学叙事推演上升为简洁、精准的公式,构造一个能包罗全部文学叙事方式的普适体系,使文学理论的研究科学化、模式化。格雷马斯认为,所有的文学故事或情节均由若干人物或事件的对立构成,这些对立的人物和事件因素全部展开,故事就得以完成。他用矩阵符号表达这一思想。

用数学的眼光看,格雷马斯的所谓矩阵是一种幼稚的模仿,并不具备数学矩阵的严整性和深刻性,更无矩阵方法的精致和严密。符号矩阵只是一个文学比喻,徒有矩阵的模样。它可以用文字表述为:设正项 X,则必有负项反 X,同时伴有与正项 X 相矛盾但非对立的非 X,以及与反 X 相矛盾但非对立的非反 X。它们相互交叉,组合出多种关系,全部的文学故事就在这种交叉和关系中展开。以《西游记》为例,孙悟空和妖怪是 X 与反 X;唐僧和猪八戒、沙僧是非 X,那些

---

① [德] 席勒:《论素朴的诗和感伤的诗》,转引自 [苏联] 鲍里斯·埃亨巴乌姆《论悲剧和悲剧性》,[苏联] 什克洛夫斯基等《俄国形式主义文论选》,第 35 页。

放出妖怪的各路神仙则为非反 X。利用这些要素和关系，就能说明这部古典小说的全部情节。四项要素，仅单项要素之间组合，就是 24 种选择。如果是单项对双项、多项对多项，其关系选择将是天文数字。并且，创作者还要在故事展开过程中不断引入许多新的因素，其变换可能更高得惊人。但无论如何变换，发明者认定，其定位和关系依旧可以用四个要素构成的矩阵模式来规定。

格雷马斯的符号矩阵在西方文学符号学理论中具有很高地位，代表了该学派的一般倾向和追求，其表述方法也有自身的优势。用符号学的方法研究文学的结构，寻找小说叙事的基本因子，并给予模式化的表达，有其合理的一面。但是，文学不是数学，文学创作和鉴赏不应该也不可能用数学的方法来规范。就格雷马斯的符号矩阵而言，且不论它能否真正揭示文学叙事的基本方法，仅从文本解读来看，它聚焦于文本自身，割断文学与社会实践的联系，忽视作者的创造性因素，这违背了文学的一般规律。更重要的是，文学本身的丰富性和生动性被完全抹杀，故事变成公式，要素变成算子，复杂的人物及情感关系变成推演和逻辑证明，这从根本上否定、消解了文学，文学的存在成为虚无。我们不否认文学的要素分析，所有的文学故事都是由人物和情节构成的。从原始神话到当下各种主义的叙事，都可以找到主要角色和基本线索，都可以简化为表意的核心因子。而且，所有的文学创作者都是先有故事结构和主体线索的考量乃至设计，才开始展开并最后完成其叙事。所有的文学故事都必须采纳和使用一些基本元素，离开了这些元素故事就不存在了。同时，这些基本元素不仅是文学故事，也是其他艺术形式的构成要素。例如，一个舞蹈是有故事或情节贯穿的，表达着舞者的情感乃至思想，民间的口技亦可表达类似 X 与反 X 的纠缠。而文学的特质在于，它运用自己的艺术手段，例如比喻、隐喻、暗喻、延宕、穿插、联想等，使这些基本要素变幻为文学的文本。文学文本具有自己的特征，其他艺术形式无法替代。这正是文学的魅力所在，绝非一个简单的符号矩阵所能规范。

1985 年，美国杜克大学教授、著名的西方马克思主义学者杰姆逊在北京大学演讲时，用格雷马斯的符号矩阵分析中国传统小说《聊斋志异》中的一个故事，以其分析为例，我们可以看出符号矩阵以至文学符号学的得失。为论述方便,以下全文引用这个故事,其名《鸜鹆》。

> 王汾滨言:其乡有养八哥者,教以语言,甚狎习,出游必与之俱,相将数年矣。一日,将过绛州,而资斧已罄,其人愁苦无策。鸟云:"何不售我?送我王邸,当得善价,不愁归路无资也。"其人云:"我安忍。"鸟言:"不妨。主人得价疾行,待我城西二十里大树下。"其人从之。携至城,相问答,观者渐众。有中贵见之,闻诸王。王召入,欲买之。其人曰:"小人相依为命,不愿卖。"王问鸟:"汝愿住否?"言:"愿住。"王喜。鸟又言:"给价十金,勿多予。"王益喜,立畀十金。其人故作懊恨状而去。王与鸟言,应对便捷。呼肉啖之。食已,鸟曰:"臣要浴。"王命金盆贮水,开笼令浴。浴已,飞檐间,梳翎抖羽,尚与王喋喋不休。顷之,羽燥。翩跹而起,操晋声曰:"臣去呀!"顾盼已失所在。王及内侍,仰面咨嗟。急觅其人,则已渺矣。后有往秦中者,见其人携鸟在西安市上。①

杰姆逊的分析,先是找出故事里的基本要素:人(鸟主人,文中称"其人")、反人(买鸟者,文中称"王")、非人(八哥)。根据格雷马斯的要求,一个符号矩阵必须是四项,这第四项杰姆逊颇费周折,最后将之定义为"人道"。随后,通过符号矩阵的深层解析,杰姆逊写道:"这个故事探讨的问题似乎是究竟怎样才是文明化的人,是关于文明的过程的。这个过程中包含有权力,统治和金钱,而这个故事探讨的是应该怎样对待这些东西。一方是人的、人道的生活,另一方面是独裁统治和权势,怎样解决这之间的冲突呢?八哥无疑是故事提出的解决方法。"② 且不论这一判断是否合理,是否能为我们接

---

① 蒲松龄:《全本新注聊斋志异》上,朱其铠等校注,人民文学出版社1989年版,第397页。
② [美]杰姆逊:《后现代主义与文化理论》,唐小兵译,北京大学出版社1997年版,第122—123页。

受,单就以下三个方面而言,杰姆逊的分析就存在明显的缺陷。第一,杰姆逊的结论不是一个文学的结论,而是一个伦理学甚至哲学的结论,这种社会学分析,不是文学符号学探讨文学自足形式的本意。第二,杰姆逊的方法是用先验的恒定模式套用具体文本,并根据人为的设计生硬地指定四项要素,没有也要生造齐全,那个本不存在的"人道",让他得出虽深奥却颇显离奇的结论。第三,就文本所表现的文学的丰富性、生动和情趣而言,这一矩阵分析抽象而生涩,既无审美又无鉴赏,完全失去批评的意义。这一点尤为重要。文学作品表达的理念无论如何深奥,必须是生动而可感的,否则,将失去文学的特质,与哲学、社会学、伦理学无异,甚至与数学、物理学无异,从而必将被其他思想表达形式所取代。符号矩阵以至文学符号学,甚至结构主义的失败就在于此。

可以认定《鸲鹆》是一篇短篇小说,叙事方式是单线的,其艺术性集中在对鸟(八哥)的刻画上。鸟被拟人化了,它极尽聪明以至狡猾。它与主人的关系以"狎"为标志。狎者,亲近而戏习,戏耍味道甚浓,含下流色彩和浓重的贬义,所谓"狎妓"是也。"狎"定义了鸟的本质、主人的本质、故事的本质,各色人等的关系集中在这一"狎"字上。小说以"狎"为统领渐次展开:主人与八哥出游,游资耗尽,八哥出计,假意出售自己且售予达官贵人,得钱后于远处汇合。在此框架下,作者精心设计了细节上的五狎:为达到目的,人鸟合作进入王邸,八哥诱王买下自己,并建议"给价十金,勿多予",骗取重金,又做出与王同立场的姿态,此一狎;主人得钱疾走,鸟与王戏言"应对便捷",先"呼肉啖之",再求浴,逃离了鸟笼,此二狎;浴罢,飞起檐间,"梳翎抖羽",一边继续与王"喋喋不休",急于逃离却做亲热状,此三狎;羽毛一干"翩跹而起",且"操晋声"戏王"臣去呀",此四狎。最后一狎,"后有往秦中者,见其人携鸟在西安市上",开辟了一个新的空间。表层意思是鸟与主人安全会合,狎计成功。然深层含意是,其人携鸟于"市",是在故技重施,寻找以至创造机会"狎"人骗金。小说的文学性甚浓,结构并不复杂,只在细部的生动性上落笔:"梳翎抖羽","喋喋不休";不急不躁,"翩跹而起";非出晋地却"操晋声"戏王。面对这种生动与丰富，格雷马斯的符号矩阵无法下手，所谓文学性的深度批评诉求很难实现。用恒定模式拆解具体文本，难免削足适履、谬之千里。按照中国传统习俗，旧时玩鸟且可出游者，大抵为市井流氓。文本中鸟与王的关系只是骗与被骗的关系。故事就是写王的愚蠢、鸟的下作。这里没有文明的意思，也没有人道的意思，更没有解决人道与独裁统治及权势冲突的意思。杰姆逊用其模式进行的分析可谓过度阐释，而更深层的，是用其恒定的思维模式作了过度阐释。套用科学主义的恒定模式解析文本，其牵强和浅薄由此可见一斑。

　　用恒定模式阐释具体文本，是科学主义诉求的直接表现。科学主义是推动当代西方文论发展的主要动力。它主张用自然科学的理论、原则、方法重构文学理论的体系，并将之付诸实践，分析和批评文学作品，强调文学研究的技术性，追求文本分析的模式化和公式化，苦心经营理论的精准和普适。这种努力在一定程度上可以改变文学批评的主观化和随意化倾向，用数学、物理学的方法总结文学发展的一般规律，并给人文科学研究的思维方式注入新的因子，带来新的概念、范畴以及逻辑方法，为文艺理论和批评研究打开新的思路。但是，人文科学特别是文学，毕竟不同于自然科学，二者在研究对象与路径上有根本差别。自然科学的研究对象是客观物质世界，其存在和运动规律并不以人的意志为转移，科学工作必须以局外人的眼光观察和认识世界，不能以个人的主观意志和情感改变对象本身及其研究。文学则不同。文学创作是作家独立的主观精神活动。作家的思想和情感支配文本，以在场者的身份活动于文本之中。即便有真正的零度写作，作家的眼光以至呼吸仍左右文本内在的精神和气韵。作家的思想是活跃的，作家的情感在不断变化，在人物和事件的演进中，作家的意识引导起决定性作用。文学的价值恰恰聚合于此。失去了作家意识的引导和情感投入，文学就失去了生命。而作家的意识可以公式化吗？作家的情感可以恒定地进行规范吗？如果不能，那么文本的结构、语言，叙事的方式及其变幻同样不能用公式和模板来框定。进一步说，作家的思想情感以生活为根基，生活的曲折与丰富、作家的理解与感受，有可能瞬息不同，甚至产生逆转和突进，作家创造和掌握的文本将因此而翻天覆地，这是公式和模板难以容纳的。

二　西方文论与中国文化的错位

除了上述这些固有的缺憾和问题，理论的有限性也是我们在面对西方文艺理论时必须考量的因素。当代西方文艺理论是西方多种文化元素交互作用的结果，深刻地包蕴并释放着独特的历史、社会、风俗、宗教等的长久积淀。西方文化土壤上生长的理论之树被移植到中国后，很难真正落地生根、开花结果，尤其是与文学艺术关系密切的语言差异、伦理差异、审美差异，更决定了我们对其必须持审慎态度。

（一）语言差异

语言论转向是当代西方文论发展的重要标志和内容。"从俄国形式主义、布拉格学派、语义学和新批评派，到结构主义、符号学直至解构主义，虽然具体理论、观点大相径庭，但都从不同方面突出了语言论的中心地位。"① 语言中心论打破了西方文论的传统局面，开辟了一个重新认识、评价和指导文学发展的新视角，其意义不可低估。以语言中心论为基干，后来的诸多学派依附于此，生发了许多观点、学说，形成一个很大的局面。但是，所谓语言中心论，是西方语言的中心论，其全部理论依据西方表音语言的特质，其分析和结论更贴近表音语言系统及西方语言文学。一个基本事实是，西方语言与汉语言，无论在形式还是表达上都有根本性的差别，用西方语言的经验讨论和解决汉语言问题，在前提和基础上存在一些根本的对立。不能简单照搬，也不能离开汉语的本质特征而用西方语言的经验改造汉语。有关于此，在汉语的语言学、语义学、语法学等诸多方向的研究上，远的不说，从《马氏文通》开始，一百年多的奋争，我们的经验和教训多不胜数。实践证明，语言的民族性、汉语言的特殊性，是我们研究汉语、使用汉语的根本出发点，也是我们研究文学、建构中国文论的出发点。离开了这一出发点，任何理论都是妄论。

---

① 朱立元主编：《当代西方文艺理论》，第7页。

第三编　西方文论批判

　　西方的语言中心论以索绪尔的语言论为起点和主干。他的一系列观点和结论被西方学者无限制地推广到各个领域和学科，特别是西方文艺理论和批评中。该领域的诸多学派以索绪尔的方法论为指导，一些重要观点以他的研究为基础，许多重要范畴从他的概念中推衍出。从语言与文学的关系看，索绪尔的影响无处不在。但是，索绪尔自己曾指出，世界上有两种文字体系：一是表意体系，其特质是"一个词只用一个符号表示，而这个符号却与词赖以构成的声音无关。这个符号和整个词发生关系，因此也就间接地和它所表达的观念发生关系。这种体系的典范例子就是汉字"；① 二是表音体系。索绪尔清醒地指出："我们的研究将只限于表音体系，特别是只限于今天使用的以希腊字母为原始型的体系。"② 这就证明，第一，索绪尔的语言符号理论不是普遍适用的，它主要适用于表音系统的印欧语系，它的一些支配着印欧语言的基本原则，对汉语言不会全部有效，它的结论对汉语言的有效性要认真评估，绝不可照抄、照转、照用。第二，索绪尔语言学的一些基本概念及其运用，不可直接推广到文字学领域，更不可无边界地推广到文学的研究上。它的基本原则、概念与文学理论、文学批评的间离，需要合理借渡，简单推广不是索绪尔的本意。

　　根本而言，语言是民族的语言。世界各民族在漫长的生活和劳动中，创造了自己的语言。各民族语言之间，有的具有亲属关系，有共同的来源和相互影响、借鉴的关系。这类语言之间的相通程度较高，彼此的差异是相对的。但是，也有很多相互之间没有丝毫亲属关系的语言体系，它们没有共同的来源，彼此的差异是绝对的，"汉语和印欧系语言就是这样。"③ 造成这种语言差别的因素很多，其中地理上的间隔是最表面的一种。最根本、最深刻的原因，在于民族的精神。对此，西方语言学家有丰富的论述。1806年，洪堡特就明确指出，语言是一个民族生存所必需的"呼吸"（Odem），是其灵魂之所在。

---

① ［瑞士］索绪尔：《普通语言学教程》，高名凯译，商务印书馆2009年版，第38页。
② 同上书，第39页。
③ 同上书，第267页。

通过一种语言，一个人类群体才得以凝聚成民族，一个民族的特性只有在其语言中才完整地铸刻下来。①1836 年，洪堡特提出了著名的语言学论断："民族的语言即民族的精神，民族的精神即民族的语言。"②在论及汉语的语法特点与汉民族精神时，他又指出："我仍坚持认为，恰恰是因为汉语从表面上看不具备任何语法，汉民族的精神才得以发展起一种能够明辨言语中的内在形式联系的敏锐意识。"③对此，中国的语言学者也有精彩论述。徐通锵就曾指出："不同民族思维方式的差异、知识结构的差异和科学研究方法论的差异，等等，归根结蒂，都与语言结构的差异相联系。"④申小龙曾举例说，"对于中国人来说，由于'天人合一'的哲学精神，向来把人看作是自然的一部分，人与万物密不可分，所以语言中的以物喻人，以一物喻另一物、化物为人，化此物为彼物，将万物赋予人的情感色彩和思想观念的现象比比皆是"，"从中你可以体会到人、自然与神的同一"。⑤这可以看作是语言与民族精神之间关系的生动说明。

语言的民族精神体现在其具体表达上，特别是在不同语言的转换之中，这种精神上的差别表现得尤其明显。这在中国古典诗词中随处可以找到例证。我们细读一首古诗及其英译，体味其本来精神，比较两种民族语言中包含的不同思想意蕴。

朝辞白帝彩云间，千里江陵一日还。
两岸猿声啼不住，轻舟已过万重山。

李白的七绝《早发白帝城》明朗简洁，没有生僻字和深奥用典，在中国被用作儿童学习古典诗词的样本、识字的教材，千百年来家喻

---

① ［德］洪堡特：《论人类语言结构的差异及其对人类精神发展的影响》，姚小平译，商务印书馆 2009 年版，"译序"（第 39 页）。
② 同上书，第 52 页。
③ 同上书，第 316 页。
④ 徐通锵：《语言论：语义型语言的结构原理和研究方法》，东北师范大学出版社 1997 年版，第 41 页。
⑤ 申小龙主编：《语言学纲要》，复旦大学出版社 2003 年版，第 315 页。

户晓。它的音韵、节奏，可为文盲所记诵；它的意境、情趣，可为村妇所共鸣。没有人会提出这样的疑问：这是谁辞白帝城？在什么时候？"朝辞白帝彩云间"的"辞"为什么没有主语？"千里江陵一日还"是哪一日？这些在汉语中本非问题，而在不同民族语言的转换上，却产生很大歧义。以下是弗莱彻的英译：

  Po-ti amid its rainbow clouds we quitted with the dawn,
  A thousand li in one days space to Kiang-ling are bome.
  Ere yet the gibbons how ling along the banks was still,
  All through the cragged Gorge our skiff had fleeted with the morn.①

  直译回来，第一句和第四句可以是这样的句子：
  在白帝城它自己的虹云之间，我们已伴着黎明离开。我们的小船已在早晨掠过全部多岩的峡谷。
  先说主语。李白的原诗四句，本没有主体。他写的是一种感受。浩荡长江上轻舟一瞬掠过无穷景色，其迅捷、其美妙、其时光流淌，任人去体味。如果是归乡，可以是欣喜；如果是会友，可以是心切；如果是游玩，可以沉浸其中。这种体味，可以是我，可以是你，亦可以是我们和他们。只要是人，无论是谁。只要在场，其情境即如此。如果给出一幅水墨图画，小小轻舟凌波而下，舟上可有人影绰绰，亦可渺渺不见其人，就仿佛"野渡无人舟自横"的妙境。不需要主语，天地间自有人在，受者也在其中。清代乾隆御定《唐宋诗醇》卷7就有"顺风扬帆，瞬息千里，但道得眼前景色，便疑笔墨间亦有神助。三四设色托起，殊觉自在中流"的评语。这体现了中国古典美学精妙而宏大的追求，是古老民族的精神映照。英译因为主谓结构的要求，须有主语"我们"（we）。就如此一个小小的"we"，这千古绝唱的天之浑美荡然无存。

---

  ① W. J. B. Fletcher, *Gems of Chinese Verse*, Shanghai: The Commercial Press, 1932, p. 26.

再说时态。汉语本无词语时态的变化，它的时态暗含于字与词的调遣之中。《早发白帝城》本无须突出时态，何时发生的事情与美学的批评无关。四句诗强调的是迅捷，是变幻的景色与声响，有正在进行的味道。这是一个过程，它展开的时间可以任意。至于这只船，它的目的地，早到与晚到，到与不到，是无关紧要的。诗性专注的是过程，无论何时展开或进行，它的关注都在过程。林木高深，高猿长啸，空灵飞动的快意，瞬间穿越的时空之美，由古至今不曾消解。英译第一句用了一个过去时（quitted），说"已"离开；第四句用了一个过去完成时（had fleeted），说已完结，这符合英语基本语法要求。但并非原诗本意。原诗的"已过"，是要表达啼声未住，轻舟飞越，山影与猿鸣浑然无迹，把"快"和"疾"的物理概念上升为精神感受，绝非过程完结之意。这种理解包含了多重审美上的转换和移情，很难为不同美学背景的人所领悟。更易造成歧义的是对原诗最后一句"轻舟已过万重山"的解释。已者，完结也，汉语副词的标准含义。但这个"已"只是已过这一段的意思，时空还在延伸，审美继续深入，英语过去完成时的简单替代，使中国古典美学的时空意念和纯美境界破碎不堪。①

对此，20世纪法国诗人、批评家克罗德·卢阿深有体会："中国古典诗人很少使用人称代词'我'，除非他本人是施动者、文中角色和起作用的人。因动词的无人称和无时态造成的意义不确定、含糊不清，代词的省略都不是中文的弱点。这是他们在天地万物间的一种态度。"② 他的话切中要害，很有"个中滋味"的意思。在中国古典诗词中，没有主语、没有时态的表达极为普遍。有许多作品，作者本人是动作者的，也基本不出现主语。主语和时态可以暗含，并推广为一般，诗人的感受由此趋向永恒。从现代叙事学理论来说，诗人和小说家用现在时替代过去时，具有特殊的诗学意义。消弭时空界限，用当下的情境、气氛、节奏，以及当事人的即时动作和对话，把历史暗换

---

① 对这句诗，中国学者翁显良译为："Out shoots my boat. The serried mountains are all behind."毛华奋：《汉语古诗英译比读与研究》，上海社会科学院出版社2007年版，第188页。

② [法]克罗德·卢阿：《〈偷诗者〉引言》，麻艳萍译，钱林森编《法国汉学家论中国文学：古典诗词》，外语教学与研究出版社2007年版，第399页。

第三编　西方文论批判

为现实，生出跨时空的体验和对话，这是文学独有的技巧和魅力。

我们无意评论弗莱彻的译作，何况它已是近百年前的旧译，只想借此说明，不同民族语言的特殊性，决定着各民族文学之间的巨大差异。这种差异不仅贯穿于文学创作和作品，而且深深地贯注于民族的文学观念和理论之中。20世纪30年代，海德格尔在与日本学者手冢富雄的一次对话中尖锐地质疑："对东亚人来说，去追求欧洲的概念系统，这是否有必要，并且是否恰当。"因为他体会"美学这个名称及其内涵源出于欧洲思想，源出于哲学。所以，这种美学研究对东方思想来说终究是格格不入的"。① 在更根本的语言学角度上，"对东亚民族和欧洲民族来说，语言本质始终是完全不同的东西"。② 这进一步启示我们，西方文论的语言学转向，是以索绪尔的语言学研究为基础的，它所指引的西方文学理论以至美学的巨大变化以印欧语言的本质为根据。这里不排除一般方法论的意义，但根本而言，它的全部法则、概念、范畴不能简单适用于其他语言体系，尤其是以象形和表意为基础的汉语言系统。萨丕尔说："每一种语言本身都是一种集体的表达艺术。其中隐藏着一些审美因素——语音的、节奏的、象征的、形态的——是不能和任何别的语言全部共有的。"③ 他判定："企图用拉丁、希腊的模子来铸造英语的诗，从来没有成功过。"④ 汉民族语言，几千年的历史，丰富的文学经验，千古回响的传世绝唱，宏观指向字字珠玑，细微之处气象万千，决非另一种语言能够比对。"艺术家必须利用自己本土语言的美的资源"，⑤ 这是萨丕尔的真诚劝诫。我们总是疑惑，西方语言学家、文学理论家、文艺批评家反复强调的东西方文明的差别，特别是其自身理论的有限性，这是借鉴和运用任何外来理论的基本前提，为什么没有被中国的引进者所重视？难道是

---

① ［德］海德格尔：《在通向语言的途中》，孙周兴译，商务印书馆2009年版，第87页。
② 同上书，第109页。
③ ［美］萨丕尔：《语言论：言语研究导论》，陆卓元译，商务印书馆2009年版，第206页。
④ 同上书，第210页。
⑤ 同上书，第207页。

没有读到，抑或是不愿意读到？

（二）伦理差异

东西方伦理传统的差别是明显的。这种差别深刻影响甚至左右了文学的演变和发展。古老的神话和传说表现了民族的伦理和道德，同时又反作用于它，为道德和伦理的习得与养成提供了最生动的载体和手段。原始的神话和传说对民族文学的影响同样是深刻的。某些神话和传说承载着混沌的原始意象，作为一种民族记忆，在民族文学的长河中潜动，自始至终。神话和传说也影响民族的审美取向，甚至决定着民族文学的接受和评价尺度。这就回到了我们的问题：立足于西方神话和传说的文学及其理论，会恰当贴合于其他民族的文学和批评吗？我们从有关人类起源的神话说起。

希腊神话从母子婚娶、众神弑父开始。两代神人持续弑父，成就了希腊神话故事的基本格局。古代希腊神话和传说开篇说道，天地之初，大地之神盖亚从混沌中诞生，自生了天神乌兰诺斯，乌兰诺斯反娶盖亚为妻，母子结合，繁衍后代，有了被统称为提坦神的群神家族。在这一家族中，母子结合而生的儿女形象恐怖狰狞，他们共同憎恨自己的父亲。父亲折磨母亲，幼子克罗诺斯受命于母，挥剑重伤生父，取代生父为新王。新王娶其亲姐为妻，生下宙斯，宙斯率领兄妹结成同盟，与生父征战10年，父亲被众儿女打入地狱，宙斯成为新王。这些故事在希腊神话和传说中不占有重要地位，后来的神话研究也少见深入的分析和论述。但是，恰恰是这些不为人重视的前神话（宙斯前的神话），传递了值得注意的信息。其一，母子结合或者说婚配，是众神及人类诞生的起始。混沌之初本无伦理，但作为神话能够被记录和流传，就证明这种婚配关系为希腊以至欧洲大陆诸民族所接受，没有在伦理认知上给予绝对的排斥，否则，不会产生和流传这样的神话。其二，在希腊初民的幻想中，两次类似弑父行为的记载和传播，证明了弑父、弑王是夺得统治权力的重要方式，它是政治，不是人伦，有其合理性。其三，从时间上判断，上述神话虽简单、原始，但相关传说在前，其他更复杂、更精致的同类传说在后，这就更加充分地证明，"娶母""弑父"，作为分立、单独的行为，在民族心理上是可以容忍的，为以后更深入的发挥做好了准备。从时间上判断，乌兰诺斯娶母为妻，克罗诺斯弑父为王，宙斯率众兄妹将其父打入地狱，后来的俄狄浦斯弑父娶母，是一种当然的延续。与以前的故事相比，俄狄浦斯故事的关键是，把弑父和娶母这两件事情集中到一起，用一个确切的结果，表达民族神话中蕴藏的伦理倾向。它从根本上改变了先前传说的性质，由人类起源和王位争夺的想象，转向人伦是非的辨析，突出了伦理判断的目的性。这种变化表现在：其一，主人公弑父娶母的行为是神对其父作恶的惩罚；其二，主人公为摆脱神谕命运而极尽挣扎；其三，俄狄浦斯落难之后光荣赴死。这三方面的内容，既给予俄狄浦斯弑父娶母行为以充分的逻辑根据，又在情感上制造了强烈的悲剧气氛，引导人们得出一个结论，即俄狄浦斯是个好国王、好丈夫、好儿子，他弑父娶母的行为应该得到理解和同情，神话的承继与传播由此取得道德上的合理性。

俄狄浦斯的神话传说对西方文学影响深远。据弗洛伊德总结，有不同国家、不同时代的三位文学巨匠以此为主题，创作了戏剧或小说，令后人高山仰止。一是索福克勒斯的希腊悲剧《俄狄浦斯王》，直接描写俄狄浦斯弑父娶母的故事，是此类作品的原始起点。二是莎士比亚创作的悲剧《哈姆雷特》，我们只能说它被附会于这个神话，将过去被认为是写命运不可抗争的主题，附会成哈姆雷特因恋母情结作祟而行动迟疑的心理表现。三是陀思妥耶夫斯基的小说《卡拉马佐夫兄弟》，卡拉马佐夫的儿子弑父，是作者恋母情节的隐晦表达。① 就对这些作品的认识而言，我们不否认弗洛伊德另辟蹊径的视角和努力，但是，这种分析和推论并非普遍适用。

与西方文学相比，在这一问题上，中国文学有完全不同的面貌。我们可以从中国古代神话和古典文学作品中找到有力的证据，如中国古代关于伏羲、女娲兄妹结为夫妻创造人类的神话：

---

① ［奥地利］弗洛伊德：《陀思妥耶夫斯基与弑父者》，车文博主编《弗洛伊德文集》第4卷，第535—553页。

当代西方文论若干问题辨识

> 昔宇宙初开之时，有女娲兄妹二人，在昆仑山，而天下未有人民。议以为夫妻，又自羞耻。兄即与其妹上昆仑山，咒曰："天若遣我二人为夫妻，而烟悉合；若不，使烟散。"于烟即合。其妹即来就兄，乃结草为扇，以障其面。今时取妇执扇，象其事也。①

这一神话不仅为多种汉语言史料所记载，而且仍广泛保存于中国西南苗、瑶、壮、布衣等多民族的口头传说之中。这些传说在细节上各有差异，但伏羲、女娲由兄妹结为夫妻，创造或再造人类的主题则是一致的。这是与希腊神话、传说的重大区别。在中国古代，兄弟娶姐妹为妻，尽管仍是血亲，且"又自羞耻"，但在伦理辨识上可以被接受。兄妹为夫妻造人补天能成为神话，并在各民族的传说中久远流传，本身就是证明。在婚配制度上，中国古代很早就禁止血亲兄妹通婚，但表兄妹，无论是堂表还是姨表兄妹通婚，则是一种普遍现象，表兄妹的通婚除了当事人相恋相亲以外，通常有两个原因：一是大家族的政治或经济目的，政治上为了结成更巩固的同盟，经济上为了财富为本家族所占有；二是氏族成员之间的信任和聚合，双方相互了解，甚至"青梅竹马"，从而"亲上加亲"。但是，在中华民族的神话和传说中，没有母子为夫妻的记载，没有母子乱伦的传说。在中华民族的意识中，母子、父女不可乱伦，更不可婚配，这是不可触碰的伦理底线。在初民的幻想中，无论怎样夸张，婚配关系最终止于兄妹，绝无可能为母子或父女。像西方神话那样将婚配变幻到母子，是绝对不可以接受的。在中国古代，可以为政权"弑父"，但不可以娶生母，更不可以为了娶母而弑父。在种种亲属群体中可能发生乱伦，但绝不可"恋父""恋母"。这可以在中国古典名著中找到根据。

《红楼梦》是清代著名历史小说、社会小说、言情小说。在这部小说中，中国社会的万千人伦现象都有生动表达。它的表达基于历史

---

① 李冗：《独异志》（8）卷下，载袁珂《古神话选释》，人民文学出版社1979年版，第45页。

和生活的真实，是作者对当时中国社会的深刻体验。关于性和人伦关系，生活中存在的，小说多有言及，梳理起来，大致可以分为两类。一类是正当的人伦关系。贾宝玉爱的是林黛玉，他们是姑表亲；薛宝钗嫁给了贾宝玉，他们是姨表亲。三方互为表兄姐妹。贾宝玉爱林黛玉是真情，薛宝钗嫁贾宝玉是利益。这种关系是正当的人伦关系，在中国封建社会甚为普遍。另一类为非正当关系。一种是封建社会所允许的所谓妻妾制，贾府中的贾赦、贾政以及贾琏、贾珍都有妻妾，有人甚至一妻多妾；一种是制度和伦理都不允许的关系，最典型的是贾珍与秦可卿的苟且，他们是公媳关系。此外如王熙凤与贾蓉的暧昧不清，他们是婶侄关系。对于前一类关系，即正当的表兄妹的恋爱婚姻关系，在神话传说和文学经典中都有记载以至颂唱。南宋诗人陆游的一首《钗头凤·红酥手》，为后人吟唱；当代小说家巴金《家》中的主人公觉新与梅表姐的爱情，令世人惋叹。至于那些归于乱伦的不正当关系，有些《红楼梦》里没有涉及，例如叔嫂不伦（如《水浒》中潘金莲企图勾引武松）、子与父妾不伦（如武则天嫁唐高宗李治）、子与后母不伦（如《雷雨》中的周萍与繁漪），等等，都是中国传统伦理道德所严厉禁止的。无论怎样严厉，此类事情总要发生，且历朝历代禁而不止。而在中国历史和当下，母子乱伦、父女乱伦，无论是民间神话传说，还是正典的文艺作品，都不会有此类记载和表述。罕见案例也许会有，但绝不会以传说和文学的形式进入阅读和写作。这也是底线，否则意味着对这种极端乱伦行为的容忍和妥协，意味着对中国伦理道德的最后颠覆。

我们回到对西方文论的认识上来。自弗洛伊德始，精神分析学派提出人类共有的"俄狄浦斯情结"，构造一套理论和方法，用于普遍的文艺理论研究和批评，其推广和应用的逻辑起点值得怀疑。东西方的伦理传统不同，立足于西方伦理传统的理论和批评并不适用于东方传统伦理影响下的文学经验。东方民族很难接受"俄狄浦斯情结"及其文学表达，个人的心理缺乏经验，民族的道德准则断然拒绝。汉语言民族的神话和传说、汉语言文学的景深，没有此类线索和轨迹。将根据西方神话和传说而生成的理论作为普遍适用的批评方法和模式，无限制地推广到所有民族的文学和批评，会生出极大的谬误。我们至少能够判断，以"恋母情结"为逻辑起点的精神分析方法不适用于中国的文学批评。用荣格的原型理论来分析，这一认识就更加清楚。荣格从神话以及他的病人的梦和幻想中发现了集体无意识。他认为集体无意识是人类自原始社会以来世世代代普遍性的心理经验的长期积累，其内容就是"原型"。原型作为潜在的无意识进入创作过程，在远古时代表现为神话，在各个时代转移为不同的艺术形象，并不断地以本源的形式反复出现在艺术作品与诗歌中。如果该理论有效，那么不同民族的不同神话会产生相同的集体无意识吗？如果自原始社会以来世世代代的普遍性心理经验有根本差异，那么它们经过长期积累会产生相同的内容吗？远古时代的神话形象不同，作为潜在的无意识进入创作，会有相同的结果和形象吗？道理很清楚，原型不同、本源不同、集体无意识不同，作为结果的文学当然不会相同。所以，汉语言民族的文学中没有弑父娶母的原型，更不要说反复出现。我们再用弗莱的文学是"移位的神话"（displaced myth）来阐明这一道理。就人类起源的猜测看，西方的神话是母子相交而生成，东方的神话是兄妹相配而繁衍。远古时期东西方神话互不交接，各自生长，作为神话移位的文学，必然有极大不同，以至根本性的差别。文学对神话的移位只能是本民族神话在文学中的移位，而不是跨民族的移位。吉尔伯特·默里的"种族记忆"说也可证明该判断。默里由《金枝》的启发而认为，某些故事和情景"深深地植入了种族的记忆之中，可以说是在我们的身体上打上了印记"，[①] 所以，原始的神话和传说对文学产生血脉般的影响。中国社会有一种现象，青年男女相恋，许多以兄妹相称，尽管他们既不是表兄妹，更不是亲兄妹，但是，无数的民歌、情歌都称情哥哥、情妹妹，这能否从女娲伏羲的神话中找到"种族记忆"的线索？文学如此，依据西方文学史经验生成的理论和方法，更是如此。依据西方神话和传说生成的理论及方法，不可能无界限地适用于世界各民族文学的批评。

[①] 转引自朱立元主编《当代西方文艺理论》，第166页。

(三) 审美差异

审美作为民族心理的重要组成部分，有着漫长的积累和演变过程。在此过程中，多种物质和文化元素参与其中，相互碰撞与融合，形成了各民族审美的独立特征，深刻影响文学艺术的创造和传播。民族审美心理的承继和演进，构造了民族审美的集体性倾向，这种倾向决定了民族的文学艺术呈现多向度的差别，决定了文学艺术产品的公众接受取向和评价标准。

民族审美心理和经验对文艺理论及批评的影响同样是深刻的。审美先于理论，理论服从审美，个体审美抽象升华为集体审美，集体审美决定理论走向，理论校正、归并个体审美。这是民族审美和理论的一般规律，背离这一规律，任何理论都难以行远。因此，西方文论对中国文学的有效性，取决于民族审美经验的接受程度。这一判断可以通过对法国荒诞派戏剧和理论的分析得到证明。

尤奈斯库是法国荒诞派戏剧及理论的代表性人物，他的名作《秃头歌女》是荒诞派的奠基性作品。这部以反理性、反真实、反戏剧面目出现的荒诞剧，从内容到结构以至题目本身都荒诞到极点，可以作为分析的样本。确切地说，《秃头歌女》是没有剧情的。剧中人物和对话都是荒诞的表征，就像台上站着或坐着几个神经不甚健全的男女在妄自呓语。

马丁夫人　我能买把小折刀给我兄弟，可您没法把爱尔兰买下来给您祖父。

史密斯先生　人固然用脚走路，可用电、用煤取暖。

马丁先生　今天卖条牛，明天就有个蛋。

史密斯夫人　日子无聊就望大街。

马丁夫人　人坐椅子，椅子坐谁？

史密斯夫人　三思而后行。

马丁先生　上有天花板，下有地板。

史密斯夫人　我说的话别当真。

马丁夫人　人各有命。

史密斯先生　你摸我摸，摸摸就走样。
史密斯夫人　老师教孩子识字，母猫给小猫喂奶。
马丁夫人　　母牛就朝我们拉屎。①

　　从头到尾没有情节可言。如此对话，没有表情和声调，翻来覆去地重复；没有确指，更无逻辑；自说自话，互不搭界；几个人物场上场下随意转动，对话的夫妻之间互不相识。布景里有个英国式的大钟，不按时报点，一会儿十下，一会儿三下，表现得神秘鬼祟。

　　结构也是荒诞的。一个独幕剧，各场之间没有联系，前后颠倒也不会有太大影响。人物出场谁先谁后，台词多一句少一句，怎样开头和结尾，全无道理。例如结尾，剧作家的原本设想是，两对夫妇争吵以后，舞台空出，无人，无物，无声。藏在观众里的临时演员假装起哄，经理和警察上场。警察用机关枪扫射观众，经理和警长欢颜相庆。这样荒诞无比的结尾是不是有什么哲学、美学、戏剧学上的考量？对此没有资料可证。但有记载的是，剧作家认为如此结尾费用会很高，简单一些可以省钱。于是改成现在的样子，就是一切从头再来，马丁夫妇在台上重复史密斯夫妇开幕时的台词，好像是意味深长的循环往复。

　　甚至戏剧名称的产生都充满离奇荒诞色彩。剧中从头到尾根本没有"秃头歌女"这个角色。该剧原本打算题为《英国时间》或《速成英语》，只是因为在排练时，那位饰演消防队长的雅克先生不很敬业，错把"金发女郎"念成"秃头歌女"，在场的尤奈斯库大喜过望，认定这个提法当作题目更能表达他的意思，于是"秃头歌女"这四个字便保留了下来。

　　尤奈斯库对传统戏剧理念的颠覆，关键是对故事性和情节性的消解和拒斥，用荒诞的手法极大地挑战了人们对"戏剧"本身及其核心要素的界定，重新建构起另一种戏剧。凭借引人入胜的故事和环环相扣的情节支撑起来的传统戏剧，在尤奈斯库看来低级拙劣。他曾强

---

① [法]尤奈斯库：《秃头歌女》，高行健译，载黄晋凯主编《荒诞派戏剧》，中国人民大学出版社1996年版，第331页。

烈表达对传统戏剧的不满甚至厌恶，认为希腊悲剧和莎士比亚的戏剧不具备戏剧特点，"高乃依使我感到厌烦"，"席勒对我来说，是不能忍受的"，"小仲马的《茶花女》充满了一种可笑的感伤"，"易卜生呢？滞重；斯特兰贝格呢？笨拙"。对传统戏剧倚重的情节，尤奈斯库更是不以为然，"情节，在我看来是任意安排的。我觉得整个戏剧，都有某种虚假的东西"。① 只有像荒诞派那样消灭情节、不可理喻的戏剧，尤奈斯库认为才是真实的，而且是一种"超现实的真实"。

尤奈斯库用荒诞不经的理论标尺丈量西方传统戏剧经典，所得结论尽管偏激——事实上，那些伟大的剧作家和作品，因为动人的故事和跌宕的情节，以及艺术家精湛的表演，仍被全世界的民众所喜爱，充满生命地活跃在舞台上，历经千百年而不衰，但必须承认，尤奈斯库及其荒诞派戏剧理论的探索是有意义的，他对西方社会的剖析和批判显示了卓越的见识和锐利的锋芒。荒诞派戏剧之所以能在西方产生，并在戏剧舞台风行几十年，受到各方面的称赞欣赏，证明它的存在是有道理的，更证明它反语言、反理性的极端立场在民众审美层面具备一定的接受基础。否则，不会有荒诞派戏剧的出现，即使出现也不会被接受，遑论流传下来。

类似于荒诞派理论所主张的非理性、无情节等，在中国的审美传统中则很难被接受。对故事和情节的天然亲近感深深融入中华民族的文化基因。一般认为，中国是诗的国度，抒情传统发达，叙事传统薄弱。这一说法有一定道理。但只要细加考察就会发现，中国古典文学在抒情传统之下，同时并行着坚实而绵延的叙事传统。

"诗缘情而绮靡"，但落实到操作层面，"情"往往"倚事"而发，倚事抒情，无事不情。这是中华民族传统审美取向规约而成的表达习惯。因此，自《诗经》以降，几千年的中国文学史，小说、散文、戏剧等先天具备叙事色彩的文体自不必说，就是诗歌这一抒情为主的文体，也往往具有故事化、情节化的特点。哪怕是一首小小的抒情诗，也要讲故事、拟情节，以叙事表情写意。没有情节的文学作

---

① [法]尤奈斯库：《戏剧经验谈》，闻前译，载黄晋凯主编《荒诞派戏剧》，第45、46、39页。

品，在丰富多彩的中国文学史上很难留下痕迹。民族的集体审美落实于作品的情节及其安排，这种心理世代传承，形成巨大的审美惯性，决定作品的接受和影响程度。我们不妨举一首小词为例：

> 胡马，胡马，远放燕支山下。跑沙跑雪独嘶，东望西望路迷。迷路，迷路，边草无穷日暮。①

这是中唐诗人韦应物的一首重在抒情的小令，以《调笑令》为牌，集中表达了主人公孤独而迷茫的意绪，凝聚和传递着无限凄迷而又于心不甘的寂寥。这首词的艺术和美学含量丰富，凭借线条、色彩、音响的重叠交织，把词这一文体的独特魅力发挥到极致。更重要的是，它用短短 32 个字，虚构了一个故事，拟设了一组情节。一匹被放逐的孤马，盘桓于大漠边塞的沙雪之上，没有同伴，去路难寻，湮没在苍茫草原上同样苍茫的落日之中。用情节延宕故事，用叙事统领抒情，抒情寄托于叙事，由事而情。

这首小令的叙事要素完备。它的时间、地点、人物非常清楚：早春的黄昏，燕支山下的大漠，失意寂寥的孤马；它的动作、声响、情绪交融于一体：寻觅的奔跑，不平的嘶叫，无路可去的迷茫；它有结局：困顿于此，与边草日暮为伴。

叙述者的身份颇有意味，叙事主体在场与不在场，造成了故事的几重悬念。第一，诗人就是主人公，拟化为马，在场直接叙述。事业上的失落和失意，情绪上的惶惑和不平，几番挣扎，依然空荡无凭，边草暮日投射一抹悲壮色彩，叙事者主观意图明显。第二，诗人是主人公，但不在场，他规定故事主人公的一切动作和企图，全方位地展开叙述。迷失方向，在忧虑和不甘中多方奔突，没有结果，不见希望，主人公消解于无边草莽的苍凉之中。叙事者隐身于场外，客观描述色彩浓厚。第三，他既不是主人公，又不在场，完全叙述一个他者的故事。无助也好，独嘶也好，大漠落日只是个背景，冷静、客观、

---

① （唐）韦应物：《调啸词二首·其一》，载陶敏、王友胜校注《韦应物集校注》，上海古籍出版社 1998 年版，第 596 页。

无情无义，最终感受由受者自主推进，与作者无关。这种叙事方式给我们多重阅读期待。诗人究竟是什么身份？为什么要创作这首词？为什么要这样写？对此尽可任意猜想：他是戍边大漠的孤独将士，因思乡难归而郁闷；他是流放边塞的失意文人，因怨谤受贬而不甘；抑或他就是一多情善感的有闲人，一种传说、一个眼神，甚至是半阶音响，激起他心底丰饶的诗意。

应该说，这首小令并非唐宋词中的极品，我们只是解读它叙事抒情的意图和技巧。此类表达在中国古代诗词中俯拾皆是："儿童相见不相识，笑问客从何处来"，将"少小离家老大回"的五味杂陈推演为问答；"马上相逢无纸笔，凭君传语报平安"，将"故园东望路漫漫"的伤感演绎于对话；"今宵剩把银釭照，犹恐相逢在梦中"，把刻骨相思索隐成动作；"松下问童子，言师采药去，只在此山中，云深不知处"，简直是对话式的短篇小说。重故事，重情节，欲抒情而叙事，依叙事而抒情，已经积淀为民族诗学的基本法则，体现了民族审美取向的基本特征。美总是具体的。寓道理和情感于故事和情节之中是美的，叙事者和感受者融为一体的视角是美的，将虚幻无形的体验物化为实在和有形的具象是美的。形而下地表达形而上的道，是民族审美的追求。用这一标准衡量，符合它的就易于被接受，背离它的就要被疏离，任何理论、任何作品，恐怕难有例外。

从一定意义上说，西方的文学艺术是西方审美传统的凝练和外化，西方的文艺理论反过来又体现和强化着这种审美传统，从而在总体上形成了互相契合的整体。中华民族积淀和遵从的审美传统，无论宏观取向还是微观特征，与之有千差万别。罔顾这一事实，对西方文艺理论横加移植，结果只能是既与审美传统主导下的文艺创作有隔，又与中华民族在审美传统支配下的接受规律相违。理论由此成为无效的理论。

三　中国文论建设的基点

对西方文论的辨析和检省，无论是指出其局限和问题，还是申明它与中国文化之间的错位，最后都必须立足于中国文论自身的建设。

明确了这一点,接下来的问题就是,当代西方文论为中国的文论建设提供了哪些镜鉴?我们应从中吸取哪些经验和教训?在世界文论频繁的范式转换中,中国文论如何自处?这是我们当前迫切需要解决的问题。

(一)全方位回归中国文学实践

中国的文论建设,必须从中国文学实践出发。

提出这一命题,可能遇到如下质疑:为什么要从中国文学实践出发?实践之于理论,是必需的前提和条件吗?文学理论究竟应从哪里来?这是文学理论的一个基本原点问题。这一问题解决不好,文学理论的发展必然从根本上走向偏误。

之所以出现这样的疑问,是因为近一个世纪以来文学理论的发展,尤其是当代西方文学理论的发展,似乎越来越有力地证明,文学理论的来源未必就是文学实践。佛克马、易布思就曾明确表达过这种观点:"弗洛伊德的心理学对心理分析学派的文学批评理论无疑产生过影响。马克思文学批评理论与特定的政治学和社会学观点纠结在一起。格式塔心理学派对于人们探讨一种文学系统或结构肯定具有启发的作用。俄国形式主义不仅受惠于未来主义,而且也受惠于语言学的新发展。有些文学理论派别与文学创作的新潮流更接近一些,有些则直接由于学术和社会方面的最新进展,还有一些处于两者之间。仅将现有各种不同的文学理论派别的产生原因,给予一种概括性的解释,是没有多大裨益的。"[①] 他们拒绝承认文学理论是"一种概括性的解释",实际上是认为,文学理论的来源未必是文学实践。

这一结论犯了一个基本的逻辑错误,即混淆了"实然"和"应然"的关系。两位学者在上文中所描述的现象是真实存在的。20世纪以来的西方文学理论,确实越来越多地"受惠于"包括心理学、语言学、人类学等其他学科的理论创造。但是,仅凭这些并不足以证明文学理论可以甚至应该离开文学实践。

---

① [荷兰]佛克马、易布思:《二十世纪文学理论》,林书武等译,生活·读书·新知三联书店1988年版,第2页。

从文学发生学的角度来说，总是先有文学，后有文学理论。这一点举世皆然。没有文学的产生和存在，也就不可能有文学理论的出现。可以肯定地说，如果没有古希腊悲剧的繁荣发展，就不会有亚里士多德的《诗学》；没有莎士比亚的戏剧探索和1767年汉堡民族剧院的52场演出，历史上也不会留下莱辛的《汉堡剧评》；同样，没有现实主义、浪漫主义、象征主义的创作潮流，也不会诞生相应的文学理论思潮。文学理论来自文学实践，并以走向文学实践为旨归，这是一切文学理论合法性的逻辑起点。

文学理论是关于文学的理论，本质上是对某一特定时期文学实践的经验总结和规律梳理。其中最重要的，是文学理论对文学创作取材、构思、技法以及对文学作品审美风格、形式构成、语言特质的理论归纳和概括。在总结和梳理过程中，理论的应有之义还包括"问题域"的拓展和思维方式的切换。例如，在文学实践环节，"文学是什么"这类"元问题"，不是创作者或接受者需要思考的问题，而文学理论一旦出现，类似问题就成为无法绕过的核心问题。答案从哪里来？——来自实践。理论家要想给出一个令人信服的回答，必须以实践为对象，认真梳理、仔细甄别。例如，在西方有人将文学的本质界定为"摹仿"。无论这种"摹仿"指的是对自然的摹仿，还是对"理式"的摹仿，得出这一结论的前提，无一不是对文学实践的理解、把握，以及在此基础上对文学与自然、与"理式"之间关联的考察。理论的编码体系，是把感性的、直接的、朴素的经验理性化、一般化。经此演练后，文学实践的影子可能已经淡化，甚至荡然无存，但文学理论最原始的出发点依然在文学实践，否则就难以被称为文学理论。

当代西方文论中的某些思潮流派，直接"征用"其他学科的现成理论，不但不能证明文学理论可以越过文学实践，反而暴露了其自身存在的致命缺陷。我们提出这样的论断，并不意味着文学理论要自我封闭，打造学科壁垒。在当下的学术研究中，无论是自然科学还是人文社会科学，学科间的碰撞和融合已成为重要趋势，在相当程度上推动了学术研究的进步。但这种学科间的碰撞和融合，只能是研究方法和思维方式的启迪，而不能是理论成果的简单翻版，落实到文学理论也是如此。然而，实际的情况却是，包括弗洛伊德、索绪尔、哈贝马斯、德里达、福柯、赛义德、列维－斯特劳斯等在内，以及文化研究兴起后暴得大名的一大批学者，都被归置在文学理论家的行列，相关理论也被当作文学理论。事实上，这些学者及其思想为文学理论提供的仅仅是一种观念启迪或思维工具。正如乔纳森·卡勒所言，"这种意义上的理论已经不是一套为文学研究而设的方法，而是一系列没有界限的、评说天下万物的著作，从哲学殿堂里学术性最强的问题到人们以不断变化的方法评说和思考的身体问题，无所不容"。① 当代西方文论因为有这些思想资源，就省略和放弃了对文学实践的爬梳，其结果是，文学理论无关文学、没有文学，或者文学只是充当了理论的佐证工具，其学科特性受到了前所未有的削弱，成了凌空蹈虚的"空心理论"。有西方学者甚至由此对文学理论本身产生了怀疑，认为"事实上并没有什么下述意义上的'文学理论'，亦即，某种仅仅源于文学并仅仅适用于文学的独立理论"。② 这是近年来西方文论饱受质疑的重要原因之一。正如有学者所言，文学理论的初衷"是试图从自身外围的学术领域中来获得启发、寻找出路，结果却邯郸学步，丢掉了自身"。③

　　文学理论在生成过程中接受其他学科研究方法、研究思路的启迪和影响，这无可厚非，不应排斥，但其前提和基础一定是对文学实践的认真研习和深刻把握。缺少了这一点，一切文学理论都是没有生命力的。

　　中国当代文学理论建构始终没有解决好与文学实践的关系问题。与西方情况稍有不同的是，西方文学理论脱离实践，源自对其他学科理论的直接"征用"，中国文学理论的问题则源自对外来理论的生硬"套用"，理论和实践处于倒置状态。20世纪50年代，苏联的文学理论以体系化的整体形式被平移到中国，迅速居于主导地位。它所确立

---

①［美］乔纳森·卡勒：《文学理论入门》，李平译，译林出版社2013年版，第4页。
②［英］特里·伊格尔顿：《二十世纪西方文学理论》，伍晓明译，北京大学出版社2007年版，"第二版序言"。
③姚文放：《从文学理论到理论——晚近文学理论变局的深层机理探究》，《文学评论》2009年第2期。

的"现实—本质—反映"的理论框架，成为中国文学理论建构的宏观前提。季摩菲耶夫的《文学原理》、毕达可夫的《文艺学引论》等苏联教材成为中国文学理论的直接思想来源。这种状况一直持续了30年。进入新时期后，文学理论风向陡转，苏联的文学理论迅速被西方文学理论刷新和覆盖。遗憾的是，这种变化只是理论引渡空间的转移，理论的诞生方式依然如故。

当前中国文学理论建设最迫切、最根本的任务，是重新校正长期以来被颠倒的理论和实践的关系，抛弃对一切外来先验理论的过分倚重，让学术兴奋点由对西方理论的追逐回到对实践的梳理，让理论的来路重归文学实践。

这种回归必须是全方位的回归。文学实践是一个复杂的有机系统，由创作、文本、接受等若干环节组成。回归中国文学实践，就是要把中国文学理论的建构基点定位在中国文学的现实上，系统研究中国文学创作、文本、接受规律，在此基础上形成有中国特色的文学理论体系。例如，东西方作家各自依托的文化母体不同，思维方式也有差异，那么，中国作家的创作在选题、运思、表达上有什么独特性？又如，在文学接受层面，"期待视域"是姚斯接受美学的核心概念，按照这一概念的意涵，"一部文学作品，即便它以崭新面目出现，也不可能在信息真空中以绝对新的姿态展示自身"，① 必然受到既往审美体验和生活经验的左右和限制。不同接受主体存在个体差异，但中华民族作为一个文化共同体，必然存在通约性。这种通约性是什么？这需要通过对中国文学接受实践进行认真考察后方能得出。

中国文学理论建设全方位回归中国文学实践，有一点不可或缺，也至关重要。那就是以文本为依托的个案考察。这是建构中国特色文学理论体系最切实有效的抓手，也是最具操作性的突破点。以诗学理论为例。要想准确把握中国当代诗歌的意象设置特征、诗性营构技巧、语言运用规律，基本路径是，将大量当代诗歌汇集在一起，选取一定数量有代表性的诗作，逐一进行文本细读。一行一行地品读，一

---

① [德]姚斯：《走向接受美学》，[德]姚斯、[德]霍拉勃《接受美学与接受理论》，周宁、金元浦译，辽宁人民出版社1987年版，第29页。

个意象一个意象地分析，一个字一个字地推敲，千百首诗歌完成后，中国当代诗歌的基本特征就自然呈现。具备了这一扎实的基础后，再进行由个别到一般、由特殊到普遍、由具象到抽象的归纳演绎，使之系统化、理论化。这才是中国诗学及中国文学理论应有的生成路径。与西方现成理论的直接引进相比，这种理论建构方式或许要艰难、迟缓得多，甚至略显笨拙，但却是最有效、最坚实、最经得住历史考验的理论。更重要的是，这样的文学理论才能是中国的文学理论。

这并不是要重蹈西方文本中心主义的老路，也与英美新批评所倡导的细读法批评存在本质差异。西方文论中的文本中心主义以及由此催生出的文本细读，其逻辑前提是将文本视为独立自足的封闭体系，无视甚至否认作者、读者以及时代环境等外部因素对文本产生的规约和影响。布鲁克斯甚至认为只有文本研究才是文学批评。我们倡导的文本细读，并不以狭隘的文本观为基础。文本只是整个文学实践活动中的一个重要环节，其生成和定型受到各种复杂因素的影响和制约。文本在文学理论建构中只是依托，而不是全部；文本细读也只是所有理论建构行为的第一步，而不是终点。在文本细读中归纳概括出的结论，要放置在文学实践的有机系统中进行综合考量，由此探寻进一步的规律、奥秘。

由具体到抽象，再从抽象走向具体，这是理论运行的基本方式。是否以文学实践为出发点，不但决定着理论的前提是否正确、恰切，以及理论本身的形态和合理性，还直接关系到抽象的理论能否再一次走向具体、指导实践，也即理论的有效性问题。这是由理论内部的逻辑自洽规律决定的。可以说，从中国文学实践出发，是所有中国文学理论建构的核心和关键。

（二）坚持民族化方向

文学理论有没有民族性，文学理论建设是否需要坚持民族化方向？近年来，国内学界对此问题的讨论并不充分，认识上也混沌模糊。要么躲躲闪闪，避而不谈；要么折中处理，底气不足。而对西方文论的大肆追捧和直接移植，事实上暗含了这一判断：文学理论没有民族边界，具有放之四海而皆准的普适性。基于此种认识，在近些年的中国文学理论建设中,对民族性的热情渐渐让位于对普适性的追求。

　　文学理论以文学为研究对象,文学理论的民族性很大程度上由文学的民族性传递而来。任何一个国家或民族的文学创造,都是其历史记忆、风俗传统、审美习惯或直接或间接的发散,不可避免地打上鲜明的民族文化烙痕。每个人都生活在民族文化传统织就的巨大场域之中,作家也不例外。在文学创作中,这种积淀在作家意识深处的文化基因,无论本人情愿与否,都会不可遏止地灌注在作品的肌理之中。题材的偏好、主题的设定、气质的凸现、韵味的生成,等等,每个方面都包含着丰富的民族精神信息。

　　有一种观点认为,文学的民族性只存在于前现代社会的封闭形态中,如今,全球化时代已经到来,各民族之间的交流、碰撞、互融成为常态,在世界一体化格局中,文学的民族性不复存在,取而代之的是"世界的文学"。常见的举证是马克思和恩格斯在《共产党宣言》中的一句话:"民族的片面性和局限性日益成为不可能,于是由许多种民族的和地方的文学形成了一种世界的文学。"我们认为,将这句话作为否定文学民族性的根据,有断章取义之嫌。为了清晰完整地还原马克思和恩格斯"世界的文学"之本义,不妨将该段原文照录于此:

　　　　资产阶级,由于开拓了世界市场,使一切国家的生产和消费都成为世界性的了。……旧的、靠本国产品来满足的需要,被新的、要靠极其遥远的国家和地带的产品来满足的需要所代替了。过去那种地方的和民族的自给自足和闭关自守状态,被各民族的各方面的互相往来和各方面的互相依赖所代替了。物质的生产是如此,精神的生产也是如此。各民族的精神产品成了公共的财产。民族的片面性和局限性日益成为不可能,于是由许多种民族的和地方的文学形成了一种世界的文学。①

---

① 《马克思恩格斯选集》第1卷,人民出版社2012年版,第404页。

要准确理解"世界的文学",如下几个关键点须引起注意:其一,在这里,马克思和恩格斯是在以批判的立场,分析和预言资本主义如何实现对世界的经济主宰,以及在此基础上的文化占领,而并不是对未来理想世界的预言和想象。其二,这里所说的"文学",与我们今天使用的"文学"有本质不同。德文"Literatur"一词泛指包括科学、哲学、宗教、艺术等一切书写的著作和文本,实际上是指一切精神生产的产品和文化。因此,"不能简单地狭义地套用马克思和恩格斯这个论断,而应该理所当然地在作为精神生产的共同性和一般意义上来理解马克思和恩格斯对'世界的文学'的论述"[①]。其三,"民族的片面性和局限性"不等于民族性。联系上文,马克思和恩格斯先阐述的是物质生产的世界性,指出"过去那种地方的和民族的自给自足和闭关自守状态",已经被世界范围内的往来和交换所取代,重在强调地方性和民族内部的"小循环"发展成为一种世界性的"大循环"。精神的生产与之相同。所以,这里"民族的片面性和局限性",应指精神生产的自给自足、闭关自守状态,而非精神产品的民族性。其四,所谓"世界的文学",是由"许多种民族的和地方的文学"形成的。也就是说,作为"世界的文学"的汇集要素,"民族的和地方的文学"属于自身的一些特征还存在,包括民族性特征。

的确,信息化和全球化的裹挟,会在一定程度上对一个国家或民族的文化传统造成冲击和影响,但这并不意味着文学民族性的丧失。首先,一个民族文化传统的生成,经过了长期的凝练、沉淀、塑形,具有稳定性,并不像想象的那样脆弱。其次,即便这种文化传统被另一种更强势的力量完全瓦解或同化,其结果也只是一种文化传统对另一种文化传统的替代,文学的民族性依然存在。

文学实践活动的展开和文学理论的生产,都生发于同一个文化母体,氤氲其中,受其影响。从这个意义上说,文学理论的民族性也是一个国家或民族特有的文化传统、思维定式和审美惯性作用的结果。

[①] 陆贵山、周忠厚编著:《马克思主义文艺论著选讲》,中国人民大学出版社2011年版,第146页。

很长时间以来，一直存在这一否定文学理论民族性的辩解："文艺理论是一门严肃的探究真理的科学，而科学是没有国界的。"① 文学理论究竟应被称为"科学"还是"学科"，学界争讼已久。从近年来文学理论的发展来看，多数学者倾向于"科学"称谓。将文学理论归为"科学"，事实上包含了对历史上文学理论主观化、随意性的抵制，具有积极意义。对此，也有学者持不同意见，如韦勒克就有所保留。他说："文学研究，如果称为科学不太确切的话，也应该说是一门知识或学问。"② 实际上，文学理论是不是"科学"，这或许并不是一个十分重要的问题，关键是我们对"科学"这一概念本身如何理解和界定。即便我们将文学理论视为科学，也应意识到它与自然科学存在本质不同。

这种不同体现在，自然科学理论主要行使的是"发现"的职能，即通过科学的手段和反复的研究达到对世界的深层认知，或者说是对世界的某种规律和机制的把握。这种规律和机制是客观的，不以人的意志为转移，也不随社会历史条件的变化而变化。所以，自然科学是没有国界、没有民族性的。一旦人类掌握了这种客观规律，不但可以解释自然界的各种现象，还可以超越已知预测未知。③ 而包括文学理论在内的人文科学与此不同。我们承认，人文科学领域也有规律的存在。例如，在中国诗歌发展过程中，诗人们渐渐发现，如果按照一定的句式排列、满足一定的韵律，诗歌吟诵起来就朗朗上口，易于传播，由此出现了相关诗学理论。但是，这类规律不是超越时空的绝对存在，其形成建立在当时汉语言的构词特征、发音特征，以及人们长期以来形成的审美接受习惯的基础之上。而语言是不断变化的，人们的审美接受习惯也不是恒定不变的，所以，与之相对应的规律随之处于动态之中。这种规律若放置在另一套语言体系上，或移植到另一种审美传统中，可能是无效的。人文科学领域中的许多事实，如文学创

---

① 金惠敏：《马克思主义文艺理论民族化异议》，《文学自由谈》1986 年第 1 期。
② [美] 韦勒克、沃伦：《文学理论》，刘象愚等译，江苏教育出版社 2005 年版，第 3 页。
③ 众所周知的例子是，1869 年，门捷列夫发现了化学元素周期律，并根据这一规律预言了当时不曾发现的三种新元素。其后不久，三种元素相继被发现，预言被证实。

作，掺杂了很多主观性、历史性因素，很难用一套绝对的规律把握，必须充分考虑其有限性，即其发生和成立的因素、条件、语境等诸多限制。以自然科学的普适性否定文学理论的民族性，是对人文科学独特性的抹杀。

与上述对文学理论民族性的否定同时存在的，还有另一种观点：承认文学理论的民族差异，但拒绝文学理论建设的民族化方向，认为未来的文学理论建设，应过滤掉民族差异性，探求适用于所有文学的共同本质、原理、规律，从而建构起一套具有普适价值的"世界性的文学理论"。刘若愚的《中国文学理论》就存在这一理论冲动。在"导论"中，作者坦言，写作该书的终极目的，"在于提出渊源悠久而大体上独立发展的中国批评思想传统的各种文学理论，使它们能够与来自其他传统的理论比较，从而有助于达到一个最后可能的世界性的文学理论（an eventual universal theory of literature）"。① 这种颇具折中主义意味的理论设想似有一定道理，但稍加追问就会发现，这同样是一厢情愿的幻想。

实际上，这一设想人为地将文学理论进行了分层化处理，目的是区分出"哪些特征是所有文学所共同具有的，哪些特征是限于以某些语言所写以及某些文化所产生的，而哪些特征是某一特殊文学所独有的"。② 持类似观点者多倾向于认为，基于实际文学作品或距离文学实践活动较近的那部分文学理论，如作品构成论中的语言、类型、风格、叙事策略、抒情手法等具有民族性，一般不可通约，而本体论层面的原理、本质、规律，各民族之间是相通的，因此是普适的。这种观念的可疑之处在于：首先，对文学理论而言，是否存在这种泾渭分明的层级架构？换言之，关于文学的所谓本质、原理、规律，与文学实践、与其他具体文学理论之间有无关联？难道它们不是出自对文学实践的梳理和提升，而是另有来路？如果同样来自文学实践，为什么偏偏它们没有民族特性？其次，对文学而言，是否存在一套固定的、唯一的本质、原理、规律？我们并不认同后现代主义的"反本质主

---

① 刘若愚：《中国文学理论》，杜国清译，江苏教育出版社2006年版，第3页。
② 同上。

义"提法。本质是存在的，只是事物的本质总是随着时空条件的发展变化而发展变化。文学理论是关于文学的一种历史性、地方性（民族性）知识建构，不存在凌驾于历史和民族之上的终极本质。正是由于这一原因，近年来文学研究的理路发生了深刻的变化。传统的文学理论惯于追问"文学到底是什么"，今天，理论家更倾向于追问"到底哪些因素促使我们作出了这样的论断"。事实上，在刘若愚"宏大"的理论抱负中，他本人也始终处于矛盾的心态，一方面踌躇满志地要创建"世界性的文学理论"，另一方面又不得不承认这是一种"遥远而且被认为不可达到的目标"。[①]

正视文艺理论的民族性，坚持民族化方向，这是中国未来文艺理论建设必须遵循的原则。落实到具体实践层面，一是要回到中国语境，二是要充分吸纳中国传统文论遗产。中国语境，包括中国特有的历史文化、鲜活的现实经验，是中国文艺理论滋长的天然土壤，不可疏离，不可替代。中华民族五千年的历史文化，是中国文艺理论最丰实的精神给养，也是永远摆脱不了的文化脐带。而当代中国在文学艺术领域积累的大量经验，正有待文艺理论的整理、提升。同时，还要对中国传统文论遗产进行价值重估和精神接续。这并不是要把中国传统文论原封不动地翻检出来，不加改造地重新启用。中国传统文论面对的是古典文本，提炼归纳的是彼时彼地的文学经验。时代变了，语境变了，中国文学的表现方式也变了，甚至汉语言本身也发生了巨大的历史变异。在此情势下，用中国古典文论套用今天的文学实践，其荒谬不逊于对西方文论的生搬硬套。我们所说的吸纳传统，指的是要从更根本、更宏观，即思维和方法的意义上，吸收古典文论的正面经验。唯有如此，中国未来的文艺理论所发出的，才是中国的声音。

（三）外部研究与内部研究的辩证统一

在韦勒克、沃伦的著作《文学理论》中，文学研究第一次被区分为"外部研究"和"内部研究"。按照这种说法，20世纪以来的当代西方文艺理论，经历了从"外部研究"到"内部研究"，最后又返回

[①] 刘若愚：《中国文学理论》，第4页。

到"外部研究"的复杂过程。当代西方文论一个世纪以来的探索和演进,对中国的文艺理论建设当不乏启示意义。

19世纪和20世纪初期,以作者为中心的外部研究是文学理论的主要范式。浪漫主义、现实主义和实证主义作为19世纪占主流地位的理论思潮,尽管在观念上彼此存在诸多差异,但都以作家研究为重点。浪漫主义文论所格外看重的主体性、重情主义和表现理论,无一不指向创作主体。现实主义文论亦如此,强调作家要真实地再现社会生活,以理性眼光和批判精神塑造典型环境和典型人物。实证主义则更注重作家的种族、时代、环境及生平经历的研究,使之与作品形成印证关系。20世纪初,当代西方文论仍承袭这一路向。象征主义、意象派和表现主义文论自不必说,在理念上有重大突破的精神分析批评和意识流文论,尽管其理论已经清晰呈现出20世纪文论的非理性主义和人本主义哲学取向,表现出与此前文论明显的断裂痕迹,但其研究重点没有发生位移。

以俄国形式主义为发端,当代西方文论的研究理路开始发生重大变化。包括作家研究在内的外部研究逐渐受到质疑乃至最后被摒弃,以文本为中心的内部研究日益受到重视并成为时尚。形式主义之后,语义学和新批评派声名鹊起,至此,抛开一切外部因素,以文本为本,执着于在文本内部搜寻文学规律,成为文论研究的主流。到了结构主义,之前西方文论家一直津津乐道的作者中心被颠覆,"作者死了"成为结构主义者最响亮的口号。在这一时期的西方文艺理论家眼中,只有文本,别无其他。内部研究由此风行西方数十年,可谓声势浩大。

20世纪六七十年代,情况再次发生变化,名噪一时的内部研究式微,西方文论又一次回到外部研究的轨道上。但这次回归不再是回到作者中心,而是走向读者中心,研究重点落在文学作品的接受问题上。解释学和接受理论就是这种理论转向的产物。当代西方文论这次向外部研究的回归走向了更加开放的"外部",即文化研究的兴起。它与传统文论的外部研究不同之处在于,后者的研究视野虽徘徊于文本外部,但其指向在文本,文化研究则走向了与文学文本关系更为遥远和脆弱的"泛文化"领域,比如对大众文化、流行文化、文化工业甚至日常服饰、生活方式、身体政治的关注和研究。

那么，如何看待西方文论这一百多年的轮转？中国的文艺理论建设应从中汲取怎样的经验和教训？

必须承认，西方文论从外部研究到内部研究的历史切换有不容否定的积极意义。美国当代学者 M. H. 艾布拉姆斯在《镜与灯——浪漫主义文论及批评传统》一书中曾提出文学四要素的观点。他认为，文学作为一种活动，总是由世界、作家、作品、读者 4 个要素构成。4 个要素中的核心是作品，即文本。没有文本，作家不成其为作家，读者的阅读行为也无法展开。在文学活动的链条中，正是文本将其他三个要素勾连起来成为整体。此外，文学理论既然以总结、提炼文学规律为要务，对文学文本奥秘的揭示就应成为文学研究合情合理的主要任务。但是，传统的外部研究始终没有进入文本内部，"过分地关注文学的背景，对于作品本身的分析极不重视，反而把大量的精力消耗在对环境及背景的研究上"。① 在这种情况下，内部研究的出现具有积极意义。把文学研究的重点从社会学意义上的因果印证拉回文本，一定程度上就是让文学研究回归文学。深入到文本肌理内部，通过微观、具体的文本细读，梳理和把握文学作品的形式特征、叙事特征、语词特征、修辞特征、结构特征等，对把握文学自身规律、找到文学之为文学的根本要义不可或缺。

但是，内部研究只局限于文本，一叶障目，不见泰山，最终必然陷入困境。当代西方文论所有的内部研究，本质上都是一种"文学技术学"的研究，只从技术操作层面分析阐释，寻找规律。形式主义执着于形式技巧；叙事学归纳总结的是文学叙事的一般模式；结构主义则从索绪尔的结构语言学出发，探寻文学作品作为有机整体呈现出的表层和深层结构特征，把文学文本当作封闭的自足体，乃至一堆无生命的普通物件，运用物理学的办法，挥动解剖刀，从材料到质地到结构一一拆解，以为如此便能窥探到文学的真正奥秘。这种研究思路虽因迎合了自然科学的治学理路而得到不同程度的支持，但其致命的缺陷在于，无法从"意义"层面对文学作品作出解释。而意义，即情

---

① [美] 韦勒克、沃伦：《文学理论》，第 155 页。

感和思想，是文学作品的灵魂。任何文学作品，其意义获取都是由作者完成的，至多在读者接受中进一步添加，仅仅通过语词或形式进行一定规律的组合，并不能生成各不相同的意义。又如，内部研究一直认为，文学是一个封闭自足的体系，它发展演进的动力源于自身。那么，如何解释以下现象：如果没有现实的种种不堪和丑恶，何以产生批判现实主义？如果没有现代资本主义社会人的异化现象，荒诞派戏剧从何而来？如果鲁迅不是生活在旧中国那样的现实环境中，没有目睹国人精神的麻木和自欺，又如何有《阿Q正传》这一经典面世？推动文学之流滚滚向前的力量，当然包含着自身的内动力，但是，外力的作用，如政治、经济、文化等的影响和促动也显而易见。内部研究企图用文本解释一切，最终难以为继。

恩格斯在《反杜林论》中曾说："当我们通过思维来考察自然界或人类历史或我们自己的精神活动的时候"，只"正确地把握了现象的总画面的一般性质，却不足以说明构成这幅总画面的各个细节"，这是不够的，因为"我们要是不知道这些细节，就看不清总画面"。"为了认识这些细节，我们不得不把它们从自然的或历史的联系中抽出来，从它们的特性、它们的特殊的原因和结果等等方面来分别加以研究。"[①] 文学研究亦是如此。传统的外部研究只是总体上厘清了文学活动的一般特性，仅限于将文学活动放在人类其他生产实践活动和社会活动的维度内考察，这种宏观把握是必需和重要的，但不应是我们认识活动的全部或终点。为了对文学实践活动有更清晰、更细腻的认识，我们不得不将之从纷繁复杂的社会存在中抽离出来，只专注于文本，从形式、语言、结构等各个方面加以考察。这就是当代西方文论内部研究，即俄国形式主义、英美新批评、结构主义等诸多流派存在的必要性和合理性。

恩格斯曾说，"把自然界分解为各个部分，把各种自然过程和自然对象分成一定的门类，对有机体的内部按其多种多样的解剖形态进行研究，这是最近400年来在认识自然界方面获得巨大进展的基本条

[①]《马克思恩格斯选集》第3卷，人民出版社2012年版，第395页。

件"①，但是，恩格斯马上指出了另一个问题：

"这种做法也给我们留下了一种习惯：把各种自然物和自然过程孤立起来，撇开宏大的总的联系去进行考察，因此，就不是从运动的状态，而是从静止的状态去考察；不是把它们看做本质上变化的东西，而是看做固定不变的东西；不是从活的状态，而是从死的状态去考察。这种考察方式被培根和洛克从自然科学中移植到哲学中以后，就造成了最近几个世纪所特有的局限性，即形而上学的思维方式"。②恩格斯这段话并非针对文学研究，但由于他阐释的是一种思维方式，所以对文学研究也有极强的适用性。当代西方文论的内部研究所存在的问题，正是恩格斯早在19世纪70年代就指出的思维方式上的错误。只看到一个个孤立的文本，斩断文本与其他一切外部联系，否定文学活动与政治、经济、文化等"宏大的总的联系"，甚至连作家的作用也一并否定，这种"只见树木，不见森林"的思维方式，如恩格斯所说，"迟早都要达到一个界限，一超过这个界限，它就会变成片面的、狭隘的、抽象的，并且陷入无法解决的矛盾"。③所有坚持内部研究的诸多流派，最后无一例外走向终结，正是这一论断的佐证。

中国的文艺理论建设，必须从中吸取教训。对文学研究来说，外部研究是必要的，但只有外部研究远远不够；内部研究也是必需的，但只满足于内部研究也万万不可。关键是要认识、处理好外部研究与内部研究的关系问题。事实上，文学活动作为人类特有的一种精神现象，本身就是由一系列外部特性和内部特性共同组成的。其运演既受外部的"他律"制约，也受内部的"自律"驱动。两者之间不是对立的存在，而是和谐统一的关系，它们的合力决定了文学的样态和发展。不能用外部研究取代内部研究，也不能用内部研究否定外部研究。中国的文艺理论建设，如果不想重蹈当代西方文论的覆辙，不走西方理论家的歧路，就必须建构外部研究和内部研究辩证统一的研究

---

① 《马克思恩格斯选集》第3卷，人民出版社2012年版，第395页。
② 同上书，第396页。
③ 同上。

范式。

我们从未否定外来理论资源对中国文论建设产生的积极影响，但需要强调的是，面对任何外来理论，必须捍卫自我的主体意识，保持清醒头脑，进行必要的辨析。既不能迷失自我、盲目追随，更不能以引进和移植代替自我建设。遗憾的是，近代以来积贫积弱的特殊历史，以及当前中西话语间的总体失衡，导致很多学者缺乏应有的理论自信，并片面认为，只有追随西方潮流，才是通达世界的捷径。事实证明，这不但不是捷径，反而是歧途。融入世界，与西方平等对话，这种企望本身无可指责。但是，对话的前提必须是，我们的理论与西方相比要有异质性，有独特价值。拾人牙慧、邯郸学步，充其量只是套用西方理论，将中国的文学文本作为西方理论的佐证，如此怎能拥有对话的资质和可能？因此，实现与西方平等对话的途径，一定是在积极吸纳世界文艺理论发展经验的基础上，立足本土，坚持以我为主，坚持中国特色，积极打造彰显民族精神、散发民族气息的中国文艺理论体系。

关于西方文论分期问题的讨论
——当代西方文论基本定位[*]

张 江[**]

从 20 世纪初期开始，当代西方文论一百年多来高歌猛进，取得了重大成就。它所确立的许多重要思路和方法，早已贯通于学科建设及批评实践的全过程，显示了以往任何时代都无法比拟的丰富和深刻。另一方面，人们也确实看到，当代西方文论诸多思潮和学派，各种各样的主义和学说，在展开和实践自己的时候，也暴露了许多缺点和问题。对此，各方面的认识和批评一直未曾间断，西方文论界的自身反思也越加集中和强烈。但是，在这方面，大多数的辨识与批评仍处于微观体察和分析的层次，满足于对个别思潮、学派的具体解剖和品评，始终难有大的境界。停留在这个水平，我们很难对当代西方文论作出总体的判断和认识，也很难改变当下国内学术界普遍存在的盲目崇拜和追随西方理论的状况。与其他各种理论发展的进程、动因相同，当代西方文论处于今天的状态绝不是偶然的，更不是哪一位或哪几个理论家群体就能够左右的。这种状态的多年持续和逐步演进、未来的理论走向和结果，都是有它特殊历史原因的。正确认识这个问题，必须从西方文论近三千年的历史分期入手，追索其发展路线，把握其发展趋势，给当代西方文论一个基本定位，探索性地预测其可能走向，为当代文论建设提供一点有价值的建议。特别是当下，经过学界三十多年的努力，当代中国文艺理论发展已处在一个重要的历史拐

---

[*] 本文原刊于《外国文学研究》2015 年第 3 期。
[**] 作者单位：中国社会科学院。

点，我们应该并能够从西方文论的发展经验中吸取有益的经验和教训，大胆地走出自己的发展道路，实现所谓"弯道超越"。这对自觉推动当代文艺理论的发展具有重要而实际的意义。

一　总体特征分析

学界普遍认可，20世纪初期的西方文论，以突破19世纪浪漫主义、现实主义的文学理论和批评为指向，把文学研究的重点，从其外部转向内部，由对文本的社会历史批评，转到对文本自身的形式和艺术研究上来。这是西方文论史上的一次重大变革，彻底改变了以往文学批评仅仅是历史学、社会学、心理学以至思想史附庸的僵化状态，使文学的批评理论归属于文学，开辟了文论发展和学科自立的新时代。20世纪中期，新的阐释理论与接受美学的兴起，将当代西方文论的关注重心从文本转向读者。姚斯发挥了英伽登和伽达默尔有关"文学作品的存在方式"的思想，将文学的历史界定为作品的接受史，断然否定了以往全部文学史的考察方式和结果。西方文论再一次开启新的变革大幕。形式主义、存在主义、结构主义、解构主义、女权主义等各种主义的理论纷纷登场，西方文论场域因此而浩大混沌，创造了巨大的生机与活力。如果说以浪漫主义、现实主义理论为代表的19世纪，依然可以算作一个有大体共识、稳定而略有震荡的理论时期，那么，以形式主义为先锋的20世纪文学理论，则由旧的稳定共识期进入新的震荡调整期。其典型特征是，短短百年的时间里，大量思潮、学派相互否定和替代，大量思想家、理论家不断产生又不断消失，许多曾经宏大盛行的学说和方法不断走上顶峰，又不断衰落，许多难以为传统所接受的观点和见解流星般升起又瞬间陨落。众声喧哗，却难有主流声音；学派林立，却只见矛盾和冲突，当代西方文论的最终价值和走向混沌不清。这可以从几个方面找到见证。

第一，学派杂多，观点林立，没有形成一个或几个能够取得基本共识的系统思想和方法，并较为持久地存在。1988年出版的《20世纪三十年代至八十年代的美国文学批评》概括了13种流派。朱立元编著的相关教材大尺度概括了19个学派或学说。此后，又有许多新的"主义"诞生。彼得·巴里在其批评史著作第一版中概括了12个流派或思潮,其中有些是著作中所没有的。待到2002年他推出第三版时,又被迫增添了新的一章"理论之后的理论",其中介绍的"当下论""跨界诗学""新唯美主义""历史形式论""认识诗学"等新流派,都是世纪之交的前后二十年间出现的。他又说明道:"本书既名为《理论入门:文学与文化导论》,我也就不打算涉及理论的一些最新发展,如伦理理论、空间理论、身体理论等等。"① 可惜这些新的理论,甚至比之前许多理论的命运更悲惨,一些学说甚至未等世人认可就已没落而去。这种现象是否可以证明,历经百年多的努力、抗争,历尽数不清的建构和消解,20世纪西方当代文论终究没有形成能够代表这个时代的恒久稳定的学说,使人无法判定这个时代理论的方向和主调,没有形成被历史承认,并可以流传后人的知识性遗产。学派繁多是理论兴旺的表现,但是,这个时代的标志性理论是什么,有没有可以代表这个时代理论发展和成就的核心体系,有没有哪种理论可以统合各种思潮、学派的优势并创造具有实践指导意义的一般方法,这应该是为一个时代的理论科学定位的基本准则。20世纪的西方文论似乎没有为我们竖起这样一面令人信服的旗帜。学界一直在争论,20世纪的文论,到底是单数的theory,还是复数的theories。这一争论所暴露的正是这种困惑。理论上的标新立异被极度推崇,历史连续和继承遭到轻蔑,这既是因为传统理论难以突破,也是因为建立学派和体系的诉求十分强烈。新的主义层出不穷,不能说其中完全没有继承甚至回归的因素,但更多的是反叛与否定,倾心制造概念,热心游戏文字,无根基、非连续地标新立异,几乎成为潮流。我们必须肯定,一个时代学派林立是好事,证明这个时代的学术生长开放而生动。20世纪的大多数学派,尤其是那些产生广泛影响的理论和学说,都一定有其优长,否则根本不会被张扬和运用。但重要的是,任何学派的理论和方法,其真理性价值都是相对的,其适用边界也一定有限,如果无约束地推广,把原本确当的诉求强加于非确当领域,这个

---

① [英]彼得·巴里:《理论入门:文学与文化导论》,杨建国译,南京大学出版社2014年版,"第三版序言",第1页。

关于西方文论分期问题的讨论

理论一定要失效。形式主义是有强大合理性的，但把它推向极端，说文学就是形式，则肯定要被打倒。反本质主义在一定界限内是有效的，但绝对否定事物的本质存在及对本质的追索则是片面的。一种理论长于或高于另一种理论，可能是在一个或几个点上，如果全面抛弃其他理论，将使自身已有的长处失去根基。空间理论开拓了文学批评的新视角，但把这个理论作为唯一合理的理论，就是极大的谬误。在这个意义上说，不能简单地认为学派繁多就一定是学术的繁荣，相反，它很可能是一个学科迷失方向的突出表征。这正是我们判断当代西方文论处于一个震荡摇摆时期的重要根据。

第二，突破文学界限，转向理论和后理论，文学理论不再简单地面对文本和文学，理论泛化的倾向明显，成为哲学、历史学、社会学、伦理学以至数学物理学的附庸。在这个时期，文学场外的理论大量涌入，文学的理论被泛化为理论，消解了理论的文学性，膨胀了的哲学、政治、文化性，转移为一般意义的社会批判理论。我们可以做一个有趣的比较：复旦大学两位重量级学者分别编著的两种学术理论著作，一部为现代西方哲学，一部为当代西方文艺理论。在它们的目录中，相同的理论竟有 10 种以上。弗洛伊德、海德格尔、胡塞尔、萨特、德里达、福柯、拉康、萨义德等，在这两部著作中同时出现，以他们为代表的各种"主义"、思潮，被作为主题，集中介绍和推举。① 在汗牛充栋的国外哲学和文艺理论著作中，同样可以找到此类例证。这种现象非常客观地表现了当代文艺理论的基本走向：就功能而言，文学理论不再是文学的阐释和实践经验的总结，而是社会批判的武器。进入后现代时期，文艺理论距离文艺更加遥远，对文艺的阐释已成为对它的野蛮征用，即理论通过对文学和文本的援引，或者说以文学为借口和理由，实现社会批评目的，文学的工具性、服务性，甚至是奴仆性不可逆转。在文学研究的意识形态方向上，这一点尤其明显。伊格尔顿曾指出："雅克·德里达现在声称，他始终把他自己的解构主义理论理解为一种激进化的马

---

① 参见刘放桐等编著《新编现代西方哲学》（人民出版社 2000 年版）和朱立元主编《当代西方文艺理论》（华东师范大学出版社 2005 年版）。

克思主义。这话无论对错,解构,有一段时间在东欧的一些知识圈里曾一度成为反共产主义歧见的一种准则。"[1] 这不仅是解构主义,也是后现代理论的普遍特征。许多号称消解意识形态倾向的理论批评,实际上表现出鲜明的意识形态取向。以结构主义为代表的现代主义理论,曾强烈批评马克思主义的文艺批评是政治批评、社会历史批评、意识形态批评,但在这个旗帜下的诸多文学批评,哪一个不是意识形态批评?女权主义、生态主义、后殖民主义,乃至同性恋、身体理论等,无一例外,都是尖锐锋利的意识形态批评,文学只是它们证明自己理论的注脚。当然,我们不否定这种批评的存在意义,不否定西方文论对西方社会制度及其现状的理论批评,我们也赞成发挥文学的批评功能,特别是努力实现与其他学科理论深入完美的融合,使文学成为有力的批判武器,更广泛地形成影响,深入人心,但是,从文艺理论本身的建设来说,一个学科的相对独立、学科边界的相对清晰,是学科建立和发展最基本的要求。如果把文学理论与其他学科理论相混淆,进而依靠其他学科的存在才可能发展,文学学科的独立性将遭遇怀疑。在这个问题上,雷纳·韦勒克的认识比较符合实际:"我们必须把批评视为一种相对独立的活动。只有相对割裂开来看待,只有把其他一切,借用现象学的术语'置入括弧',否则迄今任何一门学问,都无法取得半点进展。"[2]

第三,否定式轮回。当代西方文论的历史特征之一,就是学派更迭迅速,哪怕是一个席卷了整个时代的学派,用不了多久,就会被淘汰。但是,我们也经常看到,一种曾经被冷落抛弃的理论,经过一段时间,短则十几年,长则几十年,又会重新蓬勃起来,以新的名称或名义重复昨天的理论。历史主义被形式主义所否定,在近百年的时间里,经过新批评、结构主义、解构主义、后现代主义的冲击,早已被涮洗得支离破碎。卡尔·波普尔对历史整体论、历史决定论的批判影响巨大,以致几乎无人敢涉及这一话题。但是,20世纪七八十年代,

---

[1] [英]伊格尔顿:《理论之后》,商正译,商务印书馆2009年版,第35页。
[2] [美]雷纳·韦勒克:《近代文学批评史》第5卷,杨自伍译,上海译文出版社2009年版,第7页。

以格林布拉特为代表的"新历史主义"或称文化诗学的声音响亮起来，成为新的学派，引领一个方向的研究进程。历史主义为什么能够以新历史主义的面目回归文论舞台？检省后现代主义的思想历史，可以看到，它俨然就是一部颠覆合法的历史意识和叙事，彻底瓦解主体、意义、元话语的历史。在后现代的意旨下，诸种理论、诸多人物，以否定目的论、本质论，因果律以至人类理性为目标，使历史的客观存在、后人对历史的正当理解与阐释，统统失去其合法性。特别是解构主义各种矫枉过正的手法，将历史主义的危机深化为人类精神的危机，在这种情况下，理论的反弹和回击就成为必然。新历史主义以马克思主义的名义，重新张扬历史化、意识形态化，破除文本中心论和语义操作论，挽救不断消隐的主体和历史，为历史主义的回归确立充分理由和价值。当然，新历史主义决非传统历史主义的简单回复。新历史主义"接受了德里达的观点，文本之外无他物，并将其运用到自己的特定领域中，认为只有通过文本的形式，以往的一切才能为人所接触"①，同时，"它以文学批评中常用的'细读'法去阅读非文学文本。所选中的非文学文本也很少以完整的面貌出现，而是抽取其中的一段，然后做深入细致的分析"②。在这方面，更典型的是意识形态批评的命运。自象征主义、浪漫主义开始，历史上曾经占据主导地位的意识形态批评就被否定。从形式主义到后现代主义的发展，使得意识形态批评，特别是政治批评，完全被消解。但是到了20世纪60年代，以阿尔都塞为代表的结构主义意识形态理论突起，而所谓霸权理论造成了声势浩大的"葛兰西转向"，深刻地影响了文化研究的主题和进程。新左派史学家佩里·安德森指出，葛兰西的政治活动和政治斗争生涯，造就了他别树一帜的理论家地位，他的理论观点直接源出于他的政治经验和他所遭受的政治压迫。对葛兰西来说，马克思主义并不仅仅是解释世界的方法，而首先是一种为工人阶级谋求解放的政治理论。葛兰西转向，某种程度上是文学上的政治、历史、

---

① ［英］彼得·巴里：《理论入门：文学与文化导论》，杨建国译，南京大学出版社2014年版，第172页。

② 同上书，第173页。

意识形态批评的转向。尽管那些纯文学、纯形式的诉求，作为具体的批评方法，仍然像空气一样无处不在，但是，对文学、对文本的整体判断，对文学意识形态功能的重新认识，深刻地改变了当代文论的面貌。后来，声势日益浩大的女权主义批评、后殖民主义批评，以至同性恋批评，本质上来说都是意识形态批评。毫无疑问，这种轮回也不是简单的轮回，而是充满抗争意味的轮回，有否定之否定的进步意义。遗憾的是，这种轮回也往往犯有同样的错误，否定历史、否定他者，所谓回归，最终堕落为片面、极端的回归。

上述特征，是震荡调整期的典型特征。在这个时期，对普遍方法的怀疑和否定、对基本规则的挑战和僭越、对传统理论的蔑视和冲击，使理论的生成毫无约束，任意挥洒，甚至突破一般常识和逻辑界线。从坐标曲线的变化上看，其表达已不是围绕传统的基本共识上下波动的连续曲线，而只能是非连续的间断漂移，远离共识底线，其走向和趋势难以预测。从震荡与调整之间的博弈来看，震荡明显占据上风，压倒调整。这种现象体现了理论的批判精神和创造精神，但也给理论发展带来混乱和冲突。其直接的结果是，这个时期缺失能够代表时代水准的旗帜，缺失能够凝聚思想精华的核心，理论不能为实践指明道路，不能为后人提供可供传承的知识性遗产。理论发展陷入深刻危机。

二　离散的思维方式

一个时期的总体理论状态，充分体现着这个时代理论生产及理论生产者的总体思维方式，反之，一个时代的总体思维方式又决定了总体的理论生产和增长状态。变化和发展的两个主要阶段，即稳定共识期和震荡调整期，其理论生产的总体思维方式完全不同。在稳定共识期，因为理论生产领域的总体选择，是向经过讨论、交锋，进而取得大致共识的理论观点的集合，这个时期的思维方式总体上只能是收敛的，集合于对中心理论的证明和运用，成熟并巩固为知识性遗产，留存后人。比如，古希腊以后，大多数时间、大多数人在复述和阐释柏拉图、亚里士多德的学说及影响，其思维活动的主要趋势是向内的、

关于西方文论分期问题的讨论

聚拢的，向着一个方向甚至一个焦点集合。其总体状态是收敛、保守的。震荡调整期则完全不同，其理论生产及理论群体的总体思维方式是离散的，既无向心力的吸引，也无相互作用的制约，呈多向放射状态，总体上是自由、开放的。在这个时期，理论生产群体的主要目标是背离旧的成见，消解中心和本质，多维度地表达充满叛逆的思想与观念，制造新的理论和学说。比如，为了向传统诗歌理论挑战，为了彰显对诗歌创作的最新理解，雨果断然宣称"我们要粉碎各种理论、诗学和体系。我们要剥下粉饰艺术门面的旧石膏。什么规则、什么典范，都是不存在的"①。表面上看，这只是一个极富煽动性的口号，以其战斗力、号召力激荡人心。但深入考察可见，这个表面上看去有些张扬和浅薄的口号，不仅彰显制造者的思想立场，而且表露其特殊的思维方式。这个方式与传统的思想方法相违，与占据统治地位的收敛式思维迥异，充满挑战和探索精神。这种离散式思维，在克尔凯郭尔那里，表现为以其少年的孤独、恐惧，以至颤栗，直至后来几近疯狂的精神状态，作为其哲学生成与发展的立脚点，"以孤独的、非理性的个人存在取代客观物质和理性意识的存在来当作全部哲学的出发点，以个人的非理性的情感、特别是厌烦、忧郁、绝望等悲观情绪代替对外部世界和人的理智认识的研究，特别是代替黑格尔主义对纯思维、理性和逻辑的研究来作为其哲学的主要内容"②。这当然是充满挑战意味的离散式思维，克尔凯郭尔也因此被视为促使欧洲哲学发生方向性转折的重要人物。在尼采那里，这样的离散思维更是登峰造极。在大多数人还沉醉于理性主义思想体系之中时，尼采竟然高呼"重估一切价值"，以宣告"上帝死了"的离经叛道，给世人以翻天覆地的震撼。他背弃以理性主义为支配的传统形而上学，主张"权力意志"主宰一切，认定意志的本质是"增长""改善""超越"，强调人不能仅仅满足于"已经如此"，而是要代之以"我愿如此"。所以，他宣布"上帝已死""超人诞生"，借此力图终结以绝对真理概

---

① ［法］维克多·雨果：《〈克伦威尔〉序言》，《雨果论文学》，柳鸣九译，上海译文出版社2011年版，第57页。
② 刘放桐等编著：《新编现代西方哲学》，人民出版社2000年版，第42—43页。

念为基础的基督教和理性派哲学。① 正是这种离散式思维，以及用这种思维操作起来的理论，启动了20世纪当代西方文论进程的巨大震荡。离散式思维，对科学和理论的发展是绝对必要的。在客观物质世界及人类创造的认识成果面前，如果仅仅墨守成规，安于现状，一切进步和发展都将失去可能。在个体的理论研究中，离散式思维也是一种主导力量。任何有作为的理论家，都应该在深入掌握和了解现有理论要旨，熟练运用传统方法的基础上，不断突破旧思想和旧观念，创造新理论和新方法，并以此开创历史的新进程。要做到这一点，必须依靠离散式思维，离开中心和旧说，向更广阔的未知散射，在实践中寻求新理论，形成新认识。但是，思维的离散度是有限的，必须同时以收敛式思维对之加以校正和检点。离散式思维的作用通过收敛式思维而显现和固化。这表现在，一方面，离散式思维依然是理性思维，它必须遵循正确的思维规律而展开。它依然是有中心、有目标的，要经过理论思维并得出结论，没有结论的思维将失去认知意义，而得出结论本身的过程就是思维收敛的过程。另一方面，离散式思维取得的成果需要校验和修正，否则，思维的确定性无法落实，思维的成果难以稳定。而围绕成果展开校正，其过程本身就是一种收敛和集中，是离散思维的回归形态。收敛式思维是理论进步的必要方式。

由此，我们就可以讨论20世纪当代西方文论的总体思维方式及其优长与缺陷。

我们认为，当代西方文论各主要流派，主要以离散式思维处理传统、制造理论。最典型的是席卷整个西方思想界的解构主义。解构主义到底是什么？是一种理论吗？显然不是，没有人能够概括解构主义的理论要点是什么。德里达说："解构主义既不是理论也不是哲学，既不是流派也不是方法，它甚至也不是话语、不是行为、不是实践。"② 那它到底是什么？我们认为，在解构主义那里，解构是认识

---

① ［德］尼采：《重估一切价值——尼采如是说》，赵修译选编，上海文艺出版社1994年版，第19—31页。

② 转引自［德］沃尔夫冈·伊瑟尔《怎样做理论》，朱刚等译，南京大学出版社2008年版，第143页。

和处理一切事物的纯粹方法。碎片化、相对化、虚无化,否定本质,背离中心,这种认知和处理事物的方法,从个别到一般,从特殊到普遍,已经成为认知和再现所有领域与现象的确定思想路径,成为与主客观世界实际运行无关的纯粹思考程序,是从一个完全独特的视角看待世界的方法,因此,它是一种思维方式。德里达说,解构主义"是发生的事物,是现如今在他们所称的社会、政治、外交、经济、历史现实等等领域正在发生的事物"[1]。很明显,他认为世界本身就在解构,就在同传统的一切、同正在行进的现状发生背离,这是普遍的现象,人就应该如此认知事物。但问题的要害是,这种背离是不是事物本身的状态?如果不是,在解构主义的意义上,它是如何出现或者制造的?伊瑟尔认为,德里达所说的各类事物的解构,"并非自愿发生的",其发生的原因,简单地回答,就是解构主义的"阅读过程"。在伊瑟尔看来,"解构主义是一种阅读模式,它并不像这一说法狭义上所表示的那样仅仅局限于对文本的阅读,而是可以应用于任何具有文本性的事物"[2]。无论这个阅读过程的实际内容和程序如何,它本身只能是一个主观过程。人们用这个主观过程构造对事物的基本看法,进而说明和证实世界,并得出一般的认识和结论,这就形成了一种基本的思维方式,或者说思维的基本方式。康德曾经把时间、空间、因果性、必然性等概念作为主观的先天思维形式。他认为,这个主观的思维形式是人的理智所应有的形式,并不依赖于人的感性经验而生成。人的思维正是凭借这些先验的主观形式整理感性经验,使经验上升为知识。按照实际演练行为看,解构主义是把解构作为一种纯粹主观的思维方式来处理的。解构主义对一切事物的解构,是一种纯粹的主观判断,是康德所说的主观先验形式,即用解构的方式,认识、分析、判断并定论一切事物,毫无边界约束。这就是解构主义的要害所在。在文本的阐释上,解构主义的思维方式更加直接而彻底。巴尔特高呼

---

[1] 转引自[德]沃尔夫冈·伊瑟尔《怎样做理论》,朱刚等译,南京大学出版社2008年版,第143页。

[2] 同上。

"作者死了",① 拆解了文本同创造者的关系;米勒主张批评是"孩童拆解手表",打碎了文本的整体存在。从形式主义开始,西方文论的主要学派都是以离散式思维对待文本和历史,都是从自身的理论需求和立场出发,背离和抛弃传统。从这个角度来认识,我们可以部分地证明,以解构主义为典型的离散式思维,是20世纪当代文论界的基本思维方式。

当然,就20世纪的理论背景来说,这种离散式思维的优长是明显的。在20世纪中,人类历经两次世界大战,世界文明图景发生深刻变化。对理性主义的崇拜受到怀疑,现代生活的实践开启新的理论思维,对传统的认识规则及成果进行重新评价,打破旧的成规对人类实践与思想的束缚,用新的理论概括和表达人们的生活感受和认识,近代西方哲学的终结、现代哲学的转向带动了包括文艺理论在内的种种人文理论的超越。打破一切旧说,提出新的口号,成为20世纪理论增长的基本诉求。离散式思维成为制造新思想的根本思维方式。舍此,无法冲破旧传统,无法创造新观念。早已定型的整套理论传统,从规则到标准,难以脱胎换骨。正因如此,对20世纪的理论界而言,离散式思维是十分必要和宝贵的。20世纪西方文论成就斐然,也正建功于此。然而,凡事有度。离散式思维与收敛式思维相补充才是认识进步的根本之道。孤立且极端的离散式思维重在消解和否定,革命性意义大于建设性意义。理论的完成不仅要"破",而且要"立",更重要的一定还是在"立"。当代西方文论界的一些重要学派,其思维方式的极端离散,严重伤害了自身的建设,其理论意义和价值遭到怀疑。这种离散式思维的极端性主要表现为三个方面。

一是彻底的否定性。否定成为理论的基本思维方式和方法。这种否定是全面的、颠覆性的,断崖式地自绝于一切传统。一些重要的批评理论决绝地声称,自己的理论是全新的理论,与一切传统无关。形式主义文论从作者转向作品,取消了一切与作者有关的研究,一直到后来响亮的口号"作者死了"。结构主义被解构主义彻底粉碎,一切

---

① [法]罗兰·巴特:《罗兰·巴特随笔选》,怀宇译,百花文艺出版社1995年版,第300—307页。

传统的批评方法都被抛弃。不仅如此,有人坚决地宣称:解构主要不是一个哲学、诗、神学或者说意识形态方面的术语,而是牵涉意义、惯例、法律、权威、价值等最终有没有可能的问题。这不仅是对文学,而且是对以往全部价值的彻底颠覆。不仅学派如此,就是一些理论家个人,对自己的理论进程也不断否定,从中也能看到这种断崖式否定的症候。米勒从新批评到意识批评再到解构主义,对自己的持续否定,既体现了他不断进取、不断创新的革命精神,也体现了西方文论一波又一波无限延宕的自我否定。

二是极端的相对主义。无限夸大事物存在的相对性,认为一切都是流动不居的,没有确定的事物,更没有确定的含义,对事物确定意义的把握是不可能的;任意夸大认识的有限性,否定认识的相对稳定,停留于模糊性、多义性,质疑确定认知的存在和可能;拒绝一切中心和本质,消解真理的确定性和客观性,认为一切都是流动的、非决定的、不可比较与不可公度的。德里达声称:"没有真理自身,只有真理的放纵,它是为了我、关于我的真理,多元的真理。"[①] 这就把事物、认识、真理的相对性完全地绝对化了。在对文本的阐释上,这种绝对的相对主义认为:"文学文本的语言是关于其他语言和文本的语言;语言是不确定的;一切阅读都是'误读';通过阅读会产生附加的文本,破坏原有的文本,而且这个过程永无止境。"[②]

三是完全的碎片化。反抗事物及认识的整体性和普遍性,主张碎片就是一切,否决系统整一的理论追求,推崇学派与方法的孤立。新的学说一旦形成,便自绝于其他任何理论,声称与他人理论没有任何联系。新批评的优越性没有人能够否定,但新批评绝对地强调文学的内部因素,否定外部因素,彻底抛弃文学外部因素研究的理论要求,片面认定只有这个方法符合文学规律,由此陷入了极大的片面性。姚斯创立了接受美学,开辟了文学理论和批评的新空间,这是一个重大

---

① 转引自刘放桐等编著《新编现代西方哲学》,人民出版社2000年版,第638页。
② 王逢振:《米勒:修辞的解构主义》,《重申解构主义》,郭英剑等译,中国社会科学出版社1998年版,第1—8页。

贡献，但是，如果声称"文学史不是别的，就是作品的接受史"①，把其他因素完全排斥于文学之外，将一切有益的理论和方法弃之不顾，这样不仅是对其他理论意义的轻贬，而且也使自己处于单兵突进，孤立无援的状态。解构主义也是如此。任何客体的存在总是结构的，无论这个结构是否合理，任何理论文本也是结构的，包括解构主义的解构文本。但解构主义要彻底否定结构，以为结构是不存在的，解构才是正宗。那么，没有结构何以解构？解构本身的程序和方法不同样是结构的吗？从方法论上说，理论的建构与扩张趋向偏执，以单体优势否定总体优势，以单项方法取代综合方法，以单向理论取代系统理论，如此偏执地狂飙突进，其理论后果只能是使时代的理论图景流于破碎和混沌。对此，伊格尔顿坦言，所谓后现代主义，"粗率地说，意味着拒绝接受下列观点的当代思想运动：整体、普遍价值观念、宏大的历史叙述、人类生存的坚实基础以及客观知识的可能性"②。

三　理论的生成方式

理论的生成方式呈现时代理论的基本特征。当代西方文论的生成主要依靠从理论到理论的方式，也就是说，理论的主要来源不是文学的实践和经验，而是从理论到理论的繁衍。这从根本上决定了当代西方文论的生态。理论到底应该从哪里来？理论的生成方式为什么会决定一种理论，以至一个时代的理论特征？文学理论一定生成于实践和经验，只有文学创作的过程及成果在先，才有创作经验的总结和批评的实践发生。一个民族的文学理论，是本民族文学实践的总结。在这个过程中，可以而且应该有其他方面的理论渗透和交叉，应该有更抽象、更具有一般意义的理论的指导和推动。一个时代的思维水平和理论能力，也一定会对专业理论的发生与发展产生重大影响。但是，从根本上说，推动理论生长的根本力量是实践，而不是理论自身。理论可以走在实践前面。但是，所谓走在前面的理论，其根基也必须是实

---

① 朱立元主编：《当代西方文艺理论》，华东师范大学出版社2005年版，第288页。
② [英]伊格尔顿：《理论之后》，商正译，商务印书馆2009年版，第14页。

践的，是对一个时代的实践，包括物质和思想行为实践在内的理论总结。无论理论状况如何，生活的、创作的实践总是蓬勃地走在理论的前面，不会因为理论的混乱或落后而停止。企图用理论来决定实践的念头是虚妄的。一般而言，总是实践推动理论，而且，只有因为实践需要，并围绕实践而生产的理论，才更有意义，也才能具备更集中、更专业的领导力量。围绕文学实践或文本阐释展开理论，其焦点相对集中于实践。实践的集束力量将理论吸引于自身，无论如何争锋对峙，无论怎样意见纷纭，其中心应该是明确的，就是要回答文学本身提出的问题。形式主义境界狭小，但它集中于文学文本，就文学的形式构造提出自己的理论。新批评肢解文本，但它约束于文本而展开，其面貌是文学的，而非哲学、政治学或其他理论。相反，如果理论主要依靠理论自身的繁衍而生成，特别是以文学场外的理论为中心而生成，文学只是其脚注和证词，它与文学的离散程度一定会很高，很难避免因背离文学中心或本质问题而震荡，甚至完全迁移于文学以外而无边游走。我们以西方文论中两种理论的不同生成及效应来说明这个问题。

一是神话原型批评。以弗莱的原型理论的生成为例。我们认为，弗莱的原型理论是从现实的文学现象以及文学自身的本来意义出发总结和生成的。它是一种向心的力量，推动文学理论的发展向中心调整，抵消震荡。它的理论生成意义集中于以下两点。

其一，它是经验的。原型批评直接来源于对原始的民俗生活，特别是原始祭祀仪式及神话的考察，并以现代精神分析理论为借鉴。弗雷泽的《金枝》是原型批评的主要理论资源之一。弗雷泽以各民族古老巫术仪式、神话和民间习俗为对象进行的比较研究，为神话原型批评提供了实证基础和研究方法，使神话原型批评建立在可靠的经验基点之上。荣格的集体无意识学说，也是神话原型批评的重要理论来源。集体无意识的理论建立于对人类精神现象的研究。荣格更注重的是事实，即人类精神现象的事实，而不是抽象的理论。他面对的首先是精神病患者的精神现象，由观察出发上升为理论。"不幸的是，我很少采用新理论，因为我耽于经验的脾性使我渴求新的事实更甚于对这些事实的思索，尽管后者是——我必须承认——一种智力的愉快的消遣。"① 荣格的话证明了集体无意识理论，或者说原型理论的经验根据。对上述两种理论的经验基础，弗莱说："弗雷泽在其巨著《金枝》中以朴质戏剧的仪式为基础所开展的研究工作，和荣格及荣格学派根据朴质的传奇作品对梦幻进行的研究，对原型批评家说来具有紧密相关的价值。"② 弗莱看重的是以"朴质戏剧的仪式"和"朴质的传奇作品"为基础的研究，而不是脱离经验的虚幻空想。作为神话原型批评的集大成者，弗莱的理论建构也依靠经验。他曾深入到原始部落实地考察，其方式虽有别于当今时代的田野考察，但对原始历史和事实的认识，仍是一种"在场"的实际感受。对此，弗莱是充分自信的。他认为基于观察的实际材料很难被驳倒："读者任何时候都可向我提出像'某个问题如何解释？'这样的质疑，但是他们未必能摧毁笔者根据所搜集到的许多观察结果而作出的论述。"③ 同时，弗莱认为文学批评本身也是经验的，应该立足于社会事实，从事实中获取。他说："由于原型是一种交际象征，所以原型批评主要把文学当作一个社会事实，一种交际类型。"④ 因此，要从文学这个"社会事实"中发现和建构理论，就必须坚持对文本和作品进行详细的阅读和分析，通过对文学事实的归纳整理，找到批评的规律和根据，而不能从理论出发，又结束于理论。弗莱要求自己："批评的基本原理需要从它所研究的文学艺术中逐渐形成。文学批评家应做的第一件事是阅读文学作品，用归纳法对自己的领域有个通盘的了解，并且只有从关于该领域的知识中才能形成他的批评原理。"⑤

其二，它是文学的。弗莱的理论旨在纠正新批评琐碎的理论倾向，并建立自己整体的批评系统。他始终以文学为对象和中心，坚决抵制场外理论对文学批评的非正当侵蚀。他认为，当时的文学批评在

---

① ［瑞士］卡尔·古斯塔夫·荣格：《分析心理学的理论与实践》，成穷等译，生活·读书·新知三联书店1991年版，第2页。
② ［加拿大］诺思洛普·弗莱：《批评的解剖》，陈慧等译，百花文艺出版社2006年版，第155页。
③ 同上书，第41页。
④ 转引自朱刚编著《二十世纪西方文论》，北京大学出版社2006年版，第199页。
⑤ 同上书，第8—9页。

关于西方文论分期问题的讨论

所谓科学性方面存在诸多问题，往往成为脱离文学的"离心"运动。这种运动，一方面转向历史事件，另一方面转向哲学。他对他之前所有的批评理论提出批评，认为那些理论没有独立的地位，具有明显的寄生性，深重地依附于哲学、历史学、社会学、心理学，等等。弗莱主张，文学批评的客体必须是文学艺术，文学批评理论要有界定清晰的研究对象，是一门独立的学科。他认为，"称批评隶属于一种来自外部的批评态度，无异是夸大了文学中那些与其它外部根源有联系的价值，不管这是什么根源。把一种文学之外的系统方法强加给文学委实太容易了，这类系统方法往往是个宗教—政治的滤色镜，既可使一些诗人崭露头角，又可使另一些诗人黯然失色"①。他进一步批评道："所有的决定论，不管是马克思主义的、托马斯主义的、自由人文主义的、新古典主义的、弗洛伊德的、荣格的还是存在主义的，通统都是用一种批评态度来顶替批评本身，它们所主张的，不是从文学内部去为批评寻找一种观念框架，而都是使批评隶属到文学以外的形形色色的框架上去。"②他尖锐地指出，批评不是文学外的某种东西，"批评原理是无法从神学、哲学、政治学、科学或这些学科的任意结合中现成地照搬过来的"③。从弗莱本人的理论实践可以清楚地看到，尽管弗雷泽和荣格都是其神话原型理论的重要思想来源，但弗莱与他们的最大区别就是，弗莱的理论以文学为中心，系统解决文学自身的问题，提出关于文学理论的系统观念和方法，且不评论这些观念与方法的价值，后者则集中于人类学和心理学，文学只是一种理论需要的引证或注脚。对此，荣格也有清醒的认识。他知道心理学对艺术研究具有极大的局限性，"如果宗教和艺术的本质真可以从心理学角度去解释，那它们岂不成了心理学的分支"，"艺术本身是什么？这一问题，不可能由心理学家来回答，只能从美学方面去探讨"④。

---

① [加拿大]诺思洛普·弗莱：《批评的解剖》，陈慧等译，百花文艺出版社2006年版，第9页。
② 同上书，第8页。
③ 同上书，第9页。
④ [瑞士]卡尔·古斯塔夫·荣格：《心理学与文学》，冯川等译，生活·读书·新知三联书店1987年版，第108页。

二是解构主义理论。以德里达的理论生成为例。我们认为,德里达的解构主义是从其哲学、政治理论出发的。尽管它对文学理论的建构影响深远,但是,它讨论文学现象及理论的根本目的,是证明解构主义的立场和思维,是为丰富它的一般社会批评理论填充内容。从文学理论的建设来说,它是一种离心的力量,推动文学理论的发展背离中心,因此而生产巨大的震荡。其表现集中于以下两点。

其一,从文学理论的意义上来说,解构主义的生成是非文学的。解构主义思潮生成于20世纪中叶西方社会的重大演变时期,特别是与"五月风暴"的兴起与受挫直接相关。伊格尔顿不无嘲笑地说:"后结构主义是从兴奋与幻灭、解放与纵情、狂欢与灾难——这就是1968年——的混合中产生出来的。尽管无力打碎国家权力的种种结构,后结构主义发现还是有可能去颠覆语言的种种结构的。总不会有人因为你这样做就打你脑袋吧。学生运动被从街上冲入地下,从而被驱入话语之中。"[1] 就在这个时期,德里达以一系列重要著作宣示了解构主义的核心理论。其基本出发点是解构古希腊以来文明传统中根深蒂固的"二元对立"政治制度及思维传统。这种解构不仅打破了原有系统的封闭状态,而且要引领一个完全解构的局面,用无中心、无本质、无等级的新秩序,替代他所深恶痛绝的"逻格斯中心主义"。对德里达而言,解构主义从来就不是"文学批评理论",而是广泛的"批评理论";其理论的"能指"与"所指",本意上从来就不是文学,而是政治和社会。"德里达显然不想仅仅发展一种新的阅读方法:对于他来说,解构最终是一种政治实践,它试图摧毁特定思想体系及其背后的那一整个由种种政治结构和社会制度形成的系统借以维持自己势力的逻辑。"[2]

其二,消解文学的文学性。从解构主义的理论倾向看,它的主要锋芒应该是哲学和政治的。颠覆传统与社会批判是其理论旨归。作为尼采式的哲学家,德里达一方面要打破哲学和文学之间的壁垒,主张

---

[1] [英]伊格尔顿:《二十世纪西方文学理论》,伍晓明译,北京大学出版社2007年版,第139页。

[2] 同上书,第145页。

关于西方文论分期问题的讨论

哲学也是"一种特殊的文学类型",应该"从它的形式结构、修辞组织、文本类型的特殊性和多样性、其表述和生产的各种模式来研究哲学文本"①。另一方面,他从根本上质疑,是否存在一个文学理论家所痴迷的"文学性"意义。德里达说,"文学的空间不仅是一种建制的虚构,而且也是一种虚构的建制","没有内在的标准能够担保一个文本实质上的文学性。不存在确实的文学实质或实在",② 由此,追求文学的本质就成为徒劳。对解构主义来说,哲学和文学的关系也是以哲学为主,文学为辅,所谓文学理论只是一个传声的工具。似乎很难否认这一事实,即许多欧洲哲学家的著作和思想,是通过文学理论家而非哲学家传播到英美的,卡勒就指出,海德格尔、法兰克福学派、萨特、福柯、德里达、塞瑞、利奥塔、德勒兹等,基本上都是如此。就此而言,正是文学理论家,在建构"理论"这个新的文类中,做出了最大的贡献。随着理论的转向和消解,文学理论已不再是文学的理论,对文本的阐释沦落为其他理论的脚注,对文学已确乎为隔山打牛了。对此,卡勒评论说,"文学理论的著作,且不论对阐释发生何种影响,都在一个未及命名,然经常被简称为'理论'的领域之内密切联系着其他文字。这个领域不是'文学理论',因为其中许多最引人入胜的著作,并不直接讨论文学"③,"这使理论,或者说文学理论,成了一块热闹非常的竞技场"④。

以上的比较,并不代表我们对这两种不同理论及方法的评价,它们各有自己的历史价值。从理论生成的路线来说,神话原型理论扎根于文学经验和实践,更符合理论创造的规律,但这并不意味着其结论都是正确合理的。比如,弗莱的春夏秋冬的循环论就有些荒唐。从文学理论的历史走向上看,它是一种向心的力量,它在失去20世纪西

---

① 转引自杨冬《文学理论:从柏拉图到德里达》,北京大学出版社2012年版,第589页。
② [法]德里达:《访谈:称作文学的奇怪建制》,《文学行动》,赵兴国译,中国社会科学出版社1998年版,第39页。
③ [美]乔纳森·卡勒:《论解构:结构主义之后的理论与批评》,陆扬译,中国社会科学出版社1998年版,"序"第2页。
④ 同上书,第5页。

方文论的震荡之后向内聚拢。我们决不否认解构主义的批判力量，更不否认德里达的理论贡献及对当代西方理论发展的巨大影响，但是，必须承认，解构主义的理论主体，不是从文学本身生长的，不是文学经验的归纳和总结。它的影响越大，对文学理论本身生成的离心力就越大。它造成了当代西方文论发展的巨大震荡，鲜明地表达了当代西方文论的基本特征，并表明这种震荡趋向顶点，这既是教训，也是贡献。

关于西方文论分期问题的讨论
——历史分期的标准及意义[*]

张 江[**]

近些年来，如何认识和评价当代西方文论，已成为国际学界的重要话题。各方面的争论很多，意见精彩纷呈，诸多深刻见解影响广大。但总体上看，对西方文论的现状和前途的讨论，依然纷纭混乱，迷茫和困惑愈来愈深，对"理论已死"的判断、理论何处去的追问，依然没有甚至难有科学的辨析和回答。我们认为，对一个时代理论的整体状况及其在历史发展谱系中所处位置进行科学评估，是判断这个理论的实际价值，进而确定其未来发展走向的基本前提，也是学科成熟和进步的重要标志。本文试图从西方文论的历史分期入手，提出新的认识与预测，就教于学界。

一 理论发展的四个阶段

从时间的流程来说，当代西方文论是20世纪的产物，与19世纪以至更久远的年代相比，它历史地处于时代前列。但是，从科学发展的实际进程看，它的定位和性质却另有标准。同文学和艺术的发展紧密相关，作为一门科学，从发生、发展的总体趋势来说，文艺理论的演进和成长有自己的独特进程。鸟瞰西方文论近三千年的历史，如果以古希腊早期哲学家的文艺思想为起点，西方文论的生成发展历经多

---

[*] 本文原刊于《外国文学研究》2015年第2期。
[**] 作者单位：中国社会科学院。

个重要阶段，在每个阶段里，一定都有杰出的代表人物和学说，奠定一个时代的理论地位，构成其理论特征。这些重要的理论家超越前人的新的思想和新的方法，标志着理论的发展从一个阶段转向另一个阶段。总体上看，这个过程是连续的。尽管有诸多超越历史的突变和漂移，理论成长的路线依然清晰可辨。我们可以以重要的理论人物为代表，大致准确地给出一个时代、一个阶段的定位，并在这个基础上，描述未来理论持续生长和延续的路线。如果从西方文论的萌芽生长开始算起，我们可以把近三千年西方文论的历史，大致分为四个阶段。第一个阶段是混沌发生期。在这个时期，各种相关思想和认识的探索刚刚开始或是重新开始。在理论生成的早期，它是幼稚的、粗浅的，以猜想和假设为主，同时充满批判的精神。没有共同的认识，没有公认的方法，有的只是纠缠不清的思潮和学说的争论，各种观点、方法的相互抵牾和否定。第二个阶段是稳定共识期。在这个时期，因为前一时期的探索和争锋，因为各种理论逐渐趋向成熟，总体理论框架次第构建起来，形成了各方面认同的基本规范和可以普遍接受的一般方法，学科的主要任务是搜集和整理材料，开展更多具有论证意义的实际研究，破解共识范围内出现的新的难题。证明和推演是这个时期的主要逻辑方式。第三个阶段是震荡调整期。在这个时期，已经形成的传统认识被怀疑，旧的共识或主流方法被颠覆，新学派、新思潮喷涌而出，怀疑、否定、解构成为主要方法，争论、分歧、混乱成为主流方式，理论上的交叉增补，方法上的除旧布新，破而不立，立而不稳，成为理论生成的基本形态。尽管如此，这个阶段的总体走向依然明确，那就是在震荡中不断归纳调整，为形成新的共识做好思想和理论上的准备。第四个阶段是系统整合期，也是新的稳定共识期。在这个时期，因为上个阶段更加激烈的竞争和淘汰，新的理论规范逐步成型，大量的新概念、新范畴、新定律，组合熔炼为新的完整体系，学科以至理论建设进入稳定共识的更高阶段。应该指出，这四个分期只是大致的。各时期之间的基本特征也是相对的。它们可能有交叉相似的地方，也有混沌难识的方面，但其主要界线是清晰的。在理论发展的整个进程中，四个时期有序演进，由低级到高级循环进步，没有穷尽。总的路线如此，但一些具体现象需要深入讨论。这些现象使理论

关于西方文论分期问题的讨论

分期问题呈现出十分复杂的状态。

第一，就以往西方文论的总体演进状态来说，它可以分为四个时期。但就未来的发展说，它早已完成自身的学科建设，基础框架趋于稳定，此后的演进会发生重大变化，将主要演化为两个阶段，即震荡调整期和系统整合期。两个时期反复轮回，不可能再回到理论发生时期的混沌状态，也不可能有长期停滞的稳定共识。稳定共识将与系统整合基本统一起来。在理论发生的早期，稳定共识的基础是重要思想家、理论家的独立贡献，随着理论的成长和成熟，特别是因为整个社会政治、经济、文化的影响，近现代的稳定共识通过对前代的理论整合而实现，是在系统整合的基础上实现稳定共识。震荡调整与系统整合的轮回是必然的，因为这是理论进步的本来方式。震荡是理论前进的动力，稳定是成就的应用和积累。稳定是相对的，且越来越短暂，理论自身的成长要不断地打破平衡，不断地对已有学说和观点提出挑战并产生新的创造，这是所有理论发展前进的一般规律。同时，理论的积累，一切合理的新学说、新方法，确定为常规性存在，并上升为知识性成果传播后人，递补为成熟学科的组成部分，成为理论持续传承的基本方式。从调整到共识同样如此。调整是一个没有完结的过程，调整本身就是进步，就是向共识前进。共识是相对的，没有永远和完全的共识，共识通过调整实现，就是在稳定共识的阶段，调整也不会停止，只是调整幅度没有那么巨大和明显，扩充和积累的意义更加突出而已。整合不同于调整。调整可以是对旧学说的完全否定和抛弃，整合则更侧重扬长避短，优化组合，在充分发挥多种学说独特优势的基础上，构建新的学说或方法。系统整合高于单向调整。比如，自亚里士多德始，西方文艺理论进入了第一个稳定共识期。这个时期的稳定与共识，主要以柏拉图和亚里士多德个人的理论贡献为基础，此前的理论猜想和假设，除非被重新证明，其影响愈来愈小以至消失。柏拉图与亚里士多德理论之间对立和矛盾的方面很多，但仍长期并存，各得其所，尤其是亚里士多德，充分吸取柏拉图理论的优长，调整和完善自己的理论，使他的理论比自己的老师更加系统完整。三百多年以后，古罗马的杰出诗人与批评家贺拉斯，继承他们的遗产，既主张罗马文艺向古希腊学习，又不是简单地复古倒退，而是企图有所变革和前进，提出古典主义和理性主义的原则，丰富了古希腊传下来的理论。在这个过程中，因为前辈留下的资源有限，文艺创作的实践有限，理论建设只能以小的调整为主，而少有甚至没有理论的整合，难以成就大的境界。

第二，四个阶段之间的一些基本特征有相似的方面，但从根本上讲，是不同阶段的相似，所谓相似只具其表，理论本身的水平和性质已发生根本性变化。这种变化是质的上升，是经过否定调整后的高级形态，绝非本来面貌的简单重复，否则，理论无从进步。比如，震荡调整期与混沌发生期的特征有相似之处，都有源头探索的冲动，都普遍借用假说和猜测的方法，都有逻辑上的自相矛盾和彻底否定，此外，新的学说不断生起，颠覆性的观点横空出世，等等，但是，这些相似的方面在本质上已完全不同，后者的震荡已非前理论的完全混沌，哪怕是离奇的猜想，也会有前理论的线索可循，有大量的实践为依据，是在稳定共识的基础上产生的更高水平的探索，且可能实现对前者的飞跃。同样，后续的稳定共识与早前的稳定共识也完全不同。虽然两者都是经过震荡调整期的革命性变革而实现的，但是，历史的进步使震荡调整的内容完全不同，在这个基础上取得的共识当然是更高层次的共识。这个共识不仅包括前一阶段震荡调整的成就，而且延续和积累了以往各阶段的优秀成果，是站在更多巨人肩膀上摘取的更优质的果实。这个过程中所生产的能量，有力地推动学科建设发生结构性变革、思维方式发生质的进步，远不是早前的稳定共识所能比拟的。学界普遍认可，同是理论发育的高峰，18世纪末19世纪初的康德、黑格尔与古希腊的柏拉图、亚里士多德相比，其理论更为丰富和成熟。从形式上看，柏拉图没有专门的文艺学著作，其主要文艺观点散见于各类哲学、伦理学对话之中。后人的理解和光大，主要依赖于对其中的碎片式表达做出新的组合与理解。亚里士多德有文艺理论的专著流传，其《诗学》《修辞学》应是西方历史上最早的文学理论著作，但是，由于此前的历史遗产有限，也就是前人创造和保留的理论材料有限，也因为那个时代的文学实践和经验偏少，比起后人，其理论生产能力单薄无力。后来的康德、黑格尔则完全不同。经过两千多年的历练和积累，思想领域和文学艺术方面的进步，已非古希腊罗马

关于西方文论分期问题的讨论

时代的先贤所能想象，特别是近代以后，人类创造的物质和精神成果为文学艺术的发展注入无限活力，就是在此基础上，德国古典哲学的创始人系统总结了西方两千多年文艺实践的经验，推演整套的独特概念和范畴，构建了博大精深、逻辑严密的宏大系统，远远超越了古希腊罗马时期的理论。同是稳定共识的起点，此起点之高前人无法比拟；同是调整丰富前人理论，其丰度与广度已有天壤之别。历史向前进，理论永远不会简单地回复到过去。

第三，各阶段之间的分界是模糊的，越到近现代，这种区别越加混沌，甚至出现难以辨识的状态。但大体而言，各阶段之间的界线是有的，各时期的代表人物的地位鲜明。这种现象在西方文论的早期就有表现，到近现代则更加突出。使我们感到有些困难的是，由于理论发展的多样性，也由于一些学说和观点的自身矛盾和冲突，重要人物的代表性意义很难确定，理论的时代价值也模糊不清，造成历史分期的复杂多变和认识混乱。例如，文艺复兴时期的文艺理论究竟处于一个什么样的位置，对此就有完全不同的看法。韦勒克曾经指出："从意大利文艺复兴开始，至十八世纪中叶，这段时期的批评史建立、深化和传播了一种文学观点，它在1750和在1550年实质上是相同的"，"在将近三个世纪的历史中，这些原理和见解，仅仅经历过一些相对来说较小的变化"，"三百年来，人们翻来覆去，重复的是亚里士多德和贺拉斯所主张的观点，争辩不已的还是这些观点，而且将它们编入教材，铭记在心"。[①] 这就意味着，在韦勒克的眼里，这个时期的理论完全可以归位于古希腊罗马理论体系。有的学者则认为，虽然文艺复兴时期的文艺理论没有形成有深度的理论体系，"但是，这个时期的理论家们完成了历史赋予他们的使命，他们出色地消除了中世纪以来文艺理论发展道路上的种种障碍，为文艺理论的进一步发展和繁荣作了必要的准备"[②]。在对当代西方文论的评价上，这种复杂性表现得更为突出。就西方理论界本身而言，各种各样的主义和学说，此

---

① ［美］雷纳·韦勒克：《近代文学批评史》第1卷，杨自伍译，上海译文出版社2009年版，第7—8页。
② 马新国主编：《西方文论史》，高等教育出版社2002年版，第98页。

起彼伏，相互冲突，对立否定，各领风骚又衰败而去，我们很难定位它们的价值和意义。对德里达的争论就是例子。以他为代表的解构主义，显盛时在云端，冷落时在渊底，很难有柏拉图、亚里士多德，以及康德、黑格尔等旧时代表人物的持久性和凝聚力。

第四，理论发展以一条基本共识线为主线索，震荡与调整围绕这条主线波动式展开。但是，在一个大跨度的历史坐标上，这条主线不是与坐标横轴平行的直线，而是一条总体跨越式上升的斜线。在这个坐标上，横轴表示时间，纵轴表示理论的进步，震荡围绕上升的理论主线起伏，在某些时间点上，甚至背离主线，呈现了理论在前进中的混乱和探索，而且越到近代，震荡与调整就越加猛烈，既显示理论进步的速度，也表达了理论危机的深度。如果我们在一个平面坐标上做出图示，它会表现为：一方面是上下震荡大幅度地偏离稳定共识的主线；另一方面是震荡频率密集，在极短时间里产生诸多方向相反、冲突剧烈的理论和学说，象征理论变革的深刻和迅疾。这种现象在当代已是一种常态。这里有一个问题，所谓理论围绕主线震荡调整，那么这个主线是什么？有没有这样一条主线？上面言及的背离主线而震荡是一种什么现象？它的理论意义在哪里？我认为，西方文艺理论近三千年的发展，是有一条主线的。这条主线就是历代文艺实践的经验总结，是历代理论家对诸多文学理论的原点问题不断砥砺、创造并达成共识，从而形成的一些基本观点。这一原点问题，犹如韦勒克所言："在批评方面，我们可以说，柏拉图或亚里士多德所探讨的问题，当今仍然摆在我们面前。沃·伯·加利出语惊人，称之为'本质上引起争议的概念'的问题。"① 如果没有围绕原点问题所形成的这条主线和基本共识，文学理论的主体框架不复存在，文学理论不会成为成熟学科。所谓震荡，就是围绕这些基本问题展开不同方向的讨论，其中正向波载是巩固和丰富共识，负向波载是否定和消解共识，它们推动或决定了这条主线成为逐步上升的直线。这条直线承载了历史上积淀流转的理论成就，使之作为知识性财富传承下去。任何一种理论，哪

---

① ［美］雷纳·韦勒克：《近代文学批评史》第5卷，杨自伍译，上海译文出版社2009年版，第7页。

怕是最先进、最革命的理论，如果不能上升为知识性成果而进入这条主线，其最后结果只能是被淘汰。历史可以留下印记，但只能是一点难被辨识的印记。这条主线是被不断丰富的。比如，形式主义、新批评的某些分析方法就会加入主线，结构主义、存在主义的一些有益贡献也当汇入其中。至于背离主线的非连续震荡，是当代西方文论特有的现象。20世纪出现的许多所谓革命性理论，彻底颠覆了以往人们对文学和文学理论的认识，打碎了诸多曾被视为真理的共识。这些理论背离共识而上下独自震荡，其主要意义在否定和解构，既有革命的一面，也有危机的一面，更是迷乱与失却自我的当然形态。还有一种现象应该注意，某些理论的离线震荡，与其前后时间相连的理论震荡是断裂的，是间断性曲线的表达。这意味着理论之间的相互连接被否定，历史的概念、传承的概念在这里不复存在。这也是西方当代文论特有的表现。

二　20世纪前西方文论史阶段划分

我们可以用上述方法，对20世纪以前演进了几千年的西方文论历史作一个阶段划分。粗线条地看，以荷马史诗为起点，到20世纪当代西方文论的兴起，大致可以分成四个阶段，构成一个完整的周期。

第一阶段：理论发生期。从公元前9世纪开始，至公元前5世纪，是西方文论生成的开端。荷马诗史中有关文学理论问题的求索应该是文学理论混沌生长的起始，其后，早期的希腊哲学家在其留下的哲学残篇中对文学理论问题的推测和猜想，是它的延续。毕达哥拉斯学派从宇宙万物本源是"数"的观点出发，试图从数量比例关系上寻找艺术的形式美，得出美是和谐统一的结论，"音乐是对立因素的和谐的统一，把杂多导致统一，把不协调导致协调"[①]。赫拉克利特从朴素辩证法的观点出发研究艺术和美，认为"自然是由联合对立物

[①] 《西方美学家论美和美感》，北京大学哲学系美学教研室编译，商务印书馆1980年版，第14页。

造成最初的和谐,而不是由联合同类的东西。艺术也是这样造成和谐的,显然是由于模仿自然"①。德谟克里特提出:"在许多重要的事情上,我们是摹仿禽兽,作禽兽的小学生的。从蜘蛛我们学会了织布和缝补;从燕子学会了造房子;从天鹅和黄莺等歌唱的鸟学会了唱歌。"② 这些思考为后来的理论家、批评家的思想成长提供了丰富的滋养,直接促进了古希腊罗马文艺理论的形成和发展。但是,从严格意义上说,这个时期的研究和表达还不能称其为理论。它的主要实现方式是猜想、假设和模拟,是对文学现象和规律的混沌认识,不具备理论本身所应有的完整品格。同时也应该看到,这个阶段的理论特征是明显的。不同的猜想繁多,多种假说对立,合理的萌芽在争辩和质疑中生长,整个状态混沌却充满生机。柏拉图在《理想国》中提到过一场发生在哲学与诗歌之间的长期论争,就是一个颇有说服力的事实。

第二阶段:稳定共识期。从公元前 4 世纪开始至欧洲文艺复兴伊始,可定义为稳定共识阶段。它的起点和旗帜是柏拉图和亚里士多德,后经贺拉斯、朗吉努斯到但丁,其理论成就极为辉煌,不仅在以后近 1500 年的时间里,几乎无人能够突破,且深刻影响延续至今,诸多原点问题依旧为时下所讨论争执,成为理论进步的顽强生长点。由柏拉图和亚里士多德总结前人的成就并大力原创的文艺理论,作为一种知识性财富,统一了几代以至十几代人对诸多文学基本问题的认识,从根本上决定了后世文学理论发展的总体格局和面貌。先看柏拉图的贡献。柏拉图从"神力凭附"的猜想系统讨论灵感说,从抽象的理念论出发总结摹仿论,从理想国的文艺政策入手赋予文艺以政治、道德、宗教的功能,以讨论爱情为借口提出美是涵盖一切、统摄一切的最高理念。因此,有学者评价:"从某种意义上说,柏拉图是西方文学批评的真正开创者。这不仅是因为他第一次赋予文学批评以完整的理论形态,建构了一套系统的文学理论,而且也由于他是文学

---

① 《古希腊罗马哲学》,北京大学哲学系外国哲学史教研室编译,商务印书馆1961年版,第19页。
② 转引自伍蠡甫等编《西方文论选》上册,上海译文出版社1979年版,第4—5页。

批评史上第一个对后代产生巨大影响的人物。"① 再看亚里士多德。他的《修辞学》尤其是《诗学》，是西方文艺理论和美学研究最重要的文献。无论后人怎样评价，必须承认，亚氏《诗学》确为不朽经典，其中包含的许多理论观点，至今没有过时。毫不夸张地说，两千多年的文艺理论演进，亚里士多德的声音一直在回响。他和柏拉图一起，统治了文艺复兴以前文艺理论研究的全部领域。此后，尽管有贺拉斯、朗吉弩斯等人的努力，但西方文艺理论的存在状态总体上是稳定的，是以柏拉图和亚里士多德的理论成就为中心展开、推衍的，阐释和应用古希腊的丰富理论成为共识。值得注意的是，亚里士多德是柏拉图的学生，但从哲学到文学，他们基本上是对立的。传统的提法，哲学上是唯心主义与唯物主义的对立，文学上是浪漫主义与现实主义交锋。贺拉斯更多地继承亚里士多德的传统，朗吉弩斯则更多地倾向于柏拉图的学说。但这并不妨碍大局的稳定共识，直至文艺复兴时期才开始改变这种局面。

　　第三阶段：震荡调整期。经过中世纪的漫长停滞，欧洲文艺复兴开始了它的伟大革命。虽然其旗帜和目标是复兴古希腊罗马传统，但在几百年的岁月里，通过对中世纪黑暗统治的斗争和批判，许多重要的文学观念得以产生。此后，特别是18世纪新古典主义开始解体与浪漫主义的兴起、19世纪前半期文学创作的丰富实践，为西方文论理论的生长注入强大动力。在这个调整震荡时期，文艺复兴创造的革命性力量，一些国家的资本主义革命，包括俄国民主主义者同沙皇统治的斗争，在精神和思想上，给文学理论的发展以导引。表面上看，这个时期的主要倾向是恢复对古典理论的膜拜，但文艺复兴时期的伟大思想家们，不断冲破旧传统的束缚，贡献了众多新的观念和理论。特别是启蒙主义时期，英国、法国的文学艺术创作精彩纷呈，奇花怒放，许多伟大的诗人和剧作家，从自身文学创作的切身经验出发，提出了许多重要的思想和观念。碰撞、冲突、纷争，尤其是现实主义与浪漫主义的交融、争锋，涂抹了这个时代的基本色调，构成思想解放和理论震荡的总体特征。但丁是这个时期的起点。作为中世纪最后一

---

① 杨冬：《文学理论：从柏拉图到德里达》，北京大学出版社2012年版，第16页。

位诗人和新的世纪的最初一位诗人,他倡导文学写人而不写神,人文主义的旗帜从这里高高举起。他主张民族语言的写作,提出并实践"那些最伟大的主题……应该用最伟大的俗语加以处理"①,追求语言,讲究语言,很有后来形式主义的味道。莎士比亚以其伟大的文学成就横空出世,并在创作实践中提出艺术的目的、艺术的真实与想象等一些重要的理论题目,使英国的文艺理论从创作到批评都走在前列。因为有文艺复兴的伟大潮流指引和培育,大批的思想家、理论家、批评家不断出现,从布瓦洛到伏尔泰,从莱辛到歌德,以至施莱格尔兄弟和斯达尔夫人,真是所谓群星灿烂。在理论的进程上,新古典主义的复兴和死亡,浪漫主义的兴起和衰退,现实主义的顽强生长和强大,从理论到观念的震荡,真正可以和当时发生在整个欧洲的伟大革命相媲美,或者就是那场伟大革命的浩荡组成部分。司汤达说:"一切都使人相信:我们在诗的领域中同样也处于革命的前夜。"② 雨果振臂疾呼:"我们要粉碎各种理论、诗学和体系。我们要剥下粉饰艺术的门面的旧石膏。什么规则,什么典范,都是不存在的。"③ 这已经很有 20 世纪中叶兴旺起来的解构主义的征候了。革命当然是要有结果的。不会因为推翻了一切规则,就永远没有规则。理论的革命最终也要有革命的理论,不可能永远没有结论而无休止地震荡下去。历史走到这里,总会推出几个甚至一大群代表,登上时代高峰,彰显时代成就。新的历史时期就这样必然地隆重开启。

第四阶段:系统整合期。这个时期,以德国的康德和黑格尔、法国的丹纳和波德莱尔,以及俄国的车尔尼雪夫斯基、丹麦的勃兰兑斯为旗帜,一些重要代表人物集各方探索,创造新的理论,形成新的共识。在这样的时期,著名的理论家都是新的"集大成者",传统与当下、哲学与文学、理论与创作等各方面的成就和优长融会贯通,多种理论相互结合,多种纷争取长补短,对古希腊罗马时代理论的选择继

---

① 转引自伍蠡甫等编《西方文论选》上册,上海译文出版社 1979 年版,第 172 页。
② [法]司汤达:《拉辛与莎士比亚》,王道乾译,上海译文出版社 1979 年版,第 4 页。
③ [法]维克多·雨果:《雨果论文学》,柳鸣九译,上海译文出版社 1980 年版,第 58—59 页。

承、对中世纪理论的合理吸取、对当时各国文艺创作及表演实践的介入和总结，使这个时期的理论充满生机。诗人与剧作家的大胆宣言、哲学家与思想家的理论批判，既有争鸣，又有主导，既有创造，又有整合，既有合唱，又有领唱，造就了一个前所未有的辉煌局面。毫无疑问，无论赞成还是反对，黑格尔的理论当然是这个时代的鲜明标志。皇皇三大卷《美学》，系统总结了前人艺术哲学上的各方探索，提出了许多前人没有涉及或没有结论的重要观点，深刻影响了后来几乎所有重要的文艺理论流派。他的批评实践，给后人以广大的方法论启迪。黑格尔的历史地位，是后来者难以企及和动摇的。同时，在这个时期，以圣勃夫为代表的传记式批评方法，以丹纳为代表的文艺社会学的批评方法，先以别林斯基、后以车尔尼雪夫斯基为代表的俄国革命民主主义文论，使现实主义的理论和批评牢牢占据了上风，成为这个阶段最显著的特征。尽管时间不长，从1835年黑格尔的《美学》到1872年尼采的《悲剧的诞生》，也就是几十年的光阴，却为文艺理论的发展史，造就了一个新的大致稳定的时期。前面已经指出，越到近代，稳定共识的时间超短。与以前相比，特别是与古希腊罗马时代以后漫长时期的稳定共识相比，这个新的以系统整合为主要特征的稳定期，留存的时间很短。更重要的是，在这个时期里，理论的分化与多元也越加显著。不是一种理论，也不是一位或几位领袖人物独霸天下，而是多种理论占据显赫位置，多个重要人物各领风骚。虽然，一些领军者还是走在前列，但是，新的理论和思潮竞相迭起，唯美主义、象征主义及各种新的学说已初见端倪，稳定中的震荡、共识中的分歧，为新时期的稳定涂下斑斓色彩，注入极大活力。至此，西方文学理论的发展走过一个基本完整的周期，从混沌到共识，从震荡到稳定，历史遵循着螺旋式上升的路线，重复着层次和质量完全不同的阶段，浩荡曲折地前进。当然，这个过程不会完结。历史的某些重复，为新的进步提供条件，后人就在这个既定条件下，创造自己新的历史。

我们认为，从20世纪初叶开始，西方文艺理论步入一个新的混沌震荡时期。这个时期的开端，在哲学上，实际上由此前的尼采开启。"上帝死了"这个惊世骇俗的口号，彻底颠覆了人类的理性膜拜，推动了20世纪西方文论的根本转向。一百多年过去，文艺理论的成长路径蜿蜒曲折，混沌交错，模糊了几千年人们对文学和艺术的基本认识，撕裂了上一个时期的理论稳定和共识，消解了曾经相对统一的规范和基本认同的方法，各种新的观点、学派、思潮生起且混杂，各种对立、分歧、论争尖锐且充满生气。就目前西方文论的发展状况看，这是一个前所未有的剧烈震荡期，它的发展趋势和进一步的走向尚未清晰。但是，种种迹象表明，当代西方文论正面临并开始一个重要的转折。这个转折的基本方向是，向一个新的系统整合阶段迈进，即上文所定义的"新的理论规范逐步成型，大量的新概念、新范畴、新定律，组合熔炼为新的体系，学科以至理论建设进入稳定共识的更高阶段"。对此，我们将另文专论。

三　历史分期的必要性

为什么要讨论历史分期问题？我们认为，其基本意义有以下三点。

第一，科学把握文论历史的趋势。理论发展阶段的划分，可以为我们提供一个新的视角，这就是从西方文论的生长和发展轨迹上，找到历史进步的基本走向，找到理论演进的一般线索和成长动因，对西方文论的发展形成一个连续的、整体的认识。历史是分阶段的，这是不言而喻的事情。文论史的研究，不应仅仅是对个别思想、个别人物的研究，而应是"既有批评家的肖像描绘，又有关于趋势和概念的探本溯源，分析与综合，要兼而有之"[①]。韦勒克的这段话有一个意思值得深究，这就是"趋势"。什么是趋势？历史研究的重要目的，就是从纷繁复杂的实际活动中，找到历史发展的规律。研究历史不能仅限于考证和描述，而应从考证和描述起步，找到历史发展的基本趋势，找到这个趋势的核心动因。任何历史的演进，都不以人的意志为转移。哪怕是人的主观意识的历史，比如人类思想史、

---

① ［美］雷纳·韦勒克：《近代文学批评史》第4卷，杨自伍译，上海译文出版社2009年版，第633页。

精神史，都是由作用于历史的无数内因和外因共同影响，决定其走向。文论本身的发展历史也不例外。从古希腊罗马的诸多文学基点问题出发，到今天当代西方文论的创新与混沌并存的现状，三千年的文论一路成长而来，各种思想和学说、各种主义和流派，它们的产生和消亡、兴盛和衰败，都有其背后的实际动因在发挥作用。趋势，应该是文论史着力探寻的重要目标，舍此，文论史的研究将失去意义。趋势又如何显现？历史的阶段性就是一种表达。每一个阶段的进步，都是历史自身的发展要求和规律的显现。历史从一个阶段到另一个阶段的跨越，是历史显现要求和规律的最重要的节点，抓住这个节点，就能够找到历史发展的规律，找到理论演化的动因。我们从形式主义隆重开启20世纪文艺理论新阶段的事实来说明这个问题。形式主义在俄国发端，据介绍是在1913年12月。著名的形式主义创始人什克洛夫斯基，当时还是彼得堡大学语文系一年级的学生，他在一个学术讨论会上做了"未来派在语言史上的地位"的报告，引起了轰动。1914年2月，他出版了一本仅有16页的小册子《词语的复活》，开创了标志为"20世纪西方文论"的崭新时代。为什么一个青年大学生，仅用一次演讲和一本小薄册子就开启了一个时代？这不是偶然的。19世纪以来的西方文论，尽管视角众多，范围广大，方法多元，但是，占统治地位的依然是文本以外的社会历史环境和作家、艺术家生平及思想背景的批评，即所谓社会历史批评或社会学批评。当然也有别的概括。比如，伊格尔顿就说："作为一个富有战斗和论争精神的批评团体，他们拒绝前此曾经影响着文学批评的不无神秘色彩的象征主义理论原则，并且以实践的科学的精神把注意转移到文学作品本身的物质实在之上。"[①] 无论怎样认识，形式主义以前的文学理论及批评有诸多长处，并且在一些根本性问题上的见解高于并强于形式主义文论，但是，凡事走向极端就要破产，就要被超越。文学就是文学，对文学本身主要是文学形式的研究不予重视，专注于文学以外的社会历史批评，这种理论一定要变

[①] ［英］伊格尔顿：《二十世纪西方文学理论》，伍晓明译，北京大学出版社2007年版，第3页。

革。更何况在形式主义兴起以前,许多理论家和艺术家早已注意并批评了这种倾向。匈牙利的卢卡奇早在1909年就说过:"文学中真正的社会因素是形式。"① 再向前追溯,荷马诗史的六音部诗格,就是形式的规定;波德莱尔批评雨果,"在他全部的抒情和戏剧的画面有对称的形式"②,也显示了对形式的重视。这样的例子举不胜举。然而,为什么没有形式主义理论的突起和兴旺?俄国形式主义的兴起是历史的必然,是旧的偏执的理论走到尽头的结果,是难以阻挡的潮流,是历史新阶段的必然开启。只有看到并抓住这个节点,才能抓住理论发展的趋势,找到历史进步的动因。

第二,正确判断历史理论的实际价值。西方文论史的阶段划分,不是以时间为节点的,尽管它有时间的概念。一个阶段更根本的标志,体现在它的性质上。对这个阶段性质的判断,是找到历史发展趋势、辨明其前进方向的核心所在。很明显,阶段的划分是以阶段的基本性质为根据的,划分了阶段,阶段本身的深入定位就有了可能。我们的目的极为明确,就是为一个阶段的理论定位和定性。前面说韦勒克的方法是"分析与综合,要兼而有之",在理论分期问题上具体应用这个方法,划分阶段就是分析,理论价值的定性就是综合。在诸多文论史的著作中,小的阶段划分很多。从一定意义上讲,没有阶段的划分就没有文论的历史。韦勒克的《近代文学批评史》起笔就说:"十八世纪中叶是意义深远的一个探讨起点,因为文艺复兴时期以来确立的新古典主义学说体系此时开始解体。"然后,他又说:"十九世纪三十年代似乎是我们叙述内容的自然分水岭:当时欧洲的浪漫主义运动已成强弩之末,歌德和黑格尔、柯尔律治、哈兹里特以及莱奥帕尔迪相继谢世,现实主义的新信条开始出现。"③ 这就是一种划分。但他的划分只是一种分析,也就是说,他是从人物的生死、学说与思

---

① [英]伊格尔顿:《马克思主义与文学批评》,文宝译,人民文学出版社1980年版,第24页。
② [法]波德莱尔:《波德莱尔美学论文选》,郭宏安译,人民文学出版社1987年版,第229页。
③ [美]雷纳·韦勒克:《近代文学批评史》第1卷,杨自伍译,上海译文出版社2009年版,第1页。

潮的兴起与衰败来划分阶段的。这种划分是一种"点"的划分，即通过多种现象的精细分析，确立一个时期的起点。这样的划分是必要的，但是，还缺少大范围的深度综合，缺少"段"的划分，尤其缺少对历史阶段的总体性划分，缺少对一个理论阶段的综合定位。特别是对一些重要的历史阶段，它的定位是什么，它的理论性质如何，缺少更宏观的综合判断，没有做到他所期望的"分析和综合，兼而有之"。对此，朱光潜就有过批评。他认为韦勒克的《近代文学批评史》"过分着重每个时代的个别代表人物，而对每个时代的总的精神面貌则往往没有抓住"①，那么，朱光潜所说的"每个时代的总的精神面貌"又是什么？我们认为，应该可以将之理解为一个时代理论的定性。韦勒克也有做得好的。比如，为了说明近代批评史为什么从18世纪中叶开始起笔，他就对此前文学理论面貌作了一个综合性判断。他认为，不要说古希腊罗马时代的理论，就是文艺复兴至18世纪中叶间的理论也是没有多少意义的"古籍研究"，意即那个时期的理论状态是停滞不前、无所作为的，只有古籍研究的意义。② 这就是判断，无论这个判断是否准确，但意义重大，它指出了一个阶段的理论的性质，为划分近代文论史的起点提供了有力的根据。更进一步的问题是，对一个时代、一个阶段的理论所做出的定位和定性，其具体含义是什么？韦勒克的历史观给了我们答案。作为批评史家，他反对所谓"中立"的历史研究，认为"没有一种方向意识，对未来的预感，某种理想，某种标准，以及由此而来的后见之明，就不可能撰述任何史书"③。在我们看来，这里的预感、理想、标准，尤其是方向意识，就是我们所期望的定位。方向感的首要含义是，某一阶段的理论处于何种状态，其总体方向是向前的，还是停滞的、倒退的。按照韦勒克的看法，从古希腊罗马始，到18世纪中叶，包括文艺复兴，这一阶段的文论史是停滞的，因为复古崇古，甚至是倒退的。韦勒克

---

① 朱光潜：《西方美学史》下卷，人民文学出版社1979年版，第748页。
② [美]雷纳·韦勒克：《近代文学批评史》第1卷，杨自伍译，上海译文出版社2009年版，第7—9页。
③ [美]雷纳·韦勒克：《近代文学批评史》第5卷，杨自伍译，上海译文出版社2009年版，第10页。

说，"方向感也意味着渴望变化"①，一个时代的理论自身的变化进步，应该是自在的，应该有理论创新发展的冲动。这种冲动既来自外部的刺激，而又更多的是理论自身的内在动力发生作用。失去方向的理论是混乱的理论。理论的内生动力要有方向的保证，否则难以持久。从思维方式上说，方向感已是综合，是在具体分析基础上的理论的综合。历史的叙述给人以启迪，不仅是在史料和史实上，更重要的是给人以评价和判断。这就需要"分析与综合，兼而有之"，由分析入手，落脚于综合，给历史和后人以交代。

第三，预测理论发展的可能走向。把握历史趋势，判断历史定位，最终是为了一个目的，即预测历史的可能走向。在社会领域，在政治、经济以至纯粹的历史学范围，指出和预测未来走向，是非常要紧的学术追求和取向。非此，理论和理论历史的研究将失去其意义，甚至是存在的意义。关键问题是，文学理论和批评理论也应该如此追求吗？我们通过两个口号的比较，来回答这个问题。没有人能够否认尼采哲学对20世纪西方社会和文化的影响。他的著名口号"上帝死了"，甚至决定了当代西方文艺理论的基本走向。这个口号，从它的产生动机来说，首先是旨在否定，即对以往全部哲学尤其是人类理性的否定，在这个口号指引下，尼采要"重估一切价值"。但是，从它生成的背景和影响来说，它是一个预言，是对世界未来思想和理论走向的预言。对这个预言，有人如此评价："当其他人在19世纪的欧洲看到权力与安全的象征的时候，尼采却以预言家的洞察力，看到现代人所信守的传统价值支撑即将倒塌。"尼采的出发点是什么？他认为，传统哲学的理性力量受到质疑，二元对立的限制要被打破，一切历史上的结论都将被否定，"他感觉到一个虚无主义的时代正在到来，其种子已经播下"。德国军事力量和科学的不断发展，恰恰证明了一个无可争辩的事实，"即对基督教上帝的信仰已经完全衰落，以致他可

---

① [美]雷纳·韦勒克：《近代文学批评史》第4卷，杨自伍译，上海译文出版社2009年版，第632页。

关于西方文论分期问题的讨论

以自信地说'上帝死了'"①。在尼采以前,意大利文艺批评家德·桑克蒂斯,也借德国古典哲学家费希特名头,对上帝表达不敬。当然,他是从批评家和作品的关系提出问题的。桑克蒂斯认为,批评家应该认同艺术家,应该对艺术品进行再创造,批评家应该"赋予作品第二次生命,带着费希特的傲气说:——我创造上帝"。据韦勒克转述,费希特的原话是"我天天创造上帝"②。可惜他的话没有产生影响,在西方文论史上几乎无人再提起。同是在对历史提出批评,同是拿上帝说话,桑克蒂斯也是满怀傲气,为什么没有像尼采的"上帝死了"那样有惊世骇俗的影响?根本的差别在于,尼采是一种预测,是思想性的颠覆,是对未来理论走向的指点,而桑克蒂斯只是一个比喻、一个具体的理论上的小小诉求,尽管借了费希特的名头。正是因为有了这样的预测,尼采的理论目标明确,自觉地集中于目标,写出了许多影响深远的重要著作,而不是盲目追随别人,淹没于时髦的潮流之中。我们再回到韦勒克的立场上来。他说:"如果只是描述一部又一部的书本,同时按照年代的先后,阐说各种体系,我宁可放弃一个史学家的职责。"这个职责又是什么?他继续坚定地说:"历史,我们应该承认,不可能在没有方向感、没有一种对未来的预感的情况下撰写出来。我们必须知道历史正在趋向何方;我们要求有某种理想、某种标准、某种后见。"③ 韦勒克是这样说的,只可惜他做得不够好。大的历史分期是以时间为界线的,小阶段的划分也少了一点启发后人的定性。尤其令我们疑惑的是,企图"知道历史正在趋向何方",这本是预测性的要求,但又为何要求"某种后见",莫非是通过后见而预测走向,抑或是一种思想和立场的模糊?无论怎样,我们可以讨论,也许这是他的《近代文学批评史》缺少更大格局的重要原因。那么,阶段划分及其定性,能够有效预测未来理论的走向吗?社会历史的阶段划分,比如从原始社会到社会主义社会的划分,直接推动了

---

① [美]撒穆尔·伊诺克·斯通普夫、詹姆斯·菲泽:《西方哲学史》,匡宏等译,世界图书出版公司 2009 年版,第 353 页。

② 转引自[美]雷纳·韦勒克《近代文学批评史》第 4 卷,杨自伍译,上海译文出版社 2009 年版,第 140 页。

③ 同上书,第 632 页。

历史力量的生成和历史方向的转变。更值得文论史研究充分借鉴的，是库恩对自然科学史的阶段划分。库恩从科学革命的视角将全部科学史分为四个阶段。这四个阶段各自处于独特的位置，以对科学进程产生独立影响的姿态容纳于历史。这个理论引起极大反响，评价不一，但总体上是有积极的开创意义的。借鉴这个方法，用以思考西方文论史的分期及其定位，我们相信是有探索和开创价值的。

关于西方文论历史分期问题的讨论
——当代西方文论的基本走向[*]

张 江[**]

危机孕育了革命。按照理论发展的一般规律,在经历过混沌发生期后,常态的理论生长必然是稳定共识期、震荡调整期、系统整合期这三个阶段的周期性演变。[①] 在之前的文章中,我重点探讨了当代西方文论的基本定位问题,"如果说以浪漫主义、现实主义理论为代表的19世纪,依然算作一个有大体共识、稳定而略有震荡的理论时期,那么,以形式主义为先锋的20世纪文学理论,则由旧的稳定共识期进入新的震荡调整期。其典型特征是,短短百年的时间里,大量的思潮、学派相互否定和替代,大量的思想家、理论家不断产生和消失,许多曾经宏大盛行的学说和方法不断走上顶峰并衰落,许多难以为传统所接受的观点和见解流星般升起又瞬间陨落。众声喧哗,却难有主流声音;学派林立,却只见矛盾和冲突,当代西方文论的最终价值和走向始终混沌不清"[②]。由此出发,我认为,经过一百多年的震荡和调整,当代西方文论的发展,接下来应该进入一个稳定共识的新时期。在我看来,这既是理论发展规律衍生出的自然结果,也是当代西方文论未来发展的应有范式。

---

[*] 本文原刊于《外国文学研究》2015年第4期。
[**] 作者单位:中国社会科学院。
[①] 参见张江《关于西方文论分期问题的讨论——历史分期的标准及意义》,《外国文学研究》2015年第2期。
[②] 张江:《关于西方文论分期问题的讨论——当代西方文论基本定位》,《外国文学研究》2015年第3期。

第三编　西方文论批判

一　转型的条件已经具备

目前，当代西方文论向稳定共识期跃进的基本条件已经具备，大规模的系统融合已见端倪。

一是当代西方文论发展演进至今，一些重要的理论流派及其思想方法已经成熟、强大起来，潜移默化地影响着其他理论流派的生成和发展，逐步形成聚合效应。对当代西方文论百年多的发展而言，历史上和当下流行的各种理论，大多都有应该给予充分肯定的优势。许多重要学派和理论对文学理论的重新构建做出了独特而重要的贡献，一些优秀的理论方法，产生巨大的影响力和带动力，引领了当代西方文论的基本走向。马克思主义文论就是如此，它在文学基本理论的阐释上，不仅具有系统性和完整性，而且方法论意识鲜明，具有其他文论所不具备的广度和深度。按照齐泽克的解释，这种优势在于马克思主义能够提供一种社会科学的分析批判基体，几乎所有看上去与政治、经济无关的现象，诸如文学、艺术、道德、法律、宗教等，都能在基体中得到充分澄清。[①] 如果用库恩的理论来说明，那就是因为马克思主义文论采用了历史唯物主义的科学范式，它的理论力量就在"应用范围和精确性两方面"凸现出来，成为左右当代西方文论发展的核心力量之一。[②] 结构主义、后结构主义、解构主义、女性主义、后殖民主义等，无不与马克思主义文论间有着承继关系。世纪之交兴起的发生学批评、新亚里士多德主义、幽灵批评、超物质批评、空间批评等，也浓烈地透露着马克思主义文论的色彩。在某种意义上说，马克思主义文论已经成为各种新生理论的前导和基础，未来出现的文论流派几乎很难绕过它去。当然，海德格尔与伽达默尔的新解释学文论、姚斯和伊瑟尔等人的接受美学文论、萨特与雅斯贝尔斯的存在主义文

[①] ［斯洛文尼亚］斯拉沃热·齐泽克：《意识形态的崇高客体》，季广茂译，中央编译出版社 2002 年版，第 22 页。

[②] ［美］托马斯·库恩：《科学革命的结构》，金吾伦、胡新和译，北京大学出版社 2003 年版，第 21 页。

论、拉康和齐泽克的新精神分析文论,等等,也都因为其新的方向性开拓和方法的进步性而取得了建树,从费耶阿本德的"理论增生"原则来说,这些具有范式引领作用的文论必将起到聚集、融合作用,引领当代西方文论走出繁杂曲折的震荡调整期,步入新的稳定共识期。

二是百年理论扩张的过程中,各种学说和观点的相互交锋与冲撞,多种思潮和学派的摩擦与融合,特别是一些重要观点的进退起伏,推动理论生长走上一条波浪式前进的道路。一些学派和思潮经历了自身的否定之否定,偏执的结论趋向温和,狭窄的视野转向宽阔,以容纳和接受对立面的合理认知为新的生命因子,为理论的调整和丰富捕捉了重大生长机遇。根据辩证法的理论,矛盾的运动经过自身"否定之否定",其相互对立的因素被扬弃,事物将进入一个似乎回归到原点的更高境界,新的要素占据主导位置,事物的性质发生根本变化。当代西方文论的发展也难逃这个基本规律,众多流派你来我往,各种思潮相互融合,形成相互依存又相互批判的矛盾统一体。这个矛盾统一体尽管前后抵牾、否定和批判的特征明显,但是它们在前后更迭的运动中也一定要相互搭接、借鉴,不断地改造和超越自己,形成平行四边形的合力,构成既是自身又不是自身的全新形态。

最明显的莫过于后结构主义和解构主义的反超与混合。解构主义以否定结构主义而自生,但是,在否定中解构对结构的"范式"借鉴十分明显。海登·怀特就曾指出德里达解构主义面具后隐藏着彻底的结构主义,甚至说他是"结构主义的俘虏"[1]。解构主义也同时借鉴了语言学和符号学,运用新批评的"文本细读"实现自己。这表明,理论的否定和扬弃,本身就是一种整合、否定和扬弃的结果,是新理论的生成。

另一个典型的例子是新历史主义文论。尽管新历史主义的代表人物彼此之间在理论上具有相当的差异性,但他们总体上反对形式主

---

[1] White, Hayden, "The Absurdist Moment in Contemporary Literary Theory", *Directions for Criticism, Structuralism and Its Alternatives*, Ed. Murray Krieger and L. S. Dembo, Madison: The University of Wisconsin Press, 1977, p. 85.

义、结构主义和新批评。后者强调摒弃历史语境而对文学语言和文本结构作封闭式研究，无视作者存在与读者的创造，无视文学文本的历史意义和文化精神。新历史主义也否定传统历史主义，否定所谓"历史决定论"，强调"文本的历史性"与"历史的文本性"。但就新历史主义对文艺复兴文学的研究事实看，它既没有忽视文学语言和文本结构的研究，也没有放弃马克思主义关于文学与历史的互动研究。他们只是通过理论整合提出一种新的文学分析方法，极端放大了"文本的历史性"。看看格林布拉特对莎士比亚等其他6位文艺复兴时期作家的研究，不仅重视作家气质的形成及其意识形态性，而且"关注这些人物创作中字词与生存权力结构的'错位'状态"[①]。由此我们也能看到新历史主义试图恢复文学研究的整体性和系统性的努力，尽管它实际上并未做到这一点。从个体文论家的理论生成来说，融合旧的理论以形成有效解决文学之谜的新理论，也成为一种趋势。罗兰·巴特从"写作的零度"起步，把结构主义、马克思主义、符号学等融为一体，开辟了后结构主义文论。雅克·拉康将精神分析、语言学和结构主义融合，拓展了后结构主义；杰姆逊的政治批评吸纳了拉康、福柯、马克思主义、后现代主义等诸多理论；米勒的解构主义批评融合了新批评、接受理论、精神分析。这样的例子数不胜数。如前所言，融合本身即扬弃和否定，即在剔除前在理论的片面性基础上，努力实现整合理论的目标，应该说是一种明显的趋势。这种扬弃、否定式融合，隐匿在剧烈的震荡表象之后，有力地催动文论生长的系统整合。这一趋势也将会引领当代西方文论步入新的稳定共识期。

三是重要的理论基点不可阻挡地趋向统一。首先，文学理论基本建构整合倾向。符号学、哲学、社会学、心理学、政治学、人类学等，这些曾经引发当代西方文论剧烈震荡的学科为文学理论的发展提供了丰富的思想资源，一些重要的理论观点转化为以文学为对象的阐释理论，在本体论、认识论、方法论上有效地消解各方面的分歧，形成渐进统合的理论图景。海德格尔、伽达默尔的新阐释学，罗曼·英加登的文学作品层次论和价值论，荣格、弗莱的神话原型批评，尧

---

① 王岳川：《当代西方最新文论教程》，复旦大学出版社2008年版，第395页。

斯、伊瑟尔的文学接受理论，福柯、拉康、巴特等人的后结构主义文学理论，或将文学作品作为精神观照的核心，或聚焦于文学的接受机制和阅读理论，或探寻文学演进的机制，文学化地推动了当代文论的扩张。如果从不是很挑剔的角度说，这些理论在很大程度上已经将哲学、符号学等学科的思维模式和经典方法内化于文学的理论。文学理论对于比邻学科的借鉴，甚至于对自然科学方法的借鉴，必须有一个文学化的过程，即将其他学科的理论转化为文学的理论和具体批评的方法；简单而生硬地套用其他学科的理论，必将造成强制阐释的后果，进而影响文学理论自身的建构。在倡导多元化实践的时代，有效吸收比邻学科的理论来系统建构文学理论，已经成为一种趋势。其次，文学理论回到文学已经成为强烈信号。拉曼·塞尔登在《当代文学理论导读》的最后部分详尽地描述了这种认识趋势：卡宁汉呼吁人们要"老练地"细读文本；乔纳森·贝特呼吁老师和学生们应当首先掌握文学研究的基本功——版本目录学，而不是什么"主义"；朱夫林和马尔帕斯则强调文学研究要突出文学"作为审美现象的独特感"①。这些观点本质上并非是怀旧，而是对文学理论内在发展趋向的一种把握，因而他们同样重视文学与社会、政治、文化之间的"正确关联"。20世纪90年代末兴起的新唯美主义，同它以前的各种主流文学理论相对抗，强烈呼吁回到文学自身，其代表人物伊莎贝尔·阿姆斯特朗在2000年发表的专著中写道："要提出新诗学，就必须挑战反审美的诗学，第一桶金理论基础，改变讨论的术语。"她批评伊格尔顿的《审美意识形态》是"反审美政治表达"，直接挑战把十四行诗看作是"巩固阶级纽带"的"怀疑阐释学"②。这是一个不应该忽视的倾向性回归。再次，系统整合既有文论的时机趋向成熟。这种认识已经部分地体现在已有的文论流派评价中。比如人们对待西方马克思主义文论诸派别的看法，大多是肯定性的，这是因为它们不仅侧

---

① [英]拉曼·塞尔登、彼得·威德森、彼得·克鲁克：《当代文学理论导读》，刘象愚译，北京大学出版社2006年版，第331—334页。

② 转引自[英]彼得·巴里《理论入门：文学与文化理论导论》，杨建国译，南京大学出版社2014年版，第299页。

重文学与政治、社会的关系,同时也兼顾作者、读者与文本的研究。相反,那些完全否定文学研究其他可能的文论派别,如新批评、形式主义、结构主义、解构主义等,却饱受诟病,而各种"后主义"——后结构主义、后现代主义、后殖民主义、同性恋理论、酷儿理论、复杂性理论等,更是因为打断了"文学四要素"的关联而遭到更强烈的反对。这表明,文学理论的系统整合要求已经构成共识。我曾明确表示,文学研究必须走"外部研究和内部研究辩证统一"的路线①,也正是在探究各种理论流派的偏狭基础上得出的结论。

四是学界近年来对当代西方文论的深刻反思为理论整合提供了有利条件。当代文论场内的反思激情一直未见消退,而从21世纪开始,热情和努力高潮迭起。尖锐而深刻的批评和反思不断挑战着占据舞台中心的狂舞者。首先,体现在对当代文论悖论性运行的反抗上。一个主义接着一个主义的诞生,相互之间既有借鉴又有否定;而否定甚于借鉴。后结构主义和解构主义对结构主义的质疑,提出"新阅读理论";而意识批评、主体批评和思想分析等新社会学批评又构成了对新阅读理论的抗争。安德鲁·鲍伊直言不讳地指出:法国那种过分的后结构主义已经导致英语文论界的反击,它自20世纪70年代末期就已遭到有意的蔑视,而原先对之持有好感的人也发生了转向,文学并非单纯的意识形态,是到停止解构的时候了。② 从反思的结果上看,它呈现出一枚硬币之两面:一面是"单数的、大写的理论迅速地发展成了小写的、众多的理论……孵化出了大量的、多样的实践部落",另一面则"出现了一种表面上更传统的立场和偏好的转向"③。

21世纪初叶的文学理论似乎印证了这一点,不断扩张的散居族裔批评、身份理论、跨性别批评、空间批评、超物质批评等,无非是

---

① 张江:《当代西方文论若干问题的辨识——兼及中国文论重建》,《中国社会科学》2014年第5期。
② [英]安德鲁·鲍伊、于尔根·恩克曼:《对德国哲学与英国批评理论之调解——访欧洲哲学教授安德鲁·鲍伊》,周晓亮译,《差异》第2辑,河南大学出版社2004年版,第275—276页。
③ [英]拉曼·塞尔登、彼得·威德森、彼得·克鲁克:《当代文学理论导读》,刘象愚译,北京大学出版社2006年版,第9页。

传统社会学批评的改头换面,它们只是带有"后"时代的面具而已。质疑、批判、解构之后的反思总是伴随着建设性的意图,人们重新诉求,文学理论应该提供文学的阅读经验和文本的文学批评。其次,大规模反思也无例外地加入震荡与调整的过程,以震荡推动调整,以调整生产震荡,在周而复始的震荡与调整中建构新的现代文学观念。乔纳森·卡勒、米歇尔·福柯、保罗·萨特、罗兰·巴特等人,不断追溯现代文学观念如何跳离传统文论规约的范畴,在消解的历史中建构出一种现代文学概念发展史。当代文论不同观点之间的相互解构,也揭示了当代文论建构的方向,即必须进行相互包容与接纳的系统整合,生发新的共生共容理论与方法,文学理论的建构才有更大时代性成果。向什么方向建构,我们无法规定,但依据文学自身特征,依据文学发展的基本规律,依据文学的服务对象对于文学的本质要求,选择和决定文学及文学理论的走向,应该是个基本道理。有一个事实值得重视,就连解构主义盛行的美国文论界都开始呼喊"文学性"了,出现了一股不小的"反对……'政治化'或'政治正确化'的新潮流"①。当然,这种批判潮流并非一味地强调审美的"文学性",而是强调依据文学事实的批评和理论,强调检阅文学运转的环境和机制,强调梳理文学理论的核心范畴,不仅是回归传统,而是企图在系统整合震荡期内的理论基础上建构符合共识的文学理论。

二 系统发育及其必要性

何谓系统发育?在理论层面上定义这个范畴,总的是指:(1)一个成熟学科的理论,大体上应该是一个完整有序的系统,在这个系统中,各方向的专业分工相对明确,配套整齐,互证互补。(2)在理论生成和发展的整个过程中,某个方向的理论可能走得超前一点,快一点,具有开拓和引领的作用。但是,随之而来的,其他方向的配套理论必须接续上来,逐步构成一个能够解决本学科基本问题的完整体

---

① 李欧梵:《文学理论·总序》,参见[美]勒内·韦勒克、奥斯丁·沃伦《文学理论》,刘象愚等译,江苏教育出版社2005年版,第7页。

系。(3) 同时，系统内不同方向的研究，其水平和深度应该大抵相当。某一方向的单兵突进，各方向之间的相互隔绝，会使整个系统处于不健全、不完整、不稳定的发育状态。无是非的矛盾，无标准的争论，无意义的相互诋毁，使整个学科面临常态化的危机，理论的有效性受到质疑，理论的发展成为空话。管理学上的所谓"短板理论"就是很好的说明。

当代西方文论百年多的努力，各个学派，各种思潮，诸多思想家、理论家的发明创造，让我们继承了前所未有的理论和精神财富。同样，各种理论的隔阂，各种学派的矛盾，以至于一个独立学说，一位独立的思想家自身学说内部的自相矛盾，让理论的未来走向混沌不清。对理论充满热情和自信的伊格尔顿对此也一筹莫展。这让我们想起一个学者，他在总结19世纪自然科学发展历程时留下的启示。他的大意是，每一门科学在其刚刚开始创立的时期，其主要工作是掌握现有的材料，这是一项基础性工作，在每一个领域都必须从头做起。然后，经过漫长的努力，经验的科学获得了巨大的发展和极其辉煌的成果，达到了一个可以证实自己各个领域之间联系的水平。进入这个阶段，科学家要做的另外一件事情是，在深入掌握全部已有材料的基础上，展开全面的归纳、概括、整合，把以往的经验科学提升为理论科学，转化、跃升为完整的知识系统。由此，一个重要的时代就要庄严开启，在这种概括与综合当中，新的伟大的发现将喷薄而出。在19世纪的当时，影响人类历史命运的三大发现（能量守恒定律、细胞学说、进化论），就是遵循这一过程和路径产生的。我认为，这个总结是对人类一般认识进程的总结，是对理论生成、发展、上升路径及其规律的总结。这是不是可以启示我们，当代文论的构建、发展也进入了这样一个时代，一个归纳、概括、整合前人伟大成果的时代？

"19世纪后期的文学批评呈现了一种前所未有的多元化格局。还从未有过以往哪个时代，像这一时期的文坛那样派别林立，意见纷呈；也从未有过以往哪个时代，像这一时期的批评那样充满对峙，争执不已。现实主义、自然主义、唯美主义、象征主义、科学主义、印象主义……各种文学思潮和批评方法在一时间纷纷登场，而且每一种见解都被推向了极端，使19世纪后期文学批评成了一个人声鼎沸的

关于西方文论历史分期问题的讨论

争论场所,一个行情动荡的证券交易市场。"① 这是一位中国学者在描述和评价19世纪后期西方文论状况时写下的一段话。事实上,这仅仅是当代西方文论的一个序曲,正式演出的大幕尚未开启。在此后一个多世纪的时间内,当代西方文论纷乱复杂的局面远超于此。从积极的意义上说,这种流派林立、思潮迭起、众声喧哗的局面,极大地释放了理论的活力,没有权威,没有遮蔽,人人皆可发声,话语权平等。但是,其消极意义也显而易见。在这样一个嘈杂的话语场中,躁动和偏执成为普遍的症候,没有人愿意理智而客观地回望既往的理论成果,进而从中汲取合理的要素,寻找新的突破口,建立一套新理论,成为最大的诉求。结果,推翻,重建,再推翻,再重建,成了理论发展的常态。自身的内耗严重阻碍了理论向纵深发展。正如有学者总结的那样,"当今西方的各种文学理论和批评不仅呈现出碎片化、杂糅、拼贴的特征,而且都极力表明自身与众不同的特色,力图成为'马赛克'中的一种色彩,既不愿意吸纳他者,也不愿意被他者吸纳。这种各自为政的'马赛克'局面,正是极力追求'多元化'的后现代的典型特征,也是当今西方思想和文化的基本面貌"②。基于此,在我看来,文艺理论发展至今,我们目前最迫切的任务不是再创出几个流派,也不是再造出一套或几套完全迥异于以前的理论,而是将心态放平和,重新检省和打量以往取得的成果,开放视野,打通壁垒,让文艺理论在汲取以往成果的基础上走向系统发育。

需要说明的是,从震荡调整到系统发育,这个理论演进的路线不仅是一个成熟学科的演进规律,而且也是一种成熟理论、一个有成就的理论家的进步路线。当然,前提是这个理论和理论家是始终处于进取和上升状态,这个演进路程也是有限的,基本只能是一个周期。为说明这个理论生长的完整周期,我们可以一位理论家的成熟理论做一比较。按照海克尔个体发育与系统发育一致性的理论,个体发育过程

---

① 杨冬:《文学理论:从柏拉图到德里达》第2版,北京大学出版社2012年版,第220页。
② 阎嘉:《导论:21世纪西方文学理论和批评的走向与问题》,《文学理论精粹读本》,热拉尔·热奈特、琳达·哈琴、拉尔夫·科恩、霍米·芭芭等著,阎嘉主编,中国人民大学出版社2006年版,第2页。

重演系统发育历程，个体发育与系统发育历程的呈现平行关系，我们来看希利斯·米勒的理论生长路线，是怎样完成从稳定共识到系统整合的。米勒的文学批评是从新批评起步的。在此之前的学习积累，如何走上新批评的道路，我没有考察。但有一点可以肯定，他是经过比较、选择而确定了新批评的方向。对米勒的学术生涯而言，这是一个稳定的时期，在这个时期里，他的各种思想和观点，他对文学及文本的认识和分析，都共识于新批评的框架之内。然而，这个过程不长，新的思想、新的理论、新的观点，在他的稳定期中不断产生，震荡和调整悄然发生，大约在他25岁以后，受法国现象学批评家布莱的影响，他转向了意识批评。《狄更斯的小说世界》是这个时期的代表作。这个转向是一个过渡，是他最终形成自己解构主义立场和思维方式的震荡调整。大约15年的时间，他的理论倾向实现了从意识批评向解构批评的转化，一些文章和著作鲜明表露了他的演变和进化。20世纪60年代的后半期，米勒与艾布拉姆斯展开论战，完成了他解构主义转向的宣言书《作为寄主的批评家》，终于开始了他的解构主义的进程，以《小说与重复》著作为代表，成为"耶鲁四人帮"的重要成员、美国解构主义学派的代表人物。

从希利斯·米勒的思想演变进程看，第一，他的理论进程是完整的。从稳定共识开始，经过震荡调整，达到自身理论的系统整合。特别是在60年代末到70年代初的这一段时间里，从意识批评到解构主义的震荡与调整是明显的。第二，这个过程是连续的，具有合理的否定和继承，由文本细读到作品整体分析再到解构的颠覆，新批评的传统和方法贯穿始终，这在他著名的解构主义代表作《小说与重复》中体现出来。有学者评述："如果说，他的批评生涯从语言开始（新批评），尔后离开语言而走进意识（意识批评），那么，当他接受解构主义之后，他重新回到了语言，用米勒自己的话来说，就是'运用语言谈语言'。"[①] 这个轮回与调整是很鲜明的。第三，作为理论家个体，他的周期完整性已经实现，生命和限制、理论创造性的限制使理

---

① 朱立元：《前言》，《小说与重复——七部英国小说》，[美] J. 亨利斯·米勒著，王宏图译，天津人民出版社2008年版，第4页。

论进步的无限周期得以终止。米勒的个体理论发生与演进与系统的文艺理论发生及演进方式是一致的，可以从一个侧面证明我们的理论分期的正确意义。

我们还可以从一条独立的理论线索来证明理论分期与定位的合理性。以叙事学为例，远在 2500 年前，柏拉图在他的《理想国》第三卷中就给"纯叙事"下了定义。亚里士多德的《诗学》中的文学六要素，情节就在首位。用现在的眼光看，亚氏的情节就是叙事。但这个叙事是史诗的叙事。19 世纪以后，法国的福楼拜、美国的亨利·詹姆斯为代表的现代小说理论奠基人，将小说创作的注意力转向叙事技巧，但这也没有形成气候。早年的形式主义注重了这方面的研究，但历时时间不长；新批评对叙事的研究重在诗歌而小说叙事的影响很小。从整个叙事学的生成和发展历史看，直至 20 世纪 60 年代结构主义兴起以前，小说叙事学处于一个混沌生成时期，也就是一种独立的理论生长的第一阶段。叙事学的真正成熟，按照伊格尔顿的评价，应该以格雷马斯、托多洛夫、罗兰·巴尔特，以及热拉尔·热奈特的理论建树为标志。[①] 我认为，这就是叙事学理论生长的第二阶段。在这个阶段，以热奈特为代表的叙事学理论完成的早期的探索，形成了成熟且被普遍接受的理论形态，学科建设进入了稳定共识阶段。然而，因为结构主义的退场、解构主义的兴盛，叙事学的稳定共识期就很快过去。对于这个时期的叙事理论，20 世纪末就被称作经典叙事学了。所谓经典，是因为它坚持了形式主义以来的传统，仅仅聚焦于文本的形式技巧的研究和分析，而隔断了作品与社会、历史、文化的联系。近 20 年来国内外学界有一个共识：结构主义叙事学既经典叙事学脱离文本语境的偏执立场是错误的。解构主义对单一的普遍的理论模式深恶痛绝。对结构主义叙事学做出重大贡献的巴尔特就这样嘲笑自己过去的立场："据说某些佛教徒凭着苦修，终于能在一粒蚕豆里看出一个国家。这正是前期的作品分析家想做的事：在单一的结构里……见出全世界的作品来。他们认为，我们应该从每个故事里抽出它的模

---

① [英]伊格尔顿：《二十世纪西方文学理论》，伍晓明译，北京大学出版社 2007 年版，第 100 页。

型，然后从这些模型里得出一个宏大的叙事结构。我们（为了验证）再把这个结构应用于任何故事。"① 新的震荡和调整由此开始，解构主义要彻底颠覆经典的叙事学理论，更重要的是立场，经典的叙事学要维护自己的学说、坚持自己的立场。就是这种震荡，这种相互冲突中的调整，让充满困惑的叙事学面临新的道路和选择。它的未来应该向哪里去？我们不能预测。但有一点我们满怀信心：按照理论生长发展的基本规律，它必将进入一个新的历史阶段，这就是系统整合阶段。在这个阶段里，叙事学会将以往的全部理论精华及合理因素集合熔炼起来，创造新形态，达成新的共识。进而又是新的震荡和调整，以至无穷。

三 如何走向系统发育

系统发育是我想为理论之后的理论提供的一个思路，也可以称作理论的系统发育思想。这个系统发育体现在两个方面。从历时性上说，它应该吸取历史上一切有益成果，并将它们贯注于理论构成的全过程；从共时性上说，它应该融合多元进步因素，并将它们融为一体，铸造新的系统构成。理论的系统发育不仅是指理论自身的总体发育，而且是指理论内部各个方向、各个层面的发育，相对整齐，相互照应，共同发生作用。系统发育是理论成长的内生动力，也是一个理论、一个学科日趋成熟的重要标志。这一思想，在我之前的系列文章和访谈中，已有零散的呈现。②

我曾经在文章中提出过本体阐释这一概念。③ 本体阐释和系统发育在基本理路上是一致的。本体阐释无意缔造体系，但希望给出正确的认识和阐释路线，以及多学说共生发育的理论系统。本体阐释的基本思路是：坚持以文本和文学为本体，核心阐释、本缘阐释、效应阐

---

① ［法］巴尔特："S/Z"，转自朱立元《当代西方文艺理论》，华东师范大学出版社1999年版，第298页。
② 参见《当代文论重建路径：从"强制阐释"到"本体阐释"——访中国社会科学院副院长张江教授》，《中国社会科学报》2014年6月16日。
③ 参见《本体阐释论》，《中国社会科学内部文稿》2014年第5期。

释等三重阐释互补互证,对文本的原生话语、次生话语、衍生话语做确当阐释。指出正确的阐释路线,确定恰当的阐释边界,承认和肯定再生话语的界外发生意义,刻画一个相对完整、自洽的整体批评方法。也许会有一种误解,以为本体阐释只是将已有的各种理论杂糅起来,重走前人的老路,这是可以理解的。本体阐释的目标之一,就是尽可能地汲取各学派之优长,努力克服其所短,并充分考量理论和批评面临的矛盾和困境,提出具有系统性、规范性意义的理论和批评方法。本体阐释是为跨越理论断崖,消除理论鸿沟,推动理论持续共生进步,提供可能的思路。本体阐释主张的各方向的阐释,历史上都有过极端的理论和实践。但是,真理迈多一步就是谬误。任何好的理论和方法,单兵突进,不及其余,终究要走向末路。系统发育是优化理论、最大限度发挥理论潜力和作用的根本之道。本体阐释拟构稳定共生的发育系统不是简单的理论综合,而是多方面成熟理论的融合共生。社会历史研究、读者接受研究、传统的承载与延伸、文本的形式艺术研究等,都不是孤立的、分裂的,而是相互融合、相互照应和相互补充并证明的。正因为如此,我们希望本体阐释能够成为一个具有系统发育构成和超强张力的优长理论,是一个有前途的理论。

关于系统发育,有三个问题必须说明。

其一,如何吸纳不同流派、不同学科的思想成果。不同流派之间思想成果的吸纳似乎容易一些,同一学科之内,面对的研究对象相同,面临的基本问题相通。在这里我着重谈一下如何吸纳不同学科的思想成果。近年来,跨学科的研究范式成为新趋势。文学理论也加入到这一趋势当中。我们承认,文学理论的发展需要借鉴学习其他学科理论和方法。在一些语境下,其他学科理论的应用是必需的,具有重要而积极的意义。但是,要注意的是,其他学科理论及其研究方法被引渡到文学学科之内,必须立足于一个正确的前提,即其他学科理论的文学理论化。否则,生硬的嫁接和移植很难给文学及其理论的发展以更多的、积极的意义。比如,自然科学领域内的诸多理论和方法,因其严整性和普适化,晚近以来常被挪用于文学场域,淬炼成文学批评的有力武器。符号学移植数学矩阵方法,生态批评使用混沌理论概念,空间理论起点于天文学和物理学时间与空间范畴等,都属于此类。但是，这些借用并不都是成功的。法国结构主义文论家格雷马斯借用数学的方法，设立了叙事学上著名的"符号矩阵"：任何一部叙事作品，都可以将其内部元素分解成思想因子，纳入这个矩阵。矩阵的四项因子交叉组合，构成多项关系，全部的文学故事就在这种交叉和关系中展开。詹姆逊曾用这一方法分析过中国古典小说《聊斋》中的篇章，结果令人失望。究其原因，就是因为在将数学研究方法纳入文学过程中，并没有进行文学理论化。

其二，对研究者个人而言，系统发育不是要求做面面俱到的研究。系统发育更多强调的，是作为宏观的文学理论，各个维度之间、各个理论流派之间要形成有机的整体，构建一个健全而完整的体系。而不是彼此割裂，互相隔绝，或者单支茂长，畸形膨胀。这种系统性，对于全面完整地把握文学的本质、特征、规律具有非常重要的意义。但是，对于单一的研究者个体，不能做这样的苛求。从文学研究的自身规律来讲，无论是阐释文学的本体属性，还是形成一篇批评文章，都需要确定一个角度，企图囊括所有角度、博取所有研究方法，是根本不可能的。换言之，在实践中，面对一部文学作品，研究者可以从形式的维度去阐释它，分析它的语言、韵律、节奏等，进而将这些规律上升为理论。也可以从神话原型的角度去探寻文本的历史秘密，揭示某一文学母题的历史轨迹。还可以从读者接受的视点重点考察作品的阅读接受规律，等等。这都是允许的，合理的。重要的是，研究者一定要明白，这仅仅是切入和阐释作品的一种方式，而不是偏执地认为这是唯一方式。并且，以接受美学理论为例，如果研究者在立足读者接受这一视点同时，能够更加理性和客观地认知到世界、作者、文本、受众之间不可割裂的内在关联，认识到作者在文本意义赋予中所占据的地位，而不是狂傲地宣称"作者死了"，我相信，这对他自身的研究也会大有裨益。

其三，系统发育不是要用一元取代多元。有人可能会产生误解，以为倡导系统发育，就是要打造出一种囊括所有理论和方法优长的研究范式或批评模式，进而用它来取代当下多元并存的格局。从一元到多元，这是历史的进步，我们不可能推历史的倒车，逆历史潮流而动。在前文中我已强调过，无论是本体阐释，还是系统发育，都无意缔造体系。系统发育不是一种理论，而是理论发展的一种状态，一种超越震荡调整期芜杂、繁乱、无序的新状态，是理论发展的更高阶段。对现有的理论和学说，它不是替代，而是充盈，即通过有机的系统发育，让各种流派、各种理论、各种思潮都能在捍卫自身的前提下彼此借鉴、吸纳，最终更好地发展自己。在人文社会科学领域，没有任何一种理论是十全十美的，无论这种理论诞生于哪位大师之手。打破狭隘的单一视角，从横向和纵向的更广阔领域汲取智慧，这是理论自我完善、自我发展的必由之路。多元胜于一元。但是，当下文学理论的多元并存，徒有其多，多而无序。多元并存应有的彼此砥砺、相互促动效应并没有真正发挥出来。引入系统发育的思想，不但不会将多元扼杀为一元，相反，还会更加有利于多元的发展，从而在整体上推进文学理论的繁荣。

　　当代文论发展到今天，繁荣喷薄的局面并没有给人带来多少欣喜，相反，疑虑和困惑越来越多。"理论已死"的宣告，"理论向何处去"的追问，已成为20世纪末以来文学理论界屡见不鲜的话题。就连在文学理论上耕耘一生的伊格尔顿，面对理论之后的理论发展，也不无苦恼地发问："新的时代要求什么样的新思维呢？"[①] 我们似乎能够听到他苍老的声音，忧心忡忡又满怀期望。历史决定论有其偏颇之处，这个早已被历史所证明。但是，历史之于当下仍然有价值和意义。从历史中梳理出文学理论发展的基本规律，以此作为指导，给文学理论的未来走向做一个预判，这是理论研究的题中应有之义。并且，理论研究者有责任和义务，积极主动地推动理论尽早尽快地迈向系统发育。这个时代要求我们以极大的理论勇气和宽广视野，对包括中国文论在内的以往一切有益成果，对20世纪西方文论狂飙突进的理论遗产，以科学的概括和总结，形成一个完整的理论和批评方法的体系，或许是我们解决伊格尔顿困惑的有效途径。

　　一百多年的纵横激荡，当代文论在这个周期内停留的时间已经足够长，它在这一阶段的历史任务已经完成。今天，它向下一个周期跨越的条件和时机已经成熟。但是，这仅仅是条件和时机。系统发育的

---

① ［英］伊格尔顿：《理论之后》，商正译，商务印书馆2009年版，第4页。

真正实现还有赖于整个学界有意识的推动。需要说明的是，系统发育虽然包含诸多合理要素，也是当前理论发展的必要选择，但是，这并不意味着它永远是理论发展的理想状态。当系统发育形成的新的稳定共识期达到成熟，再一次的震荡调整又将形成。如此周而复始，不断前进。按照分期论的观点，这是理论发展的必然规律。

　　中国文学理论的发展也迫切需要引入系统发育思想。长久以来，我们一直在呼吁和期盼中国文学理论体系的建构，但时至今日，收效甚微。有学者曾不无自豪地讲，新时期以来的三十多年，我们终于完成了对当代西方文论的追赶，也就是说，我们今天的理论发展已经达到了与西方同步。细究起来，这里面存在很大的问题。其一，我们所谓的追赶，仅仅限于对西方理论的搬运和移植，所谓的同步，无非是西方流行什么，我们也在第一时间引入了什么。真正源于本土、富有自己民族特色的文学理论还相当匮乏。其二，国内对当代西方文论的引入，基本是历时性的。从20世纪80年代开始，精神分析批评、存在主义、西方马克思主义文论、结构主义、符号学、接受美学、解构主义、后殖民主义，等等，潮水一般轮番登场。这其中虽然也有共时性的交叉和重叠，但主体是历时性的浪浪相逐，一种学说进来没几年，旋即被另外一种学说洗刷替代。这就导致了中国文学理论在横向和纵向的有机性、系统性方面更为薄弱的结果。浪潮涌过，即成历史，不停地在追逐所谓的"新"，对"旧"的东西缺少反思的兴趣。中国文学理论体系的建构要吸纳一切有益成果。在理论上，没有所谓的新和旧，每种理论都是一种独特的看取世界和文学的角度和方法，都有合理的因子存在。尤其要积极吸纳中国传统文论的智慧和精华。中国五千年的历史积累了大量文学理论遗产，这是打造中国文学理论体系的重要思想资源。要做到这些，必须实现文学理论的系统发育。事实上，所谓体系，本身就包含了系统发育的意指。

法国的新批评与美国的理论*

[法] 让尼夫·盖兰**

张江教授的长文①首先表明了两点：第一，他提出的认识论问题切中肯綮；第二，文学文本的阅读与评价方法应该受到质疑与批评。张教授的例证与引文均出自英语世界的著作，这些作品多数还没有译介到法国。大西洋是一道文化屏障，一道虽不严密但确实存在的屏障。

法国的理论在北美成为"新批评"（la Nouvelle Critique）② 的失真的影像，是因为哲学家盖过了文学家的风采。它风靡美国良久，如今似乎衰微，却又在世界各地传播开来。我们知道，学派、主义可以产生精品，有时也滋生糟粕。艺术是轻松的，困难的是批评。批评本来是一种艺术，却幻想成为科学。

在我看来，张教授对强制阐释提出的批评恰当而深刻。的确，强制、滥用和野蛮的阐释，即所谓的过度阐释以前有过，如今也仍然存在。既定的条条框框被生硬地箍上所有的文本而不加区别，文学文本于是沦为一种借口，用以证实某些意识形态方面的假设。③ 文学对象的特殊性却被遗忘殆尽：它是一种审美创作，不是机械的物质生产，

---

* 本文原刊于《中国文学批评》2015 年第 3 期。

** 作者单位：法国巴黎第三大学法国文学与比较文学研究生院。译者孙婷婷，单位：中国社会科学院外国文学研究所。

① 张江：《强制阐释论》，《文学评论》2014 年第 6 期。

② 这里的"新批评"专指法国 1965—1980 年的先锋运动，与英美的新批评（New Criticism）无涉，详情请参见下文。——译者注

③ 参见《强制阐释论》中"主观预设"的部分。——译者注

更不是一份档案资料。背景、传统、文体、语言都切实存在，有着它们各自不容忽视的逻辑。张教授对"教条主义"的谴责也完全合理。当某个批评流派形成体系，抛出一种信念（doxa）、一种意识形态的时候，就暴露出盲目崇拜某种"万无一失的方法"的危险，同一种方法被蛮横地套用在所有时代的所有作品之上——姑且称之为万灵药或者通用工具症候群。

张教授在文章中援引的例证——某些批评流派对于《哈姆雷特》和《厄舍老屋的倒塌》的解读——的确荒诞不经。哪怕有强硬态度和专业术语的包装，愚人之见也仍然是愚人之见。莫里哀或者欧也尼·伊奥内斯库如果健在，大概可以写出优秀的剧作，揭示其中的种种可笑。解读的多样性并不意味着口不择言和书写随意。不合常理、违背原意、胡言乱语等情形都会发生。新批评教给我们文本的多义性，文本不受作者和批评家们的约束。保尔·瓦雷里说过："文本没有真正的意义。"① 这位身兼理论家的诗人的意思是：作者无法决定其作品的意义。他的话对于批评家们也同样适用：没有毫无遗漏的、一劳永逸的解读。对一个文学文本进行阐释是可行的。阐释的睿智与恰当程度不等，但也可能是错误的。

在法国，1965—1980 年既是论辩也是斗争的一段岁月。当时的学术权力掌握在保守派手里。索邦大学显然不再是夏尔·佩吉曾经攻击过的学术堡垒。知识面的广博和对文学史的了解在大课中占有更多的比重。朗松的徒子徒孙们制定着规则。实证主义与印象主义结成联盟。教授们都是杰出的学者，写过长篇大论的国家博士论文。他们并不了解来自中欧、大西洋彼岸甚至邻国瑞士的研究，正像他们通常对新小说与新戏剧等当代文学一无所知——这是他们与美国同行的另一个重大区别。瓦雷里、阿尔贝·蒂博代以及阿尔贝·贝甘等人从前执教的地点，是法兰西公学院、日内瓦大学或者巴塞尔大学。从 20 世纪初开始，索邦大学的研究计划已经剔除了在世的作家。现代派于是向守旧派的要塞发动进攻。先是《写作的零度》，然

---

① Paul Valéry, *Au sujet du Cimetière marin*, *Variété III in Oeuvres*, t. 1, Paris: Gallimard, coll. *Bibliothèque de la Pléiade*, 1957, p. 1507.

后是《论拉辛》①将罗兰·巴特推举为现代派的旗手。这些作品在当时颇具颠覆性，动摇了实证主义的信念，引发了强烈的争议。这便是"新批评之争"。古典文学研究与人文科学发生碰撞。

如今，这场争辩已经纳入文学史。我们已经忘记，在1965—1966年，新闻媒体甚至是左派的批评，几乎全部支持罗蒙·皮卡尔声讨巴特的檄文。②然而，这只是一场以正统的趣味、习俗、理性和明晰为名义而进行的垂死挣扎。作为历史学家和实证主义文献学家，皮卡尔是守旧而专断的。然而，这位考虑欠周的论战者也是一位优秀的学者，后世对他的评判有欠公允和宽容。因为就在同时，现代的超我代替了旧有的超我。当今通行的、涵盖了从萨谬尔·贝克特到克洛德·西蒙等人的文学标准均来源于此。无论在戏剧小说的创作领域还是在文学批评领域，尚新的习惯③都已成为霸权。也许，20世纪60年代末形成的法国理论是20世纪最后的先锋——较之于艺术方面的创新，这场先锋运动更具有精神上的意义。它的衰落与文学创作的平淡相影相随。

新批评形式不一。一方面，它与语言学联结，另一方面，它向人文社会科学开放。新批评的阵营里，有加斯东·巴什拉的信徒，有弗洛伊德主义者和马克思主义社会学家，更有形式主义者。他们的联盟是因势而成的。然而，努力融汇各种学说的尝试——弗洛伊德—马克思主义、结构主义—马克思主义等——还是骤然中断了。形式主义或者结构主义批评启用一套极为复杂的方法，在描述日益复杂的运作以及将之理论化方面，有时会黔驴技穷。

新批评的成果依然存在。事实很快证明：在现代派中间，更有条理而不那么独断的形式主义者最擅长应付学术机构的各种限制。因为一些体制的原因，或者囿于认识论，他们更注重与语言科学的正面接触：二者之间的联系往往艰难而混乱，但是具有一些经久的效果。此

---

① Roland Barthes, *Le Degré zéro de l'écriture*, Paris: Seuil, Coll. *Pierres vives*, 1953; *Sur Racine*, Paris: Seuil, 1963.

② Raymond Picard, *Nouvelle Critique ou nouvelle imposture*, Jean-Jacques Pauvert, coll. "Libelles", 1965.

③ Harold Rosenberg, *The Tradition of the New*, New York: Horizon Press, 1959.

后，文本和书写处于批评活动的中心。理论家们得到瑟伊出版社的支持，出版社在其丛书中收录他们的著作，①《诗学》② 这本发行至今的文学批评与理论杂志也对他们鼎力相助。大学批评的历史，一如文学史，也无法脱离现实。理论要旅行，就要借助于网络和机构。权威的地位、垄断势力、职场策略以及专横的对象都是存在的。

20 世纪 70 年代是法国制造理论的辉煌时期，是巴特引领风骚的年代。与萨特一样，巴特也逝世于 1980 年。罗兰·巴特并非只有一个，每个人都有自己的巴特。美国大学里的巴特不同于法国大学里的巴特。他既是自诩前卫的《原样》杂志的同路人，也是新戏剧的猛烈抨击者。新戏剧的拥趸让他惊慌。他既不与贝尔纳·道特——他的支持人民戏剧的伙伴——的教条主义撇清干系，也不和菲利普·索莱尔斯的狂热盲信分道扬镳。他只是与他们保持距离。别人将他视作唯科学主义者，他自称唯美主义者。教条的下面掩藏的是享乐主义分子。在《明室》里，现代性的吹捧者也是现代性的贬抑者。他以散文家的身份离世，却一度皈依古典。他未曾发表导师般的讲话（这便足以使他和萨特、拉康或者布尔迪厄区分开来），没有留下知识或者方法方面的遗产。他的一些建议——例如我们会想到"阅读的多义性"——传播、分散到了整个的精神领域。

信念这种东西并非可以超越时间，恒定不变。巴特原本对它的定位也会发生偏移。如果说 1970 年前后，法国的知识阶层中存在着某种思维定式，这种定式便是马克思主义。然而，它最常出现的地方不是文学研究领域：吕西安·哥德曼恰恰在 1970 年过世；剩下的几个年轻的马克思主义批评家大都是 19 世纪研究专家，很快就让自己的社会批评变了味道。对信念的质疑产生出新的信念。正统被视作异端，异端却成为正统。

---

① 在瑟伊出版社的目录里，我们可以找到巴特、热奈特、托多罗夫、勒热纳（Lejeune）、孔帕尼翁（Compagnon）、达伦巴哈（Dallenbach）、里查德（Richard）、谢弗（Schaeffer）等人的著作，以及普罗普、雅各布森、艾科、里法泰尔（Riffaterre）、温里克（Weinrich）等人的译作。

② 热奈特和托多罗夫于 1970 年创办《诗学》，现任主编为米歇尔·夏尔（Michel Charles）。

最后一个领袖在世的时候,被规约的理论筛选出符合自己标准的文本。文学性成为研究的全部内容。研究者们一方面重新花费气力去读经典,一方面只青睐少数的现代派。很快,与创作割裂的理论开始原地转圈。理论的僵化和先锋运动的消泯同时发生。此后,理论在大西洋彼岸盛行,其最伟大的领袖因为已经过世而被后人顶礼膜拜。至于另外一个享乐主义者菲利普·索莱尔斯,作为理论家,他早已被人遗忘,作为批评家,借助《新观察家》和《世界报》等报刊提供的论坛,他还保留一定的影响力。

后辈们已经对 1960—1970 年的学术成果分门别类、各取所需。以此为代价,新批评成为大学批评。随着马克思主义的失利,《隐蔽的上帝》[1] 也变得落伍:戈德曼主张的在文本与某种社会环境之间建立的对等的结构,无法抵御某些新的历史研究成果和文学分析,但是他有关世界观的看法仍然准确。有了让·贝勒曼-诺埃(Jean Bellemin-Noêl)以及皮埃尔·贝亚尔(Pierre Bayard)[2] 的研究,夏尔·莫隆(Charles Mauron)的心理批评已不合时宜。上述两位批评家[3]的弟子人数寥寥。最后,谁还在阅读克洛德·布雷蒙的《叙事的逻辑》?[4] 谁还在使用格雷马斯的符号矩阵?大学教授们已经消化并且重组了曾经显得离经叛道的成果,从中汲取了某些批评工具和方法,却很少是一个系统。结构分析已经卸下教条主义的僵化,变得可以与历史学和社会学调和。创立一种抽象理论的想法已经干涸在学院派的沙漠里。批评与诗学之间已经失去严格的区分。如今,在巴特提出的概念中,空白写作、真实的效果、作家和写手之间的区别等,相比于"虚拟的语言法西斯主义"或者他某天想到的"所指对象的专断的意识形态"更加重要。[5] 符号学已经成为什么?——从叙事分析,我们过渡到了叙事话语。我们的爱宠还剩下什么?——无比强大的叙事学。

有一段时间,理论的不足构成严重的阻碍。要对它的先决条件进

---

[1] Lucien Goldmann, *Le Dieu caché*, Paris: Gallimard, 1955.
[2] 贝亚尔的研究成果发表在午夜出版社。
[3] 当指戈德曼和莫隆。——译者注
[4] Claude Bremond, *Logique du récit*, Paris: Seuil, 1973.
[5] Roland Barthes, *Oeuvres complètes*, t. 2, Paris: Seuil, 1993, p. 976.

行阐发，要为它的合法性出示护身符。这段时间已经过去，先锋已不复存在，反文化已灰飞烟灭。因为缺少辩论者，辩论已经中止。1984年，《辩论》杂志曾经发表两篇文章。热奈特捍卫诗学的生机和多产，雷蒙·皮卡尔在索邦大学的后继者富马罗利（Marc Fumaroli）先生则批评这种诗学，谴责它是一种"次等的理论虚构"，其"科学主义"衍生贫乏。这场论争虽然水平较高，却几乎没有受到媒体的关注。法国或法语区的辩论不再引人注意，这种情形已经为时不短。论辩局限于一些封闭的圈子，很少被传播出去。文学批评的地位与文学的地位唇齿相依。知识分子的边缘化是一种社会事实。领袖的时代已经终结。意识形态的末日是某些意识形态的末日。傲慢的教条主义从这里被剔除，又在那里重新出现。正统的思想、刻板的头脑仍然顽固地存在。学问是一回事，真理又是一回事。

现在，让我们到大西洋彼岸去看一看。每张标签都有自己的历史。1930—1960 年，美国曾有一个被称为新批评（New Criticism）的流派，一些来自中欧的评论家——尤其是罗曼·雅各布森和勒内·韦勒克——就从属于这个流派。其成员将文学研究建立在语言学的研究成果之上，尤其看重诗歌。他们的著作很少被译为法文。他们为新批评①在大西洋彼岸的落地生根作出了贡献。

从 20 世纪 70 年代起，美国的法语文学研究便有意地独立于法国本土的文学研究之外了。鉴于形势，文本研究的范围受到限定，更偏重当代的文学作品。这种情形并不新鲜：大西洋彼岸关于普鲁斯特的研究始于 1920 年前后，关于加缪的研究则始于 20 世纪 50 年代。当时，这些作家在法国还没有进入经典。美国的大学中，解构主义占据重要的地位已经为时不短。起初，解构主义是雅克·德里达哲学批判主义的复兴。他的标靶是西方的形而上学，包括其前提和悖谬。文学批评则聚焦于逻各斯中心主义这个概念。在新批评（New Criticism）成为一种拥有着雄厚学术基础的"元结构主义"的美国，热奈特、茨维坦·托多罗夫以及菲利普·阿蒙等人的贡献是微小的。雅克·德

---

① 此处当指法国的"新批评"。另，本文中凡是没有在括号里加注 new criticism 的新批评均指法国的新批评。——译者注

里达则被认为是不满于一种信念，而指出了它的局限。耶鲁大学推行的解构主义重新引入了诠释学、哲学甚至主题研究，它强调读者的地位。这个学派的著作很少被译为法文。

德里达的美国弟子与文化研究——少数族群的积极分子活跃其中——结成联盟。文化研究、性别研究、后殖民研究在美国形成体系和高度团结的多元文化社群，较之于其他地方，其中的进步知识分子更乐意关注少数族裔。逻各斯中心主义衍生了男根中心主义。法国的理论尤其推崇当下的文学作品，将注意力集中于"身份"，对形式分析不屑一顾。文本研究经常被当作材料，用来证实某些意识形态方面的假设。大学授课、学术论文、研讨会暴露出对经典的曲解，以及对各种价值进行政治正确的等级划分。普鲁斯特于是沦为同性恋作家。《全权》[1] 中的五页书写就透露了理解吉罗杜全部作品的关键——吉罗杜只是一个希特勒的信徒。[2] 一些作家被裁定犯有雄性沙文主义罪过，受到抨击，进而失去了讲授的资格。到美国参加过学术会议的每个学者回来以后，都能举出一些受到排斥和驱逐的例子。我们的某些美国同行延续的是20世纪70年代的偏狭和恐怖主义，而不是它的研究精神。意识形态专家、甚至学术骗子经常压倒了真正的学者。对德里达与朱丽娅·克里斯蒂娃的引用，有时粉饰的只是平庸之论或者蠢话连篇。

以权威做论据——德里达说过，朱迪特·巴特勒（Judith Butler）也说过——在法国不太奏效，批评的精神在这里一直保持或者说找回了它的权利。正因如此，张教授提到的阿兰·索卡尔（Alan Sokal）和让·布里克蒙（Jean Bricmont）的令人振奋的论文，[3] 在法国大受欢迎。这样一种危险——因为确实有过麻烦——似乎在大西洋的法国一方很难想象：这里的人们对概念的野蛮入侵颇多提防，具有图腾功能的引经据典在这里不会打动人心。

---

[1] 《全权》是法国著名作家与戏剧家让·吉罗杜（1882—1944）写于1939年的一部作品。——译者注

[2] Jeffrey Mehlman, *Legs de l'antisémitisme en France*, Paris: Denoël, 1994.

[3] Alan Sokal et Jean Bricmont, *Impostures intellectuelles*, Paris: Odile Jacob, 1997.

🙠 第三编　西方文论批判 🙢

　　哲学家为文学理论和文学批评作出贡献，这并非什么新鲜事物。只需想到柏拉图、亚里士多德、狄德罗、泰纳……以及晚近的瓦尔特·本雅明、阿多诺、巴什拉、萨特和米歇尔·福柯等人。这里仅举两例：吉尔·德勒兹和凡桑·德孔波（Vincent Descombes）关于普鲁斯特的研究，① 米歇尔·塞尔（Michel Serres）关于左拉的研究，② 都是权威之论。德里达也有一篇关于安托南·阿尔托③的划时代的文章。④ 德里达的其余著述，在法国则很少得到应用。作为哲学家，他在大学里曾经处于边缘。保尔·利科尔的情况却与此不同。《时间与叙事》无疑是对叙事学助益最大的著作。利科尔曾是芝加哥大学的教授，勒内·吉拉尔（René Girard）是斯坦福大学的教授，后者的百科全书式著作一直启发着文学研究，他们也是法国理论的组成者吗？最后还有一个事实，证明大西洋的确是一道文化屏障：尽管有让-弗朗索瓦·利奥塔和波德里亚（Baudrillard）这两位引渡者，"后现代"的概念还是很难适应法国的水土。只有少数哲学家和社会学家使用它。小拉鲁斯字典收录了该词，用以指称美国的建筑和纽约的某种舞蹈。法国或者法语区的文学研究则对它很少提及。

　　《法国书目第二十卷》辑录了大西洋彼岸的批评成果，足以提供大量信息。我们看到，平均每年都有关于莫妮卡·威蒂格（Monique-Wittig）和露丝·伊丽格瑞（Luce Irigaray）的文章甚至专著发表，有相关的研讨会举办：反对男根中心主义的斗争使然……检索 OCLC 公司的在线联合目录（Worldcat）也证实了这一点：德里达被提及 16751 次，利科尔 10265 次，朱莉娅·克里斯蒂娃 10082 次，让·波德里亚 4936 次，巴特 4358 次，伊莱娜·西苏 2762 次，托多罗夫 2482 次，伊丽格瑞 2918 次，热奈特只有 1528 次，菲利普·阿蒙只有

---

① Gilles Deleuze, *Proust et les signes*, Paris：PUF，1970；Vincent Descombes, *Proust：Philosophie clu ro-man*, Paris：Minuit，1987.
② Michel Serres, *Feux et signaux de brume：Zola*, Paris：Grasset，1975.
③ 安托南·阿尔托（Antonin Artaud, 1896－1948），法国演员、诗人、戏剧理论家。——译者注
④ Jacques Derrida, *La parole souf flé*, Tel quel, n°20，1967 et *L'Ecriture et la dif férence*, Paris：Seuil，1967.

912次，让-玛丽·西弗（Jean-Marie Schaeffer）只有806次——他们三位的学术贡献却远远超过了前面列举的学者。不过，幸亏伊莲娜·肖瓦尔特——张教授犀利地戳穿了这位专断的理论家的荒谬思想——也只有1064次。如今，文学批评已经世界化，不只是法语著作，还有很多德语或者意大利语作品都值得译介——例如哲学家吉奥尔吉·阿甘本（Giorgio Agamben）的大量著述。然而北美的批评却占据了过分重要的地位，我们对此表示遗憾，并不是要宣扬那种肤浅的反美国主义——菲利普·罗瑞（Philippe Roger）对此进行过（在法国人看来）相当精彩的分析。① 每个学科都有其结构、范围、对象和方法。某些研究对象为多个学科共有。社会学、人类学、心理分析可以从总体上把握文学，也可以具体地用于一个文本。文学工作者闭门造车的时代已经一去不复返了。学科间性是存在的。张教授恰当地指出："文学不是哲学，也不是历史或者数学。"它的确是一套符号系统，正像巴特希望的那样，② 但它不限于此。文学即使描写虚无，也终归是描写了某种东西的文学。能指的批评与所指的批评不是不可以调和。如今，法国的学术批评比以往任何时候都要折中，科学讲得少了。最近二十年来，没有特别显著的进步。结构主义运动的最后幸存者把他们的文献目录进一步完善。菲利普·勒热纳连续出书，创立了自我书写的诗学。③ 茨维坦·托多罗夫转战到思想史领域，越来越重视文学的伦理意义，同时并未放弃对形式与结构的关注。④ 热拉尔·热奈特和让-玛丽·西弗则从诗学过渡到美学。⑤ 托多罗夫在《批评的批评》⑥ 中阐述了自己的学说。西弗通过融汇结构分析、分析哲学

---

① Philippe Roger, *L'Ennemi américain*, Paris: Seuil, coll. Points essais, 2004.
② Roland Barthes, *Essais critiques*, Paris: Seuil, 1972, p. 257.
③ Philippe Lejeune, *Le Pacte autobiographique*, Paris: Seuil, 1975; *Je est un autre*, Paris: Seuil, 1980, etc.
④ Tzvetan Todorov, *Nous et les autres*, Paris: Seuil, 1989; *Face à l'extrême*, Paris: Seuil, 1991, etc.
⑤ Jean-Marie Schaeffer, *Pourquoi la fiction?*, Paris: Seuil, 1999; *L'Expérience esthétique*, Paris: Gallimard, 2015.
⑥ Tzvetan Todorov, *Critique de la critique*, Paris: Seuil, coll. Poétique, 1985.

和人类学的成果,为文类与虚构带来了新见。① 无论如何,文学批评的最后一批纪念碑式的著作,如热奈特的《隐迹纸本》②、利科尔的《时间与叙事》③ 等,均已问世三十多年了。在戏剧研究领域,结构主义的继承者们,首先是帕特里斯·帕维(Patrice Pavis),受到北美的《表演研究》的启发,将先驱者安娜·于波菲尔德(Anne Ubersfeld)的成就④加以改进,使之不再教条。于波菲尔德抨击克罗代尔或者戈尔德斯⑤的时候,⑥ 忘了自己采用的是结构主义马克思主义的意识形态和刻板的语言。今天,最优秀的研究成果来自人们仍然在读并且永远会读的作家和作品,比如浪漫派作家,比如普鲁斯特和赛利纳,⑦ 而不是来自文学整体。并且,在生成批评的名义下,追根溯源的整套工作不是被重新合法化了吗?文学与哲学,文学与历史,历史与哲学是经常彼此无视的领域:这取决于培养、等级和习惯。而当代研究成果的佼佼者,必是这三个学科的对话。

　　正像以前的某些神学家一样,绝大多数的学者奉行双重真理的标准。一方面,他们崇拜理论及其激励人心的悖论,另一方面,他们却继续相当务实地丰富文学史、关注作家、研究背景等。他们以某种方式调和了巴特和皮卡尔的对立,至少也让他们的遗产互动起来。作家是存在的,文本也是存在的,二者的关系不具有排他性。同理,文学既可以谈论文学也可以谈论世界。现实主义契约既能产生杰作,也能产生平庸的作品。自我指涉也是一样。30年来,价值论基本未变,只是"经典和标准"又纳入了几位当代作家,并且加大了法国以外的法语区文学的比重。人们在现代派的启示下重读古

---

① Jean-Marie Schaeffer, *Pourquoi la fiction?*, Paris: Seuil, 1999.
② Gérard Genette, *Palimpsestes*, Paris: Seuil, coll. "Poétique", 1982.
③ Paul Ricoeur, *Temps et récit*, Paris: Seuil, 1985.
④ Anne Ubersfeld, *Lire le théatre*, Paris: Editions sociales, 1977.
⑤ 贝尔纳-玛丽·戈尔德斯(Bernard-Marie Koltès, 1948—1989),法国著名剧作家。主要作品有《黑鬼与狗群的搏斗》《回到沙漠》等。——译者注
⑥ Anne Ubersfeld, *Bernard-Marie Koltès*, Paris: Actes Sud Papiers, 1999; Paul Claudel, poète du XXe siècle, Paris: Actes Sud Papiers, 2005.
⑦ 赛利纳(Louis-Ferdinand Céline, 1894—1961),法国作家,著有小说《茫茫黑夜漫游》《缓期死亡》等,是现代小说创作方法的开拓者之一。——译者注

典作品。某些反现代派可以被看作革新者,某些现代派却可以被视为保守人士。

空谈的理论家们力图净化文学研究而依仗的全部范式——作者、文学、历史、风格、价值、意图等——都是极其顽固的。怀疑它们的前提、甚至嘲笑它们,都不足以摆脱固有的概念和成见。理论和批评互相完善,互相限制,削弱了彼此的绝对。也许,我们已经结束了二元逻辑,结束了极端的非此即彼,结束了蔓延很久的"要么全部,要么乌有"的思维。还要再说一遍:没有一种阅读是面面俱到和一劳永逸的。

实际上,理论的运用有好有坏。当上述的理论并不教条独断的时候,它可以和大学里教授的文学史——无论是传统的还是重新思考的文学史——达成和解,正像文学和文学性、作者和写作、文本和背景都可以调和一样。宣讲这种已经少了许多傲慢和唯科学主义野心的理论(或者确切地说,是把这种野心留给了研究文化的社会学家),以及将批评用于实践——哪怕是折中的实践,仍然是另外一回事。不过,最墨守成规的人也已经敞开胸襟,接受了老实的皮卡尔所不知道的方法。此后,语言学、符号学、精神分析学、人类学都在大学里占据了一席之地,其主要概念已经进入日常领域,各种各样的诠释学、主题研究也出现在教学大纲里。保尔·瓦雷里曾经说过:"一切都止于索邦。"[1] 我们要说,索邦大学消化吸收了新批评的成果,正像它消化吸收了所有得来的知识一样。而法国的高中,通过职业与教育高等学校(ESPE)——理论几乎成为其教学的全部——这一媒介也不同程度地吸纳了理论。在世纪末的今天,信念具有普世性,能够吸引所有的人。论辩与抨击的时代已经过去,并至少要维持一段时间。谁会为此抱怨呢?

最后我要谈谈个人的经验。我的老师全都属于旧批评阵营。他们是杰出的语文学家、渊博的溯源派。他们对人文科学十分陌生,不了解最新的理论成果。他们阅读文本的方式还和他们的老师一样。然

---

[1] Paul Valéry, *Oraison funèbre d'une fable*, Variété 1 et 2, Paris: Gallimard, coll, *Idées*, 1978, p. 170.

而，他们的学问却远比我们精深。20世纪70年代末，当我在美国的一所大学任教时，新小说被列入了课程，对于新批评，那里的人们却一无所知。文本阅读还只停留于字面的意义，文学史还是亨利·克鲁阿（Henri Clouard）那陈旧的一套。人们还在不断清点和反复检查一些显而易见的事实。随后，政治正确便泛滥开来。

  岁月流逝。我的职业让我有机会指导研究生的论文，并读到更多的论文。让我震惊的，是青年学者们理性的兼容并蓄，以及他们对所有滋生贫乏的教条主义的拒斥。博士生们从各处获取资料、工具和参照。他们不是简单地并置，而是将几种方法或语言有机地结合。在他们看来，理论与社会科学、语言学等学科一样，只是诸多工具中的一种。理论本身不是目的。学生中的佼佼者精通叙事学和风格学，对历史和哲学也有所了解。一部作品的历史定位和它的形式技巧的拆解不是截然对立的，它们的接合才让作品获得了严密，文本间性的重要便来源于此。阅读，就是联系。在研究领域，不存在一成不变的真理。任何一种方法——哪怕它是科学的，也无法穷尽拉辛的一部悲剧、《恶之花》或者《鼠疫》的全部意义。批评家们的战争结束了。当代科学已经让我们了解到知识的分化、真理的瓦解和方法的多样。"单一方法论"已成为过去，"多元方法论"确立起来。为学之路永无止境。

当代西方文论作为一种知识还是一种理论[*]

丁国旗[**]

近几年，理论界对于当代西方文论的反思多了起来，尤其是张江《强制阐释论》的发表，更是将这种反思或批判推到了理论讨论的前沿上来。究竟该如何看待当代西方文论及其理论方法在我国文艺评论中的实践价值，以及它对我国未来文论话语体系建构将起到的作用，这些都是理论界迫切需要回答的问题。本文以"当代西方文论作为一种知识还是一种理论"为题，对这一问题谈些自己的看法。当然，在论述之前，必须先要说明一点，以免造成不必要的误解。当代西方文论是知识还是理论？倘若站在西方的学术立场上来看，这根本就不是问题，因为它就是理论。然而，倘若站在中国学术的本土立场上来看，问题似乎就没有这么简单。

一 当代西方文论的引入及其后果

当代西方文论是针对当代西方文学思潮与文艺实践的理论，20世纪70年代以来，当代西方文论之所以会被大量地译介进来，并在我国形成狂热追捧与研究的局面，与长期以来我们对于外来文化的认识以及新中国成立后我国文艺理论的曲折发展是分不开的，笔者曾在《对引入和接受当代西方文论的理论反思》一文对此做过较为详细的

---

[*] 本文原刊于《学术研究》2016年第4期。
[**] 作者单位：中国社会科学院文学研究所。

分析。在该文中,笔者将新时期之后大规模引进西方当代文论的原因,归结为以下几点:"这是中国百年来遭受曲折屈辱,文化长期处于弱势,试图走出自身文化低谷的必然选择",是"文化大革命"之后"中国学者摆脱我国原有文艺理论单一僵化模式的热情使然","如果说80年代我们对西方当代文论的引介研究是我国理论界的一次理论自觉,那么90年代以后直至今天,西方当代文论仍然能够持续得到学界的关注则主要是基于全球化时代的到来以及文化消费主义的积极推进"。①

鸦片战争之后一百多年的时间里,频繁的战乱与外敌的入侵,使中国的政治、经济与文化,尤其是中国人的文化自觉与自信力,都遭到了极大的摧残与打击。虽然经历了新文化运动以及中国共产党人在新民主主义革命时期与社会主义建设时期,对于中华文化建设的重视与投入,然而中国人的文化自信、文化创造却一直没有得到很好的恢复。这不仅表现在新文化运动中对传统文化精神的摈弃与否定,而且也表现在新中国成立后尤其是"文化大革命"时期对外来文化的一概拒绝和排斥。对传统文化精神的摈弃与否定,让我们看到了西方文化在中国社会现代化进程中所起到的巨大作用,而对外来文化的一概拒绝与排斥,则无疑引发了新时期之初对西方文化的又一次热情的拥抱与学习。到20世纪90年代之后,电信互联网技术的迅猛发展,将世界上的各个角落都连在了一起,依靠技术上的优势,西方文化再次得以强势推进,迅速将我们引向全球文化一体化的进程之中。模仿与学习西方,成为许多人的人生追求。正是在这种多重原因的裹挟下,当代西方文论也就乘兴而入,引发了研究与讨论的热潮。

过去讲"师夷长技以制夷"(魏源《海国图志》),现在我们不说"制夷"了,讲和平,但费了很大工夫将西方的东西引进来,至少还是希望它能够"为我所用"的。新时期之初,大量西方文论的引入,其初衷恐怕也是为了解决我们自己存在的文艺痼疾与问题,事实上当时西方文论也确实为我们走出过去"极左"文艺思潮的阴霾提供了

---

① 丁国旗:《对引入和接受当代西方文论的理论反思》,《湖北大学学报》(哲学社会科学版)2015年第1期。

思想武器。然而,西方文论后来的发展却出乎人们的意料,今天在学术界,除了现代后现代、新批评、心理分析、原型理论、结构主义、解构主义、语言学、叙事学、符号学、女性主义、后殖民、文化理论等这些西方当代文艺理论外,似乎大家不知有他物。如果有谁能对当代西方文论各家各派如数家珍,侃侃而谈,那他就一定会赢得学界的普遍尊重;如果有谁对当代西方文论一无所知,或者表示出不屑,那他就一定会首先遭到不屑与质疑。退一步讲就是,懂西方的不一定有学问,但不懂西方的肯定没有学问。不仅如此,来自西方的当代文论或分析方法,很多都被直接用于解读或评析我们自己的文学作品,甚至还带动了不少作家在创作上做出新的尝试。然而,当代西方文论的引入,为人所诟病的恰恰也在于此。它所造成的理论界的乱象就是疯狂引介,一知半解,几乎全是夹生饭;而批评界的乱象则在于随意套用,佶屈聱牙,硬性解读中国作品。张江在2014年发表的《强调阐释论》一文中提出了"强制阐释是当代西方文论的基本特征和根本缺陷之一"[1]这一观点,这里我们姑且不论当代西方文论存在的对于作品文本的强制阐释这一问题,但就"强制阐释"这一术语本身,倘若用在中国学者以当代西方文论对中国作品进行批评分析与理论解读上,恐怕也是非常合适的。

  文学作品都有其本土创作的特性。作品的构成一般来说主要包含两个方面:一是文化性,二是文学性。文化性就是作品的本土特性,这一特性意味着只有本地域的人才能真正理解作品的全部内容,理解作品所表达的情感与观点。本土特性表现为作品的地域风格或民族风格,是一个地域或民族长期的历史积累所形成的,对于外部地域或其他民族而言,本土特性具有难以交流与理解的一面。文学性则主要指作品的艺术特性,文学与绘画、美术、音乐等以线条、符号为主的艺术门类不同,其语言为本的特征,使它较之这些艺术门类而言,更难为不操持这一语言的人所接受或领悟。人们常常可以在没有任何绘画知识的前提下,去欣赏另一个民族的绘画,但一个有着语言隔阂的人,却根本无法明白一部用他国语言写成的文学作品。语言不仅表现

---

[1] 张江:《强制阐释论》,《文学评论》2014年第6期。

出很强的本土特性,而且在表达与艺术创作方法上也要受到文化特性的制约,而这一点对于没有多种语言优势的中国理论家而言,尤其表现明显。

  这样来推断的话,我们的理论家用西方的文艺理论来分析中国的作品,可能出现的结果就会是两种:第一种是让人觉得非常奇妙,因为是用从未用过的方法和理论,便常常会得出意想不到的结论,让人觉得"曲尽其妙",耳目一新;第二种是莫名其妙,因为是强制阐释,所以胡乱联系,随性发挥,让人觉得摸不着头脑。今天我们常常看到或听到,许多过去的中国古代经典作品、经典结论,用这些当代西方文论解析之后,所得出的结论常常与原来的认识大相径庭,相去甚远,有些简直就是重新改写或彻底颠覆,基本上都属于这两种结果所致。这方面的例子有很多,这里仅举一例,予以说明。中国学者以女性主义理论视角、精神分析的研究方法完成的著作《浮出历史地表——现代妇女文学研究》一书,在提到中国古代文学创作上的"拟女作"① 现象时,将其看成是男性作者在"被阉割的心态下"的女性自喻,认为作品中的女性形象"不过是装填了他们'阴属'情感的载体而已"。② 如此的见解,显然是受到西方当代文论中的性别与女性主义理论,尤其是精神分析理论的深刻影响,这一点该书"绪论"也是没有讳言的。然而,这一见解也着实让人感到费解与莫名其妙。如果按照这种思考逻辑,莫非京剧大师梅兰芳的旦角表演也是在某种"被阉割的心态下"的女性自喻的结果不成?如果说外国学者用当代西方文论解评中国作品闹出笑话还情有可原,中国学者在自己的著作中这样看待中国文学特有的"拟女作"现象,却是让人不可理解了。由此可以看出,一方面,当代西方文论对于解读中国文学作品存在许多局限与不足,不能强拉硬套;另一方面,倘若不顾中西文学的差异

---

  ① "拟女作"即"拟女性写作",是指写作者本身是男性,却假借女性的身份或口吻进行创作。这样的作品在我国古典文学创作中比较常见,具有特别的审美内涵,如曹植的《美女篇》,晚唐五代花间词人《花间集》中的一些诗篇等。"拟女"创作在传统地方戏曲等其他艺术形式中,也非常多见。

  ② 孟悦、戴锦华:《浮出历史地表——现代妇女文学研究》"绪论",中国人民大学出版社2004年版,第18页。

以及本国文学艺术发展所具有的独特传统与艺术魅力,而将当代西方文论视作放之四海而皆准的理论,随意裁断中国作品,得出错误的结论不说,对学者自己的声誉或是学术研究的科学性,恐怕是都没有什么好处的。

二 当代西方文论引入的背景与原因

既然当代西方文论引入的后果似乎并不是很好,那么为什么我们还要引入与学习西方文论呢?其实,任何对于外来文化(与技术)的引入应该都有一个共同的目的,那就是学习别人,跟上别人,最终壮大自己。从各民族文化交流过程的主流来看,总是文化相对落后的民族向相对先进的民族学习,尤里·洛特曼提出的不同民族文化之间的互动理论非常清楚地说明了这一点,[①] 而歌德当年提出"世界文学"这一概念的目的在于发展德国的"民族文学",也证明了这一点。[②] 从洛特曼文化互动理论和歌德发展民族文学的思想中,我们可以看到媒介专家保罗·莱文森所提出的媒介发展的"补偿原则"的影子。保罗·莱文森是在对媒介发展的研究中提出这一理论的,他说:"我们选择的工具是:媒介如何延伸我们交流的范围和能力,却

[①] [苏联] 在洛特曼看来,一个民族的文化发展的基本进程是:首先是民族文化接收外来文化,这种接收渐渐地达到饱和状态,从而掌握了语言并改写了文本;然后是民族文化从消极吸收外来文化的状态转变为积极产生新的文化文本的状态,并以这些新文本影响其他文本或结构,由此产生了不断发展的多样的文化系统。从接受方的角度来看,接受过程大体可以分为五个阶段:(1)外来文本以"他人语言"的形式为人们所接受,即保留"他者"的面貌;(2)被引入的文化文本与之前存在的接受方文化文本互相改变;(3)强调某一思想内容真正的民族属性和民族价值;(4)外来文本完全融入接受方的文化中,并进入激发状态,开始产生大量新的文本;(5)接受方文化转向文化传播者的立场,向外发送文本。见陈戈《论洛特曼的文化互动理论》(《解放军外国语学院学报》2007 年第 7 期)一文中的相关论述。

[②] 歌德提出"世界文学"的原因是复杂的,但有一点可以肯定,这就是他希望通过汲取其他民族文学的精华来更好地发展德国的民族文学,使德国民族文学不至于在世界文坛陷入狭隘的圈子。"世界文学的时代已快来临了",他希望德国人在其中可以扮演光荣的角色。参见丁国旗《祈向"本原"——对歌德"世界文学"的一种解读》,《文学评论》2010 年第 4 期。

又不扰乱我们从生物学角度的企盼。"① 在他看来,人类技术的开发总是越来越人性化,而人们选择的任何一种后继的媒介,又都是一种补救性措施,都是对过去的某一媒介或媒介的某一种先天不足的功能的补救与补偿。媒介进化是为了在不断变化的环境中增加人们信息交换的概率与质量,任何新媒体的出现都在一定程度上解决了人类信息交换中原有媒介的不足与局限,同时也是对人类自身某种需要的一种新的补偿。我们也可以简单地将此理解为需求决定生产,落后期盼进步,即所谓"穷则思变",这正是人类社会能够不断走向文明与进步的原因。学习别人也是壮大自己的方式,是对自我能力的提高与补偿。新时期之后,对当代西方文论的大量引介,从某种程度上讲,也是这种补偿作用的结果。

新时期之初,刚刚从"极左"文艺路线中走出的文艺理论界所希望看到的,必将是与过去机械、单一、僵化的理论话语与思维模式完全不同的新的理论话语与思维模式,因此,在经过不长时间的对机械反映论、阶级分析的"高大全"模式等"极左"文艺的反思与批判之后,来自西方文艺理论的清新空气,也就激活与激动着所有人麻木的神经。当代西方文论的观念与方法及其对作品分析的极强的可操作性与文本阐释力,让所有的文艺工作者耳目一新,看到了西方理论的巨大魅力,就像饥饿的人扑向了面包,理论界赴向了当代西方文论。"理论狂欢,众声喧哗",这是许多著作对当时我国理论界所处状况的描述与总结性评价。当然,这种"理论狂欢,众声喧哗",在当时不仅指理论界对西方理论的学习与引介,也包括在刚刚引介学习了一些西方当代理论之后,学者们富有雄心的理论创新与创造。如刘再复提出的"文学主体性"理论、孙绍振提出的文学"价值论"、钱中文等提出的"审美意识形态论"、姚文放等对"中介论"的探讨、何国瑞等对"生产论"的研究、王振武等对"选择论"的探讨、郁沅等对"感应论"的研究,其他还有"创造论""物化论"的提出,等等,这些都是当时理论界难得的成绩与收获。"理论狂欢,众声喧

---

① [美]保罗·莱文森:《手机:挡不住的呼唤》,何道宽译,中国人民大学出版社2004年版,第129页。

哗",促成了20世纪80年代我国文艺理论、美学发展的百花齐放、百家争鸣。

20世纪80年代的学术盛景,与当代西方文论的引介有着直接的关联,但很显然,对西方当代文论的译介与学习只是推动这种盛景产生的一个原因,而不是唯一原因。引介与学习最终还是为了建立或构建、提出或试图提出属于我们自己的学术观点,在那一代学人的心中,西方的理论并没有好到无以复加、让人顶礼膜拜的地步,对于西方的引介以及新的理论的提出,都是为了找到能够解决中国自己的问题的理论武器。然而,不知从何时起,这种正常的对于西方的引介与学习,却发生了错位,变成了"一边倒"的"全盘西化"的局面。在很多人的心目中,西方文论被神圣化了,被当成了"万能药",他们只认西方文论,只有西方文论。有人曾用"香蕉人"来指代那些已丧失中国文化价值的中国人——"黄皮白心",对于中国的文学理论而言,"黄皮白心"用在这些人身上也是再贴切不过了。我曾在一次全国博士生论坛的会上,听到一位学者批评这种文论界的"黄皮白心"现象是"中国人的身体里流着西方的血,身体是我们的,骨骼是我们的,血液却是西方的"。

我们不是狭隘的民族主义者,我们并不反对西方,而是反对不顾现实实际,凡事只有西方,只认西方,对西方盲目崇拜的现象。今天在我国文论研究领域,很多人只有西方话语,只会西方话语,并以此为荣,完全扭曲了我们学习西方的初衷。

三 对待当代西方文论的正确思路

那么,到底该怎样对待西方文论呢?这里我想非常明确地提出自己的观点:在中国,西方文论只能作为一种知识,而不能作为一种理论。为什么当代西方文论在中国不能作为一种理论,我在《对引入和接受当代西方文论的理论反思》一文的第一部分"当代西方文论引入的倒错与水土不服"中已经谈到了很多,读者可以参看,这里不再赘述。① 那么当代西方文论作为一种知识，又是什么意思呢？我觉得意思有三。第一，任何外来文化对于本土文化而言，它首先都是作为一种知识而存在，被本土民族引介或学习，借此提升发展自己。当代西方文论作为一种外来文化，对于中国而言，它必然首先也应该是一种知识性的存在。第二，当代西方文论，作为一种针对当代西方文艺与社会实践的理论，它对西方的文学作品、文化现象、文艺实践具有阐释力，而随着中西交往的增多增强，尤其是大量西方文学、文化产品的引入，我们也需要将他们的理论一并引介进来，以帮助我们更好地理解这些引进来的文学作品与文化产品。从这一角度来看，这些被我们引进来的理论仍然是以知识形态而存在的，并不与我们的文学作品发生关系。第三，当代西方文论，作为一种解决西方文艺问题的理论，它的引介还有一种功用，这就是可以给我们带来启发，开阔我们的视野，提高我们的理论修养，提升我们的思维水平。也就是说，这些外来的理论对我们而言，仍然是"他者"，是一种知识营养，而不是我们自身的一部分。

因此，任何外来理论如果不与本土文化相融合，就会是一种无用武之地的理论，就是本本上的理论，就还只是一种知识。如果真要将这种理论当作理论用于实践，恰如本文前面所提到的，就会闹出不少笑话来。因此，当代西方文论成为理论的前提就在于，它必须面对中国的文艺传统与文艺实践，并在与中国的社会、文化、人性等的碰撞中，消解自我，然后经过一次涅槃式的重生与融合，从而获得对中国文艺问题的阐释力和理解力。而在达到这一目标之前，它就只能是一种知识，而不能作为一种理论——一种指导中国文艺实践的理论。但这里必须指出，在笔者看来，这个过程并不能叫作西方文论的"中国化"。马克思主义可以中国化，而西方文论不是马克思主义理论，实际上它是很难中国化的。这其中的道理在于：马克思主义是对人类社会共同规律的研究，因而可以作为一种普遍规律而与各民族的具体国情相结合，而西方文论则是对西方文艺特殊

---

① 丁国旗：《对引入和接受当代西方文论的理论反思》，《湖北大学学报》（哲学社会科学版）2015 年第 1 期。

规律的研究，它源于西方文艺及其文化、哲学、美学的理论传统，虽然文艺是人类的共同财产，但对不同文艺创作规律的提炼对于不同的民族而言却是不一样的。因此，当代西方文论要想从知识形态向理论形态转换，就必须经过"涅槃"的过程。但经过"涅槃"之后的西方文论，其实也已不能再称为西方文论了，因为它实际上已经丧失了作为西方文论的主体性与独立性了，"涅槃"使其发生了质变。这一点，洛特曼的文化互动理论可以非常清楚地解释之所以如此的原因。从逻辑上看，西方文论倘若不发生质变就可以作为一种理论指导中国的文艺实践，解析中国的文艺作品，只有在两种情况下才是可能的：一是中国文化基因的整体变异，即中国变成了西方；二是西方思想彻底征服了中国，即西方文化理论的殖民性强制推进。而从现实来看，这两种情况都是不可能的。这样，在经过本土化融合的质变之前，西方当代文论就只能是一种知识性存在，而不能成为指导或诠释文艺作品的理论。

以上所论，似乎把当代西方文论在中国的理论存在推上了绝路，其实并非这样。实际的情形，或许远没有本文所论这么简单。让当代西方文论回到一种知识性存在，而不是作为一种理论性存在，是笔者撰写本文的主要目的。在今天西方当代文论极其强势的语境中，拥有这样的认识与立场是十分必要的。这种认识，将会使学界避免很多理论上错用与误读，不再闹出什么胡乱阐释作品的笑话。而更为重要的是，在中西文化交流空前繁荣的今天，时刻警惕并看清摆在我们面前的外来文化的真正价值与作用，不仅是对外来文化的尊重，同时也是给中华文化艺术留下更多生存与研究的空间，是对我们自身文化历史的真正尊重。最后，我还想再次强调：西方文论当然是一种理论，但对于中国而言，它却只能是发展我们自己理论的学术资源，是一种知识性存在。在中国，当代西方文论也只有作为一种发展我们自己理论的学术资源，它的合法性才能得到充分的肯定与彰显，它的生命力也才能够长久不衰。因为在笔者看来，构建中国特色社会主义文论话语体系的资源至少有四个方面：中国古代文论、西方文论、马克思主义文论，以及自"五四"以来所形成的中国现代文艺理论。或许当中国特色社会主义文论话语的完整体系形成的时候，西方文论也就彻底实现了它在中国由知识向理论的实际转型。因为到那时，它才与中国古代文论、中国现代文论与马克思主义文论一起，彼此交融，成为中国当代文论话语体系中不可或缺的重要内容，永远长存。

"强制阐释"与当代西方文论的要害[*]

昌 切[**]

"强制阐释论"是张江教授新近针对当代西方文论提出的一种"论",与此论针锋相对的也是由他提出的"本体阐释论"。"两论"紧密相关。在张江看来,如何对待文学或文学性,是区分和隔离"两论"的关键所在:前者反文学或文学性,后者则以文学或文学性为文学理论批评的旨归。据说,他之所以要提出本体阐释论,原是为了规避当代西方文论无视文学的本质属性,混淆文学与其他学科的界限,以先入之见(前见、先见)强行侵入文学的领地,把文学文本生拉硬扯地拽入与文学没有多大关系甚至毫不相干的论域加以阐释的"根本缺陷"和"核心缺陷",借此提醒文论界要高度重视文学的特性,以具体的文学文本为"阐释循环"的起点和终点,在文学批评的实践中逐步建立可以与当代西方文论平等对话的属于中国自己的文论系统。[①] 根据张江的表述可以发现,本体阐释论是一种畅想式的"重建路径";强制阐释论也只是以揭示当代西方文论背离文学或文学性的根本缺陷为由,以零星片断的示例方式指出它的若干弊端。

我以为,就此可以提出来讨论的有两个大的问题:一个是为何在此时提出"两论",另一个是当代西方文论的要害到底在哪里。此时中国的 GDP,据国际货币基金组织测算,已经超过美国,跃居全球首

---

[*] 本文原刊于《文艺争鸣》2015 年第 4 期。
[**] 作者单位:武汉大学文学院、中国传统文化研究中心。
[①] 参见毛莉《当代文论重建路径:由"强制阐释"到"本体阐释"——访中国社会科学院副院长张江教授》,《中国社会科学报》2014 年 6 月 6 日。

位，中国业已成为全球第一大经济体。世界银行也给出了相同的结论。国际货币基金组织测算的依据和得出的结论，尽管并不为中国官方所认可，但是中国的经济总量在世界上数一数二则是谁也否定不了的。自20世纪90年代以来，中国的经济高速发展，GDP相继超过英、法、德、日诸国直逼美国。退一步说，即使低调示人，不愿做世界经济的老大，中国在经济总量上超越美国，也当是指日可待。

与中国经济的高速发展相伴随的，是中国人看待中西关系的心态所发生的变化。这种变化是不是达到伤筋动骨的程度，有没有根本性的改观则另当别论。我们看到，无论在哪一个领域，中国在世界上的发言权都有了相当明显的增强，民族情感愈益激越的中国人不再愿意跟在西方人的屁股后面跑，而急于强化民族的自信力，不断放出豪言，试图与强大的西方叫板，唱对台戏。这种态势表现在中国的方方面面，是非常清晰的。"中国可以说不""中国不高兴"，如此极端的民族主义情绪的宣泄，便是其中的荦荦大者。中国的文论界自然不甘落后，不失时机地汇入这股来头不小的民族主义潮流。20世纪90年代初，东方主义等反欧洲中心论的理论话语传入中国，迅速在文论界搅起大浪，文化守成的思潮盛极一时。自那时以来，中国文论界讨论的主要论题，不是中国传统文论的现代转换，就是现代中国文论的"失语症"，其间不免夹带着"发现东方"、重建中国文论话语之类的豪言壮语。进入新世纪，不少人翻出费孝通"文化自觉"的说法来说事。比"文化自觉"更为激进的情绪化表达，是时下十分流行的一个大词——"文化自信"。

在"文化自信"的风头上提出"两论"，特别是本体阐释论，用历史的眼光看，其实是再自然不过的一件事情，完全是合乎历史逻辑的一种抉择。回归中国本土，回到老祖宗那里去，重建属于中国自己的文论系统。20世纪90年代的时候，季羡林发过一番宏论，说19—20世纪你们西方是强大，我们让给了你们，但是21世纪是中国的世纪，我们有这个自信，当仁不让。他说，你看我们中国古代的文论是多么多么的好，现在搞文论的人为什么不回过头去探宝，反倒去西方捞取那些念歪了的"经"。与季羡林可有一比的是以写现代诗闻世的英文教授郑敏，她甚至整体否定了自白话文运动以来一路西化的中国现代诗歌史。诡异的是，她是顺着西方人的思路，拿反欧洲中心论的西方文论说事。她说，你看我们的汉字是如何如何的形象，理性化或逻辑化了的西方文字是如何如何的抽象。（可参看克里斯蒂娃及德里达的相关论述），把富有美感和诗性的象形汉字抽象化，不用典雅优美的文言而用粗放平直的大白话写诗，这是拿着鸡毛当令箭，南辕北辙，把中国现代诗歌引向了一条不归路。

那么，中国文论的出路在哪里呢？在"转换论"者那里，很简单，在它的源头，即沿波讨源，对中国古代文论实行创造性的现代转换，以彻底消除"失语"的症状。然而，如此这般，难道真能行得通治愈得了吗？讨论的人多了去了，讨论来讨论去，弄出来的无非是一些宏大方案，无论是什么人，不管有多么高明，都没能也不可能端出一桌挂有"中国现代"名头的实实在在的理论大餐。实在是太难太难了，也许一开始就搞错了方向。在中国古代文论的范畴（西来概念）中，论者能够据以为证的实例简直可怜得要命，王国维在《人间词话》中重释的那个"境界"，便是其中经常被提及并说滥了的一个。可是，多年前由北大出版社出版的佛雏先生精心研究王国维的那部大作，你将会看到，隐含在这个范畴里面的居然主要是叔本华化了的意蕴。中国古代文论里面常见的如"气""象"之类的术语（又是西来概念），不妨试试，看看该怎样转换，转换后又该怎样用来批评当代的文学文本。

西来的"经"的确不那么好念，如"周诰殷盘，佶屈聱牙"，生吞活剥，生拉硬扯，牵强附会，磕磕绊绊，不问青红皂白地一锅烩，在所难免。从中挑多少刺都是轻而易举的，借以批判和否定它也不是什么难事。问题在于，豪情易解，壮志可嘉，发通宏论，挑些刺，并不能真正解决重建中国文论的难题。否定什么永远都要比肯定什么来得轻便。割断历史，用历史虚无主义的态度对待包括文学和文论在内的中国现代文化的演化史，这是万万不可取的。

我同意《全球通史》的作者、美国史学家斯塔夫里阿诺斯从史前到21世纪的历史中总结出来的一个看法。在他看来，在漫长的人类历史中，在一定的"长时段"内，总是会在一定的区域形成一个文明的中心，这个区域内生成的文明成果总是会向其他的区域扩散，这是历经无数史实验证过的不可逆的历史过程。《全球通史》下册的开篇即说，自 1500 年（哥伦布等航海）以来，影响整个世界文明的是欧亚大陆的欧洲板块。北美是欧洲人的北美，南美是拉丁人（欧洲人）的南美，澳洲是英国人的澳洲，亚洲和非洲虽然不好说是欧洲人的亚洲和非洲，但是就欧洲文明扩散的走向而言，这两大洲因被殖民而成为欧洲文明的试验场，则是谁都无法否认的事实。非洲众多国家的官方语言是英语和法语，社会制度的安排是照着欧洲的模式打谱。马达加斯加的官方语言是法语，其政治架构取自曾奴役他们的法国，是半总统制。亨廷顿说冷战时期东西方两大意识形态的冲突实际上是西方文明的内部冲突，是有道理的。事实上，数不清的事例证明，中国人看待中西关系（"西上中下"）的心态并未发生实质性的改变。于情，讲民族主义；于理，从世界主义，情理夹杂，很容易把脑子搅昏。然而，正是这夹杂着的情理的冲突，自 19 世纪中叶以来，却一再在中国的历史舞台上重演。我相信，只要世界文明的走势不出现方向性的转换，这种冲突仍然将持续下去。

现在可以谈第二个问题了。

前面已经说过，文学或文学性是强制阐释论与本体阐释论相关联的要点。张江在《强制阐释论》一文①中把强制阐释的"基本特征"归纳为四点，即"场外征用""主观预设""非逻辑证明"和"混乱的认识路径"。"非逻辑证明"似乎可以忽略不计，因为无论你动用什么样的理论来批评文学作品和文学现象，都有可能在逻辑上出问题。余下的三点关系到他对强制阐释的界说。他的界说是：

"强制阐释是指，背离文本话语，消解文学指征，以前在立场和模式，对文本和文学作符合论者主观意图和结论的阐释。""文本话语"当指文学文本，"文学指征"当指文学的本质属性（文学性），"前在立场和模式"当指既有的理论立场。从既有的理论立场而非文学文本出发（"主观预设"），无视文学文本固有的"指征"，征用现成的场外理论，根据已有的结论，强行对文学文本作非文学的符合论者主观意图的阐释，这就是张江所说的强制阐释的根本缺陷。

---

① 张江：《强制阐释论》，《文学评论》2014 年第 6 期；《文艺争鸣》2014 年第 12 期。

前面也已经说过，文学和文学性，是搞当代西方文论的人来来回回辨识过而心知肚明的东西。美国学者乔纳森·卡勒的那本名为《文学理论简论》①的小册子，起首两章回答的就是什么是理论和什么是文学的问题。之所以称"理论"而不称"文学理论"，据卡勒解释，是因为近些年来西方学者阐释文学作品，大都利用非文学的其他学科如心理学、政治学、语言学、史学和哲学等的理论资源，据说，用这样的理论来阐释文学，已经根本改变了文学研究的性质。按此，理论便是文学理论。卡勒概括出理论跨学科的（interdisciplinary）、分析和推测的（analytical and speculative）、批判的（a critique of common sense and concepts taken as natural）和反思的（reflexive, thinking about thinking，这里的反思特指"探询我们在文学和其他话语实践中感知事物的范畴"）四个要点。这四个要点，没有一个不涉及对于文学或文学性别样的理解。

因此，接下来便是什么是文学或文学性的问题。卡勒以质疑的方式——列出现存的多种有关文学或文学性的解释，并一一给出反例和疑点质询，从而使文学或文学性变成了一个面容模糊、十分可疑的概念。譬如，形象性曾经被看作文学有别于其他人文学科的特性，但是在宗教教义和史书中，形象化的叙述也是屡见不鲜的……以往对文学作本质主义的理解，认真地理论起来，真的是不大可靠的。当然，文学作为一种意识形态，从来都是人类社会特有的一种话语实践活动。不过，这种话语实践活动牵连到和作用于人类社会的各种领域，则是确凿不移的。文学反映社会生活，这不就是我们熟透了的一个信条么？既然文学是社会生活的反映，那么动用社会各种领域的理论来阐释文学作品，便是顺理成章的事情。何况，在20世纪初欧洲发生物理学、语言学的革命以后，随着在欧洲这个文明中心生成的新的知识成果在全球范围的扩散，人类已经改变了看世界的视角和方式，过往形成的种种学科的种种重要的概念，不再是也不可能再是不可置疑的

---

① Jonathan Culler, *Literary Theory: A very Short Introduction*, Oxford: Oxford University Press, 1997, 中译本以《当代学术入门——文学理论》为名，1998年由辽宁教育出版社出版。这个译本后来加入原文更名为《文学理论入门》，改由译文出版社出版。

自明的概念。

我想，既然张江以文学或文学性为他提出的"两论"的轴心概念，那么他首先需要阐明的就是这个在他心目中不证自明的概念，用铁铸的证据雄辩地证实这个概念无可辩驳的有效性。我想说的是，在中西文论史上，我们不难看到，为文学奠定理论基础和阐释框架的，即为文学立法的，很多都不是文学的圈内人。古希腊的亚里士多德和柏拉图，中世纪的奥古斯丁，18世纪以来的康德、谢林、黑格尔和马克思，再往后的海德格尔、伽达默尔、德里达和福柯，全不是搞文学的。有人说中国的美学可分为两路，一路是儒家美学，一路是庄禅美学，而为这两路美学奠基立则的，前者为孔孟，后者为老庄和禅宗，撇去禅宗，也全不是搞文学的。刘勰该是公认的中国古代文论的大家吧，可是他是舍人而不是文学家。严羽倒勉强可以说是文学的圈内人，但是，他"以禅喻诗"，是不是也犯了"场外征用""背离文学指征"的错误？更贴近的例子是毛泽东。熟悉中国现当代文学史和学术史的人都很清楚，回到历史"现场"，毛泽东可称真正意义上的文学宗师，他从现实政治需求出发论述和规范文化和文学的文字，在相当长的一段时间内，完全可以说是搞文学和文学（学术）研究的中国人的"圣经"。20世纪80年代中期以前编写的中国现代文学史，其理论基础、结构和评价标准就来自毛泽东的《新民主主义论》和《在延安文艺座谈会上的讲话》。显而易见，在撰写中国现代文学史之前，治史者就有了"前在立场和模式"，在治史的过程中，当然要"对文本和文学作符合论者主观意图和结论的阐释"。不能想象，倘若"白板"一块，脑子空空，没有"前在立场"或"先见"，文学阐释将何以发生。

问题显然不在这里。进一步说，当代西方文论的根本缺陷或核心缺陷显然不在背离文学或文学性的"场外征用"之类。如果把20世纪初以来的西方文论叫作当代西方文论，那么当代西方文论所取得的成绩，应该说是相当可观的。它极大地拓展了文学和文学研究发挥社会效应的空间，触觉直抵西方社会的各个角落，成为西方社会对现代性进行批判性反思的重要组成部分。女权主义和后女权主义、弗洛伊德主义和新弗洛伊德主义、解构主义、东方主义、新马克思主义和文化研究，从性别歧视到理欲分裂、从二分的思维传统到扭曲的东西方关系、从阶级压迫的新形式到媒体的官商合谋，可谓揭发伏藏，深入骨髓，锋芒毕露，咄咄逼人。再来看它在文学研究上的进展。它首先突破了仅仅从外部（社会文化背景和个人经历）进入文学的限制，把文学阐释拓展到了文学文本的层面（如形式主义、结构主义和新批评），接着又突破了黏滞于文学文本而不能自拔的限制，把文学阐释拓展到了文学接受和文学旅行的层面（如接受美学、读者—反应理论和形象学）。文学批评在19世纪晚期学科化了，那时流行丹纳的时代、种族、环境三要素说，还没有为文学批评离开这三要素从别的视角进入文学提供理论上的可能。文学批评后来发生变化，是与人们改变了看世界的角度和方式分不开的。

20世纪初，丹麦的哥本哈根大学是物理学新思想的摇篮。测不准原理与爱因斯坦的相对论相得益彰。波子与粒子的相对性或不确定性，如同语言与言语、能指与所指的相对性或不确定性，彼此相关，由此及彼，由彼及此，不离不弃。在索绪尔那里，词与物的关系并不像过去的语言学所认定的那样是固定的，而是随意的、偶然的；而且，词在文本中的意义也不是孤立的，而取决于它在上下文中如何呈现。德里达对语音中心主义或逻格斯中心主义的辨析或解构，更是把批判的矛头指向了西方思维的祖先。卡勒在《文学理论简论》中对德里达如何解构语音中心主义有着扼要和精当的分析。语音先于文字吗？按常识，当然如此，但德里达告诉你，未必如此。这岂不是正好可与卡勒所归纳的理论的第三个要点对应！连思维的起点都有问题，沿着这种思维路径认知的本质化的种种概念难道就不会有问题？摆脱传统思维路径的还有福柯。福柯把话语与权力捆绑起来考察性史、疯癫史等，罔顾性、疯癫等是什么而只看性、疯癫等何以如此，也就是说，只看性、疯癫等的观念如何形成的话语实践，从而建立起性、疯癫等的"知识谱系"。这里是无法觅得本质主义的藏身之地的。德里达和福柯，还有海德格尔，乃至波尔和索绪尔等，在当代西方诸多文论中，我们是不难觅得他们的身影的。这些欧洲精英才是由欧洲延及北美的当代西方文论的真正的奠基人。

当代西方文论的理论成色和认识论基础，才是其要害所在。当代西方文论东来，该来的来得差不多了。来中国旅行后境况如何，待遇好不好，能不能客随主便、入乡随俗，与接待的主人相处得怎么样，变声变调了吗，有没有长进，有哪些长进，这些才是我们应该急切关注的问题。大门敞开了，攆是攆不走的。该做的工作是：清仓查库，一样一样地打理清楚，问明用途，该存的存，该放的放，该改进的改进，该另创的另创。

以也许并非题外的话收尾吧。在当今偌大的中国，要找到一样纯粹的国货（限于现代工业和信息产品）无异于痴人说梦。小米是纯粹的国货、纯正的民族品牌吗？不是。雷军说得好，小米没有厂房，它的工厂是世界工厂。小米的芯就不是中国芯，小米的相也不是中国相。那么，中国的现代文论呢？

现当代西方形式主义文论中的"强制阐释"

黄念然　高　畅[**]

张江教授提出的"强制阐释论"是近年来文艺理论界的讨论热点，它不仅抓住了现当代西方文论中许多"强制阐释"的毛病并由此发掘出其诸多理论缺陷，也为我们辩证地认识现当代西方文论各派的理论本质提供了可靠的研究思路；作为现当代西方文论的重要代表，形式主义文论最初以反传统的理论姿态出现，在取得了一定的理论成果之后又因其内在的矛盾而走向自我终结，究其实，同其理论建构与批评实践中的"强制阐释"弊端有着深刻的关联。如果以形式主义文论为个案，从形式主义文论的理论局限入手分析其批评实践中的"强制阐释"弊端，对于我们从总体上认识现当代西方文论的性质与特点，进而夯实"强制阐释"论的学理基础，有重要的学术价值。本文首先将着力分析形式主义文论的理论局限，从中发现其"强制阐释"理念的切入，然后分析形式主义文学批评"强制阐释"的具体表现，在呼应张江研究员"强制阐释论"的同时，也为学界深入认识形式主义文论乃至整个20世纪西方文论的实质提供有益的帮助。

一　形式主义文论的理论局限

现当代西方形式主义文论由20世纪初的俄国形式主义发端，历

---

[*]　本文原刊于《江汉论坛》2017年第1期。
[**]　作者单位：华中师范大学文学院。

经英美新批评派、符号学文论和结构主义文论，最终在他人的批判与自我的辩护中黯然衰落，这同其自身理论假设的逻辑失位有着密切关系。

为了对作品本身作出评价，新批评派提出了两点假设："假定作者的真正意图就是他在作品中实际表现出的意图；也就是说，只有作者在作品中实现了的意图才能算数，至于作者写作时怎样设想，或者作者现在回忆起当初如何设想，都不能作为依据；假定阅读作品的是一位理想读者；也就是说，不去注意不同读者对作品的各种不同的理解，而是努力找到一个中心立足点，以它为基准来研究诗歌或小说的结构。"① 结构主义符号学也基于两个基本假设："首先，社会文化现象并非简单的物质客体和事件，而是具有意义的客体和事件，因此是符号；其次，它们的本质完全由一个内部关系与外部关系构成的系统来界定。"② 在形式主义者所提出的诸种理论假设中，文本形式或结构成为其唯一关注的对象，所有与文学形式或文学文本本身无关的因素都被形式主义者悬置或阻隔起来，这种只承认差异性而否认联系性的二元对立的思维方式带有浓厚的形而上学特点；这一特点体现在形式主义文论的理论立场、研究方法、理论走向之中，也给形式主义文论带来了一系列难以克服的理论局限与困境。

第一，理论立场：文本自足论与形式目的论。现当代形式主义文论从一开始就持有背离传统的理论立场。他们力图把文学研究的方向引入文学文本内部，关注语言生成的逻辑形式与文本内部的结构关系，故而，"形式"成为他们的理论信条和"强制阐释"的基本工具。"形式就是意义"③，基于这一思想，形式主义文论表现出鲜明的文本自足论与形式目的论色彩。

所谓文本自足论，即是"把作品看作是独立于诗人、读者和外部

---

① ［美］克林思·布鲁克斯：《形式主义批评家》，龚文库译，《"新批评"文集》，中国社会科学出版社1988年版，第489页。
② ［美］乔纳森·卡勒：《结构主义诗学》，盛宁译，中国社会科学出版社1991年版，第25页。
③ ［美］克林思·布鲁克斯：《形式主义批评家》，龚文库译，《"新批评"文集》，中国社会科学出版社1988年版，第487页。

世界的事物来研究。同时,它还把作品说成是'自给自足的实体'或者'自身的内在世界',因此要以其复杂性、一致性、均衡性、完整性和作品各组成部分间的相互关系等'内在'的准则来对它进行分析和评价"①。这一理论立场决定了形式主义文论观照文学与现实的眼光,即试图摆脱传统文学研究对社会意识形态、历史语境特点、人文道德诉求与艺术创作心理等"外在"因素的依赖,而着力强调文本的自我指涉性与内在合法性。

俄国形式主义代表人物什克洛夫斯基于1914年提出了"词语的复活",这一口号从一开始就表明了形式主义者的理论姿态。在他们看来,文学文本的意义并非敞现于艺术形象所指的外部对象,而内蕴于具体语言符号的自我能指;文学研究的任务即在于"复活"词语本身的意义。正如巴赫金所言:"他们要从词的超负荷中,从它被象征主义者赋予词语的崇高涵义全部吞没的危险中解救出来的,正是这种 minimum(最低限度)的可感知性。"② 对语词的可感知性的强调使俄国形式主义者将艺术视为一种特殊的"手法","艺术是一种体验事物之创造的方式,而被创造物在艺术中已无足轻重"③,这一观点显然割裂了文本与外部世界的联系;直至后来他们反复强调的"自动化""陌生化""文学性"等重要概念,都进一步明确了运用形式的技巧与手法在文学活动中的关键地位,在他们眼中,文学文本已成为一个自洽自足的语言领域。

如果说俄国形式主义者已把目光转向文学文本的表层形式特点与外在感性风貌,那么后来的英美新批评派与结构主义更是把这一目光扎入文本深处。新批评派的关键人物兰色姆在1934年的《诗歌:本体论札记》中第一次提出了"本体论批评"的口号,相较于俄国形式主义批评,他更强调文学文本在形而上层面的本体意味。新批评派

---

① [美] M. H. 艾布拉姆斯:《欧美文学术语汇编》,朱金鹏译,北京大学出版社1990年版,第66页。
② [俄] 米哈伊·巴赫金:《文艺学中的形式主义方法》,《巴赫金全集》第2卷,李辉凡等译,河北教育出版社1998年版,第185页。
③ [苏联] 维克托·什克洛夫斯基:《作为手法的艺术》,《俄国形式主义文论选》,方珊等译,生活·读书·新知三联书店1989年版,第6页。

视文学文本为结构与意义有机统一的整体，试图从语言学与修辞学的角度分析文本内部各部分的组合原则——"张力""反讽""悖论"等。他们以"意图谬见"与"感受谬见"撇开了创作者与接受者，将作品本体从文学活动的整体链条中孤立出来，文学作品因此占领了文学活动中本源性的地位。结构主义者则拥有更大的野心，尝试建构总体的诗学理论，从众多的文学作品中抽离出一般特性的二元对立结构。这种"二元对立"的思维方式从共时性的层面将文学文本视为自足的语言符号系统，其目的在于抽象出文本内部深层的、先在的结构要素及其逻辑关联。结果，话语结构本身的意义成为结构主义者关注的唯一对象，文学文本被化约为各种二元对立结构，在这一过程中，文学与现实之间的距离被更大限度地拉开了。

由上述分析可见，尽管文本自足论在不同的形式主义流派中有不同的理论侧重面，但它在整体上仍然呈现出一致的理论特点：在文学与现实的关系上，排除历史事实、道德伦理、审美心理等意识形态因素对文学作品的影响；在文学文本的意义发掘上，则固守在自足性文本内部的"形式"阵地，坚信是"形式"创造了意义。

所谓目的论，即认为某种观念的目的是预先规定事物、现象存在和发展以及它们之间关系的原因和根据。克莱夫·贝尔曾说："把对象视作纯粹的形式，就是把它们本身视作目的。"① 这句话在一定程度上道出了形式主义文论的形式目的论的真实面相。在西方思想中，形式这一概念不仅具有事物之外观的含义，同时包含有事物的成因或本原、事物的"目的性安排"以及"普遍的力量"或"上帝"这类更复杂的含义。形式主义文论接受了"形式"的这种神秘性与自足性内涵。

在形式主义的形式目的论中，无论是用"神"的目的去解释艺术作品之形式安排的外在目的论，还是将文艺作品内部的某些必然性看作是为了美的目的而存在的内在目的论，它们对于文艺作品存在与发展的客观因果性与规律性都作了唯心主义或神秘主义的解释。按照前者的看法，文艺成了印证神性之伟大而非人类自由创造的活动。而按

---

① [英]克莱夫·贝尔：《艺术》，薛华译，江苏教育出版社2005年版，第30页。

照后者的看法，目的是比必然性更高的原则，事物不是因为其内在必然性而存在，目的才是事物存在的真正根据和推动者，结果文艺创造的动力因被摒弃了，目的因成了解释文艺存在合法性的唯一根源。无论是前者还是后者，它们的共同特点就是：人类主体实践活动的自由性与自觉性特点为形式主义者所放逐。

总而言之，无论是文本自足论还是形式目的论，形式主义者都力图从文学文本本身的形式构成出发，给予文学艺术一个独立的席位。相较于传统的理论视角，形式主义文论的确开启了批评思想的现代转型，而它的理论成就与理论局限也全在于此。其一，形式主义文论以文本自足论切断了文学作品与外部世界的联系，在这一理论偏执下所阐发的文学特性是否能包容文学艺术的全部价值，他们并不关心。其二，形式主义文论将"形式"视为文本内在意义的唯一来源与外在发展的核心动力，这一理论观点是否能在批评实践中实现其所推崇的客观理性的批评态度而发掘出文本的真实含义，也不得而知。换言之，基于一系列理论假设的现当代西方形式主义文论之最终走向强制阐释乃是逻辑的必然。

第二，研究方法：还原主义与唯科学主义。从俄国形式主义到新批评再到结构主义的西方现当代形式主义文论的演进线索中，我们可以看到，形式主义者越来越追求文学批评的客观性与科学性，尤其抵制传统批评理论中的社会历史意识与审美主体因素，迫切想要确立文学之所以成为文学的普适秩序与规律。在具体的批评实践中，这种对工具理性的执着追求使形式主义文论的研究方法于整体上呈现出鲜明的还原主义与唯科学主义倾向。

先看还原主义。依照美国哲学家卡尔纳普的说法，还原主义（又称为还原论、化约论）是基于一元论哲学的理论认知，其相信我们可以通过将复杂的事物与现象还原为各个部分或更为低级的形态从而触及现象内在的实在本体。在形式主义文论中，还原主义的方法论手段主要表现为对文学文本的分解性分析，即：将文本逐层剥离，使其显露出最基本的组成元素与逻辑结构，并以之进一步阐释更多的文本。无论是新批评在文本中提炼出的"张力"与"悖论"等关系，还是结构主义所津津乐道的"二元对立"，它们都企图为文学艺术的独立存在建立起一致的理性规范,并以此规范统摄所有的文学现象。在具体的批评活动中,这种分解性分析主要表现为两种操作方式:一是悬置,即将与"文学性"无关的所有外在因素悬而不论;二是抽取,即从整体性的文本中抽取一般性的结构关联。① 这两种方式机械性地将文本还原为简单的逻辑关系与形式结构,否定了文学艺术本身的人文性、丰富性与复杂性,而将其演绎为一场科学实验。

这种"悬置"和"抽取"首先突出表现在索绪尔语言学中。现当代西方形式主义文论的各个流派都在不同程度上受到了索绪尔语言学思想的影响。在《普通语言学教程》中,索绪尔将语言视为一个符号系统,他主张在时间截面上对其展开共时性而非历时性的研究。因此,他的研究所关注的不是实际会话中的"言语",而是生成"言语"的客观符号结构——"语言";在这一符号系统中,语言符号的能指与所指之间的关系是任意的,而索绪尔尤为强调语言符号能指层面之间的差异性。其次,它们突出表现在受索绪尔语言学深刻影响的形式主义文论各派的理论主张和具体批评实践中。在俄国形式主义那里,"诗学的任务(换言之即语文学或文学理论的任务)是研究文学作品的结构方式。有艺术价值的文学是诗学的研究对象。研究的方法是对现象进行描述、分类和解释"②。他们擅长对文学语言的内部构成进行描述与分析,并极力阐发诗歌语言(文学语言)与日常语言之间的差异,由此而抽取了一些具有方法论意义的理论范畴,如自动化、陌生化、可感觉性、复杂化形式、阻滞等。这一研究方法试图在人们的意识中"复活"文学语言的独立性特征,把文学艺术的全部意义归结为文本展开的手法与技巧。新批评的研究方法集中体现为"细读法",其核心在于充分描述或着力揭示词语的多重内涵、句法的修辞组织、语境的矛盾构成、篇章的逻辑张力等文本有机体内部的

---

① 黄念然:《形式主义文论中的唯科学主义批判》,《中国人民大学学报》2016年第4期。

② [苏联]鲍里斯·托马舍夫斯基:《诗学的定义》,《俄国形式主义文论选》,方珊等译,生活·读书·新知三联书店1989年版,第76页。

诸要素及其关联。新批评精致而细密的分析方法在榨取文本为人所不知的多重意义之后，也必然把文本压得无法喘息。结构主义更超越了之前形式主义批评主要针对个体文本进行阐释分析的习惯做法，而走向了对整体语言符号系统的结构抽象。就像乔纳森·卡勒所分析的那样，结构主义"与其说它是一种发现或派定意义的批评，毋宁说它是一种旨在确立产生意义的条件的诗学"①。在结构主义者看来，这个"产生意义的条件"即文本内部存在着的各种"二元对立"的结构程式，它们才是文本意义产生的来源。通过对这种"二元对立"结构程式的"抽取"，结构主义在其发展进程中借助语言学与符号学的理论进一步将文学研究推广至人类文化研究，结构主义也由文学理论逐渐走向具有独立意味的纯粹理论。

再看唯科学主义。形式主义者都将文学视为由各个部分按照既定逻辑组合起来的自足有机体，质疑那种根据历史语境与审美体验而获得批评结论的方法，认为唯有自然科学的研究方法方能给予文本最客观公允的理性评价。结构主义在这一方面最为典型，相较于俄国形式主义与新批评派侧重于文本语言内部的肢解性分析，结构主义的科学雄心更为强大。"结构主义的核心是一种意欲发现支撑人类一切社会与文化实践并成为其基础的符码、规则、体系的科学雄心。"② 无论是列维-斯特劳斯从神话故事中抽取的逻辑要素，还是罗兰·巴尔特对《萨拉辛》展开的符码分析，都表明结构主义文学批评是以自然科学的方法展开文学研究的，"结构"成为他们阐释文学的普适公式，文学自身的意义反而被逐渐消解。最为讽刺的是，这一标榜科学理性的形式主义流派也会因其"理性"而被扣上"非理性"的帽子，"有人责怪结构主义的科学外观：它的图式、分类法或新术语及它总体上对人文精神的规避态度，有人诘难它是反理性主义：刻意追求悖论和稀奇古怪的解释，津津乐道语义游戏，自恋

---

① ［美］乔纳森·卡勒：《结构主义诗学》，盛宁译，中国社会科学出版社1991年版，第16页。
② ［英］拉曼·塞尔登等：《当代文学理论导读》，刘象愚译，北京大学出版社2006年版，第97页。

自醉自身的修辞技巧"①；实际上，这也揭示出形式主义文论普遍面临的理论困境。

简言之，形式主义文论在研究方法上的还原主义与唯科学主义倾向将文学研究推向封闭性的自足圈子，其结果是：以工具理性取代了价值理性，以实验性证明取代了审美性直觉，以自然科学的研究方法取代了人文科学的价值透视，也因过度追求文学文本的独特性反而全然消解了文学艺术的审美内涵与人文特征，并最终在其"科学崇拜"的幻想中促使形式主义文论走向自我终结。从中我们不难发现，完全借助其他科学对文学进行强制阐释，最终只能走向事物发展的反面。

第三，理论走向：反历史主义与反人文主义。由于形式主义者在片面强调文学艺术的自足性与形式结构性的同时否认了文学与社会历史与人文价值之间的必然的内在的联系，因此，在现代西方科学主义潮流中发展起来的形式主义文论在理论走向上最终呈现出非常明显的反历史主义与反人文主义倾向。从理论假设中的逻辑失位走向实际阐释的困境，形式主义者在"形式至上"的理论口号下所"悬置"的文学艺术的历史性与人文性终究会掉落下来砸到他们自己的头上。

形式主义文论从索绪尔那里继承下来的共时性的理论眼光从一开始就执意降低了文学艺术中历史因素的地位。艺术创作的历史环境、文学发展的历史进程、艺术家的生命经历、普通读者的审美体验都被加上括号不予讨论。罗兰·巴尔特就宣称："从原则上说，本文全体应最大限度地删除历时性因素，它应相当于一个系统的状态，一个历史的'断层'……这样我们将宁可有一个虽然多种多样却在时间上凝聚的本文全体，而不要一个虽然紧密但时延较长的本文全体。"②由这段话不难发现，结构主义的理论野心就在于找到文本普遍存在的符号体系与形式结构。这一体系或结构具有超历史的"元文本"性

---

① [美] 乔纳森·卡勒：《论解构》，陆扬译，中国社会科学出版社1998年版，第12页。
② [法] 罗兰·巴尔特：《符号学原理》，李幼蒸译，生活·读书·新知三联书店1988年版，第174页。

质。它否认了社会历史语境作为文学艺术发展的肥沃土壤，而将文学艺术的意义内涵与发展动力归为某一相对静止的形式结构。不可否认，形式主义文论的确凸现了文本的独立性价值并且抽象出具有一定理论效能的结构体系，但其反历史主义的观念使得形式主义者眼中的文学史成为一部以形式结构自身变异为前进动力的无名无姓的历史。这种反历史主义所导致的批评困境，从其深层哲学根源上讲是来自其认知世界和理解世界的偏狭，即只承认物质的静止性，否认其运动性，割裂了运动与静止之间的辩证关系。而对于文学艺术作品的认知，如果仅从静止性的形式结构而不从历史演变或主体创作的心路历程去把握，那么得出的结论将会是非常片面的。

形式主义文论的反人文主义倾向突出体现于"作者之死"这一著名口号中。罗兰·巴尔特认为作者的意图对文本的意义并没有决定性的作用，只有坚决地排除作者，文本的意义才不至于被固定化、单一化。实际上，形式主义者不仅判处了"作者"的"死刑"，其所坚守的绝对"文学性"的批评标准，其所运用的语言学、符号学、逻辑学等唯科学主义的批评手段，都以一种学术精英主义的姿态疏离了大众读者的参与。他们为"合格读者"设定了太高的门槛，以至很少有人愿意进来。

正如伊格尔顿所说，在"主体"被括起来以后，形式主义文论的中心就只站立着一个自足性的系统自身，这一系统成为新的主体。可是这一主体并不能解释随之而出现的一系列问题——产生这一系统自身的能力来自哪里？是否还是得从"括号"里的对象中寻找答案？被形式主义者视为文本意义源头的系统自身能否确立文学艺术的特殊性？取消了历史性与文学性的系统自身如何面对千变万化的文学现象？[①] 形式主义者在建立了新的"主体"之后，又能走向何处？事实上，在文学批评中驱除人文主义色彩的观点本身就否定了文学艺术之所以存在的根本，他们的理论过滤网所过滤掉的社会历史意义与人文精神内涵才是真正确立文学价值的那一部分。

---

① 黄念然：《形式主义文论中的唯科学主义批判》，《中国人民大学学报》2016年第4期。

二 形式主义文学批评"强制阐释"的主要表现

对于20世纪的西方文论呈现出来的诸多理论弊端,张江研究员认为,"强制阐释"是足以概括其核心缺陷的逻辑支点。强制阐释是指:"背离文学话语,消解文学指征,以前在立场和模式,对文本和文学作符合论者主观意图和结论的阐释。"① 它呈现为4个基本特征:场外征用,主观预设,非逻辑证明,混乱的认识路径。如果我们结合形式主义文论的理论局限去考察其具体的批评实践,不难发现,形式主义文学批评中的"强制阐释"大致表现在三个方面。

第一,形式主义文论在悬置了与"文学性"无关的一切因素之后,强制性地把文本意义的决定权交给了语言及其内在结构。

实际上,形式主义者聚焦于"形式"的理论眼光源自他们革新文学批评的初衷。他们质疑传统批评对文本作出的或心理或伦理的外在解读,并因此认为确立文学之所以成为文学的"文学性"时必须敢于抛弃一些东西。正如艾亨鲍姆所说,俄国形式主义者要摧毁学院式的传统,"必须脱离文学运动发展和自然延续的概念,脱离现实主义和浪漫主义的概念,脱离我们认为是一系列特殊现象的文学之外的一切材料"②,这一理论勇气的确收获了一定的成效,形式主义者对文本内部语词功能、逻辑关系、能指意义的新的发掘拓宽了文学理论的阐释范围,但其文本自足论的坚定立场又使他们消解了文学艺术的人文历史价值。

形式主义文论在割裂了文本与现实的关系之后,强制性地把"形式"的意义视为文本的意义。他们反复强调,并非是文学语言反映了现实,而是语言的形式与结构创造了现实,文本作者的创造心理与文本读者的审美感受都被有意识地放逐。形式,结构与模型成为形式主义文学批评的最终追求。

---

① 张江:《强制阐释论》,《文学评论》2014年第6期。
② [苏联]鲍·艾亨鲍姆:《"形式方法"的理论》,《俄苏形式主义文论选》,蔡鸿滨译,中国社会科学出版社1989年版,第50页。

以俄国形式主义为例。面对诗歌文本,形式主义者关注的是诗歌语言的声韵、音律、节奏、修辞的独特样式。他们认为正是这些要素使诗歌语言区别于散文语言,"即诗歌语言不单单是一种形象的语言,诗句的声音甚至不是外部和谐的因素,声音甚至不伴随着意义,而是它本身便有独立的意义"①。

他们甚至指出诗人在创作过程中并未考虑词语的意义,"无意义"的词只具有自我指涉性,反映自身的独立价值。如果说赋予诗歌语言形式的独立意义多少触碰到了诗歌艺术的独特美感,那么以这种方式解读叙事文本就显得有些牵强了。艾亨鲍姆在《果戈理的〈外套〉是怎样写成的》一文中就指明果戈理作品中情节贫乏的特点,他认为其小说的情节不过是几个滑稽的笑话与场景的拼合,在小说中起主要作用的是果戈理语言上的"手法"。艾亨鲍姆重点分析了《外套》中的语言"手法"——同音异义的文字游戏,根据发音语义学安排的声音连续,句法声调的紧张与实际语义的不协调等。他认为,"在果戈理的语言里,一个词的声音外壳、声学特点都变成有含义的东西,不受具体的逻辑意义的约束。在他的作品中,发音和声学效果变成有表现力的重要手法"。尽管这种形式主义的解读从语言风格层面中揭示出《外套》的滑稽与荒诞,但《外套》中对历史现实的强烈批判与对底层人民的同情悲悯则完全被抹杀,一篇现实主义的动人小说被解读为一场华丽纷杂的语言游戏。这一批评实例充分说明,形式主义文论中的强制阐释现象根源于其看待事物的偏狭立场,根源于历史意识与人文情怀的缺失。其最终的结果是:恪守在语言内部展开精致的分析与判断,在拆解出一堆语言零件之后,似乎什么也没有得到。文学批评的重要任务之一在于获取文本的意义,而形式主义文论的强制性阐释在打碎文本的同时也打碎了意义。

第二,形式主义文论利用与文学理论相关的语言学、符号学等学科理论的核心观点与研究方法,强制性地驱使文学研究走向"科学崇拜"的道路。

---

① [苏联]鲍·艾亨鲍姆:《"形式方法"的理论》,《俄苏形式主义文论选》,蔡鸿滨译,中国社会科学出版社1989年版,第27页。

我们可以看到，在形式主义文论的发展历程中，它由一开始对文本本身的强调逐渐转向对支配文本的普遍性代码或结构程式的强调。这一转变在结构主义这里表现得最为明显。"结构主义首先是建立在这样一种认识基础之上：即如果人的行为或产物具有某种意义，那么其中必有一套使这个意义成为可能的区别特征和程式的系统"①，这也就是说，结构主义者并不再满足于对单个文本意义的精细分析，而尝试总结出先验的语言结构系统，按照这一系统，可进一步以有限的逻辑前提解读更多文本生成的过程。在具体的文学批评实践中，面对丰富多彩的文学作品，结构主义者始终保持了科学家般的冷静态度，将文本还原为诸类二元对立的简单形式，比如叙事作品深层结构中的善与恶、光明与黑暗、精神与肉体、堕落与升华等。在近乎科学解析的还原过程中，结构主义还转而求助于更具有客观性的语言学与符号学。在语言学与符号学的指引下，结构主义最为"形式化"的部分在于，其将文学文本放置于更大的语言符号体系中展开研究，其结果是：从整体上看，文学作品已没有本源，每一个特殊性的言语表达都可以在先在的符号体系中找到本源，"每一个文本都是由'已经写过'的东西构成的"②。比如格雷马斯所建立的先验的、纯形式的"符号矩阵"便被其视为阐释符号的公理系统。从细节上看，文本中的语言符号可以被分为诸多层面。比如罗兰·巴尔特在《符号学原理》中将符号学按照结构语言学分为：语言和言语，所指和能指，系统和组合段，直接意指和含蓄意指。

形式主义文论在其发展后期，更多地强制性地引入其他学科的理论方法，其合理性在于这种引入实现了多元理论视野下的文本解读，更大的弊端则在于使文学研究越来越脱离其人文本位而走向定量化、数学化、符号化的科学实证道路。韦勒克就列举了形式主义文学批评中唯科学主义的若干表现："一种是企图效法一般的科学理想，力求

---

① ［美］乔纳森·卡勒：《结构主义诗学》，盛宁译，中国社会科学出版社1991年版，第25页。

② ［英］拉曼·塞尔登等：《当代文学理论导读》，刘象愚译，北京大学出版社2006年版，第96页。

使研究做到客观、取消私人性格和确定。这种企图，整个说来，支持的是一种近代科学发展前的唯事实主义；其次，便是努力模仿自然科学的方法，研究事物的起因和根源，实际上就是努力寻找任何一种关系，只要它在一种编年顺序的基础上是可能的。等而下之者便是用科学因果律来说明文学现象是为经济、社会、政治条件的原因所决定的；另外一些学者甚至企图引入科学的定量分析法，如使用统计资料、表格、图解，等等；最后，一些野心勃勃的学者还进行了一次大规模的试验，用生物学的概念来追溯文学的进化过程。"[1] 这一"科学崇拜"的倾向以其绝对的客观理性消解了文学研究中丰富的意识形态性与人文情怀，而事实上，文学现象与作品的纷繁复杂绝不是某一个统一性的结构模式可以予以诠释或概括的。

第三，形式主义文论在文本自足论与形式目的论的理论前提下，在具体的批评实践中，强制性地过度提升了"形式"的地位。

俄国形式主义始终致力于发现文学语言的特殊价值，他们所推崇的"形式"侧重于"手法"。诗歌语言中的韵律、节奏、比喻、词义、句法等独特的艺术手法成为其批评的出发点。在他们看来，这些陌生化的"手法"对艺术作品"文学性"的产生起到了决定性的作用。"'形式'对这些俄国人来说，成了包罗无遗的口号，它几乎包括了构成艺术作品的每一样东西。"[2] 俄国形式主义以形式消灭了内容，在走向文本形式自律的过程中也走向了技术自律，强制性地取消了文学艺术的形象内涵，而只关注作品是用什么手法、如何写成的。

新批评派的兰色姆在《纯属思考推理的文学批评》中提出了"构架—肌质"论以支撑自己的本体论批评，"构架"是诗歌可以用另一种说法释义的部分，"肌质"是诗歌中无法转述的部分，而诗的本质与精华就在于"肌质"。这实际上仍旧把焦点放在了形式层面，将内容与形式对立起来。相较于俄国形式主义，新批评派也部分地肯定了内容与形式的有机联系，但在批评实践中，其"细读法"仍旧

---

[1] ［美］雷纳·韦勒克：《批评的诸种概念》，丁泓等译，四川文艺出版社1988年版，第245页。

[2] 同上书，第171页。

偏向于关注语言形式层面的细节。"形式主义方法有时蜕化为搜索'客观对应物'、奇想、'关键形象'或讽刺用语的'寻找宝物的游戏'。这个方法尤其不适用于美国五十年代以后问世的大部分诗歌：正像学生们经常提出的那样，这个方法倾向于忽视'感情'，由于专注形式而显得冷酷无情"①。这一冷酷实际上在结构主义那里才达到极致，结构主义的批评意欲以"结构"代表文本的全部意义，正如弗雷德里克·杰姆逊所说："结构主义文学批评的最显著的特征恰恰在于从形式到内容的一种转变。在这种转变中，结构主义者研究的形式（故事的结构犹如句子，犹如说话）成了有关内容的说法：文学作品谈的是语言，把语言的作用作为其基本主题。"比如雅各布森与列维-斯特劳斯对波德莱尔的诗歌《猫》的评析，他们从诗歌语言的语音、语义、语法等形式层面出发，为读者剖析出这首小诗均衡严密的结构体系，他们用精密的语言分析，以证明这首诗歌中语言的"不同层次是如何混为一体、互为补充或相互结合，从而赋予全诗以一种纯粹客体所具有的性质的"。这种批评方式实际上是把文本中的形式层面提高到文本主体性的地位，把文学研究转变为语言研究，结果，"语言对二十世纪的知识界来说既是一种楷模，又是一块心病，它问题百出，神秘莫测，而结构主义就是这一事实的症状"②。

实际上，形式主义文论各个流派都是这一事实的症状，他们执着于文本语言内部的形式结构，过度抬高了文本整体中的形式层面，认为是"形式"生产了"内容"。在进行批评阐释的过程中，逐渐离开了文学艺术的审美价值，而使文学文本成为其语言理论观点的例证。

由此可见，"强制阐释"的确是形式主义文学批评的主要特点之一，而其理论的强制力量正是由前文所述的理论局限所决定的。不可否认，这种"强制阐释"从一个侧面促成了形式主义文论对文本本身的深度开掘，但忽视文本同作者、历史、社会之有机联系的偏狭立

---

① ［美］威尔弗雷德·L.古尔灵等：《文学批评方法手册》，姚锦清等译，春风文艺出版社1988年版，第161页。

② ［英］特里·伊格尔顿：《文学原理引论》，刘峰、龚国杰等译，文化艺术出版社1987年版，第117页。

场不可避免地使他们走向了衰亡。

三　结语

张江教授的"强制阐释论"针对20世纪西方文论的理论缺陷展开了切中要害的批判。透过"强制阐释"这一概念，的确可以解释形式主义文论在具体文学批评实践中表现出的许多偏颇之处。形式主义文论在理论立场上所秉持的形式自足论或形式目的论，在研究方法中所表现出的还原主义和唯科学主义倾向，皆体现了"场外征用"与"主观预设"的强制阐释性。这种"强制阐释"体现在批评实践层面的主要错误之处则在于：撇开文本内的各种意识形态因素，将语言结构本身视为意义生产的源头。究其根本，正如伊格尔顿对结构主义的批评，其不过"是哲学上唯心主义的又一种形式——它把现实视为实质上是语言的产物这样的观点，不过是古典唯心主义学说的最新翻版：世界是由人的意识构成的"[1]。

我们必须看到，形式主义文论对文学艺术展开的强制阐释，的确向内打开了文本，展露了文学语言的复杂性与多样性，为我们解释文学文本提供了另一条思路，也必须看到它的产生同西方现当代以来的语言论转向之间的内在关联，但是，我们更应该看到"强制阐释"本身所隐匿的只要差异不要联系、只讲抽取不讲整体、只要形式不要历史、只要科学不要人文的诸多形而上学弊端，这种违背马克思主义文学理论的动态的、联系的、整体的批评理念的做法，无法从根本上解决现当代西方文论逐渐走入困境的难题。西方当代文艺理论自形式主义文论衰落之后走向文化批评或"文化研究"也说明了这一点。文化批评或"文化研究"固然打开了被形式主义者封闭已久的文本，让社会、政治、历史、经济、心理等诸多学科的理论目光照射到文学研究的领域之内，但它们在取得了巨大的理论成果之后走向"强制阐释"的弊端也在逐渐显露，女权主义、解构主义、后殖民主义、精神

---

[1] ［英］特里·伊格尔顿：《文学原理引论》，刘峰、龚国杰等译，文化艺术出版社1987年版，第129页。

分析、身体理论、性别理论在跨界界入文学领域之时，理论先行、观念先行的毛病也日益增多，文学理论泛化的现象越来越严重，正是从这个意义上讲，张江研究员以"本体阐释"反抗"强制阐释"有着极强的现实针对性。当然，"本体阐释"如何避免"强制阐释"的诸多弊端？如何围绕文学实践——文学认识——文学实践进行文学理论建构与批评实践的良性循环？仍然是一个有待深入探索的课题。

强制阐释与本体批评范式

——对新批评文本中心论的反思*

韩清玉 苏 昕**

2014年,张江先生在反思西方当代文学理论的缺陷与弊病时,提出了"强制阐释"的概念,引起了学术界的热烈讨论。经过几年的论辩、丰富与发展,已经成为当代文学理论发展中非常重要的中国话语体系,彰显出马克思主义文艺理论中国化的时代性、民族性特质。虽然"强制阐释"理论以否定性的命题立论,但并非决然以批判为旨归,它以宏大纷杂的20世纪西方文艺理论为靶子,从文学事实出发,触及文学观念的诸多元问题,培育出许多学术增长点,这也是这一讨论方兴未艾且已"燎原"人文学科其他领域的重要原因。当然,对西方当代文艺理论的反思绝不是一蹴而就的,中国文学理论话语体系的建立任重而道远。因此,"强制阐释"话题本身就是开放性、生成性的。其中有一些问题、方法与范式仍需进一步明晰和挖掘。

张江先生首先界定了何为强制阐释,他认为:"强制阐释是指,背离文本话语,消解文学指征,以前在立场和模式,对文本和文学作符合论者主观意图和结论的阐释。"① 从这个定义中我们不难看出"强制阐释"论者所坚持的文学本位价值立场。他进一步将强制阐释的基本特征概括为四点:场外征用、主观预设、非逻辑证明和混乱的

---

* 本文为中国博士后科学基金特别资助项目(2017T100483)、安徽大学哲学系"固本强基"开放课题基金项目"当代美学视域中艺术与美的关系研究"成果,原刊于《华南师范大学学报》(社会科学版)2018年第1期。

** 作者单位:安徽大学哲学系;安徽大学出版社。

① 张江:《强制阐释论》,《文学评论》2014年第6期。

认识路径。这四个特征似乎都是远离文本的症候，而文本理论的诸种面相似乎不应该出现强制阐释的诸种弊病的，然而，"偏偏是文本理论促进了强制阐释倾向的产生"①。那么其个中关系的复杂性体现在什么地方呢？就张江所倾向的批评范式来看，文学本体阐释②是他所主张的。而如果细究他的观点，我们可以看出，文学本体阐释并不等于文本唯一论，更不是新批评意义上的文本中心论。换言之，强制阐释论不可能在现有的文学批评范式中找到样板。陈立群先生曾在《学术研究》2016年第6期发表的《重建文本客观性——强制阐释论的解释学谱系》一文中指出了张江在解释学视域中的突破，然而对文中提出的"重建文本客观性"，笔者认为是对强制阐释论的偏离。文本客观性是包括新批评在内的文本中心论者的基础和前提，而如果将"强制阐释"的讨论停留在文本客观性的层面，是对这一讨论的弱化。"强制阐释"的讨论不是要回到哪里或者重建什么，而是要反思或者打破理论先行的思维弊病，找寻更能阐释文学意义的科学路径。这一路径绝不是否定或忽略文学的作者、世界或读者等要素，而是在文本生成（而非客观自在）的过程中充分阐释文学世界的意义，从文本出发并不是仅仅局限于文本。因此，本文的讨论也是对陈立群先生观点的一个商榷。本文立足英美新批评的文本中心论，参照西方形式论的其他流派观点，去把握新批评内部的相互抵牾之处，并按照黑格尔"正—反—合"的逻辑思路，呼应强制阐释论者所主张的"外部研究与内部研究的辩证统一"的理论范式，试图在回归文学的同

---

① 董希文：《从文本理论看20世纪西方文论中的"强制阐释"问题》，《南京社会科学》2016年第8期。

② "本体"首先是一个哲学观念，我们通常所说的本体论应该看作对事物存在方式的解释说明。本文的主要讨论对象兰色姆，甚至整个新批评流派的本体论思想都不能说是哲学意义上的本体论，而是把文学自身即文本作为本体加以观照，也就把文学本体和文本自足凝结为一个问题。那么，本文所倡导的以"文学世界"为范围的文学本体界定，是否有泛化本体概念的嫌疑呢？需要注意的是，在此笔者使用的是"文学世界"而非"文学活动"，因为文学活动是作者创作—作品生成—读者接受的动态过程；而"文学世界"则可以理解为包含作者、文本、读者等要素构成的意义生成空间，它是多维立体的，这是冲破唯文本论的重要契机。因此，从意义阐释的理论诉求出发，文学世界应该是文学的存在方式，也就是文学的本体。

时，将其放入社会历史的实践中，把文艺的自律与他律属性统一于当代中国文论话语的重建中。

一 文本中心论的文学自足指征

西方形式论文学观念在20世纪文学理论中大放异彩，其文学思想和批评范式在很大程度上改变了长久以来的理论传统。特里·伊格尔顿把什克洛夫斯基的《作为手法的艺术》作为20世纪文学理论的开端[1]，俄国形式主义开风气之先，冲破了康德艺术思想的核心——天才论，这其中虽然有着艺术创作主体到文本对象的悄然转化，但是它的意义在于"把历来是神秘的美的发生学基础，变为可操作、可定性定量分析的一种过程。这就把笼罩在美身上的形而上学迷雾一扫而光，将其还原为可视可感可分析可操作的美"[2]。不仅俄国形式主义，整个形式美学都着力于建构一种"及物"的批评范式。

文本中心可谓是西方形式论文学思想最为重要的共同特征，从俄国形式主义、英美新批评到法国结构主义，概莫能外。俄国形式主义创设的"文学性"范畴，是西方形式论文学本体建构的起点，也是其建立批评范式与批评方法的基石。从"文学性"这一研究对象的界定到文学的内部研究，是英美"新批评"流派的惯用路数。正是因为强调文学性，西方形式论者重视文学内部研究，可以说文学内部研究就是寻找文学性的过程。韦勒克、沃伦的《文学理论》即以外部研究和内部研究的分野为框架写成的。他们认为对文学背景、环境等外在因素的研究是外部研究，这虽然有助于对文学作品的理解，可是，"研究起因显然决不可能解决对文学艺术作品这一对象的描述、分析和评价等问题"[3]。这是因为文学作为想象性的产物，与其创作者的生平和时代环境并不能构成必然的因果关系。归根结底，文学是

---

[1] [英]特里·伊格尔顿：《二十世纪西方文学理论》，伍晓明译，北京大学出版社2007年版，第5页。
[2] 张冰：《陌生化诗学》，北京师范大学出版社2000年版，第82—83页。
[3] [美]韦勒克、沃伦：《文学理论》，刘象愚等译，江苏教育出版社2005年版，第73、155页。

自律的，它并不受外在因素决定；虽然外在因素的影响不可漠视，但都是内化于文学作品本身的。因此，"文学研究的合情合理的出发点是解释和分析作品本身"①。他们把对作品的分析看作文学研究中一种合理的倾向。

新批评干将兰色姆在其著作《新批评》中以呼唤本体批评家作结。在这部分中，他以诗歌和散文的区别发语，认为"使肌质区别于结构、使诗歌有别于散文的东西，是内容的'层次'而非内容的'种类'"。②而道德内容并非诗歌所独有，"诗歌作为一种话语的特征是本体性的"，这一本体性特征就是格律与意义的动态互动，其中格律就是诗歌本身，而意义的探寻则涉及对外部世界的诗性认知。兰色姆的本体论思想在新批评理论家中是很有代表性的，一方面置身于文学作品本身的研究；另一方面又不像俄国形式主义和结构主义那样仅仅醉心于语言符号组合之间的嬉戏，而是试图通过探寻文学的语义来揭示现实世界的万种风情。就第一层意义来说，艾略特的"非个人化"思想无疑是一个很好的例证。艾略特认为文学作品是一种独立于外部世界的有机形式结构，批评家应该以这一形式结构为中心，而不是如传统批评那样着力于艺术家个人的情感与思想。正如布鲁克斯所认为，"非个人化"思想"使人们将注意力不是集中于诗人而是集中于诗歌，它强调的是艺术客体的地位"③。由此看来，虽然"本体论"思想与"非个人化"理论之间存在较大差别，但是都以文学作品本身为其研究重点，体现了新批评流派在文学本体论研究主张上的共性。赵毅衡在《重访新批评》中曾对二者关系有较为深入的探究，他认为兰色姆所倡导的"本体论"，是从艾略特的"非个性"（impersonality）论那里来的，并把二者的着眼点进行了区别对待："非个性"论是针对文学创作的作者个人化表现因素而言的，而"本体论"则是对瑞恰慈的读者情感反应观点的反对，虽然批判的靶子不同，但

---

① [美]韦勒克、沃伦：《文学理论》，刘象愚等译，江苏教育出版社2005年版，第73、155页。
② [美]兰色姆：《新批评》，王腊宝等译，江苏教育出版社2006年版，第192页。
③ W. K. Wimsatt, C. Broks, *Literary Criticism*: *A Short History*, Chicago: The University of Chicago Press, 1957, p.668.

殊途同归，二者都指向了文本自身。特别是艾略特将个性看作作品语言的品质，切断创作者的个性元素与作品的联系，将文本看作唯一可见的东西，也就成为艺术本有的唯一存在。这一点成为兰色姆建构本体论批评范式的根本依据。① 正如韦勒克等在《文学理论》中对文学内部—外部研究范式的区分，兰色姆把作者传记、文学史、社会等外部因素去除，而专注于"客观存在的文学本身"，也就是聚焦于文学文本。

赵毅衡认为，"'本体论'理论实际上也是唯美主义的艺术自足论的题中应有之义"②。在此，颇值得玩味的一点是，新批评对19世纪的唯美主义观念一直是不屑一顾的。理论倾向的一致性并不代表抵达艺术自足的路径是一致的，他们的区别在于文本是否处于艺术的唯一本体性地位。虽然唯美主义阵营中有一些成员是反对艺术表现论的，如波德莱尔等，但是，像干将王尔德、戈蒂耶等那样打出"为艺术而艺术"的艺术自律旗号，其实是从艺术主体的心意状态出发，强调艺术的无功利性特质。这是溯源于康德鉴赏判断的重要规定，是艺术自律思想的审美心理维度；而艾略特、兰色姆等所主张的文本语言本体论观念，则是艺术自律思想的形式本体维度，这也是肇源于康德美学的重要思想。二者是同一问题的两个方面。

虽然我们一再强调新批评派的文学自足指向，但作品中心论是"为艺术而艺术"的唯美主义的继续吗？几乎所有的新批评派理论家都不愿与唯美主义为伍。兰色姆对唯美主义的这一口号几乎是全盘否定的，在他看来，"为艺术而艺术，和一切不够格的主义一样，是空洞的，在理论上对批评家也少有裨益"③。韦勒克在《近代文学批评史》中指出，大家为新批评安插的所谓"曲高和寡的唯美主义"的罪名是莫须有的，与此相关，"形式主义者""非历史主义"等标签都是韦勒克所无法认同的。布鲁克斯现身说法，说自己一开始就不是为艺术而艺术的唯美主义者。

---

① 赵毅衡：《重访新批评》，百花文艺出版社2009年版，第13—14页。
② 同上书，第14页。
③ 转引自赵毅衡《重访新批评》，第4页，译文有所改动。

必须注意的是，文学本体与意义探究似乎是形式美学的一组悖论，因为诚如上文所指出的，文学本体其实就是文学内部研究的代名词，而意义探究势必会触及文学与外部世界的关系。只是在新批评那里，以文学作品为立足点，其研究指向意义世界却是瑞恰慈肇始的形式研究传统的典型特征。那么，以兰色姆作结的新批评在文学观念上坚持一种本体论，这种本体在立足点上虽然偏重文本自身，但其指向却是丰富的。赵毅衡曾指出，兰色姆的本体论既是指诗本身，又是说诗的本体性存在缘于它"完美充实地'复原'世界的存在状态"。① 无独有偶，不仅兰色姆把诗歌看作外在现实的呈现，布鲁克斯也认为诗是"现实的幻影"，所以，韦勒克总结道："新批评派没有一个人会相信语言的牢笼。"② 詹姆逊曾以"语言的牢笼"为题批判性地剖析了语言学模式在俄国形式主义和法国结构主义中的体现，就时时以英美新批评为参照。综合韦勒克和詹姆逊的观点，我们可以进一步推论新批评的做法更多是在文学批评分析的操作层面，即把文学作品看作自足的有机整体，使其成为具有可分析、可把握的对象。在这一基础上观照文学与现实的关系，即文学之于世界的意义呈现。这一做法与康德论证审美自律的思路如出一辙，康德首先把审美作为独立的疆域来看待和论证，然后在此基础上寻求与道德的关联，进而提出"美是德性的象征"的论断。

"文学性—作品中心—形式"三者形成了形式论文学思想的内在逻辑：以文学性为其研究对象的理论出发点使他们转向文学内部研究，把作品本身作为其文学研究的主要据点。进一步说，文学形式是他们唯一感兴趣的东西，"形式在形式美学那里不只是被当作通常的技艺或手法，而主要是作品在处理文学材料时体现出来的那些对文学具有独特性的东西，是存在于艺术作品中被发现了的本质"③。这就

---

① 赵毅衡：《重访新批评》，百花文艺出版社 2009 年版，第 17 页。
② [美] 雷纳·韦勒克：《近代文学批评史》第 6 卷，杨自伍译，上海译文出版社 2005 年版，第 151 页。
③ 汪正龙：《西方形式美学问题研究》，黑龙江人民出版社 2006 年版，第 3、180 页。

是说，以找寻文学性为初衷的文学本体论建构，执着于文学形式的分析，文学性也便成为文学自足性的必然结果，也就成为文本中心论的逻辑起点。然而，文学的全部意义是作品分析能囊括的吗？换言之，文本批评等于文学批评吗？

二　文本批评不等于文学批评

张江在《强制阐释论》一文中提出，"场外征用"是西方文论强制阐释症候的首要表现，也是相当普遍的问题，大部分理论都是由哲学美学的理论框架所衍生出的文学观念和批评方法。在此，虽然张江对新批评的态度是温和的，但是形式论的文本中心观念仍然有着强制阐释的症候存在。

"文学是语言的艺术"是基于文学物质性特质为文学下的最朴素的定义，也正是根据这一点，我们通常会把文学研究的语言学方法看作文学艺术解码的正途。20世纪，人文科学领域出现了语言学转向，"语言学已经跃居西方人文科学的领导地位，这门科学的高度理论性使它成为任何思考的出发点……语言学为人们提供了一种关于人类现实的符号学的描述模式和说明模式"①。这其中文学研究自然首当其冲。语言学转向在文学研究中甚至具有标志性的意义，正如保罗·德曼所说："文学理论家不再基于像历史的，审美的，体验感悟的，或者某些非细读模式等传统的非语言学方法，也只有当文学理论的讨论对象不再是意义或价值本身而是它们的生成和接受模式，而把文学研究完全建立在现代语言学的基础之上时，真正意义上的现代文学理论才出现。"② 德曼特别强调了这个富有问题域的生成过程要求一种相当的自律性。当然，从保罗·德曼的这一论断出发，或许可以更为全面地理解语言转向之于文学研究的意义，"即这个转向不仅仅呈现为语言学进入文学研究，同时还表征为语言学对文学理论基本假设的建

---

① 盛宁：《人文的困惑与反思》，生活·读书·新知三联书店1997年版，第39页。
② Paul de Man, *The Resistance to Theory*, Minneapolis: University of Minnesota Press, 1986, p. 7.

构作用"。①

如果我们将焦点集中于文学批评的方法论，那么文本中心论的实践操作就集中在文本细读。李欧梵认为新批评的最大贡献就是提供了一种"文本细读"的方法②，在此要思考的是，语言学意义上的要素分析是否可以替代文学批评。

如果不局限于韦勒克所属的新批评流派，而将视野扩大至整个西方形式主义思潮，那么索绪尔在语言学意义上的内部—外部研究思路无疑对其有着重要启示。众所周知，语言的形成和发展与民族、政治制度及地理等因素有着密切联系，这些都是"外部语言学"研究的范围；而语言本身是一个系统，"一切在任何程度上改变了系统的，都是内部的。"③ 这种"内部语言学"的研究范式无疑为文学内部研究作了铺垫。同时我们也要看到，文学作为语言的艺术，对其进行内部研究必然会深入到语言结构中去，而这又埋藏着另一种危机，即"形式美学语言学基础适用性限度的危机。由于形式美学把诗歌及文学的特殊结构形式搬运到语言学体系中，也同样把语言学的结构搬运到文学结构形式中，或者推而言之，搬运到文学理论或诗学研究中。这里有一个未经证实的假定：即语言的语言学结构与文学作品的结构成分是重合的。而这一点恰恰是有待证明的。"④ 换言之，我们应该反思，形式主义诗学屡试不爽的文学语言分析实际上已经落入了语言符号话语系统的窠臼。

文本阐释不等于文学阐释，从这个意义上说，"文学是语言的艺

---

① 周宪：《"吾语言之疆界乃吾世界之疆界"——从语言学转向看当代文论范式的建构》，《学术月刊》2010年第9期。在此文中，周宪列出了四大基本假设：其一，意义由差异产生，而不是一种给定或预先存在；其二，文学词语的歧义和含混；其三，文学研究对象由作品到文本的转移；其四，文学是主体的语言建构。可见，无论是从文学意义探究的理论前提，还是文学对象本身的宏观或微观界定，抑或对文学本体的重新审视，现代文学理论在"语言学转向"下都彰显了其独特性。

② 李欧梵：《西方现代批评经典译丛·总序（一）》，见兰色姆《新批评》，王腊宝等译，第5页。

③ [瑞士]索绪尔：《普通语言学教程》，高名凯译，商务印书馆1980年版，第46页。

④ 汪正龙：《西方形式美学问题研究》，黑龙江人民出版社2006年版，第3、180页。

术"这一看似"永恒"的真理却也极有可能成为"强制阐释"症候群中对语言学过度依赖的"场外征用"。在文本阐释中,"场外征用"其实质就是将语言学的分析方法强行植入文学阐释中,这一方法上的强制将文本形式规律探究作为关注的重点。①

　　虽然说在强调文学作为结构的封闭性方面,新批评并没有结构主义那般绝对,他们试图从语义学的角度来探视文学之外的世界,"但新批评派在方法论上之重视语言,超过任何形式主义"②。的确如此,新批评理论中的核心词汇如"隐喻""复义""反讽""张力"等无一例外都从文学语言分析的角度展开,进而确立以文学语言为本体的批评模式。这一意义探究模式在新批评的核心语汇"复义"概念上表现得尤为明显;甚至可以说,"是否具有'复义'特征,是否具有语义叠加、语义冲突、语义交织、意义复杂等特征成为新批评区分文学文本和其他文本的最根本的标准"③。问题是,燕卜荪所立意的"复义"概念究竟是文学语言本身的自然属性还是读者所赋予的?兰色姆认为这是燕卜荪的理论失误,把二者混为一谈特别不妙,当然兰色姆的这一态度是新批评派的主流腔调,这一点与瑞恰慈存在较大的疏离。事实上,"词语本身不提供意义,而是我们使用者给词语以'意义'……应把歧义认识为语言的基本的和必要的特征,它的部分功能应该发展,以推进、深化或丰富'意义'。"④由此看来,文学的复义问题首先是文学语言本身的属性,因为语言符号本身在能指、所指之间具有任意性;同时,它又是读者赋予的,这是由于文学意义的探究或者批评归根结底都是一种文学接受实践。但是话说回来,读者赋义的多重性也是立足于对文本的阅读,这已然不同于作者生平考证的社会历史批评模式,没有动摇其文学自律性的总体性主张。以上所侧重的是复义在文学语言上的微观表现,在宏观上,燕卜荪也把作品

---

　　① 董希文:《从文本理论看20世纪西方文论中的"强制阐释"问题》,《南京社会科学》2016年第8期。
　　② 赵毅衡:《重访新批评》,第107页。
　　③ 支宇:《复义——新批评的核心术语》,《湘潭大学学报》(哲学社会科学版)2005年第1期。
　　④ 胡壮麟:《认知隐喻学》,北京大学出版社2004年版,第36页。

的复杂结构看作是复义性的。在这一点上,他在文学本体论的思想倾向更具有代表性,这也是维姆萨特和布鲁克斯对燕卜荪复义思想提出批评的重要一点,他们认为燕卜荪宏观意义上的复义概念对作者的复杂意图视而不见,这就是说复义是作品意义上的而非创作意义上的。关于复义问题的一个更为深刻的主题在于,意义问题指向的是世界,复义的产生根源于世界本身的复杂性,只不过新批评关注的是文学如何艺术化地呈现这一过程,但是赵毅衡提醒我们,不能把它仅仅理解为一个可有可无的纯技巧问题。① 虽然是客观化的批评模式,我们在此仍可以看出新批评在文化伦理上的野心,只不过这些努力并没有湮灭其立足文本所彰显的自律倾向。此外,新批评的另一个重要概念"反讽"虽然是从哲学意义上的反讽概念发展而来,但是它更多地还是立足于诗歌语言的分析上。从表面看来,反讽强调的是字面意义和实际意义的两厢对立,但是从辩证法的角度来讲,这并非一种绝对的对立,而更多的是相生相克的矛盾统一。由此看来,隐喻、复义、反讽等所有这些批评概念都是立足于语言符号能指与所指之间的非对应性关联,都是在阐述文学语言的特殊性。然而,即使我们承认新批评具有揭示作品与世界关系的自觉意识,但是其单一的文本细读仍然使其无法摆脱语言学强制的禁锢。正如乔纳森·卡勒所说:"语言学的分析并不能提供一种方法,使文本的意义从它各个组成成分的意义中归纳出来……因为作者和读者注入文本的远不止单一的语言学知识,而外加的补充经验——对文学结构形式的期待,文学结构的内在模式,形成并验证关于文学作品的假设的实践——正是引导读者领悟和架构有关格局的因素。"②

从整体上看,形式论者把文本封闭起来加以研究,以之直接对抗注重作者生平和社会环境的社会历史批评。也就是说,形式论的自律文学观首先隔离的是作者,这也就造成了其无主体的理论倾向。需要指出的是,俄国形式主义和新批评对作品本身的强调淹没了作者的主

---

① 赵毅衡:《重访新批评》,第155页。
② [美]乔纳森·卡勒:《结构主义诗学》,盛宁译,中国社会科学出版社1991年版,第148—149页。

体性地位，但它是对作者存在的一种默认；而结构主义则不同，从其鼻祖列维－斯特劳斯开始，到拉康、福柯和德里达都在对历史悠久的人本主义传统进行了策略性的破坏。① 而罗兰·巴特关于"作者之死"的分析更是把作者作为文学的主体性地位击得粉碎。这一点又是与语言学转向紧密相关的，"话语（语言）分析开启了主体离心化，而主体离心化必然导致话语居于中心位置"②。在形式论这里，作者作为文学的主体地位被隐匿了。结构主义以话语为中心，导致的最直接的后果便是作者反而成了话语的载体而非主体了③，不是人在说话，而是话在说人。这样，作者不再是主体性的，而只是功能性的了。结构主义的这种做法实际上是用一种极端的方式来离心主体，凸显语言的中心地位，当所有的社会、政治、历史、文化要素都可以通过自足的话语符号系统来表达时，其文学研究的自律取向也就不言自明了。特别是德里达喊出的"文本之外无他物"这一振聋发聩的口号，更是文本自足思想的体现。另一方面，这位解构大师也辩证地认识到："文学性不是一种自然的本质，不是文本的内在属性。它是文本与某种意向关系发生联系之后的产物。这种意向关系就是一些约定俗成的规则或社会制度中的规则；它们并未被明确意识到，但镶嵌于文本之中，或成其为一个组成部分或意向层面。"④ 虽然德里达仍然沿用结构主义从文本自身出发的老路来思考问题，但是他已经把社会制度等外在因素纳入了文学性生成原因的考察范围之中。

　　李欧梵在回忆自己初识新批评时有意学习其精读文本的功夫，也指出了需以宏观与微观结合，以弥补新批评的不足。这从一个侧面也说明了包括新批评在内的形式论在阐释文学时的局限。概言之，文本中心论的一个重要弊病就是"去历史化"，与作者的割裂也就显露出文学在体现时代精神方面的无力感。换言之，单纯的文本解读无法揭

---

① See Soper, *Humanism And Anti-humanism* , London: Hut-tchinson Press , 1986: 96.
② 杨大春:《文本的世界——从结构主义到后结构主义》，中国社会科学出版社 1998 年版，第 308 页。
③ 同上书，第 330 页。
④ Jacques Drrida, " 'This Strange Institution Called Literature': An Interview with Jacquis Drrida", *Acts of Literature*, London: Routledge , 1992, p. 4.

示文学的丰富性。

三 本体阐释与文学世界

　　文学批评就其实质而言是文学意义的阐释过程，所以阐明文学意义的生成方式就成为文学批评的逻辑起点。其实，对这一问题的探讨可以从历时和共时的双向维度展开。概而言之，文学意义是由作者、文本和读者共同作用的复合共生体。具体而言包括三个环节："作者的意义投注及其对作品意义的约束关系（意图或原意）、文本的意义传承（语词的字面涵义与文学符号所表现的客体内容）、一般读者对文学文本相对确定的意义内容即指意的复现和批评家对文本蕴意即人文意义的重构。"[①] 需要说明的是，文学意义是一个整体，它生成于三个环节的互动交流中，这是建立在文学有机性基础上的辩证，但恰恰是在这三个环节的呼应共生的立场上出现了阐释偏颇，或主张作者意图决定论，或坚持文本自足，或力主读者接受的任意性指向……这些都无法全面阐释文学的全部意义，反而会在某一环节走向极端。

　　在早期新批评中，瑞恰慈的很多观念被后来的理论家所批判和抛弃。而瑞恰慈主张围绕文本，把作者意图与读者反应通过语境和审美经验的综感连接起来，其实质是把作者、读者问题从新的高度统一在文本中，统一在我们的阐释实践中。新批评对瑞恰慈抛弃的心理学部分，可能是突破文本批评局限的重要视角，它可以打破文本独断，把作者和读者的因素纳入到文本解读的视野。瑞恰慈把意义的生成还原为作者与读者两大主体借由文本产生的交流，在他看来，"一个心灵对它的环境起到的作用足以影响另一个心灵，继而在第二个心灵中出现一种经验，它和第一个心灵中的经验是相像的，而且多少是由前者的经验所引起的，这种时候交流便产生了"[②]。这就是说，由作者、文本、读者架构起来的意义生成链条，是一个有机的整体关联，而不

[①] 汪正龙：《文学意义研究》，南京大学出版社2002年版，第48页。
[②] ［英］艾·阿·瑞恰慈：《文学批评原理》，杨自伍译，百花洲文艺出版社1992年版，第156页。

是此消彼长的对立存在。但是在意义阐释的理论形态中，总是有偏重一方而遮蔽其他要素的现象。如本文所重点批判的文本中心这一批评范式中，所遮蔽的更多是包括作者在内的文学的生成性因素，挖掘甚至夸大了意义生成的接受环节。这样，开放的文本和能动的读者共同构成了意义阐释的空间维度。当然，无限夸大读者因素必然带来文本解读的任意性，这种文学研究虽以立足文本为名义，但是很容易得出"符合论者主观意图和结论"的强制性认识。可见，对读者角色的张扬这一矫枉过正的批评姿态也会遏止文学意义的呈现。我们以瑞恰慈的文学观念为参照，也可以从文学价值论维度对接受美学与后结构主义所提出的"文本的生产性"加以反思与批判。消解文本，夸大接受主体的能动性，将文本看作可任意的解读的能指存在，"最直接的后果就是否定文学本身具有的形式价值，在赋予读者和批评家足够自由的同时，却丢失了文学批评的价值标准，会使文学批评走向毫无标准的虚无主义"①。

在瑞恰慈那里，弄清"诗"究竟是什么的理论任务首先落实在文学与其他文化活动的区分上。韦勒克则把"想象性""虚构性"和"创造性"界定为文学的本质，这恰好应和了瑞恰慈所提出的文学性的第三个层面——文学与现实的关系，即文学所创造的想象世界虽然建立在真实性的基础上，但就其实质而言却是虚构的，这种虚构正是人的创造性的表现。

作为新批评的理论先驱，瑞恰慈的修辞哲学，特别是隐喻问题是值得我们重视的。他把隐喻的主要作用看作是扩展语言，"鉴于语言就是现实，隐喻的主要作用是扩展现实……隐喻创造现实，并在语言中保证现实的存在"②。只是随着其理论的生长，瑞恰慈更为注重从作品与读者之间的交流中来建构隐喻的内涵。文学意义的阐释本身也是文学价值的一步步彰显，按照瑞恰慈的思路，文学的价值可分为

---

① 黄一：《重新审视瑞恰慈的文学与现实》，《社会科学报》2017年2月21日。
② 胡壮麟：《认知隐喻学》，北京大学出版社2004年版，第40页。就其隐喻概念本身来说，本体与喻体之间的关系就在于相似性和差异性两点，本文认为，相似性是隐喻得以存在的前提条件，而差异性则是其存在的必要性所在。

"内在价值"和"工具价值",二者的辩证统一就在于,其工具价值的实现须以文学的内在价值即审美形式的有效分析为基础。瑞恰慈将文学与现实的外部价值诉求实现于基于文本而又不囿于文本的阐释框架中。他提出一种可以打破作者、作品和读者等文学要素区隔的可能,实现作者与文本、读者与文本等意义要素的有机联系。颇为遗憾的是,兰色姆曾一度流露出"文学作品是一个有机整体"的态度,但很快又放弃了这一观点。在他看来,对事物作出总体性的判断,并不能彰显诗的特殊性,他得出的是与有机性相反的结论:诗歌是一个无机的活动。这实际上已经把从柯林律治到瑞恰慈的有机体观念推向了审判席:把柯林律治的观点说成混淆视听;对瑞恰慈隐喻思想中的两要素互相"灌注生气"的建树表示质疑,认为"喻体必须独立地实现自身作用"①。韦勒克认为强调喻体的独立自主性是兰色姆偏好玄学派诗歌的重要理由,这也就把兰色姆的文学本体论锁定在作品自身中。这与新批评派艺术与现实关系的总体看法是相抵牾的,而从柯林律治到瑞恰慈的"灌注生气"论不能轻易否定。中国艺术传统中的"气韵生动"观念,是绘画的重要准则,其实质也表征了艺术与世界的内在呼应,换言之,自然世界本就是气韵生动的,而优秀的绘画作品正是契合了这一自然之韵,所以才能称其为美的。因此,文学有机体观念强调作品的结构的整体性,但又不仅仅局限于语词符号的内在指涉,而是指向世界的多层次意义,这一立场在韦勒克那里鲜明而突出:"我认为唯一正确的看法是一个必然属于'整体论'的看法,它把艺术作品看作是一个多样统一的整体,一个符号结构,但却又是一个蕴涵并需要意义和价值的结构。"②

新批评彰显文本中心的核心主张,同时也就否定了作者中心论的批评传统,虽然有些成员如维姆萨特在反对作者意图观点上非常坚决,但总体上还是温和的。到了后结构主义那里,否定作者声音的浪潮变得前所未有的强烈,"作者已死""零度写作"等理论主张成为

---

① [美]雷纳·韦勒克:《近代文学批评史》第6卷,杨自伍译,第285页。
② [美]雷纳·韦勒克:《批评的概念》,张今言译,中国美术学院出版社1999年版,第278—279页。

文学阐释的新起点。当然对于这些主张不能简单地理解为否定作为书写者的作者存在，而是在文学意义阐释中"作者何为"的问题生发。因此，文学世界中作者的存在自然是不能否认的。在文学阐释活动中，我们需要追问的是，在何种意义上作者是在场的，又在何种意义上作者是缺席的？一方面，作者的意图和思想精神有意或无意地都会显现在创作过程和文本形态中，从这个意义上说，作者是始终在场的，对作者因素的合理探究自然会丰富我们对文学作品的理解；另一方面，作者的因素积淀于作品之中，或者说，作者话语终结于作品的完成，文学的阐释只要专注于文本也就足够了。这些看似显而易见的常识，为什么会成为罗兰·巴特、米歇尔·福柯等哲学家的理论口号和思想旗帜呢？实际上，这只是他们解构主义立场和理论价值取向在文学阐释场域的应用。因为文本是作者创作的，那么作者意图是最原初、最权威和最具有确定性的意义，消解了这一意义主体，读者成为最高阐释者甚至可以再造文本，他们之于文本的任何阐释都是合法而有效的，所谓本质中心和理性权威都被打破了。批评的标准和尺度没有了，"阐释成为各种理论任意发挥和竞争的试验场……所有阐释的出发点和落脚点都在理论自身"[①]。就文学阐释的有效性来说，任何理论都只是揭示文学世界的部分真理，无法成为文学本质的普遍大法，理论中心更是把文学的鲜活性无情地杀死了。

文本中心与作者问题虽然是文学理论中的老问题，但由于它们是强制阐释的逻辑起点，对这个话题的讨论也就具有了当下性与紧迫感。从某种意义上说，语言学意义上的强制阐释与对作者因素的忽视本是一个问题，它们都强调文本中心，把文学批评的焦点集中于作品本身，作者的创作意图、作品的生成语境都排除在批评的关切视野之外。将文本封闭起来之后，批评何为？那就成了文学语言分析方法轮番操练的"试验田"了。可以说，作品中心论所导致的唯文本阐释倾向，在割裂作品与作者的先在联系中丧失了意义阐释维度的丰富性，其所依赖的语言学要素分析，更是把生动的文学经验湮灭了。反对强制阐释，也并不能走向一种取消主义，"有破有立"方为文学批

---

① 张江：《作者能不能死》，《哲学研究》2016年第5期。

评话语建构的正途。在此,我们呼吁重建另一种"本体阐释",除了恢复还原文学世界的丰富多彩,还应包含反抗理论霸权的价值诉求;需以明确文学批评的本体和旨归是文学活动,而不是理论发明与逻辑论证。当然这不是本文所能囊括与胜任的了,因为关于文学意义的探究是一个永恒的话题,强制阐释的讨论也将继续。

"强制阐释"的困局与"本体阐释"的启示
——英国文化研究中的强制阐释分析*

李永新**

长期以来,西方文论的中国化问题倍受学界关注。但是,西方文论能否中国化,以及如何中国化等问题,却一直悬而未决,引发诸多争议。在学界对此感到束手无策乃至焦虑的时候,张江却另辟蹊径,不再关注西方文论中国化的可能性与可行性等问题,而是指出当代西方文论存在着"强制阐释"的根本缺陷,中国文艺理论建设与研究必须对当代西方文论保持高度的警惕,并需要对其作深入的辨析与审慎的检省!他对当代西方文论的这一准确研判可谓是一语中的,是对学界常因西方文论的不断涌入而感到无力甚至"失语"的一记当头棒喝。很多学者在为他这一观点叫好的同时,也纷纷从不同角度进行理论辨析与深入探究,形成了一股新的理论热潮。但较为遗憾的是,目前从理论前提与基本逻辑等角度对"强制阐释论"进行学理探索的研究成果占了绝大多数,而以具体西方文论流派为例做个案分析的研究却较为匮乏。本文试图弥补这一缺憾,以英国文化研究这一当代西方重要学术思潮为例,分析其在发展过程中难以摆脱的"强制阐释"困局,及其对"本体阐释"的启示。

---

* 本文为国家社会科学基金重大招标项目"当代美学的基本问题及批评形态研究"(15ZDB023)、国家社会科学基金青年项目"文化唯物主义:英国马克思主义文论的演进逻辑"(13CZW001)成果,原刊于《华南师范大学学报》(社会科学版)2018年第1期。
** 作者单位:南京师范大学文学院。

一

"文化研究"在20世纪90年代还是一个意义不明的概念,既被广义地理解为"对文化的研究",也可以相对狭义地指作为当代西方重要文论流派的英国文化研究。这在首都师范大学1999年主办的"文学理论与文化研究"学术研讨会上表现得非常明显。王逢振当时就认为:"所谓文化研究,最好理解为一种探讨普遍社会问题的特殊途径,而不是属于少数人的或专门化的领域。"罗钢则指出:"文化研究主要是英国伯明翰大学当代文化研究中心发展起来的一种文化批评运动。"[①] 之所以存在这种分歧,主要是因为"作为宽泛意义上的文化研究,文化理论为狭义文化研究或英国文化研究提供了理论来源和思想武器,后者则是文化理论的进一步拓展,使文化理论进入了一个具体应用和批判阶段"[②]。也正是基于这一原因,英国文化研究很早就受到学界的关注。李欧梵在1994年就指出,英国文化研究的学术兴趣"是通俗文化和媒体,原因是他们是英国式的马克思主义派"[③]。陶东风后来也相对明确地指出,文化研究"不能顾名思义地简单理解为对于文化的研究(the study of culture);与一般所说的(更宽泛意义上的)文化探索或文化研究(cultural research)也不完全相同。作为专门术语的'文化研究'具有更限定的含义"[④]。

从在中国大陆近20年的发展来看,英国文化研究因能够对处于高速发展中的当代社会做出迅速而又灵敏的反应,并明显具有实践性的品格而受到极大关注,特别是进入新世纪之后相关著作得到大量译介,这一流派也得到较为深入的研究。同时,英国文化研究作为一种与康德的美学观念完全不同的新兴文论话语,也一度成为文学理论与美学研究中的"显学",至少在以下两个方面对文学研究产生了深刻

[①] 陶东风:《"文学理论和文化研究"研讨会综述》,《文艺争鸣》2000年第4期。
[②] 肖俊明:《文化转向的由来》,社会科学出版社2004年版,第25—26页。
[③] 李欧梵、汪晖:《什么是"文化研究"》,《读书》1994年第7期。
[④] 陶东风:《文化研究:西方话语与中国语境》,《文艺研究》1998年第7期。

的影响。

其一,英国文化研究对文化意义的不断拓展,打破了文学作为审美的、想象的作品的观念,努力从意义生成的角度审视文学观念的建构过程。威廉斯指出:"因为承认道德与智性活动的独立性,以及集中体现人类兴趣,构成了'文化'的最初含义。而这些含义与一种整体的生活方式相结合,改变着自身的含义,从而成为一种衡量品性的尺度、一种解释我们共同体验的模式;而在这种新的解释方式中,它也在改变着我们的共同经验。"① 在威廉斯看来,文化既可以被界定为智性和道德活动,又具有心灵状态或习惯的意义,还可以表示整个的生活方式。文化的观念既然如此多样,那么文学也就不再只是具有陶冶精神世界、提升道德水平乃至塑造完美人格等功能的经典之作了,还应该包括各种记录我们的共同体验、为大众所喜闻乐见的通俗作品。简单说来,威廉斯对文化意义的拓展,不但大大提升了通俗文艺作品的地位,而且带来了多元文学观念。霍尔后来指出:"文化与其说是一组事物(小说与绘画或电视节目与漫画),不如说是一个过程,一组实践。文化首先涉及一个社会或集团的成员间的意义生产和交换,即'意义的给予和获得'。"② 这一文化观念显然能够深入文学的语言建构层面,从历史条件与社会语境等角度分析文学的意义生成与边界变化。

其二,英国文化研究为文学研究带来了新的研究观念与主题。"对文化研究的开路先锋来说,却勇于抛弃这个文学传统的精英假设,进而可以检视每日生活等情况:这些生活面向其实对我们的影响十分巨大,但是却从未接受任何质疑,我们更是视为理所当然,所以在这个过程中,我们终究会变成某个个体、市民、某个阶级、种族和性别关系的成员。这种文化过程的运作基础,正是因为所有动作都显得相当自然、相当平凡,根本难以抗拒。"③ 文化研究对日常生活的反思

---

① [英]雷蒙·威廉斯:《文化与社会》,高晓玲译,吉林出版集团有限责任公司2011年版,第6页。
② [英]斯图尔特·霍尔:《表征》,徐亮等译,商务印书馆2013年版,第3页。
③ [澳]格雷姆·透纳:《英国文化研究导论》,唐维敏译,亚太图书出版社1998年版,第3页。

深刻影响了文学研究，改变了以往文学研究注重审美观照、形式分析和社会历史批评等较为传统的研究方法，转而注重探索文学文本的社会建构、文学表意实践的具体机制与过程等问题。更为重要的是，文学理论研究近年来受到包括英国文化研究在内的诸多西方文论观念的影响，开始打破本质主义的研究思路，提出了"文学理论：开放的研究"①的观点。有文学理论教材在分析了中华人民共和国成立以后的文学理论教材的编著情况之后指出，受到至今仍然盛行不衰的文化研究的影响，"当代西方的一些文学理论家早已开始对'文学'以及文学的'本质'采取一种历史的、非本质主义的开放态度，而且强调关于'文学本质'的各种界定的具体社会文化语境，而不是寻找一种普遍有效的'文学'定义。他们不把'文学'视作一种可以一劳永逸地解决的概念，而是转向把'文学'视作一种话语建构"②。

二

英国文化研究受到前所未有的关注，大有超越其他理论而独步天下的趋势。这也引发不少非议，并促使其开始"降温"。文化研究的"热涨"与"冷缩"在一定程度上昭示了几乎所有当代西方文论流派在中国化过程中所面临的问题，体现出张江针对当代西方文论所提出的"强制阐释"的症候诊断。"强制阐释是指，背离文本话语，消解文学指征，以前在立场和模式，对文本和文学作符合论者主观意图和结论的阐释。其特征有四：第一，场外征用。广泛征用文学领域之外的其他学科理论，将之强制移植文论场内，抹杀文学理论及批评的本体特征，引导文论偏离文学。第二，主观预设。论者主观意向在前，前置明确立场，无视文本原生含义，强制裁定文本意义和价值。第三，非逻辑证明。在具体批评过程中，一些论证和推理违背基本逻辑规则，有的甚至是逻辑谬误，所得结论失去依据。第四，混乱的认知路径。理论建构和批评不是从实际出发，从文本的具体分析出发，而

---

① 南帆主编：《文学理论：新读本》，浙江文艺出版社2002年版，第1页。
② 陶东风主编：《文学理论基本问题》，北京大学出版社2004年版，第8页。

是从既定理论出发，从主观结论出发，颠倒了认识和实践的关系。"①尽管文化研究起源于文学研究，特别是作为文化研究创始人之一的威廉斯一直坚持从事文学研究，但从总体上来看，这一理论流派自初创时期开始就试图越出文学研究的边界，其研究对象与方法不是针对文学所做的广义的文化研究，甚至与文学研究的旨趣完全不同。文化研究在后来的发展中更是与文学研究分道扬镳，逐步转变为一种针对各类文化现象及产品所做的社会学研究。

首先，英国文化研究具有明显的场外征用的特点。西方文论从20世纪初开始"基本上都是借助于其他学科的理论和方法构建自己的体系，许多概念、范畴，甚至基本认识模式，都是从场外'拿来'的。这些理论本无任何文学指涉，也无任何文学意义，却被用作文学理论与批评的基本范式和方法，直接侵袭了文学理论与批评的本体意义"②。文化研究在这一点上表现得相当明显。回溯历史会发现，文化研究作为一个理论流派，其兴起有一定的偶然性。这一理论流派的起源与发展虽然与霍加特、威廉斯等学者的努力分不开，但也与霍加特在1960年帮助企鹅出版社打赢的一场官司有直接关系。正是由于这个原因，"企鹅出版社捐赠了一笔钱给霍加特，他随后用这笔钱在伯明翰大学建立了一个中心来研究文化。不久，这个中心为斯图亚特·霍尔'接管'（这时，霍加特正式退出了这个故事），后者随之成为中心的主任。他，连同一些年轻聪明的学生，阅读了许多法国社会理论与葛兰西的著作"③。特别是进入20世纪70年代之后，文化研究广泛吸收了结构主义、符号学、后结构主义以及阿尔都塞的意识形态国家机器理论、葛兰西的霸权理论等一系列来自欧洲大陆的理论。这些理论在推动文化研究发展的同时，也使其像喜鹊一样"东抓一把，西抓一把，把什么东西都抓到自己的窝里"④。文化研究对各种理论的广泛征用，使其对当代文化作出了较好分析，然而也使它完全

---

① 张江：《强制阐释论》，《文学评论》2014年第6期。
② 同上。
③ 陶东风主编：《文化研究精粹读本》，中国人民大学出版社2010年版，第13页。
④ 金惠敏：《听霍尔说英国文化研究》，《首都师范大学学报》（社会科学版）2006年第5期。

偏离了文学研究的轨道，离文学文本愈来愈远。

其次，英国文化研究存在关于权力的主观预设。威廉斯在20世纪五六十年代之所以提出新的"文化"内涵，其目的是反对阿诺德与利维斯等人所持有的精英主义的文化观念，并指明英国自工业革命开始就在大众文化领域存在一种不断发生的"漫长的革命"。但是，文化研究在此后的发展中将文化与意识形态对等起来，甚至以意识形态来指代文化，这显然是将政治泛化开来，存在试图发掘一切文化现象背后的政治动机的过度恐慌。更为重要的是，文化研究这种泛化政治的趋势愈演愈烈，"意识形态的概念逐步让步于权力的概念"。除此之外，"人们对于英国文艺传统的摒弃、向马克思主义的转变和阿尔都塞与葛兰西发起的各种修正、女权运动和后殖民主义批评的兴起以及人们向福柯的转变——上述所有运动中权力始终是最为明显的主题"①。文化研究发展到后来，努力从权力关系的角度审视所有文化问题，认为青年亚文化、种族、性别、身份乃至性取向等问题都与权力有紧密联系。这已经违背了批评的公正性原则，在理论研究过程中存在着明显的主观预设——前置立场。这种立场的思维路线是，"在展开批评以前，批评者的立场已经准备完毕，批评者依据立场选定批评标准，从择取文本到作出论证，批评的全部过程都围绕和服从前置立场的需要展开"②。正是因为有了关于权力的主观预设，文化研究在针对具体文化现象做出分析时，"就把对这个概念的讨论要么变成一种嗓门比赛，要么变成向情感强烈的私人世界的退缩，人们显然也就失去了某些东西"③。

再次，英国文化研究在证明过程中存在非逻辑性问题。文化研究由于存在前置的研究立场，在逻辑论证过程中必然存在着非逻辑性的问题，也就是"为达到想象的理论目标，批评无视常识，僭越规则，所得结论失去逻辑依据"④。文化研究在这方面最突出的表现是存在

---

① [澳]马克·吉布森：《文化与权力：文化研究史》，王加为译，北京大学出版社2012年版，第2页。
② 张江：《强制阐释论》，《文学评论》2014年第6期。
③ [澳]马克·吉布森：《文化与权力：文化研究史》，王加为译，第243页。
④ 张江：《强制阐释论》，《文学评论》2014年第6期。

着无边界推广的问题。"这是指在逻辑上的全称判断靠个别现象和个别事例,亦即单称判断来证明。普通逻辑的规则是,完全归纳可得出一般结论。完全归纳不可能实现,大概率统计亦可以有近似的全称判断。个别事例无论如何典型,只能是单称判断的根据,不能无约束地推广为普遍适用的全称结论。"① 简单来说,理论的归纳与升华都应该以具体的现象与实践为基础,应该较为周全而又严密地涵盖所有个案的某种特点,因为哪怕是出现一个与理论相悖的具体个案,理论就将是一种无法成立的虚假理论。文化研究的亚文化理论尽管存在非常广泛的影响,也在一定程度上说明了青年亚文化的积极意义,但自提出开始就受到其内部一部分学者的批评。"这种研究本质化地假定了青年消费行为的政治抵抗性,甚至想当然地认为生活消费品一律都会被用于各种抵抗策略,从未真正考虑过青年人为了'娱乐'而扮演各种'亚文化'角色这一问题。"② 亚文化理论的确存在着对青年亚文化现象的强制阐释,不但将一切小众化的非主流行为都看作是抵抗性的,而且努力从政治立场上判断青年文化,认为它建立在"工人阶级文化的基础上","是对由各种机构形成的组合体的文化回应","是在受支配的同时也有创造性的回应"③。

最后,英国文化研究还存在从抽象到具体的反序认识路径。霍加特的《识字的用途》作为文化研究的发轫之作,既描写了20世纪30年代工人阶级的文化生活,又通过对大众出版物、自动唱片机等个案的深描知名工人阶级生活方式在20世纪50年代所出现的"堕落"。这种以细读方式对以工人阶级为主体的大众文化的分析,为文化研究后来的发展奠定了方法论基础。但是,进入20世纪70年代后,文化研究以个案细读为主要特点的文化批评方法不断遭到冲击,与之相反的是,抽象化的理论分析与建构色彩则日趋强烈。特别是经过了20世纪70年代以后的葛兰西转向的理论发展,"开始将研究重心转向文

---

① 张江:《强制阐释论》,《文学评论》2014年第6期。
② [英]斯图亚特·霍尔等编:《通过仪式抵抗:战后英国的青年亚文化》,孟登迎等译,中国青年出版社2015年版,第17页。
③ 同上书,第377页。

化的意识形态属性以及文化与社会权力的组合关系上来"，① 本·阿格针对文化研究的这一问题指出："文化研究需要放弃其浓厚的学术行话，并取而代之地发展一种更为广泛、更为公共的俗语；否则就不可能将文化研究当成有力的、政治化的意识形态批评模式来植入到日常生活的兴衰中。让文化研究埋葬在少数学术批评家的理论图书馆里则违背了文化的政治功效，而这种功效是参与的、关联的文化研究方式的重要特征之一。"② 文化研究的这种弃实践而重理论的研究方法，颠倒了认识路径，出现了抽象与具体的错位。理论的生成"从抽象出发，改造、肢解具体，用具体任意证明抽象。另一方面，隔绝抽象，抵抗抽象，用碎片化的具体替代抽象，理论的统一性、整体性、稳定性遭到瓦解"③。霍尔的《编码/解码》就出现了这一问题。这部著作借助结构主义与话语理论富有开创性地提出了积极受众论，但因偏重于理论推演而忽视了现实受众的复杂性，建构出只能在话语层面进行积极抵抗的抽象化受众。④

三

英国文化研究作为一种以大众文化现象与产品为研究对象的文化社会学，因其自身所存在的缺陷而逐步与以具体的文学作品和审美现象为观照对象的文学理论与美学研究分道扬镳。英国文化研究的重要代表人物霍尔与本尼特晚近的研究就是很好的例证。霍尔尽管早年在牛津大学取得了文学硕士学位，研究过通俗艺术、阅读政治学等文学理论问题，但"霍尔从根本上改变了人文学科领域的传统方向，向我们展示了文化研究的风采。不论是从理论角度还是从实践意义上讲，霍尔从批判的视角，向我们展示了文化演变的过程，昭示了大众文化

---

① 段吉方：《论20世纪英国文化研究中的"葛兰西转向"》，《文学评论》2014年第2期。
② [美]本·阿格：《作为批评理论的文化研究》，张喜华译，河南大学出版社2010年版，第14页。
③ 张江：《强制阐释论》，《文学评论》2014年第6期。
④ 参见金惠敏《抵抗的力量绝非来自话语层面》，《文艺理论研究》2010年第2期。

所具有的重要理论与政治意义"①。与此相似,本尼特早年主要从事艺术和文学社会学研究,曾出版过《形式主义和马克思主义》《文学之外》《文本、读者、阅读构型》等论著,但从20世纪80年代起主要从事"文化与政府统治之间的关系""博物馆和其他收藏机构等的运作"的研究,强调"以不同的方式对文化研究所关注的问题重新进行理论表述,这样做的目的是将对文化与政府实践之间的关系问题的关注包括进来"②。尽管文化研究的这些新进展与文学理论仍然有一定的交集,并且根本无法做出泾渭分明的划分,但坚守"本体阐释"这一"以文本为核心的文学阐释"原则才能破除英国文化研究自身所存在的缺陷,"让文学理论回归文学"。当然,"本体阐释"作为"主张以科学的理论指导文本阐释"③的理论,应该在充分意识到英国文化研究与中国文学实践之间错位的同时,审慎地吸收与借鉴文化研究的某些合理方法。

首先,文化研究直面现实文化经验的实践性品格具有重要的启示意义。长期以来,文学理论由于"直接从其他学科截取和征用现成理论","这种脱离文学经验"做法的直接后果是:"文学理论无关文学。文学充当了其他理论的佐证工具,文学学科特性被消解。"④ 文化研究尽管对文学研究而言具有明显的场外征用的特点,并且20世纪70年代之后在一定程度上存在着认识路径的反序问题,但其前期却拥有明显的实践性品格,能够直面当下正在发生的文化经验,并对鲜活的经验做出灵敏的反应。"文化研究衡量真理之有用性和知识之有效性的尺度,至少在文化研究自身探索的特定语境中,是它们打开新的、至少是想象的改变现实的可能性的能力。文化研究不仅把人们生活的杂乱世界带入学院,而且它要求后者服务于前者。文化研究拒绝把学院的形象看做某种程度上从学院以外的社会力量中分离出来

---

① 武桂杰:《霍尔与文化研究》,中央编译出版社2009年版,第97页。
② [英]托尼·本尼特:《本尼特:文化与社会》,王杰等译,广西师范大学出版社2007年版,第25页。
③ 毛莉:《当代文论重建路径:由"强制阐释"到"本体阐释"——访中国社会科学院副院长张江教授》,《中国社会科学报》2014年6月16日。
④ 同上。

的、躲避这种力量的东西。"① 随着数字技术的发展以及消费社会的到来，文学作为一种历史悠久的艺术形式也不得不积极应对因时代发展而出现的一些新问题，以及由此引发的一些新挑战。"本体阐释"既要"由对先验理论的追逐回到对实践的认识，让文学理论归依文学实践"，更要努力提升自身积极观照现实的实践性品格，"以文本为中心，对单个文本的阐释做出分析，对大批量文本的阐释做出统计，由个别推向一般，上升飞跃为理论"②。

其次，英国文化研究擅长借助各种理论从事个案研究的思路值得重视。"本体阐释"实践性品格的凸显，既要"在生成过程中接受其他学科研究方法、研究思路的启迪和影响"，当然"其前提和基础一定是对文学实践的认真研习和深刻把握"，更要"以文本为依托的个案考察"。"这是建构中国特色文学理论体系最切实有效的抓手，也是最具操作性的突破点。"③ 在这一点上，文化研究有着非同寻常的借鉴价值。文化研究进入中国之后，多数情况下都被视为一种理论话语，不断引发诸如学科特点、理论价值与逻辑脉络等宏观理论问题的争议。正如有论者指出："当前，'文化研究'的理论探讨非常多，做个案分析和个案研究的却非常少，这与西方形成了鲜明的对比。个案研究在当代西方的'文化研究'中具有很重要的地位，但在中国的文化批评中却很少运用。"④ 其实，仔细审视文化研究在中国近20多年的发展，个案研究尽管出现的比较少，但确实有着不可忽视的价值。《表征》作为文化研究的扛鼎之作，最为明显的特点是分析了法国战后平民主义摄影、博物馆、男性表现与肥皂剧等文化个案。"本书包含的个案分析向我们展示了那些原创性理论的具体应用途径和思路，颇具示范效应。文中对个案的分析，角度新颖，尖锐犀利，使所应用的理论显得特别有效和有力，有很强的可操作性。"⑤

---

① 陶东风主编：《文化研究精粹读本》，中国人民大学出版社2010年版，第13页。
② 同上书，第126页。
③ 张江：《当代西方文论若干问题辨识——兼及中国文论重建》，《中国社会科学》2014年第5期。
④ 金元浦：《文化研究：学科大联合的事业》，《社会科学战线》2005年第1期。
⑤ [英]斯图尔特·霍尔：《表征》，徐亮等译，第617页。

最后,"本体阐释"应该借鉴英国文化研究的民族志方法。"民族志是英国文化研究最具特色的方法之一"①。这一方法最早来源于文化人类学,它主要强调研究者应该站在客观中立的立场上,以参与观察的方法对异民族文化进行深度描述。霍加特和威利斯等理论家都曾使用这一方法研究工人阶级的社区生活。英国文化研究在后来的发展中尽管也对这一方法存在一些争议,但仍然将其作为一种能够更为客观、真实地再现现实的策略不断加以改进和运用。"民族志学研究仍旧是文化研究中一项相当重要的元素。在当代文化研究中心内部的历史中,民族志学扮演策略性的角色,不仅能够衔接描述性的社会人类学,也能够联系'由下而上的历史'。霍尔曾经提到他自己也关注到这种衔接关系,并且注解各种符合这种'新社会历史'范畴的研究。"② 英国文化研究借助民族志的研究方法,不但客观地描述并还原了日常生活中的各种文化现象,而且努力将其与更为广阔的社会生活联系起来,实现对文化现象与其物质条件之间的复杂联系的有效解释,"本体阐释"因为既要破除以往理论僭越文本的弊端,"以文本为标准,尊重文本自身的确当含义",又要以文本作为阐释的起点,打破长期存在的文学外部研究与内部研究互不往来的理论困局,还要努力观照"文本生成的社会历史背景""文本的历史与传统""文本的读者和社会反应"③ 等外部问题,所以应该借鉴民族志方法,对文本保持适度客观的立场,努力实现文本与社会历史语境的有效连接。

---

① 罗钢等编:《文化研究读本》,中国社会科学出版社2000年版,第26页。
② [澳]格雷姆·透纳:《英国文化研究导论》,唐维敏译,亚太图书出版社1998年版,第210页。
③ 毛莉:《当代文论重建路径:由"强制阐释"到"本体阐释"——访中国社会科学院副院长张江教授》,《中国社会科学报》2014年6月16日。

从文本理论看20世纪西方文论中的"强制阐释"问题[*]

董希文[**]

20世纪西方文学批评与研究中"强制阐释"倾向的出现、蔓延与20世纪西方追求现代性的特殊文化语境相关,更与在此过程中强势发展的文学文本理论联系密切。文学文本理论与强制阐释互为干扰,具有复杂关联。一方面,文本理论强调文学研究必须立足文本展开,按照常理,一般不会导致脱离文本的强制阐释倾向的产生;另一方面,既然是强制阐释,很难保证立足文本展开,因为在强制阐释中论者主观意图和观念先行的意味很浓。但实际情况是,偏偏是文本理论促进了强制阐释倾向的产生,个中关系值得深入探究。

一 强制阐释与文本理论的关联

"强制阐释"是新近张江先生针对20世纪西方论文发展特征提出的一种重要认识。"强制阐释是指,背离文本话语,消解文学指征,以前在立场和模式,对文本和文学作符合论者主观意图和结论的认识"。[①] 张先生将其基本特征概括为四个方面:场外征用、主观预设、非逻辑证明和混乱的认识途径。该认识一针见血,可谓把握住了西方

---

[*] 本文为教育部人文社会科学重点研究基地重大项目"文学文本理论研究"(12JJD750020)的阶段性成果,原刊于《南京社会科学》2016年第8期。

[**] 作者单位:鲁东大学文学院。

[①] 张江:《强制阐释论》,《文学评论》2014年第6期。

文论的"病根"。不同于生活中的强制事件,文学批评中的强制阐释既不是利用政治权利,也不是凭借经济实力强制进行,而是凭借意志力量、运用场外征用方法和理论肢解文学作品,得出不符合作品本身实际的结论。因此,在文学批评活动中,"强制阐释"的产生大多不是因为外力强制,更多情况下,是批评主体自我强制的结果。就文学批评而言,强制阐释一般有两种不同情况:一是方法上的强制,批评主体毅然决然地采用某种方法或立足某个视角去阐释文本,得出不同于作者创作意图、但文本客观上蕴含的意义。二是观点、认识方面的强制,批评主体采用某种立场或前见阐释文本,得出不符合文本原意但符合论者主观意图的解释。尽管方法上的强制容易导致产生与文本作者意图并不一致的观点和认识,但它毕竟不同于强制立场和囿于前见的批评,在更多情况下,这一"强制"体现为一种自觉的方法论意识和理性批评视野。无论是方法的强制还是观点的强制,自古有之。古代希腊的"模仿"论与汉代经学研究中的"天人合一"论等就属于方法的强制,而中世纪西方的神学批评与中国秦汉时期的伦理道德批评等就具有鲜明的观念先行特征。20世纪西方文学批评与研究中强制阐释倾向尤为突出,强制阐释大行其事有其历史的必然,但更与文本理论的形成与转型密切相关。

　　文本理论是一种关注文本自身特质与读者解读、批评关系的重要理论倾向,在20世纪西方文论中具有重要影响。文学理论之所以关注作品本身,这有多方面原因。一方面,是对此前理论界忽视作品研究的反拨与矫正。20世纪以前,特别是浪漫主义兴盛时期,情感论、才性论、天才论、想象问题、灵感问题是文论研究的重点。20世纪初,从俄国形式主义开始,则从根本上扭转了这一研究方向,开始立足于"文学性",探寻文学作品自身特点。国内学者张冰论述过俄国形式主义这种开风气之先的作用:"把历来是神秘的美的发生学基础,变为可操作、可定性定量分析的一种过程。这就把笼罩在美身上的形而上学迷雾一扫而光,将其还原为可视可感可分析可操作的美。"[①]另一个重要原因是语言学研究方法的影响。"语言学已经跃居西方人

[①] 张冰:《陌生化诗学》,北京师范大学出版社2000年版,第82—83页。

文科学的领导地位，这门科学的高度理论性使它成为任何思考的出发点……语言学为人们提供了一种关于人类现实的符号学的描述模式和说明模式。"① 其中，索绪尔结构语言学方法对文艺研究影响巨大，甚至其本身的缺憾也直接遗传给了文艺研究，其注重整体性、结构性、宏观性的特点使得文论家常常忽视了单个作品和读者个体体验的存在，使得结构主义文论成为一种脱离实践的理想逻辑论证。语言学理论的兴盛给20世纪西方文本理论的发展带来了难以估量的影响。

总体而言，20世纪西方文本理论经历了由作品到文本、由自在到建构的跳跃式发展过程，在这一过程中产生了形形色色的文本观念。这些理论观念既相互联系，又有着对文本问题的独特认识，相与共生，争奇斗艳。完整的文学活动涉及作者、文本、读者和世界四个要素，在整个20世纪文本理论发展过程中，各种文本观念的争鸣主要是在与后三种要素的关联中完成的。细究起来，文学文本理论主要有三种形态：语言客体文本理论、读者审美解读文本理论、话语意识形态文本理论，相应地分别关注了文本与自身存在、读者和世界的相互影响关系。尽管所有文本理论都强调立足文本进行文学批评或研究，不存在"背离文本话语"现象，但它们却最大限度地刻意割裂文本与作者的联系，夸大了读者（批评家）解读、研究文本的主动性和多样性，很容易导致文学研究得出"符合论者主观意图和结论"的强制性认识。20世纪西方文论强制阐释倾向的程度及效果与文本理论强势形成及其类型联系密切。

二 语言客体文本理论与强制阐释

20世纪西方首先出现的是语言客体文本理论。语言客体文本理论将文学文本视为封闭的语言客观存在物，文本是一个独特的语言"织体"，有其特殊的品质和组织规律，有关文学的一切秘密都只能在该"织体"内部寻找，与外部现实毫无瓜葛。语言客体文本理论发展跨度较大，从肇事于20世纪初的俄国形式主义文论一直延续到

---

① 盛宁：《人文的困惑与反思》，生活·读书·新知三联书店1997年版，第39页。

从文本理论看20世纪西方文论中的"强制阐释"问题

70年代盛行的解构主义文论,几乎席卷整个20世纪,产生了广泛影响。语言客体文本理论强制性地将文本视为一个语言事件,文本的意义及价值与文本之外的社会现实没有关系,封闭性的文本分析是文学批评与研究的唯一方式。语言客体文本理论突出地表现为方法的强制,强制运用语言学方法并根据语言特质研究文学,文本形式规律探究是其关注的重点。语言客体文本理论学派众多,各学派都有不同的探究文本之谜策略。

俄国形式主义文论十分关注文学语言表现技巧问题,它们认为,文学语言能够精确地传达作者的体验与感受,但文学语言不同于日常语言,它必须经过艺术技巧处理,只有这种具有阻拒性、扭曲性的"陌生化"语言才能引起读者的新奇感和注意力,读者仅凭着对语言本身的体验与分析就可以形成对现实世界的重新认识。所以,文本批评就是对语言形式陌生化程度的批评,就是对造成文本与现实保持必然距离的各种创作技巧的分析,文学研究就是剖析文本语言技法及其艺术价值。正如什克洛夫斯基所言:"新的形式的出现并不是为了表达一种新的内容,而是为了代替已经失去审美特点的旧形式。"[①] 由于文学存在的载体形式即为语言,因此,俄国形式主义文论探究文学语言的独创性立足本体展开,较少强制色彩。

新批评文本理论更为关心文学语言特质,它把文本视为一个封闭的语言有机体——孤立的与外部现实没有任何联系的客观存在物。文本分析不关心内容,只关心文本"肌质"本身。"细读"分析是新批评理论采用的唯一的批评方法,该方法主张立足文本本身,从语言入手,逐层展开,重点研究语境对文学语言的"变形"功能,留意文本特殊表达所带来的"张力"效果,挖掘文本中含混、悖论之处,找出其中包含的神妙精微之意义。新批评理论采用实证的自然科学方法剖析文本,妄图通过细致剖解、辨析文本语言以发现文学传达人类经验的精妙性和准确性,其强制性表现在对社会历史批评、心理批评和伦理道德批评的决绝排斥,对语言分析和文本结构分析的过分迷

[①] [俄]艾亨鲍姆:《"形式方法"的理论》,参见托多洛夫《俄苏形式主义文论选》,蔡鸿宾译,中国社会科学出版社1989年版,第35页。

恋，是方法的强制导致了其研究文学人学价值的迷失。

结构主义文论认为文学文本与语言具有类似的结构，其特殊的深层结构制约着形色各异的具体文学文本形态。结构主义文本研究采用结构语言学方法，其研究的着眼点在于以语言学二元对立原则挖掘文本中可能存在的对立组合，以期发现一种新的结构模式。结构主义文论甚至并不关心作为个体的孤立文本，而是以个体文本为凭借挖掘其深层叙事模式，最终目的在于揭示文本间联系及共同享有的深层结构，渴望建立一种文本科学。不可否认，剖析文本结构层次，有利于文学研究有序展开；毋庸置疑，归纳、整理文学叙事模式，有利于从整体上研究文学特质；但文学毕竟是"人学"，文学活动要再现人类丰富生活、表现人们内心细微感受，文学研究当然应该关注其中渗透的人类情感活动。结构主义文论看到了文学作为语言活动与语言科学的内在关联，并尝试运用语言学方法解释文学问题，有其创新的一面；但其强制性地根据语言法则探究一切文学问题，特别是将文学文本视为一个封闭的、受深层结构影响的无个性特质的语言存在物，其牵强、僵化与固执的面目便愈发清楚了。

解构主义文本理论的核心是颠覆结构、拆解语言、指出意义的不确定性，互文性也是其着力探讨的一个问题。解构的基础是首先让人们必须认识到影响人类认识世界、形成知识的语言本身是不可信的；由语言自身区别与差异产生的意义更是不确定、不准确的，因为在语言系统内部这种区分因层级的不同而处于无限进行之中，意义一直被毫无理由地推延和延宕，意义一直处于被构建的"路上"而不得留驻。解构主义在其产生之时，主要是运用语言学方法，从文本语言入手拆解结构主义大厦的基石，但其后来逐步延伸到对文本主旨和意义的拆解，成为女性主义、新历史主义和后殖民主义等诸多"后"学理论的立论基础。解构主义文论最大的缺陷在于拆解了传统，使过去的人文大厦轰然倒塌，成为一堆破碎的瓦砾；但要重构何种大厦和精神支柱，其目标并不明确。在其身上，破坏的快感多于构建的奢望，这在一定程度上也影响了其公信力。在解构主义理论家身上，不仅存在着语言学方法的强制使用，而且还有着几近于固执的、强烈的质疑传统和反抗稳定结构精神，认识与观点强行介入文学研究的倾向也较为突出。

　　语言客体文本理论如同韦勒克所言的"内部研究",都将文本视为诗性语言存在,都将文学研究看作特殊的语言分析。语言客体文本理论虽然强制运用语言学方法研究文学,但并未给人以"强制"之感。这一方面在于文学即为"语言的艺术",采用语言学方法研究文学理所当然,是其"分内之事";相反,传统上将文学绑架于政治、宗教、伦理道德等"分外"之事,反而不近科学。就此而言,立足文本的文学语言学才是科学意义上的文学研究。另一方面,20世纪初中期"语言学转向"业已形成,各种语言学方法已渗透人文社会科学研究诸多领域,成为主导的研究方法和"显学"。仿佛不采用最先进的语言学方法、特别是结构主义语言学方法研究人文社会科学,就显得守旧与落伍。这在一定程度上也掩盖、遮蔽了文学语言学研究的强制色彩。

三　读者审美解读文本理论与强制阐释

　　20世纪50年代以后,读者理论成为显学,接受美学、读者反应批评凭借这股东风登上历史舞台,读者审美解读文本理论就是在这一思潮中形成的一种文本理论形态。读者审美解读文本理论强调文本在文学阅读及研究活动中的基础地位,并着意探究文学语言特质及文本特殊结构层次,但与语言客体文本观念有所区别,其剖解文本结构的用意在于指出文本是一具有空白点的意向性存在物,其意义与价值的实现只有与读者展开双向交流才能完成,是读者的审美性阅读、填空与对话保证了文学文本审美价值的最终实现。

　　读者审美解读文本理论的哲学基础是现象学。在现象学看来,文学文本即为读者审美阐释的特殊意向性客体,唯有在与读者展开双向交流中才能获得意义阐释的多种可能。把现象学方法引入美学、文学领域的是罗曼·茵加登,这位波兰美学家最重要的贡献就是提出了文学文本客体结构理论。在茵加登看来现实生活中有两类意向性客体,一类是认知行为的意向性对象(包括实在对象和数学中的观念性对象),另一类是纯意向性对象。文学文本属于后者,其结构包括如下四个渐次递进的层次:"(a)语词声音和语音构成,以及一个高级层次的现象;(b)由句子意义和全部句群意义构成的意群层次;(c)图式化外观层次,作品描绘的各种对象通过这些外观呈现;(d)在句子投射的意向性事态中描绘的客体层次。"① 不同意向性客体有不同结构层次,相较而言,前者纯粹单一,而后者则充满不确定因素,需要更多调动主体积极的参与能力。"前者有一种离开认识主体而独立的'自足性',而艺术性对象中只有一部分属性通过作品呈现出来,其余属性则有待于观赏者的想象力来补充,因而就不是自足的。他认为美学的(纯意向性)客体与实在的客体之间有着清楚的界限,不能像胡塞尔那样一律'还原'为观念性的东西。"② 文学审美阅读必然需要读者与文本展开双向交流。

法国现象学美学家杜夫海纳进一步深化了文本审美阅读及其多重效果的观点。他认为审美活动中主体的参与至为关键,艺术作品在读者阅读之前还不是审美对象,仅仅是一物品,读者的审美意向性活动使其美的潜能变为现实。为此他提出了几个重要命题:艺术作品加上表演者的表演等于审美对象,艺术作品加上目击者等于审美对象,艺术作品加上公众而成为审美对象。当然,审美经验的形成也须借助审美直观形式,艺术作品包括由浅入深的三个层次:感性、主题和表现,审美主体知觉结构也由三层构成:呈现、再现和情感。在审美直观活动中,艺术作品与审美知觉各个层次达到契合,读者的美感与文本的审美意义得以产生。

将读者审美阐释文本理论发展到顶峰的是德国文艺理论家伊瑟尔。伊瑟尔以现象学理论为指导,细致阐述了文本解读过程。他认为文本解读过程是文本特殊的"召唤结构"与读者"游移视点"双向运动、和谐统一的互动过程,其中较少存在强制阐释的可能。"召唤结构"是文学文本的最根本结构性特征,它引导读者积极介入解读过程,使文本的潜在意义得以挖掘与具体化,并使读者最终获得再创造的愉悦。"召唤结构"包括三种结构功能性因素"空白""空缺"和

---

① 蒋济永:《现象学美学阅读理论》,广西师范大学出版社 2001 年版,第 31 页。
② 李幼蒸:《结构与意义》,中国社会科学出版社 1996 年版,第 288 页。

"否定",但在文本与读者的交互活动中,三种结构性因素功能与作用并不相同。"空白"作为文本固有的静态结构性因素,是形成"空缺"和"否定"的基础,没有"空白",文本全都是质实的书写,读者的想象无法产生,后两者根本不可能存在。"如果文学本文将其诸因素组织得明明白白,一目了然,那么我们作为读者,就会不屑于读,或者抱怨本文不给我们任何主动的余地。"①"空缺"是解读过程中出现的动态结构性因素,它由读者不断转换的视野以及由此导致前后比照所产生,构成了读者对文本局部的全新认识。"这些空缺可以通过相互修正来使读者将片段连接在一个'场'中,从而能使读者从这些'场'出发来组成各种视野,然后使每一视野与先导的及后续的各种片段相适应;这一过程通过更替集中注意点和背景关系的一系列活动,使文本的图景发生根本变形,而产生其审美对象。"②"否定"作为文本解读的功能性结构因素,它主要发挥着阅读动力的作用,唤起读者的兴趣与探究欲望,更新读者的视野,推进解读活动持续深入。伊瑟尔高度肯定了这种作用:"否定性充当表现与接受之间的一种调节,它发起了构成活动,这种构成活动对实现产生变形的潜在条件必不可少。在这个意义上,否定性可称为文学文本的基本结构。"③

与此同时,读者如何介入文本?如何将文本的潜在结构性因素激活,真正实现其应有效能?为此,伊瑟尔提出了"游移视点"范畴。"游移视点"不是文本某种固定不变的所有物,而是读者的一种阅读审美期待,是读者意识的积极参与造成其变动不居,具有了"游移"的性质。伊瑟尔说得很清楚:"在文本中……每一个个别句子的相关物都预示了一个特殊的视界。因此被文本预示出来的视界就会给读者提供一种观点,这种观点(不管它有多么具体)必须包含不确定性,

---

① [德]伊塞尔:《阅读活动——审美反应理论》,金元浦等译,中国社会科学出版社1991年版,第105页。

② [德]伊塞尔:《文本与读者的交互作用》,转引自朱立元等主编《西方美学通史·二十世纪美学》下,上海人民出版社1999年版,第312页。

③ [德]伊塞尔:《阅读行为》,转引自朱立元等主编《西方美学通史·二十世纪美学》下,上海人民出版社1999年版,第313页。

以便唤起读者对于解决这些不确定性的方式的期望。这样，每一个新的句子相关物都会回答前一个句子相关物引起的期望（或者肯定地回答，或者否定地回答），同时唤起新的期望。""已经被读过的东西在读者的记忆中缩小成为一种经过压缩的背景，但是在新的语境中，这种背景又不断被唤起，并且被新的句子相关物修改，这样就导致了读者对过去综合的重新建构。"① 在伊瑟尔看来，在文本解读过程中，文本和读者时刻保持紧密的互动关系，其互动效果就是独特文本意义的出现。在文学解读活动中，很少有读者意识的强行介入，更多情况下是文本吸引读者、引导读者解读，文本意义产生于两者的交互、合作运动。

读者审美解读文本理论既是一种文本理论，也是一种审美观念，它继承了文学研究关注文本客观存在的时代观念，伴随20世纪中期读者意识觉醒而兴盛，并产生长远影响。它对探究阅读鉴赏心理过程、审美经验的产生、审美客体结构层次及主客体关系等理论问题富有启发价值，并且直接发展或影响了接受美学、读者反应理论等文艺美学思想的走向。但细究其理论指向，可以发现读者审美解读文本理论虽然一直认为读者介入对于文本意义的现实转换非常重要，甚至是决定性的，但这并不意味着忽视文学文本独特的结构构成及其"召唤"作用。甚至可以做出这样的结论：两者和谐统一、融为一体，是一种门当户对的相互选择，并没有谁强制谁的因素。读者的审美解读是一种忘情的投入，并非一定通过文本读出意志强加给大脑的东西，得出文本之外的其他意识形态观念。所以，读者审美解读文本理论巩固了文学解读、文学欣赏的理论基础，并细致剖解了解读的行进路线，同时也指出了一般性的文学解读活动不会带有强制阐释的可能。

四　话语意识形态文本理论与强制阐释

"'话语'（discourse）原是语言学中的一个概念，指构成一个相

---

① ［德］伊塞尔：《阅读活动：审美响应理论》，霍桂桓等译，中国人民大学出版社1988年版，第148—149页。

当完整的单位的语段。通常限于指单个说话者传递信息的连续话语。"① 出于对结构主义文论的反叛，福柯赋予"话语"以新的含义："话语"是一种人类社会实践方式，该活动以语言存在为凭借，但其中纠结各种社会文化力量的渗透和介入。福柯认为文本并非意义的中心，但它是意义产生的前提，文本阐释应该作为一种话语活动展开，特别需要关注外部文化语境特别是政治经济力量和意识形态操控的介入。"话语"是人类的一种主要实践活动，文本阐释则是一种文化实践，文本意义并不唯一，而具有多种可能性和无限生成空间；文本释义也非静态，而是文本与社会文化因素的互动过程。童庆炳先生干脆将"话语"界定为"特定社会语境中人与人之间从事沟通的具体言语行为，即一定的说话人与受话人之间在特定社会语境中通过文本而展开的沟通活动，包括说话人、受话人、文本、沟通、语境等要素"。② 这一论断很有道理。

　　所谓话语意识形态文本理论，就是20世纪60年代后出现的一种源于文本理论的变形文本观念。受解构主义思潮和后现代文化观念影响，从文本理论看20世纪西方文论中的"强制阐释"问题它强调文本释义的多样性；受读者理论影响，它更加关注文学研究过程中读者的积极参与功能；特别是受言语行为理论影响，它更倾向将文学文本视为一个语言事件——"以言行事"，文学文本是一种特殊的表意实践方式，文学研究乃至文学解读也是一种读者或批评家介入现实的特殊行为。从方法论基础上说，这种理论坚持语言学分析模式与意识形态生活（社会现实）的有机统一，两相兼顾，并不顾此失彼。具体说来，此处的语言学模式是解构的语言学模式，此处的意识形态是阿尔都塞意义上的意识形态，两种新的研究视角在话语意识形态文本理论中做到了较好结合。其研究目的就是打破传统封闭语言观、反对机械的意识形态理论，主张把文本研究作为一种文化事件或人的意指实践活动来看，文本研究不仅分析其中包含的意识形态观念，更要揭示

---

　　① 朱立元、张德兴：《西方美学通史》第7卷下，上海文艺出版社1999年版，第376页。

　　② 童庆炳主编：《文学理论教程》，高等教育出版社2004年版，第69页。

意识形态是如何进入文本并如何通过文本发挥作用的，即研讨话语意识形态文本生产的规律。其中，后者又是该理论关注的重点。

话语意识形态文本理论在 20 世纪 60 年代后的西方马克思主义文论与美学中表现尤为明显。翻开历史可以发现，在形式主义文论兴盛之时，很多有识之士就注意将语言形式问题引入马克思主义体系，并产生了一定影响，巴赫金提出的"对话"理论以及对语言意识形态特性的分析即为代表。"语言的准确性、精炼、欺骗性、分寸性、谨慎等特点，当然不能认为是语言本身的特点，正如不能把语言的诗学特征看作语言本身的特征一样。所有这些特征不属于语言本身，而属于一定的结构，并且完全决定于交际的条件和目的。"[①] 此处所说的"交际条件和目的"就是与意识形态密切相关的现实社会需要。20 世纪 60 年代，异军突起的阿尔都塞扩大了"意识形态"的内涵，他认为"意识形态"是与人们生活条件相关、指导人们进行价值判断的信仰体系，它不再是一种纯粹理论，而是日常生活，其包含在普通生活的方方面面。意识形态理论研究的不是具体意识形态的内容，而是意识形态作为一套信仰和知识产生规则如何发挥影响。目前活跃于文坛的"西马"主将詹姆逊和伊格尔顿也受到了阿尔都塞学说的影响，尽管他们的思想都较为复杂，理论主张也不尽一致，但其理论结论却较为相似：文学文本研究绝对不能摆脱语言学方法，但文本研究又是一种意识形态生产；进而从根本上说，文本活动是一种文化实践，或曰文化修辞学。

20 世纪 80 年代以后，文学文本是一种话语间性存在，是人们意见交流的寓所，已经成为人们的共识，越来越多的批评家和文学研究者刻意从文本中发现属于自己的东西，甚至凭借文本、借题发挥阐述自己的主张。这一趋势在 20 世纪西方具有人本主义批判传统的文论学派中有集中体现，特别是 80 年代后出现的后殖民主义理论、女性主义理论、新历史主义理论乃至民族想象与文化认同理论、酷儿理论、生态批判理论等都发展了这一文学批评的文化诉求。在该类文学

---

① ［俄］巴赫金：《文艺学中的形式主义方法》，李辉凡译，漓江出版社 1989 年版，第 127 页。

研究中，观点的强制提出多于方法的强制运用。

总体来看，话语意识形态文本理论虽也强调立足文本，从文学文本是一个语言客体出发研究文学，但在这里语言学方法并不是必需的、唯一的方法，甚至对语言客体和文本的强调仅为研究凭借。更多情况下，该研究更为关注文本中的语言事件，将特殊的语言表达和言说方式视为不同文化观念干预现实、介入现实的必然体现。语言不仅仅是形式，语言形式背后涌动着价值诉求。文学研究就是通过话语分析查询这种隐匿的文化价值。由于见仁见智，上述理论派别中都不同程度地存在观念先行、"对文本和文学作符合论者主观意图和结论的认识"，强制阐释在所难免。

五　文本理论与强制阐释关系再思考

20世纪西方文学批评与研究的强制阐释倾向与文本理论的强势发展具有密切联系，其间关系复杂，值得深入反思。

第一，文本理论的形成导致强制阐释成为可能。20世纪以前，西方文学研究比较关注文学活动中的社会环境和作者因素，探究社会生活、作家经历在作品中的反映与渗透以及文学的社会功能，宗教伦理批评、社会历史批评、传记批评较为发达。20世纪以来，随着文学科学的确立，理论家更加关注文本客观结构及其语言特性，文本理论得以形成；加之读者意识的崛起，文学消费与解读成为整个文学活动的中心。如果说20世纪以前文学研究较为关注作者传意的准确性，文学批评以探寻作家意图与文学社会价值为主；那么，20世纪以后的文本批评则更加注重文本自身科学性及读者释义问题，文学研究不再刻意挖掘作家原意，而是"凸显"批评家声音。这就客观上为强制阐释提供了机会和可能。

第二，不同文本理论视域中，强制阐释产生的类型和程度有所不同。细致分析起来，文学接受活动可分为文学解读、文学研究和研究文学三个不同层面。文学解读即为一般性的阅读和赏析，以读者获得精神体验与享受为主；文学研究即为探究文学形式特质及构成规律，以建立文本科学为最终旨归；而研究文学则多以探究文学中包含的价值内容为指向，对文学活动进行文化研究。在上述三个层面中，三者既相互区别，独立完成文学接受的某一方面功能，又密切相连，共同承担文学释义任务。其中，前者是后者的基础，后者是对前者的进一步发展。20世纪形成的三种文本理论恰好提供了上述三种接受活动的理论基础：读者审美解读文本理论解析了文学阅读过程，其中不包含强制阐释；语言客体文本理论提供了文学研究的基石，在文学研究中含有强制成分，但基于研究科学性和客观性要求，这种强制多为方法的强制，本身无可厚非；话语意识形态文本理论提供了研究文学的新思路和新视角，放大了读者参与意识及文本的文化价值，使得文学之外的多种因素堂而皇之介入文本，为强制阐释大开方便之门。就此而言，文本理论对强制阐释的影响范围及程度需要仔细辨析与研究。

第三，文学文本理论为科学的文学研究提供了理论支撑，具有较高启发价值。毫无疑问，科学的文学研究必须立足文本展开，批评家在细读文本基础上，通过剖析文本语言、结构及各种表现技巧的运用，探究这些形式的变化如何导致了文本内容与现实生活保持一定的距离，从而产生特有的审美价值。读者审美解读文本理论科学地解析了文本阅读过程，指出了读者与文本之间交互关系之于文学阅读和研究的重要意义；语言客体文本理论科学地剖析了文学语言特质、结构层次及各种结构模式，提供了文本分析的理论依据和多种可操作方法；而话语意识形态文本理论则深刻地指出了文本与文化的互动关系，并提出了研究文本意识形态功能的多种视角，为文学的文化研究提出了很好的策略。尽管语言客体文本理论容易导致方法上的强制阐释，尽管话语意识形态文本理论不可避免地带来认识与观点上的强制阐释，但我们可以扬长避短，综合利用各自优点，构建科学的文学批评体系。一方面避免语言客体研究的纯形式主义倾向，另一方面，摆脱意识形态文化研究"脱离文本、直奔主题"的不良倾向，当避免了上述两者的强制阐释缺憾后，科学意义上的文学研究才会出现。

"后理论时代"的西方文论本体阐释问题考辨*

王 进**

晚近以来在中外学界普遍发生的文学理论危机,始终困扰以理论为业的文论家。欧美学界不断呈现"反对理论""抵制理论"和"理论之后"的理论厌倦症,中国学界则相继出现"失语症""理论过剩""后理论",以及"强制阐释论"的理论反思潮。其结果,作为思想本体的理论逐渐走下知识神坛,作为批评话语的理论日渐大行其道。回到"理论之后"的历史现场,不难发现"对理论的敌意通常只是意味着对他人理论的反对和对自身理论的遗忘"①。所谓的理论危机之说在国内外学界的提出,明显具有不同的理论渊源与文化诉求:欧美学界围绕"文学性"问题,关注理论话语与文学经验的张力关系;国内学界聚焦"本土性"问题,强调植根中国文学经验的理论生产。从理论旅行的本位意识来看,西方文论具有自身独特的"价值观体系与问题视域",对中国文论重建"只能是方法论意义上的启迪和借鉴"②。因此,围绕西方文论的本体阐释及其接受问题,本文梳理当代文论以不同形式出现的本体论危机,在此基础上分析其

---

* 本文为国家社会科学基金青年项目"米克·巴尔叙事诗学研究"(项目号:14CWW002)、广东省高等学校优秀青年教师培养计划项目[粤教师函(2014)145号]和中央高校基本科研业务费(暨南启明星计划)项目(项目号:15JNQM021)的阶段性成果,原刊于《云南社会科学》2017年第4期。

** 作者单位:暨南大学外国语学院。

① Terry Eagleton, *Literary Theory: an Introduction*, Minneapolis: University of Minnesota Press, 1983, p.7.

② 张江:《当代西方文论:问题与局限》,《文艺研究》2012年第10期。

理论生产的认识论困境、反思其理论旅行的对话论问题和探讨西方文论中国化的存在论经验。对西方文论强制阐释问题的清理，以及对其阅读接受现状的反思，有助于从本体阐释层面推进当代中国文论本体论话语的理论重建与范式转型。

一　西方文论的本体问题缘起

从西方文论的本体阐释来看，当下文论界并存着三种形态的本体论话语，即以意义本源为本体的经典本体论、以研究方法为本体的现代认识论和以存在经验为本体的后现代实践论。在此基础上，英国学者拉曼·塞尔登主张将西方文论划分为主体理论、形式理论与社会历史理论三类；中国学者杨慧林则指出西方文论的本体阐释主要包括"以语言、结构、文本为圆心的形式批评""以创作、接受、阅读为圆心的意义批评"，以及"以话语权力、意识形态为圆心的文化批评"。[①] 具体来说，形式理论以语言形式、文学修辞与文本结构为基点，将文学形式视为文论话语的本体；主体理论围绕作者意图、接受过程与阐释效果，将文学认知作为文论范式的本体；社会历史理论以专注文化再现、权力关系与意识形态为焦点，将文学经验作为文论言说的本体。因此，当代西方文论主要包括围绕文学形式、文学认知与文学经验的三种本体形态，并且具有不同的批评对象、研究范式与理论旨趣。然而，晚近以来的西方文论在经历数次理论转向之后，其本体论形态的文学理论逐渐被存在论形态的批评话语所取代，由此本体阐释的范式争议与理论悖论日渐突出。随着西方文论的本体问题从文学理论到文化理论的蔓延，各种主义的理论之争余音绕梁，各个学派的思想脉络尤显错综复杂。

当代西方文论的本体阐释困境，从源头上可以追溯到现代西方文学批评的本体论问题，最早体现为近代英国文学批评在认识本体与形式本体之间的两大传统范式之争。重视语文学与修辞学传统的牛津学派，提倡从文学的历史维度注重文学史书写与社会历史考据的认知本

---

① 杨慧林、耿幼壮：《西方文论概览》，中国人民大学出版社2013年版，第292页。

体；强调实用批评与文本细读传统的剑桥学派，针锋相对的主张从文学的形式维度关注文本结构细读与文学意义阐释的形式本体。围绕文学批评的本体问题，韦勒克协调在形式、认知与经验的理论偏执，勘定出专注形式本体的文学批评、关注经验本体的文学史，以及探讨认知本体的文学理论等三种本体阐释范式。韦勒克对文学理论的这种界定方式，无疑对当代西方文论的专业化发展具有极大的推动作用，然而也遗留下文学批评从本体阐释转向主体阐释的潜在危机。在韦勒克的基础上，萨义德进一步区分出实用批评、文学学术史、文学阐释和文学理论四种形式。但是，他本人同时强调：当代西方文论及其批评实践，沉浸在精英批评家和主流理论家共同界定的"文化"当中，已经偏离了现实社会的历史语境与政治诉求。[①] 也就是说，文学批评在内部研究与外部研究之间的本体阐释及其意义建构，逐渐延生成为文学理论的主体阐释及其话语空间。

围绕文学批评的本体阐释问题，乔纳森·卡勒进一步阐明西方文论在20世纪80年代之后的两个重要转向：其一，文学理论已经转变成为"理论话语的输出者"，其他人文学科"已经关注到文学批评家称为'理论'的发展，并转向寻求研究动力"；其二，"大学教育体制内部，曾经是作为文学批评主流形式的历史学术，已经逐渐被阐释批评所替代"。[②] 因此，当人文学科的热点从知识本体转向批评话语，文学批评的基点从公共学术转向学院政治，文学理论的焦点自然也就从历史学术转向阐释批评，文论教育的原点也就顺势从历史情境的人文精神转向思维训练的话语游戏。倘若脱离文论本体的人文关怀与历史意识，沉溺文论主体的自我言说与阐释快感，当代西方文论难免沦为一种术语拼贴和意义重构的思维技术与学术政治。按理说，文论本体是同时具有作为理论对象的本体论价值与作为理论范式的认识论意义，文论主体的各种阐释欲望积极推进文论本体的知识建构与范式转

[①] Edward W. Said, *The World, the Text and the Critic*, Cambridge: Harvard University Press, 1983, pp. 1-2.

[②] Jonathan Culler, *Framing the Sign: Criticism and Its Institutions*, Oxford: Blackwell, 1988, p. vii, p. 3.

型。然而，当代西方文论在理论形式与内容、理论主体与客体之间的二元对立现状，却不断造成其理论对象被消解的本体论危机，以及其理论生产被抵制的认识论困境。

二 西方文论的本体阐释困境

针对西方文论的认识论困境，卡勒强调"理论的不可控制性是人们抵制理论的一个主要原因"，他认为"过度扩张"的理论话语不但无助于从本体论层面深入理解文学文本与文化现象，而且无益于从认识论层面全面把握理论主体与阐释经验；[①] 应该说，文学经验源自生活，又高于生活，具有历史价值的文学创作与阅读离不开文学理论的思想指引；理论生产必须从文学经验当中来，又必须回到文学经验当中去，负有社会责任的理论话语依靠的是文学创作与阐释的历史经验。然而，对于当下语境的西方文论来说，它的发展轨迹似乎已经脱离作为文论本体的文学经验，片面转向作为文论主体的阐释欲望，其结果是"理论已经成为某种自给自足的主体，变成为其自身的学术追求"。[②] 原本作为认知对象的文学经验，逐渐被消解并被排除到当下语境的理论生产过程之外，原本作为认知方法的理论话语反而成为理论生产的元认知对象。或许，不少学者仍然赞许这种从文学理论到理论的"元理论"研究范式。但是，理论与实践的错位和倒置关系，实际上更多的是呈现一种从理论到理论的自我演绎与循环论证，以及理论过剩与经验匮乏的认识论困境。

保罗·德曼是较早提出"抵制理论"的欧美学者。他指出当代西方文论的"这种成型过程是成问题的"，由此主张作为文学文本的阅读经验与理论生产，并且强调"在任何理论之前，仅仅是阅读就能够改造批评话语，对那些设想以文学教育取代宗教、伦理、心理或知识

---

① ［美］乔纳森·卡勒：《文学理论入门》，李平译，译林出版社 2013 年版，第 18 页。

② Edward W. Said, "Orientalism and After: An Interview with Edward Said", *Radical Philosophy*, 1993（1）: 22 – 32.

史教学的人来说显示出深厚的颠覆力量"。① 对于以德曼为代表的这些"抵制理论"的理论家们来说,他们反对理论对象从文学性到理论性的范式危机,强调从理论回到文学理论的阅读经验与意义空间;他们抵制研究方法从理论到理论的认识论困境,主张在理论与实践之间的生成过程与对话空间;他们关注考察文学经验作为理论对象的阐释和建构过程,注重探讨文学理论作为研究方法的认知和反思范式。抵抗理论的欧美学者始终只是围绕当代文论的各种转型做足文章,却没有正面梳理和分析所谓"理论危机"的问题本质、思想动因,以及突围道路。对此,张江强调"依靠场外理论膨胀自己,证明了当代西方文论自身创造能力衰弱,理论生产能力不足,难以形成在文学与文论实践过程中凝聚、提升的场内理论"。② 西方学者对当代文论提倡的各种转向与转型,以文学场外理论的跨学科范式推进自身的理论生产,无法遮蔽场外理论话语泛滥与场内实践动力式微的认识论危机。就理论生产关系来看,借助场外理论的当代文论,至少在三个方面改写西方文论的传统模式与理论结构:其一,理论对象由具体的文学经验转向抽象的文化范畴;其二,研究范式由文学意义的阐释转向理论话语的演绎;其三,学术旨趣由审美意识的文学认知转向意识形态的文化政治。西方文论的文化转向,表面上看是文学理论场域缺乏原创动力的内部问题,或是文化理论场域强加影响推力的外部问题,在根本上却是西方学者群体的认识论转向问题。

正如彼得·巴里强调,理论生产必须产生于文学理论的经验维度,"不应向理论开出空头支票,要耗费多少时间让理论自己去填";另一方面理论生产又必须回到文学经验的理论空间,"不要无休止地容忍理论,理应要求理论做到明晰简练,并期待它能够言之有物"。③ 文学理论的经验维度也好,文学经验的理论空间也罢,西方文论的理

---

① Paul de Man, *The Resistance to Theory*, Minneapolis: University of Minnesota Press, 1986, p. 7, p. 24.
② 张江:《关于场外征用的概念解释》,《清华大学学报》(哲学社会科学版) 2015 年第 2 期。
③ [英]彼得·巴里:《理论入门:文学与文化理论导论》,杨建国译,南京大学出版社 2014 年版,第 7—8 页。

论生产与范式转型，必须围绕"文学性"的理论轴线，并且警惕"理论性"的越俎代庖。乔纳森·卡勒在提出文学理论转向理论之后不久，又再次主张理论回到文学理论，显然是认识到当代文论偏离理论对象的本体论危机，以及理论生产脱离文学经验的认识论偏向。正如他本人指出"现代理论中'文学是什么'这个问题之所以如此重要，就是因为理论突出了各类文本的文学性"，因此对"文学性"的思考是"把文学引发的解读实践摆在我们面前，作为分析这些话语的资料"，对"理论性"的探讨就是"把立即知道结果的要求搁置一下，去思考文学表达方式的含义，并且关注阐释意义是怎么产生的，以及阅读愉悦是如何创造的"。[①] 即是说，处于理论危机之下的当代西方文论，必须从理论的话语结构回到文学理论的经验现场。转向"文学性"之后的文学理论，需要更加关注文学经验的观念体系与话语结构，其理论生产也须围绕文学经验注重探讨文学形式的再现结构、文学阐释的意义指涉，以及阅读主体的塑型过程。

三　西方文论的强制阐释属性

从文学理论向理论的范式转型来看，当代西方文论遭遇的是理论对象被消解的本体论危机，以及理论生产被抵制的认识论偏向。文学理论的现场经验被不断放逐，理论话语的逻辑演绎被无限放大。其结果，自身理论生产的原动力不足，只能借助于场外理论旅行的增值过程。一般来说，文学场外的理论旅行，主要包括跨学科与跨文化这两种范式，但是在本质上却具有相同的思想动因、理论维度、传播结构与对话空间。萨义德强调理论旅行的四个要素：其一，理论旅行之起点，即"特定观念得到生产或进入话语的初始环境的集合体"；其二，文化距离，即"特定观点通过各种语境之中的某种压力在实践时空旅行之后而达到崭新高度的某种通道"；其三，条件集合体，即"无论看似另类而必须接受或容忍的各种条件"；其四，阐释效果，

[①]　[美]乔纳森·卡勒：《文学理论入门》，李平译，译林出版社2013年版，第41页。

即"已经全部（或部分）适应（或被组合）的理论观念被它在新时空中的新用途和新位置而不断得到改造"。① 理论旅行被萨义德区分出"起点""距离""条件"与"效果"等传播要素，在强调文学场外理论旅行的研究对象和过程维度的同时，也为场内理论研究者大致厘定出其方法论问题。对此，王坤主张面向西方文论本体阐释的四种接受方式：首先，"读书"回溯理论原点或理论现场研读文学场内的西方文论，熟悉其理论思维与观念演绎；其次，"报数"关注文化距离与传播条件评述文学场外的西方文论，评述其理论现场与原初意义；再次，"盘存"立足当下语境爬梳旅行理论的学术史与问题史，考察其传播历史与变异情况；最后，"融汇"围绕对话意识把握理论旅行的阐释史与效果史，反思其思维模式与价值体系。②

跨学科的研究范式必须充分关注理论旅行的起点、距离、过程与终点等传播要素。然而，当代西方文论的理论生产，始终纠缠于对场外理论的各种研究转向与范式转型，反而忽视文学经验与理论实践的本体阐释，片面强调理论旅行的主体阐释，反而陷落到强制阐释的理论误区。强制阐释的理论范式，排斥文学理论的实践经验、执拗理论自身的观念推演，加剧了当代西方文论消解理论对象的本体论危机；强制阐释的理论生产，忽视文学经验的理论现场、强调场外理论的跨界建构，呈现出其抵制理论本体的认识论偏向；强制阐释的理论旅行，无视文学场内理论的重建过程、沉溺跨界理论的阐释效果，暴露出其解构学科范式的方法论问题。对此，张江指出强制阐释的问题症结在于"背离文本话语，消解文学指征，以前在的立场和模式，对文学和文本做出符合论者主观意图和结论的阐释"，具体表现为"场外征用""主观预设""非逻辑证明"，以及"混乱的认识路径"等理论问题。③ 对作为强制阐释的理论旅行来说，场外征用指的是当代西方文论从文学理论到理论的学科整合及其本体论危机，主观预设是其

---

① Edward W. Said, *The World, the Text and the Critic*, Cambridge: Harvard University Press, 1983, pp. 226–227.
② 王坤：《西方文论的接受方式》，《北京科技大学学报》（社会科学版）2014 年第 1 期。
③ 张江：《强制阐释论》，《文学评论》2014 年第 6 期。

从理论到理论的自我言说及其封闭结构问题，非逻辑证明是其从理论回到文学理论的话语游戏及其循环论证方法，混乱的认识途径则是其从文学理论再回到文学经验的阐释快感及其认识论困境。然而，从理论旅行的强制阐释来看，西方文论的理论危机不仅在于文学场内与场外理论之间的学科本体问题，而且在于中西方学界之间的文化本位问题。

自20世纪80年代以来，"走向世界、与世界接轨"的理论思潮始终左右当代中国文论的发展轨迹，中国学者面对西方文论的理论旅行是充斥理论失语的文化焦虑，面对本土文论却又间杂理论失忆的历史阵痛，其结果自然是处于缺乏理论自信与缺少文化直觉的思想迷茫。正如有关学者指出，"中国当代文论缺少原创性的原因既与中西文化大碰撞中知识分子的无所适从和根深蒂固的依附性思维方式分不开，也与威权主义相关联"。① 对身处"依附"思维与"威权"意识之间的中国学者来说，西方文论的理论旅行及其方法论问题，不仅涉及当代中国文论重建的身份意识，而且牵涉当代西方文论转型的范式问题。也有学者明确主张区分出西方文论作为知识与理论的不同本体阐释，提倡"让当代西方文论回到一种知识性存在，而不是作为一种理论性存在"。② 具体来说，理论性的存在强调西方文论作为理论本体的封闭体系与结构空间，知识性的存在则强调其作为理论方法的阅读经验与阐释空间。作为知识形态的西方文论本体阐释，并不具有普适性的理论视角与价值维度，它指向的是理论旅行基于不同阅读语境的再生产过程。借用阿特瑞奇的话来说，"阅读是构成作品自身的书写独特性与他者性的表演过程，最终成型于既定语境的特定读者"，那么任何负责任的理论阅读或阐释也同样必须充分尊重"阅读本身的不可预见性，以及面向未来的开放性空间"。③

---

① 刘淮南：《文论建设与"中国经验"》，《湘潭大学学报》（哲学社会科学版）2016年第6期。
② 丁国旗：《当代西方文论作为一种知识还是一种理论》，《学术研究》2016年第4期。
③ Derek Attridge, *The Singularity of Literature*, London: Routledge, 2004, pp. 87, 129.

四 西方文论的文化分析转型

理论旅行的对话意识,批判西方文论在不同文化语境的普世主义,强调其在相关具体语境当中的存在形式、批评经验与话语关系。经典意义上的知识本体论遭遇理论对象被消解的本体危机,现代意义上的认识方法论面对理论生产被抵制的认识论悖论,以及理论旅行被强制的方法论困境。后现代意义上的阐释存在论呈现理论再生产被反思的经验论问题。基于文化语境与文论经验的理论再生产,在研究对象、研究方法、思维范式,以及存在经验等四个本体阐释层面推动当代西方文论的存在论转型。其一,作为研究对象的西方文论"围绕自身产生效果,迫使我们质问自己何为理论";其二,作为研究方法的西方文论"立足于理论层面,探讨其生成";其三,作为思维范式的西方文论"生产理论,再现经验";其四,作为存在经验的西方文论"反思其理论话语,考察其成因"。① 总体而言,在本体阐释层面,转向存在论的西方文论被视为一种文本形式的文化存在,以及与此相对的历史语境、阐释经验与叙事空间。它在文本性维度上揭示其自身同时作为研究对象与认知方法的双重理论属性,在历史性维度上呈现其在不同历史与文化语境的多元空间结构,主张立足具体语境的理论再生产双向考察作为文化经验的文论存在,以及作为文论经验的文化存在。

作为文化存在的西方文论,转向的是对文论本体的历史考察与文化分析,以及面向文论阅读与接受的阐释经验及其理论再生产。正如荷兰文论家米克·巴尔指出,存在论的西方文论同时具有作为主题与主体的双重属性:在主题层面,它是作为分析对象的文化存在,"对于文化分析的作用主要在于其在研究主体层面上帮助更好的理解分析对象";② 在主体层面,"多样的阅读行为呈现的是理论反思与阅读的

---

① Bois Yve-Alain, Hubert Damisch, "A Conversation with Hubert Damisch", *October*, 1998 (2).
② Mieke Bal, *The Practice of Cultural Analysis*, Stanford: Stanford University Press, 1999, p. 12.

共存状态",文化分析主张"研究对象从主题内容成为主体,进而参与理论视角的建构过程"。① 实际上,巴尔主张的是作为文化分析的"理论实践"。与强调生活形式政治与意识形态的当代文化研究有所区别,文化分析的"这种实践无关乎政治性的正确与否;它不受制党派政治,也不局限于具体的意识形态立场",它关注和考察的是"批评概念和研究对象之间的张力关系,以及两种形式之间的相互作用和彼此改变"。② 作为文化经验的西方文论,强调基于本体阐释的理论再生产,注重考察的不仅是文论话语的研究对象在主题内容与主体意识之间的双重属性,而且是其阅读行为的理论范式从形式分析转向文化实践的存在经验。

与存在论的理论观念相对应,作为文化存在的研究范式主张对西方文论话语之语境意义或文化经验的厚度描写。针对西方文论的本体阐释问题,麦克黑尔认为其根源在于理论话语与阐释经验"不合流"的两种误区:其一是沉降到文本、消解"普适"理论,其二是转向到经验、呈现"原创"理论。对此,麦氏主张整合"理论"与"实践"两种话语形态,围绕理论经验积极建构"描述诗学"(descriptivepoetics)的存在论范式。具体来说,传统范式习惯于"将理论直接置于文本之上,并由此产生在本质上只是反射或重复理论本身的阐释效果",然而描述诗学"避免单纯理论化或阐释化的话语",并且在此基础上提倡"在理论的观照之下,直接冲向锁定文本的意义,勘测各种可能性的意义范围,掌握在既定文本的各种意义条件"。③ 传统意义上的理论生产主要围绕话语体系的本体论建构和研究范式的方法论创新,历史性的阐释经验总是服从于普适性的理论建构;描述诗学的研究范式关注理论作为文化产品和思想资源的存在论价值,主张从具体的历史与文化语境深度分析理论生成的意指实践与话语结构,

---

① Mieke Bal, *Traveling Concepts in the Humanities*, Toronto: University of Toronto Press, 2002, pp. 8 – 9.

② Mieke Bal, "Scared to Death", *The Point of Theory*, Mieke Bal (eds.), New York: Continuum, 1994, pp. 32 – 47.

③ Brian McHale, "Whatever happens to descriptivepoetics", *The Point of Theory*, Mieke Bal (eds.), New York: Continuum, 1994, p. 65.

从个体的阐释与叙事视角厚度描写理论再生产的过程维度与主体经验。在描述诗学的理论范式之下，作为文化存在的西方文论在某种程度上成为考察其理论生成的问题视域，历史化的厚度描写反而成为其理论生产作为文化分析的阐释形式与理论实践。

　　作为文化经验的西方文论，以及其理论再生产的存在论转型，推动的是文论话语在当下语境作为文化存在的地方性知识生产。关于后理论时代的诸多学术论断，与其说是理论之过去的终结论调，不如说是理论之未来的转型预期。传统西方文论话语的宏大叙事与普世价值不断受到质疑，当代西方文论的知识本体与范式方法遭遇困境，因此面向文化存在及其本体阐释的理论生产受到普遍重视，基于本体阐释与接受过程的存在论范式得到充分关注。面对文本形式的西方文论，研究者或许不应仅仅满足于考察理论文本的话语结构与建构过程，而是应该延伸探讨其本体阐释的历史语境与文化经验。作为形式存在的西方文论指向一种作为话语分析的理论生产，基于形式论的话语分析主要关注它在原初语境的意义生成与观念建构；与此相对的是，作为文化存在的西方文论通向一种作为文化分析的理论再生产，基于存在论的文化分析更加重视其在旅行过程的意义增殖与阐释经验。因此，围绕后理论时代的西方文论本体阐释及其接受问题，从强制阐释的理论视角重新考察晚近以来的各种理论危机说，探讨当代西方文论的本体论危机、理论生产的认识论偏向，以及理论旅行的对话论问题，或将有助于当代中国文论本体阐释获得一种地方性知识生产的理论新视角。

从"妄事糅合"到"强制阐释"
——20世纪以来关于西方文论与中国文学关系的三次省思[*]

夏 秀[**]

20世纪的中国文学一直在处理两种关系：一是与本土政治意识形态的关系，一是与西方文论的关系。无论是在创作还是批评领域，本土政治意识形态和西方文论都或并行或交错地左右着中国文学的风格与走向。因此学界对上述两种关系的省思也从未间断。就西方文论与中国的"百年纠葛"而言，相对集中的省思已经出现过两次：第一次大致在20世纪的三四十年代，第二次大致萌发于20世纪80年代末。如果算上现在的"强制阐释论"就应该是第三次反思了。就笔者看来，以"强制阐释论"的提出为契机，再次省思西方文论与中国文学批评、文学研究的"百年恩怨"时，有必要思考以下几个问题：以往历次省思的背景是什么，重点何在，效果如何？西方文论影响下的中国文学发展存在哪些问题，同时又取得了哪些成果？我们应该如何处理中国文学与西方文论的关系？就当下现状来说，最后一个问题是重点，但前两个问题是基础，如果不理清前两次省思的基本状况，那么这次努力极有可能陷入"省思的循环"。因此，本文将先从梳理前两次省思的状况入手，围绕上述问题进行探讨。

---

[*] 本文原刊于《文艺争鸣》2015年第5期。
[**] 作者单位：济南大学文学院。

从"妄事糅合"到"强制阐释"

一

对于任何一种有着独立传统的文化来说，外来思想的进驻总要引起碰撞和震动。19世纪末期，西方理论开始进入中国时也是如此。虽然当时中国文化层转型迫切需要外来思想资源的支撑，但西方理论还是在很大程度上冲击了中国人的知识架构、思维方式。因此，从19世纪末中国人迫不得已睁眼看世界、接受西方的技术、思想开始，关于"传统"与"西化"等的争论就开始出现。当时争论的社会、文化背景是以小说、戏剧为主流的西方文学大量涌入中国。这一时期，关于小说、戏剧的诸种观念、技巧、手法及文学思潮迅速进入中国文学各领域，既冲击了中国文学的传作，也刺激了中国文学研究、批评的发展。"从1890年到1919年这三十年间，是迄今为止，介绍外国文学最旺盛的时期。我们把这一现象，突出地标举为近代文学在接受外国文学方面的第一项特征。"[①] 在这一背景下，关于中国文学与西方思想资源的关系成为学界思考的主要议题。

总体上看，当时之倾向是希望借助西方文学及理论解决中国问题，所以对于西方理论极为重视。鲁迅在《摩罗诗力说》中明确指出："欲扬宗邦之真大，首在审己，亦必知人，比较既周，爰生自觉。"不过，受剧烈变动的社会时局影响，二三十年代活跃的学术思想中难免带有匆忙的印记，在借用西方理论阐释中国问题过程中也存在生涩之感。因此有学者针对当时简单运用西方理论框架生硬裁剪中国传统文学可能带来的问题提出了批评："与别国的学说互相析辨，不惟不当妄事糅合，而且不当以别国的学说为裁判官，以中国的学说为阶下囚。糅合势必流于附会，只足以混乱学术，不足以清理学术。"[②] 可以看到，上述批评的指向在于思考正确处理西方理论与中国文学、文化关系的方法，明确指出面对西方理论不应揉碎自己的成

---

① 《中国近代文学大系》（翻译文学集Ⅰ），上海书店出版社1990年版，导言第18页。

② 罗根泽：《中国文学批评史》，上海书店出版社2003年版，第30页。

果强行适应西方理论框架,更不能采取五体投地的膜拜态度。

更难能可贵的是,当时学者已经深刻洞察到片面放大西方理论影响,"妄事糅合"可能引起的后果:"以别国学说为裁判官,以中国学说为阶下囚,简直是使死去的祖先,做人家的奴隶,影响所及,岂只是文化的自卑而已。"① 可惜的是,由于种种原因,这次省思所提出的问题以及颇有洞见的警示,并未引起学界足够的重视。之后中国的文学创作和批评,在时代大潮裹挟下还是向着偏颇的方向发展了。到20世纪80年代末,中国学界又经历了新时期以来国外理论近10年的狂轰滥炸,"影响的焦虑"日益突出。于是学界开始再次省思中国文学界在接受西方理论过程中出现的问题。相较于上一次省思,这次规模更大,持续时间长,成果也颇为丰富。总结一下大致讨论了两个大问题:

一是关注西方文论相对于中国文学的异质性,反思"生硬移植"所带来的问题。这一思路主要是针对新时期以来,中国文论界对各种西方文论思潮"狂热"的拿来态度所做的冷静反思,认为西方理论有其诞生的特定时代和社会背景,若仓促拿来则势必会导致误读或囫囵吞枣,最终水土不服,牵强附会。该类反思进而指出,自近代以来,中国作家和批评家一直生活在美国、德国、俄罗斯等西方国家的"无所不在的精神地狱"之中,丧失了自己的独立性,因此,在20世纪末,中国文学批评者的主要任务是走出他人的"阴影"。可以看到,这类倾向的主要愿望,是期望在通过与西方文论保持足够距离的前提下,"企求思想和文体风格上的某种纯粹性,企求绝对中国特色的真实性和原创性"。②

二是关注当代文论的"失语"问题,反思西方文论对于中国创作和批评的负面影响。新时期以来,随着西方文论的强势涌入,中国文学一下子进入了众声喧哗的时代:在创作领域,西方新技巧、新策略层出不穷;在批评领域,缤纷的西方术语让人眼花缭乱,中国文论则整体陷入沉寂。面对中国文论的西化情形,国内部分学者开始思考当

---

① 罗根泽:《中国文学批评史》,上海书店出版社2003年版,第30页。
② 张隆溪:《走出文化的封闭圈》,生活·读书·新知三联书店2004年版,第43页。

代文论的"失语"问题。这里的所谓"失语"主要是指当代文论对中国文学失去了有效性。有学者认为:"'失语'是一种文化上的病态,主要表现为当代的中国文论完全没有自己的范畴、概念、原理和标准,没有自己的体系,也没有自己的话语,每当我们开口说话的时候,使用的全是别人也就是西方的词汇和语法;而且这一情形由来已久,溯其源头乃是'五四'新文化运动。因为在此之前,我们曾经拥有一个绵延数千年的完整而统一的传统,拥有自己的话题、术语和言说方式。遗憾的是,这个传统在'五四'的反传统浪潮中断裂了,失落了,而且溺而不返,从此我们就无可挽回地陷入了'失语'的状态,从而丧失了中西对话上的对等地位。"[①]

经过20世纪80年代末开始的第二次省思,西方理论对于中国文学创作和研究的负面影响得到了全面的梳理。但从此后的发展来看,很多问题仍然没有妥善解决。比如中国文学的创新问题、中国文论的建设问题仍未见有大的成绩。因此,在第二次集中省思过去10多年之后,"强制阐释论"再次将西方文论与中国文学的关系问题、中国文论的独立建设问题摆到中国学者面前。严格地说,"强制阐释论"的正式提出应以《中国社会科学报》(2014年6月16日)发表对张江的访谈,以及《文学评论》(2014年第6期)发表《强制阐释论》一文、《文艺争鸣》(2014年第12期)转载为据,但实际上,"强制阐释论"为学界广泛知晓应该始于2014年8月的开封"中国中外文艺理论学会第十一届年会"。在那次几百人参加的学会年会上,作为会议材料之一的"强制阐释论"被众多与会者阅读和讨论。虽然这并非会议的勘定议题,但在很多小组会议上,关于"强制阐释论"以及西方理论与中国文学的关系再次成为热门话题。

很显然,与前两次省思比较,"强制阐释论"有相对独立的价值和意义。这主要表现在其对西方理论整体特征的梳理上。客观地说,虽然百年来西方理论对中国创作、批评有着持续影响,也虽然我们的理论研究中西方术语、逻辑频频出现,但若论及西方当代理论的整体特征,或者说西方理论的整体生成方式,却并不是特别清楚。因此,

---

[①] 南帆:《20世纪中国文学批评99个词》,浙江文艺出版社2003年版,第167页。

"强制阐释论"的意义之一就在于整体呈现了西方文论的夏秀·从"妄事糅合"到"强制阐释":20世纪以来关于西方文论与中国文学关系的三次省思特征:"场外征用""主观预设""非逻辑证明""混乱的认识路径"。这四个特征集中呈现出西方理论对于其批评对象自身——文学——的疏离,而"强制阐释"命名中的"强制"一词,也集中呈现出命名者的意图:提醒学界注意西方文论自身的先天气质或不足——对"文学"自身的忽视或者说傲慢。

由此,我们可以清晰地看到,"强制阐释论"的省思目标在于整体把握当代西方理论的基本特征,辨析其中的问题,从而为当代中国文论的发展提供新的思路。这也正是作者的意图:"提出'强制阐释'的概念,目的就是以此为线索,辨识历史,把握实证,寻求共识,为当代文论的构建与发展提供一个新的视角。"[①] 仅就这一目的来看,这次省思的任务基本完成了。但在笔者看来,"强制阐释论"所引发的思考还远不止此:首先,来自他方的理论不会完全适应中国本土文学问题,任何理论也都不可能完美,这是常识。但问题在于,在常识之下,一百年来西方理论在中国文学领域"各领风骚三五天"的现象仍然存在。那么,导致这一悖论的根本原因到底是什么?其次,回顾历次省思的状况即可发现,虽然三次省思的重心和目的各不相同,但基本倾向都在于指出各个阶段存在的问题,对借鉴西方理论进行中国文学创作和研究的优秀案例少有涉及。那么这样的反思是否有失全面?况且,经历百年发展之后,西方理论资源已经成为中国文论的重要资源库,那么整理借鉴西方理论进行中国文学创作、研究和批评的优秀案例是否更有助于中国文论的建设?

二

一百多年来,西方理论在中国文学、艺术领域大行其道,原因是复杂的。从外在因素来看,主要源于长期封闭导致思想资源、方法论资源极度匮乏。19世纪末期之前,中国传统的思想资源主要是儒、

---

① 张江:《强制阐释论》,《文学评论》2014年第6期。

释、道三家，学术发展方式大致局限于经学一路。思想资源封闭，学术研究方式单一。近代西方列强的入侵，不仅引发了极大的民族危机，而且彻底地冲击了传统文化秩序。中国的文化领域随之产生迫切的认识论、方法论转换需求，最终导致了当时学人对中国传统文化和思想的激烈批判，代之而起的是对西方理论的热切认同，欧洲、美洲、日本、苏俄理论一齐进驻中国学界。从20世纪30年代起，由于当时中国社会发展的特定需求，欧、美、日本的理论在中国渐渐沉寂，俄苏理论成为主流。到五六十年代，随着中苏关系交恶，苏联文论也停止输入，中国文论与西方理论彻底隔绝。这种状况再次造成中国学界思想资源的匮乏。

从心理学角度说，源于匮乏的动机，一般具有强大的动力，它能推动人们用持久的激情去获取所需，满足内在的欲求。在某种程度上，这也正是20世纪初和80年代中国文学创作和批评领域成果辈出的原因之一。但是极度匮乏也容易导致另一个后果，那就是"贪婪"，反映在文学领域就是饥不择食地"拿来"，狂热，粗疏，失去了学术研究所要求的客观冷静。由此导致的后果就是，从20世纪80年代后期开始，中国文学领域对于西方理论的介绍和运用几乎成为一种时尚。因此，在某种程度上，20世纪80年代末以来中国学界对于西方理论的追捧，与其说源于纯学术的追求，不如说是一种长期禁锢后一朝获得自由的狂欢，"姿态"的意义溢出了学术探索的本义。

但是仅仅源于学术资源或方法论匮乏，并不足以支撑西方理论对中国文学的持续霸权式影响，最根本的原因在于中国学者主体意识的丧失和非此即彼的二元论思维。所谓主体意识的丧失，是指缺乏对西方理论和中国文论进行比较和判断的能力。在当代文化语境中，不同文化之间的交锋、碰撞是难免的。这就产生了一个隐含的要求，那就是必须明晰本土文化的优势与差距，同时也要自我认同，既接纳自我的优势也要正视不足。这是在不同文化间进行比较和判断的基础。同时，在更深层意义上，我们必须认识到，"在文化认同及其冲突的当代语境里看，比较和可比性不是一个机械的、抽象的概念，而是一个辩证的概念，本身暗含了一个主体的理解和自我理解的辩证法。……文化比较和有关可比性的思考，本身是各种文化主体对自身价值世界的普遍性和特殊性的不断发展的思考的一个组成部分。从意识发展的内部着眼，这就是自我和他人的辩证法；从主体在现实中的历史着眼，这就是关于'承认'（recognition）的斗争"①。

很显然，要完成这一"斗争"，主体的自我意识、自我认同是非常关键的。关注、借鉴其他文化和理论的目的，在于要完成对自我的肯定，就是要在对自我的反思、批判、超越的过程中回归主体自身，实现更高的完整性和创造力。但是，在中国学界处理西方理论的影响的过程中，自我意识和自我认同显然是不够的。这在中国文学、艺术界对于各种西方现代、后现代主义的艺术范式及手段匆忙模仿中表现得很明显。其结果，也正如有学者一针见血指出的："从整个人类艺术的发展而言，则是谈不上多少创造的。更需要反思的是：……在这样一种不无偏激的对西方文学艺术的仿效中，他们找回主体了吗？实际上，陷入的不同样是一种自我迷失的境况吗？"② 实际上，正是因为主体精神的丧失，才造成长期以来我们自己一边批判"西方中心论"一边又对西方理论唯马首是瞻的怪现状。

除主体意识丧失之外，二元对立思维方式也是导致西方理论在中国文学领域轮番登场的更深层原因之一。二元对立思维的基本特征是片面，非此即彼，看待事物时极易走极端。回顾百年来学界处理西方理论与中国文学关系的历程即可发现，大致经历了几次循环：20世纪初欢欣鼓舞地迎接西方理论，到五六十年代强调文艺为社会主义建设服务拒斥西方资源，许多老一辈美学家、理论家不得已只好反思自己的"资产阶级思想"；20世纪80年代初又回到膜拜西方理论漠视本土文化资源的路子。当然，学术研究的转向是正常的，但一边倒地转向也极容易从一种片面走向另一种片面。就当下学术经历而言，多年在文艺学、文学研究领域中摸爬滚打的人们大致会有这样一种印象：曾经一段时间，文章中若无西方理论或西方语词，那就代表保守、封闭、水平低；新词迭出、半通不通的文章大行其道。而现在，

---

① 张旭东：《全球化时代的文化认同——西方普遍主义话语的历史批判》，北京大学出版社2005年版，第9页。
② 杨守森：《文学境界论》，上海人民出版社2008年版，第235页。

在某些学科领域研究中，大家又在尽量避免西方语词，否则就可能会被先入为主地一票否决，不管采用的方法或路径是否可行。向来以严谨、理性为特征的学界之所以会出现这样的"运动式"转向现象，与长期以来盘踞中国文艺学界的二元对立思维方式有莫大关系。

不仅如此，二元对立的思维方式还导致我们在探讨问题时容易执其一端不及其余。就我们对西方理论与中国文学关系的多次省思来说，侧重点主要在于总结问题。总结问题当然是省思的主要内容，但问题是，我们的问题总结不可谓不全面，但效果却并不明显。个中原因，是否与着重强调问题忽视借鉴西方理论进行文学研究的优秀成果有关？是否与强调西方理论的不足忽视其内在价值有关？回到"强制阐释论"来说，诚如上述，该理论的提出，明晰了西方理论的整体特征，抓住了其疏离"文学"的本质。但总体而言，仍然如前此省思一样，重点在分析西方理论的问题。实际上，仔细辨析该理论所提出的西方理论的四大特征就可以发现，如果说后两个特征是西方理论的弊病的话，前两个特征毋宁说是西方理论的生成方式。那么，我们是否可以由此思考另外一个问题：在中国文论创新困难的情况下，西方理论的"场外征用"或者"主观预设"是否可以启示我们进一步思考中国文论创新的路径问题？

三

客观地说，西方理论在当前全球化和后现代时期已经获得了前所未有的普遍性。迫切地想了解当下西方有什么新理论、新观点、新动向已经成为中国学界的习惯。因此西方理论的影响不会因为我们的再次反思而终止，相反，彼此的对话可能会日益密切。一方面，在"全球化"和多元文化的语境中，不同文化背景下的交流与沟通只会越来越多越来越频繁。另一方面，从学术或思想发展角度说，西方理论是重要的学术和思想资源，中国语言文学等相关学科学生，从本科到硕士再到博士，西方理论是必须学习的内容。因此，无论在现实生活还是教育及学术发展层面上，如何恰当处理中国文化、文学问题与西方理论的关系仍然是一个重要课题。全面考察西方理论的产生背景、基本内容与特征、理论指向,梳理百年来西方理论在中国的接受状况,分析问题,总结经验,在此基础上思考中国文论的创新与建设是我们今后仍然要进行的工作。回顾我们三次省思的成果即可发现,对于西方理论我们的了解还不能说是全面和透彻,对于20世纪那些借鉴西方理论进行学术实践的优秀成果梳理还远远不够。

拿"神话—原型批评"来说,按照"强制阐释论"所归纳的西方理论基本特征,该理论属于"场外征用"类。但是这一理论的产生动机却并非源于对文学的漠视。真正梳理这一理论的产生背景就夏秀·从"妄事糅合"到"强制阐释":20世纪以来关于西方文论与中国文学关系的三次省思可发现,该理论的生成恰是源于弗莱对于"新批评"的不满和对于文学的热爱,以及对于加拿大文学的过去与未来的热切关注。同时,梳理该理论在中国的接受和传播状况也可发现一个与我们平时的印象不太一致的事实:各种西方理论在中国的传播范围、流行时间长度、产生成果数量和质量存在巨大差异。据不完全统计,1979—2004年,中国文学领域中与原型批评理论有关的研究论文有600多篇,而同一时期、同一范围内,有些理论的研究成果还不足100篇。这样的接受事实说明,20世纪西方理论在中国文学界虽然轮番上演,但影响效果是不同的。西方理论在中国能产生什么影响,最终还是取决于理论本身与中国文学或文化内在契合度。原型批评之所以在中国产生如此大的影响,是因为中国文学具有强继承性和连续性,这正与原型批评理论强调继承性相契合。而从当前中国学界的研究现状看,运用原型批评理论方法和视角进行中国文学研究的工作还并未结束。

因此,静心梳理西方理论对中国文论及批评的影响,借以总结经验,应该是省思的内容之一。除此之外,梳理西方理论影响下的文学批评也应该是省思的重要内容。20世纪的中国文学批评一直比较活跃。许多富有文学素养和敏锐眼光的批评家凭借对中国文学和社会的深刻洞察,借鉴西方理论的视角和方法,写出了不少颇具见地的评论文章。这其中就包括李健吾、钱锺书、胡河清、蓝棣之等的精彩批评。

李健吾的主观批评,是中国传统的"评点式"批评与法国印象主义相结合的成果。他接纳了印象主义重视感受和瞬间印象的主张，强调批评是艺术，是批评者与写作者之间伟大心灵的对话。因此他重视阅读感受、重视感性描述，用灵动鲜活的批评话语，娴熟地驾驭着散文随笔式的批评文体，对当时很多名不见经传但具有文学潜力的作家作品进行了准确的批评。他的《〈边城〉——沈从文先生作》《陆蠡的散文》等类似中国传统评点式批评的文章篇幅短小，语言优美，在个体阅读经验的基础上揭示作品的整体艺术美，在20世纪的三四十年代自成风格，与当时一致强调文学的"社会功用"的主流批评话语形成对比。虽然这种主观性的批评也有主观性强、理论性欠缺的问题，在当时也遭到了批评和指摘，但是时间证明，这种随笔式或者印象主义批评，因为以维护文学和文学批评自身的独立性为前提，所以比起直接以意识形态为导向的、忽视文学自身审美性和趣味性的批评具有更久的生命力。

蓝棣之的症候式批评则直接运用了弗洛伊德的相关理论。他在长期教学中发现，一些经典作品，比如钱锺书的《围城》突然中断了唐晓芙的故事、曹禺《雷雨》中的周朴园在作者和读者心目中的形象大相径庭、鲁迅《离婚》中男方日渐憔悴而女方则越战越勇……如此种种悖逆、含混的类似症候式的疑团，用传统的理论、观点或方法是很难解释的，用弗氏的"精神分析"理论恰可以解释清楚，但是又鉴于"心理批评"难以把握，于是就"思考如何用自然科学的方法来克服文学批评的某些随意性和主观性"，发现"症候"比较具体，在精神现象中也是"相对客观"和易于把握的，于是就提出了"症候式批评"方法[①]。我们看到，用"症候式批评"方法来解读现代文学经典，的确可以有效地解释清楚作品中的悖逆和含混，这几乎可以算是在西方理论基础上创新出的一种新的批评方法了。

钱锺书、胡河清的批评则未集中运用某一理论，他们是在批评过程中视批评需要适当借鉴和运用某一西方理论或方法，从而使批评或获得新意或开阔了视界，属于"杂取种种理论为我所用"的一派。就钱锺书的评论来说，顺手连缀"东海西海"相似观点，随意拈取

---

① 蓝棣之：《现代文学经典：症候式分析》，人民文学出版社2006年版，第2—6页。

"南学北学"有关论述,已经成为众所皆知的特征。正是因为不同视阈内观点的相互辉映才扩大了每一论题的视野,取得了他自己所说的"隐于针锋粟颗,放而成山河大地"的效果。胡河清则善于在评论过程中适当运用西方理论,比如,他在评论史铁生关于"残疾"的话题时,用到了奥地利心理学家阿德勒的"自卑与补偿"的理论,指出"残疾"是一种古老的西方文学传统,是"一种激发人性中生命潜力的原动力"。他进而论道:"在东方古老的历史循环论与人生宿命论传统中,是可以把'命运的局限'比作广义残疾的。《庄子》中的那些'畸人',便承担着这种象征义,这使得东方的古歌有一种特别苍凉的情调。"① 这样,在将西方理论运用到中国作品的具体分析过程中,一部作品的特定主题一下子具有了连缀中西的功能并获得了特定的文化意义,在纵横交织的文化背景中获得了坚实又丰厚的意蕴。胡河清曾经提出建立"中国全息现实主义"的构想。他认为,21世纪的中国文学,应当以中国传统文化中的全息主义为哲学基础,在更高层次上整合20世纪八九十年代的新现实主义,形成兼具理性主义和先知式神秘性的新的文学流派。他指出:"中国文学中的全息现实主义流派并不是一个抗拒外来信息的自封闭系统。……相反,他是一种全方位开放的文化上的耗散结构。世界上其他民族的文化创造将不断激活这个'耗散结构'的进化。""在二十一世纪中国全息现实主义的文学神殿里,东西方文化的交融将形成一个真正超越《红楼梦》的新巨制时代。"② 可惜这样的构想由于胡河清的仓促离世而搁置。

综合以上富有特色的研究范例,我们会发现以下特点:一是批评者熟悉所用理论的精髓和实质;二是批评者熟悉中国文学、中国文学精神或者中国文化,具有明确的中国文学问题意识。李健吾古典文学功底深厚,并且自从在国立北京师范大学附中学习时就与同学一起组织文学团体,创办文学刊物并开始发表小说、剧本。在清华大学先学中文后学西洋文学后,于1931年赴法国留学研究福楼拜等现实主义

---

① 胡河清:《灵地的缅想》,学林出版社1996年版,第35页。
② 同上书,第205—206页。

作家和作品。蓝棣之则是在长期研究和教学中国文学的过程中而发现问题并且提出"症候式"批评方法的，同样也是中国文学与西方理论的观点或方法相结合的产物。钱锺书的中国文化和中国文学功底自不待言，就是生于 20 世纪 60 年代逝于 90 年代的年轻学者胡河清也是长期醉心于中国古典文化和古典诗词的。在深厚的中国文化、文学基础以及明确的中国文学问题指引下，这些批评专注于各自研究对象的纯学术研究，在选题和语体风格上，不追风，不从众，不追求流行的喧哗与时尚；在立论和观点倾向上，持论相对客观，见解独到。这些都显示出一种独立判断的学术立场和自我意识。

当然，一代学人有一代学人的生活世界和学术背景，但是在面对西方理论时（包括任何外来理论、文化），保持清醒的自我意识和问题意识是必要的。对于中国文化和中国文学来说，西方文化、西方理论既是重要的参照系也是重要的思想和理论资源。以之为参照，可以丰富体系和内容，拓展视野丰富方法。但是对于任何一种具有独立传统的文学、文化来说，他山之石的异质性又是客观存在的，外来思想和理论资源与本土文化、艺术传统的不兼容性也是客观的事实。在不同语境下即便是同一概念也可能会有不同内涵和感情色彩。因此，在传播和接受西方理论资源的过程中，明确立场和态度，明确为何接受以及如何接受是至关重要的。其实，以上所谓结论，知之不难，难的是如何做到位。如果真能在文学创作和批评中恰当处理与外来理论的关系，那么我们便可以避免理论的时髦，平心静气地梳理、阐释和运用相关理论资源，创造性地进行中国文论的建设和批评实践工作，在全球化的语境下，在世界文论的多元格局中彰显出中国文论的特色。